U0666768

第七册

列傳（二）

柯劭忞 撰
張京華 黄曙輝 總校

上海古籍出版社

新元史卷之一百三十六　列傳第三十三

仳理伽帖木兒 岳璘帖木兒 都爾彌勢 哈剌普華 偰文質 偰列篪 撒吉思 答理麻 哈剌阿思蘭都大 塔塔統阿 玉笏迷失 力渾迷失 哈剌亦哈赤北魯 阿鄰帖木兒 沙剌班 世傑班 野里朮 鐵哥朮 孟速思 阿失帖木兒 八丹 阿散 亦輦真 昔班 斡羅思密

仳理伽帖木兒，畏兀兒人。國相暾欲谷之後也。暾欲谷數世至克直普爾，襲國相、答剌罕，錫號阿大都督。西遼授以太師、大丞相，總管內外藏事，國人稱之爲藏赤立。卒，子岳弼襲。岳弼七子：曰達林思弼，曰亞思弼，曰衢仙，曰博哥，曰博禮，曰合剌脱因，曰多和思。

亞思弼子仳理伽帖木兒，年十六，襲國相、答剌罕。時西遼尚强，威制畏兀兒，命太師僧沙均監其國，驕恣擅權。亦都護患之，謀於仳理伽帖木兒，對曰：「能殺沙均，挈吾衆歸大蒙古，彼且震駭矣。」遂襲殺沙均，以功加號仳理傑忽的，進授其妻明別吉號赫斯迭林。左右有嫉之者，譖於亦都護曰：「沙均珥珠，先王寶也，仳理伽帖木兒匿之。」亦都護怒，索珠甚急。仳理伽帖木兒度無以自明，乃亡歸太祖。賜金虎符、獅紐銀印、金螭椅、金濟遜衣，護衛四人，以二十三城爲食邑，又賜銀五萬兩。後卒。弟岳璘帖木兒。

岳璘帖木兒，初奉亦都護命來朝，後爲質子，從太祖征討有功。皇弟帖木格斡赤斤求師傅，帝命岳璘帖木兒教之，以孝弟、仁厚爲先，帝聞而嘉之。從太宗平河南，徙鄭縣民萬餘户於欒安。俄授河南等處都達魯花赤，佩金虎符，賜宫女四人。岳璘帖木兒所得賞賚，悉散於親舊。徑河西，所過榛莽，又乏水，爲之鑿井置堠戍，行旅稱便。

以中原多盜，充大斷事官。從帖木格斡赤斤鎮撫燕京等路。尋復監河南等處軍民。卒，年六十七。後贈宣力保德功臣、山東道宣慰使，謚莊簡。

子十人，曰益彌勢普華，曰都督彌勢普華，曰懷朱普華，曰都爾彌勢，曰八撒普華，曰旭烈普華，曰和尚，曰合剌普華，曰獨可理普華，曰脱烈普華。

都爾彌勢，初從撒吉思討李璮，以功授行省郎中，除博興州、沂州達魯花赤。

伯顔伐宋。慨然曰：「此吾立功報國之日也。」叔父撒吉思嘉其志，乃舉以自代。與從子撒里蠻俱隸伯顏麾下。宋丞相賈似道屯於丁家洲。都爾彌勢爲前鋒，敗之。與宋殿帥孫虎臣戰於焦山〔一〕，又敗之。又從破常州，擢斷事官。

宋平，授安豐路達魯花赤，權處州達魯花赤。時新附之民多阻兵自保，都爾彌勢單騎招降，兵不血刃，人以四哥佛子稱之。阿合馬用事，乃告歸。大軍征日本，起爲征東都元帥，又與丞相阿答海等異議，辭不行。已而大軍果無功而返。盧世榮欲薦爲參知政事，亦力辭。遷同知浙東宣慰司事，改行省郎中，累遷太平路達魯花赤、廣西道提刑按察使，卒於官。

哈剌普華，幼侍母奧敦氏居益都。嘗歎曰：「幼而不學，必墮吾宗。」岳璘帖木兒奇其志，使習畏兀兒書及經史，記誦通敏過人。李璮叛，合剌普華與其母相失，撒吉思以行省討賊，合剌普華從之，得其母歸。撒吉思言於世祖，召直宿衛，命至益都，置廣興、商山二冶於四脚山，授商山鐵冶都提舉，佩金符。讓職於弟。大軍伐宋，授行都漕運使，帥諸翼兵萬五千人督餽餉。

宋平，上疏言：「親肺腑，禮大臣，以存國家之體。興學校，奬名節，以勵天下之才。正名分，嚴考察，以定百官之法。通錢幣，卻貢獻，以厚生民之本。」又言：「江南新附，宜登用舊族，力穡通商，弛征薄斂以馴撫之。不然，恐尚煩聖慮。」帝采用其言。

屬漕米二十萬石，舟覆，損十之二，又每斛視都斛虧三升。時阿合馬專政，責償舟人。合剌普華抗言：「朝廷不任虧損，臣獨當其咎。」阿合馬怒，出爲寧海州達魯花赤。遷江南道宣慰使，未行，改廣東都轉運使，兼領諸番市舶。

東莞、香山、惠州販徒搆亂，哈剌普華與招討使答失蠻討平之。條鹽法之不便者，悉除其害。按察使脱歡大爲姦利，哈剌普華劾罷之。遂與都元帥課兒伯海牙、宣慰都元帥白佐等，分討劇盜歐南喜。

未幾，右丞唆都征交阯，使哈剌普華護餉道。至東莞、博羅二縣界，遇賊歐鍾等，衆寡不敵，爲所執。賊欲奉爲主帥，不屈，遇害於中心岡。是夕，其妻希吉特勒氏夢其來告曰：「吾死矣。」知事張德、劉閏亦夢之。贈户部尚書、守忠全節功臣，追封高昌郡侯，謚忠愍。希吉特勒氏有節行，有司旌之。

子偰文質。十歲時，刲股肉以愈母疾。延祐初，爲廣德路總管，改潭州路，又遷贛州路，擢同知宣慰司事、副都元帥。徭民叛，以計誘其酋龍半天等，誅之，餘衆悉降。遷吉安路達魯花赤。致仕，卒。次越倫質。

偰文質五子：偰直堅、偰哲篤、偰朝吾、偰列篪、偰玉立，皆第進士。時人稱其里爲五桂坊。偰直堅，宿松縣達魯花赤。偰哲篤，吏部尚書，建議改鈔法，丞相脱脱從之。累官江西行省右丞。偰朝立，翰林待制，至正中出爲泉州達魯花赤，有名績。越倫質子善著，偰哲篤子偰百僚，遜善著子偰正宗、阿兒思蘭，皆相繼成進士。

偰列篪，字世德，以父官江西，遂家焉。由翰林待制擢潮州達魯花赤，有惠政。至正中授河南路經歷。賊攻府城，偰列篪守北門，城且陷，投井死，妻、子從殉者十一人。

撒吉思，阿大都督和多思之次子也。爲斡赤斤國王必闍赤，領王傅。斡赤斤卒，長子只不干蚤世，孫塔察兒幼，庶兄脱迭欲廢適自立。時乃馬真皇后稱制，撒吉思與火魯和孫馳白其事，后乃授塔察兒以皇弟寶，襲國王。撒吉思以功與火魯和孫分治國王本部事：黑山以南撒吉思治之，其北火魯和孫治之。

撒吉思從憲宗攻釣魚山，建言宜乘勢定江南，不當頓兵堅城下，帝不能用。及崩，阿里不哥争立，諸王多附之，撒吉思馳見塔察兒，力言宜推戴世祖，塔察兒從之。世祖即位，聞撒吉思前言，授北京宣慰司使，仍賜宮人翁吉剌氏及金帛、章服。

李璮叛，撒吉思從宗王不者克討平之。王以益都民從亂當屠，撒吉思争曰：「王者之師，誅止元惡，脅從罔治。」不者克從之，衆情大説。授山東行省都督，遷經略、統軍二使，兼益都路達魯花赤，辭不拜。上言山東重鎮，宜選親貴臨之，世祖不許。賜京城宅一區，益都田千頃，及璮馬羣、園林、水磑。兵後民無牛具，爲之上聞，驗民丁力，官給之。

時董文炳爲山東路經略使，收集益都舊軍充武衛軍，戍南邊。詔撒吉思與文炳議軍民籍，每十户唯取其二，其海州、東海、漣水移入益都者，亦隸本衛。既而分益都軍民爲二，文炳治軍，撒吉思治民。有統軍抄不花者，田游無度，害稼病民，元帥野速塔兒據民田爲牧地，撒吉思隨事表聞，敕杖抄不花，令野速答兒還其田。璮故將毛璋謀執撒吉思，帥所部歸宋，事覺，撒吉思襲璋，殺之。嘗慕古人舉讎之義，璮舊部得與子弟參用，公論多之。山東歲屢歉，請於朝，發粟賑之。又奏蠲其田租，士民刻石頌德。卒，年六十有六。追贈安邊經遠宣惠功臣、河南行省右丞、上護軍，封雲中郡公，謚襄惠。

孫曰答里麻，曰約著。約著，隆禧觀使，以伯父及父名皆有里字，乃以里爲氏。

答里麻，弱冠入宿衛。大德十一年，授御藥院達魯花赤，遷回回藥物院。尋出僉湖北、山南兩道廉訪司事。召拜監察御史。時丞相帖木迭兒專權，答里麻師同列亦憐真、馬祖常等劾其罪，風紀大振。擢河東道廉訪副使。隰州民賽神，因醉毆殺姚甲，爲首者逸去。有司逮同會者繫獄，歷歲不決。答里麻曰：「殺人者既逃，存亡不可知。此輩皆詿誤無罪，而反桎梏耶？」悉縱之。

至治元年，帖木迭兒復相，專務報復，答里麻謝病歸。明年，改燕南道廉訪副使。開州達魯花赤石不花歹有政績，同僚忌之，誣其與民妻俞氏飲。答里麻察俞氏乃八十老嫗，石不花歹實不與飲酒，抵誣告者罪，石不花歹復還職。行唐縣民砍桑道側，有人借斧削杖，其人夜持杖劫民財，事覺，並逮斧主下獄。答里麻原其不知情，縱之。深州民媼毆兒婦死，婦方抱其子，子亦死。媼年七十，同僚議免刑，答里麻曰：「法，罪人七十免刑，爲其血氣已衰，不任刑也。媼能殺二人，何謂衰？」卒死獄中。至治元年，除濟寧路總管。濟陽縣有牧童，持鐵連擊雀，誤殺同牧者，繫獄數歲。答里麻曰：「小兒誤殺，宜末減。」罰銅遣之。

泰定元年，擢福建廉訪使。朝廷遣宦官伯顏督繡段，橫取民財，宣政院判官朮鄰亦取賂於富僧，答里麻皆劾之。遷浙西廉訪使，會文宗發江陵，阿兒哈秃來求賂不獲，還譖於朝。召至京師，將罪之。比至，帝怒解，遷上都同知留守。天曆元年八月，明宗崩，文宗入正大統，使者旁午，事無缺失誤，帝嘉之，特賜錦衣一襲。三年，遷淮東謙訪使。明年，召拜刑部尚書。新君即位，賜諸王、駙馬、妃主及宿衛官金帛，答里麻建議唱名給散，無虛冒者，費大省，帝復賜黄金腰帶以旌其能。

元統元年，擢遼陽行省參知政事。高麗使者道過遼陽，謁省官，各奉布四疋、書一幅，用征東省印封之。答里麻詰其使曰：「國制設印，以署公牘，防姦僞，何爲封私書？况汝出國時，我尚在京，未爲遼陽省官，今何故有書遺我？汝君臣何欺詐如是耶？」使者愧服。三年，改山東廉訪使。時山東盜起，答里麻以爲官吏貪污所致，先劾去之，而後上擒賊方略，朝廷嘉納之。除大都路留守。帝宴大臣於延春閣，特賜答里麻白鷹，以表其廉。帝嘗命答里麻修七星堂。先是，修繕必用金銀裝飾，答里麻獨令畫工圖山林景物，左右皆不以爲然。是歲秋，車駕自北京還，觀之大悦，以手撫壁，歎曰：「有心哉，留守也！」賞賚有加。

至正六年，擢河南行省右丞，改翰林學士承旨。七年，遷陝西行臺中丞。時年六十九，致事。後召商議中書平章政事，不拜，賜終身全俸。未幾卒。

哈剌阿思蘭都大，畏兀氏，父玉龍阿思蘭都大。都大，譯言巨室也。

太祖四年，畏兀亦都護納款。時蔑里乞酋托克塔敗死，其子忽都等涉也的兒石河，將奔畏兀。亦都護拒之，敗忽都等於真河。以蔑里乞爲帝仇，遣哈剌阿思蘭都大與察魯等四人來告戰事，具奏亦都護之誠款。帝曰：「果如爾言，其告亦都護以方物來獻。」對曰：「陛下幸哀憐，亦都護身且不敢有，何論方物？」復命亦都護遣哈剌阿思蘭都大齎寶貨、金織段以獻，由是高昌内附。哈剌阿思蘭都大亦留事太祖，直宿衛，從太祖伐金，卒於柳城。後贈資善大夫、湖廣行省右丞、上護軍，追封范陽郡公。

子阿塔海牙，用宿衛積勞，除塔山屯田捕打提舉，不就，卒於京師。贈江浙行省平章政事，追封趙國公。

阿塔海牙子阿思蘭海涯，由達魯花赤入爲監察御史，累遷江南行臺御史大夫。文宗即位，眷遇尤渥，以玉刻署押賜之，廷臣皆羨爲異數。後致仕，卒於家。弟賽因海牙，同僉宣徽院事。

塔塔統阿，畏兀兒人。通本國文字，乃蠻太陽汗尊之爲傅，掌其金印及錢穀。太祖平乃蠻，塔塔統阿懷印遁去。已而就擒，太祖詰之曰：「乃蠻人民疆土悉入我矣，汝懷此安歸？」對曰：「臣之職也，將以死守，求故主歸之耳，豈敢有他？」太祖曰：「忠臣也。」問：「是物何用？」曰：「出納錢穀，委任人才，一切用爲信驗。」太祖善之，命侍左右。後文牘始用印，仍命掌之。又問畏兀兒文字，塔塔統阿奏對稱旨，遂命教諸皇子以畏兀兒字書。

太宗即位，命司內府玉璽、金、帛，且以其妻吾和利氏爲皇子哈剌察兒乳母，時加賜予。塔塔統阿召諸子諭之曰：「上以汝母鞠育皇子，故加賜予，汝等豈宜有之？當先供皇子，有餘則可分受。」太宗聞之，以爲廉，由是益加禮遇。卒，至大二年，贈中奉大夫，追封雁門郡公。

四子，長玉笏迷失，次力渾迷失，次速羅海，次篤緜。

玉笏迷失，少有勇略。渾都海叛於六盤，玉笏迷失爲皇孫脱脱守營壘，拒戰，敗之。追至只必勒，適阿藍答兒以兵來與渾都海合，玉笏迷失衆寡不敵，死之。

力渾迷失，有膂力。嘗獵於野，與衆相失，遇盜三人，欲褫其衣。力渾迷失手搏之，盡仆，執盜以歸。太宗召見，選力士與之搏，無相對者。帝壯之，賜金，命備宿衞。

速羅海，襲父職，仍司內府玉璽、金帛。

篤緜，舊事哈剌察兒。世祖即位，從其母入見，欲官之，以無功辭。命備宿衞。奉使遼東，卒。封雁門郡公。子阿必實哈，陝西行省平章政事。

哈剌亦哈赤北魯，畏兀兒人，性聰敏。亦都護月仙帖木兒聞其名，自唆里迷國召爲斷事官。月仙帖木兒卒，子巴而朮阿而忒斤嗣位，年少，西遼主直古魯遣契丹人沙均監其國，且召哈剌亦哈赤北魯至，以爲諸子師。會巴而朮阿而忒斤殺沙均而附於太祖，更遣阿憐帖木兒都督等四人使西遼。阿憐帖木兒都督者，哈剌亦哈赤北魯壻也，語之故，於是與其子月朵失野訥馳歸太祖。太祖大説，即命諸皇子受學，仍使月朵失野訥以質子宿衛。十四年，哈剌亦哈赤北魯從征西域，經別失八里東獨山，見城空無人。太祖問：「此何城也？」對曰：「獨山城。往歲大饑，民皆流徙。然此地當東路要衝，宜屯田。臣昔在唆里迷國，有户六十，願移居之。」帝曰：「善。」即遣月朵失野訥佩金符往取之，父子皆留居焉。後六年，太祖西征還，見田野墾闢，大説。問哈剌亦哈赤北魯，已卒，乃賜月朵失野訥都督印，兼獨山城達魯花赤。卒。子乞赤宋忽兒，太宗時襲職，賜號答剌罕。四子：曰塔塔兒，曰忽棧，曰火兒思蠻，曰月兒蠻。

世祖命火兒思蠻從雪雪的斤鎮雲南。

月兒思蠻事憲宗，襲父職，兼領僧人。後因篤哇據别失八里，盡室徙平涼。與其子阿的迷失帖木兒入覲，詔入宿衛爲必闍赤。尋從安西王忙哥剌出鎮六盤。忙哥剌卒，其子阿難答嗣。成宗即位，遣使入朝，因奏：「阿的迷失帖木兒父子，本先帝舊臣，來事先王，服勤二十餘年，願歸陛下用之。」帝從之，授阿的迷失帖木兒汝州達魯花赤。累官秘書大監，卒。子阿鄰帖木兒。

阿鄰帖木兒，善國書，歷事累朝。由翰林待制累遷榮禄大夫、翰林學士承旨。英宗時，以舊學日侍左右，陳説祖宗以來及古先哲王嘉言懿行，翻譯諸經，紀録故實，總治諸王、駙馬、番國朝會之事。天曆初，北迎明宗入正大統。明宗一見，甚悦，顧左右曰：「此朕師也。」明年，進光禄大夫、知經筵事。子曰沙剌班，曰禿忽魯，曰六十，曰咱納禄。

沙剌班，字敬臣，惠宗師也。帝即位，禮遇優渥。嘗入侍禁中，寢於便殿之側，帝以藉坐方褥，所謂朶兒別真者，扶而枕之。患頭瘍，帝親爲傅佛手膏。伯顏當國，有宗王譯奏：「『薛禪』二字，自爲世祖廟號，人臣遂不敢用。今太師伯顏功高德重，請賜以『薛禪』名字。」御史大夫帖木兒不花爲伯顏心腹，欲慫恿執政允之。沙剌班言於帝曰：「此事關係甚重，不可曲從。」命學士歐陽玄、監丞揭傒斯會議，以「元德上輔」四字代之。

沙剌班累官翰林學士承旨，拜中書平章政事、大司徒、宣政院使。卒，追封北庭王，謚文定。沙剌班希帝意，請立奇氏爲皇后，時論少之。

子世傑班，字彦時，爲尚輦奉御，惠宗親愛之。帝黜丞相伯顔，世傑班與其謀。帝製洪禧小璽，貯以金函青囊，命世傑班掌之，懸項下或寘於袖中，其母不知也。有問以内廷之事，則答以他語，其慎密如此。累官翰林學士承旨。

野里朮，高昌人。

父達識，有謀略，爲國人所服。太祖西征，亦都護懼，以錦衣、貂帽召達識謀之，達識勸亦都護執贄稱臣，以保其國。由是擢爲尚書。

太祖班師，諸王言於帝曰：「聞達識之子野里朮驍勇善騎射，所將部落又强大，盍召用之？」帝韙其言，命以驛馬五百匹迎。野里朮既至，帝甚重之。十七年，太祖征西域，野里朮從親王按只台力戰有功。按只台方以絳蓋障日，聞野里朮議事，喜見顔色，既退，撤其蓋送之十里。命兼四環衛之必闍赤。太宗四年，從伐金。六年，副忽都虎籍漢人户口，均其賦役。頃之，卒。子鐵哥朮。

鐵哥朮，沈鷙有才識。軍興，文檄交馳，鐵哥朮以國書譯之，無遺漏者，世祖嘉之。至元中，擢棣州達魯花赤，調德安府達魯花赤。宋遺民蔡知府據城叛，鐵哥朮率衆先登，身被數創，猶麾衆力戰，遂克之。主將議屠城，鐵哥朮曰：「叛者蔡知府數人，城民何與焉？請誅其黨與而止，毋濫殺。」主將從之。遷婺州路達魯花赤。卒，成宗敕其孫海壽返葬京師。贈榮禄大夫、江浙行省平章政事、柱國，追封榮國公，謚簡肅。

三子，長義堅亞禮，幼給事裕宗。至元十五年，爲中書省宣使，奉使河南，適大疫，義堅亞禮命村坊構室廬，備醫藥，以畜病者，全活甚衆。遷直省舍人。徵考上都儲峙，賜錦衣貂裘一襲，以旌其能。累遷湖州路達魯花赤。次月連朮，同知安隆府事。次八札，同知宣政院事。

義堅禮亞子海壽，累官杭州路達魯花赤，有惠政。卒，贈翰林直學士，追封范陽郡侯，謚惠敏。

孟速思，畏兀兒氏，世居别失八里，後徙大都。祖父八里木，父阿的息思，皆有名。孟速思年十五，盡通畏兀國書。太祖聞而召之，一見大悦，曰：「此兒眼中有火，他日可大用。」使侍睿宗，管顯懿莊聖皇后分邑。復侍世祖於潛邸。

世祖伐宋，孟速思與不只兒俱爲斷事官。憲宗崩，密白世祖：「神器不可久曠，宜早即大位。」諸王塔察兒、也孫哥、合丹等皆然之。世祖立，眷顧益重。及阿里不哥叛，不只兒有二心，孟速思知之，奏徙不只兒於中都，監護以往。帝又使迎安藏於和林。至元初，詔與安童並拜丞相，固辭。然尊禮與丞相等。凡所引薦，皆當世之選。帝語安童及月魯那演等曰：「賢哉孟速思！求之彼族，誠爲罕也。」四年，卒，年六十。帝痛惜之，特謚敏惠。大德十一年，贈推忠同德佐理功臣、太師、開府儀同三司、上柱國，追封武都王，改謚智敏。

十一子：曰脱因，宣政院使、太府卿；曰帖木兒不花，翰林學士承旨；曰小雲者，同知安西路總管事；曰也迭干，平陽達魯花赤；曰買奴，開府儀同三司、大司徒、翰林學士承旨，領章佩監；曰阿失帖木兒；曰乞帶不花；曰叔丹，吉州達魯花赤；曰月古不花，中書左丞；曰火你赤，雲南都元帥。

脱因子：曰察牙孫，四川行省左丞；曰僧家奴，行大司農少卿；曰本牙失理，同知澧州事；曰五十，唐州達魯花赤。也迭干子，曰阿思蘭，開成路達魯花赤。買奴子，曰朶兒克吉班，翰林侍讀學士。月可不花子，曰朶兒克，檀州達魯花赤。

阿失帖木兒，性聰强，能傳家學。至元十五年，從征乃顏有功，授樞密院都事。徽仁裕聖皇后召入内廷，命以字學授成宗及晉王。十九年，遷樞密院斷事官。大德二年，遷翰林侍讀學士，復命以字學授武宗。累擢翰林學士、正議大夫。武宗即位，以師傅恩，特拜榮禄大夫、大司徒、翰林學士承旨、知制誥兼修國史。未幾，加金紫光禄大夫，領太常禮儀院使。至大二年，卒，年六十。贈推誠保德濟美功臣、太師、開府儀同三司，追封武都王，謚忠簡。

子：别帖木兒，廬州達魯花赤；木忽秃，澧州達魯花赤；寬者，太常少卿。

八丹，畏兀兒氏。父小雲石脱忽憐。太祖四年，亦都護入朝，小雲石脱忽憐爲其國吾魯愛兀赤，譯言大臣，其父爲的斤必里傑提，譯言智福大相，俱從之。父子遂留事太祖。小雲石脱忽憐尤爲帝所親幸，後給事拖雷，莊聖皇后撫爲養子。真定，拖雷分地，命爲宣差、都達魯花赤、斷事官。四子：曰八丹；曰速渾察，從皇弟旭烈兀征西域；曰哈剌哈孫，中書右丞，行中書省事，後以本官襲父職；曰閭閭，官宣慰使。

八丹事世祖，爲寶兒赤、鷹房萬户。從征哈剌有功，賜男女口、金鋌、銀甕。從征阿里不哥，戰於昔門禿，日三合，斬獲甚衆，賜金鋌。又從裕宗北征，至鎮海你里温，賜銀椅、鈔、幣，命還守真定。未幾，又命行省揚州。八丹辭曰：「臣自幼未嘗去陛下左右。」改隆興府達魯花赤，遥授中書右丞，諭之曰：「隆興府，朕之舊居，汝往居之。」八丹又辭，帝不允。從晉王甘剌麻征海都有功，賜金鋌。未幾，卒。贈銀青榮禄大夫、大司徒。

子五人：曰阿里，鷹房千户；曰石得，安西王相府官；曰德服，汝寧府達魯花赤；曰阿散；曰臘真，由會同館使、同知通政院，累官中書平章政事，兼翰林學士承旨、通政院使，卒。

臘真子察乃，由陝西行臺御史大夫入爲通政使，泰定中拜中書平章政事，卒。

察乃子十人：曰孛孛實，河東山西道宣慰使；曰老漢；曰亦輦真，曰老章，知樞密院事；曰草地里，真定路達魯花赤；曰捏烈禿，宫傳；曰答剌海；曰羅羅，江東建康道肅政廉訪使；曰撒馬篤，中書參知政事；曰伯顔帖木兒，光禄少卿。

阿散，八丹第四子，通畏兀文，兼長騎射。裕宗在東宫，以奉訓大夫爲詹事判官。至元二十四年，除真定路達魯花赤。累進正議大夫。真定濱滹沱，多水患。阿散奏言：「治河即古之太白渠，舊合洨水於欒城縣北，經趙州南而東入大陸澤。今治水由平山西入滹沱，其勢益張。若浚治而復嘉場堰，使治水循故道，滹沱湍悍之勢可殺。」廷議從之。堰成，規利者惡害其私，決之，遂爲臺臣所劾，罷其事。

元貞元年，拜甘肅行省平章政事，賜玉帶。大德三年入覲，帝慰勞之，賜三珠虎符，統領西邊軍馬，仍舊平章政事。八年，卒，年五十。

子班祝，僉河東山西道肅政廉訪司事。

亦輦真，察乃第三子。幼敏慧，爲英宗御位下必闍赤。泰定初，授内八府宰相。初，高麗王阿難答失里襲位，其從弟完者篤愬於朝。阿難答失里入覲，留弗遣。至是，命亦輦真送阿難答失里歸其國。亦輦真宣布朝廷德意，人皆悦服。亦輦其弟老章，從明宗於朔漠。及帝北還，亦輦真奉璽綬迎於傑堅察罕。帝大悦，即除翰林學士，階資善大夫。故事，諸王入朝，從翰林求進止，餽遺甚厚，亦輦真悉拒不納。

惠宗即位，擢資政大夫、山東山西道肅政廉訪使。復召爲通政院使，奉命巡視驛傳，歷答八失剌哈孫，抵晃火兒目連之地，以便宜革驛傳弊政。東勝州之吴欒、永興、馬牛三驛牧地，爲人所侵冒，訟久不決，亦輦真覈得其實，衆皆辭服。乃正其經界，緩其逋租，民德之，立德政碑於三驛。未幾，遷山東西道宣慰使。江淮賊起，亦輦真與諸將討之。至邳州，遇賊二百人，諸將逡巡引卻，亦輦真獨與親兵十二人拒之，斬首七十餘級。俄拜遼陽行省左丞。時賊在膠州，亦輦真曰：「代者未至，我豈敢逭賊？」遂整衆東行，至沂水，而代者至，乃還。以疾卒於遼陽，年五十二。

昔班，畏兀兒人。父闕里別斡赤，身長八尺，智勇過人。從太祖征西域，數立戰功，將重賞之，自請爲本國坤閭城達魯花赤。從之，仍賜田卒二百。

昔班嘗授太宗皇長子合失書，合失，海都之父也。後事世祖潛邸，長必闍赤。中統元年，授真定路達魯花赤，入爲宗人府札魯忽赤。阿里不哥爭立，昔班奉世祖命督餫，給河西軍。還至西京北，聞萬户阿失鐵木兒等方選士卒，將從阿里不哥。昔班矯制召其軍赴行在。阿失鐵木兒狐疑未決，昔班委曲諭之，且曰：「可汗兄也，阿里不哥弟也。從兄順，又何疑焉？」阿失鐵木兒請至夜熟議〔二〕，翌旦復命，且以兵圍昔班而待。明日至，曰：「從爾之言矣。」即便宜以西京錢糧給其軍，率之以行。及入見，帝歎曰：「戰陣之間，得一夫之助，猶爲有濟。昔班以二萬軍至，其功豈少哉！」

海都叛，遣昔班往諭，使罷兵、置驛來朝。海都聽命，既退軍置驛，而丞相安童襲禾忽大王部曲，盡獲其輜重。海都懼，將逃，謂昔班曰：「我不難殺汝，念我父嘗受書於汝，姑遣汝歸，以安童事上聞，非我辠也。」昔班以聞，世祖曰：「汝言是也。先是來者亦嘗有此報。」十三年正月，拜中書右丞，參議政事，妻以宗女不魯真公主。三月，改户部尚書。明年，復使海都，諭來朝。海都辭以畏死，昔班不得要領而歸。昔班奉命奔走三年，風沙翳目，遂失明。命爲翰林學士承旨，給全俸養老。年八十九而卒。

子斡羅思密，至元二十三年授淛東宣慰使。淛東盜起，僭稱天降大王，斡羅思密討平之。移鎮廣西，招降峒蠻羅天佑。年六十九，卒。

子咬住，至大三年授典用監卿。有盜世祖御帶者，懸賞五千錠購賊。咬住擒獲之，盜伏誅，咬住辭賞。武宗嘉其不伐，予之千錠。累官榮禄大夫、宗正府札魯忽赤。

史臣曰：蒙古滅乃蠻，得畏兀兒文字用之，故畏兀兒人多顯者。其後百餘年，偰氏，畏兀兒之世家也，反以中國文學知名。彼此一時，亦視人主之好尚而已。

【校勘記】

〔一〕「殿帥」，原作「殿師」，據《元史》卷一五六列傳第四十三《張弘範傳》、歐陽玄《圭齋文集》卷一一《高昌偰氏家傳》改。本書《張弘範傳》、《靳忠傳》作「殿帥」不誤。

〔二〕「熟」，原作「孰」，據文意改。

新元史卷之一百三十七　列傳第三十四

嚴實 忠濟 忠嗣 忠範 王玉汝 張晉亨 晉亨子好古 齊榮顯 岳存 王德禄 信亨祚 畢叔賢 閻珍 孫慶 齊珪 珪子秉節

嚴實，字武叔，泰安長清人。爲人美儀觀，略知讀書，志氣豪放，喜施與。太祖八年，大兵略河北、山東，已而北歸。金東平行臺調民兵，署實爲百户。九年春，泰安張汝楫據靈巖山，遣其將攻長清，實敗之，以功授長清尉，東阿、平陰、長清三縣提控捕盜官，攝長清令。張林以益都附宋，乘勢西略，實出城督民租，比還，城已陷，俄以兵復之。行臺疑實通於宋，欲殺實，實挈家壁於青厓崮，倚林爲聲援。十五年八月，宋使趙拱諭京東州縣，過青厓，實因降宋，分兵四路，所至州縣皆下。

是年冬，木華黎至濟南，實知宋不足恃，遂挈二府、六州户三十萬，詣軍門降。木華黎承制，拜實金紫光禄大夫、行尚書省事。進攻曹、濮、單三州，皆克之。偏將李信守青厓，有罪懼誅，乘實出，殺實妻杜氏及其兄彬，降於宋。十六年，實以蒙古兵攻信，殺之，從木華黎圍東平。木華黎謂實曰：「東平糧盡必棄城走，汝入即安輯之。」以實權東平行省。又謂千户扎拉兒台曰：「東平破，可命實與石珪分南北守之。」既而守將蒙古綱遁走，實入城，建行省。扎拉兒台以木華黎命，使實略定東平以北恩、博等州，石珪移治曹州。

十七年，宋將彭義斌復取京東州縣，實將晁海以青厓降，實家屬又爲義斌所獲。十八年，都元帥史天倪攻河衛，實以兵會之，與金將布哈等戰失利，實爲所擒。天倪使壯士要於延津，實得脱歸。二十年四月，義斌攻東平，實求援於孛里海，兵久不至，城中食盡，乃與義斌連合。義斌亦欲藉實收河朔而後圖之，以兄禮事實。時實衆尚數千，義斌不之奪，而留其家屬不遣。六月，義斌緣真定西山，與孛里海等軍相望，實自拔歸於孛里海。後義斌戰於贊黄五馬山，敗潰，史天澤擒義斌斬之，於是京東州縣復爲實有。是年冬，帶孫郡王取彰德；明年取濮州、東昌；太宗元年，孛魯取益都。實皆從行有功。

四年八月，朝太宗於牛心帳殿，賜坐，宴饗終日。太宗歡甚，賜實金虎符，數顧實，謂左右曰：「嚴實，真福人也。」八年，復朝於和林，授東平路行軍萬户，偏裨賜金符者八人。實所領凡五十四城，後割大名、彰德外屬，而益以德、兖、濟、單四州。太宗雅知實不便鞍馬，詔實毋從征伐。實病風痹久，或勸迎良醫，實笑曰：「人豈不死？吾得無疾病以殁，足矣！」十二年四月，卒，年五十九。

實在東平，以宋子貞爲評議官，兼提舉學校，延致名儒康曄、李昶、徐世隆、孟祺等於幕府，四方之士聞風而至，故東平文學，彬彬稱盛。實亦折節自厲，從儒者問古今成敗，至仁民愛物之事，輒欣然慕之。帶孫郡王克彰德，驅老弱數萬欲屠之，聽實諫而止。及破濮州，復欲屠之，實諫，獲免者又數萬。大兵由武關出襄、鄧，攻拔河南州縣，實知俘戮必多，載金帛往贖之，且約東部將毋妄殺。歲大饑，流民多殍。國法：匿逃亡，保社皆緣坐，流民無所託，僵尸塞路。實作糜粥，置道傍哺之，全活無算。王義深者，彭義斌別將也，義斌敗奔於金，實家屬在東平者，皆爲所害。金亡，實獲義深妻子，厚恤之，其寬厚長者類若此。

中統二年，追封實爲魯國公，謚武惠。七子：忠貞、忠濟、忠嗣、忠範、忠傑、忠裕、忠祐。

忠貞，金紫光禄大夫，先實卒。子度，甘肅行省左丞。

忠濟，一名忠翰，字紫芝，從實入見太宗，賜虎符，襲東平路行軍萬户、管民長官，初統千户十有七。憲宗五年，入朝，命括新軍，山東益兵二萬有奇。忠濟弟忠嗣、忠範爲萬户，以次諸弟及舊將之子爲千户，使忠濟統之，戍蘄縣。九年，世祖南征，詔忠濟帥所部會鄂。

中統二年，還京師，命忠範代之。

忠濟在東平，借貸於人，爲部民納逋賦。債家執文券來徵，世祖命出内藏償之。至元二十二年，特授資德大夫、中書左丞、行江浙省事，以老辭。二十九年，賜錢萬五千緡，宅一區，召其子瑜入侍。三十年，卒，謚莊孝。

忠濟早歲驕恣，朝廷恒慮其難制。及謝事後，貴而能貧，安於義命，世以是多之。

忠嗣，少從張澄、商挺、李楨學，略知經史大義。授東平人匠總管，領單州防禦使事。憲宗五年，充東平路管軍萬户。七年，從忠濟略地揚州，攻召伯埭，有功。九年，從忠濟渡淮，分兵出挂車嶺，與宋人相拒三晝夜，殺獲甚衆。又從攻蘄州，及渡江圍鄂州，戰甚力。師還，賜金虎符。

中統三年，宋人攻蘄州，徐州總管李杲哥叛降於宋。忠嗣從大軍復徐州，執杲哥殺之。賜銀二百兩、幣五十疋。四年，罷歸，卒於家。

忠範，代兄忠濟爲東平路行軍萬户。至元九年，僉成都行省事。戰失利，逮至京師，會赦免。十二年，授國信副使，偕廉希賢使於宋，至獨松關，爲宋將張濡所殺。

史臣曰：嚴實降於宋，又降於蒙古，蓋亦乘時徼利之士。迨中原粗定，挈溝壑轉徙之民，置之衽席之上，興學養士，文教蒸蒸，雖學道愛人者，何以尚此？宜乎功名之盛不及張柔、史天澤，而令聞獨遠也。

凡嚴實行臺官有名迹者，得十有二人，附著左方。

王玉汝，字君璋，鄆州人。嚴實署爲掾吏，稍遷行臺令史。中書令耶律楚材過東平，奇之，授本路奏差官。夏津災，玉汝奏請復其民一歲。

太宗十年，以東平地分封諸功臣，各私其人，不隸有司。玉汝曰：「若是，則嚴公事業存者無幾矣。」夜哭於楚材帳後。明日，楚材召問之，曰：「玉汝爲嚴公之使，今嚴公地分裂，而不能救止，無面目還報，將死於此，是以哭耳。」楚材惻然良久，使詣帝前愬之。玉汝進言：「嚴實以三十萬户歸朝廷，崎嶇患難，卒無異志，豈與他降人同？今裂其土地，非所以旌有功。」太宗嘉玉汝忠款，罷其事，遷行臺知事，遥領平陰令。

實子忠濟嗣，授左右司郎中，總行臺之政。定宗即位，食邑東平者復欲剖分實地，玉汝力争於上，事始已。憲宗即位，命常賦外歲出銀兩，謂之包垛銀，玉汝曰：「民力不支矣。」率諸路管民官訴之闕下，減三分之一。累官泰定軍節度使，兼兖州管内觀察使，充行臺參議。後以病謝事，忠濟强起之。未幾卒。

張晉亨，字進卿，南宫人。兄顥，金同知安武軍節度使事，領棗强令，率所部降於嚴實，進安武軍節度使，戰殁。木華黎承制以晉亨襲顥職。晉亨性畏慎，實器之，以女妻焉。其子忠貞入質，遣晉亨從之。太祖二十二年，從孛魯攻益都，以功遷昭毅大將軍，領恩州刺史，兼行臺馬步軍都總領，再遷鎮國大將軍。太宗六年，從實入覲，授東平路行軍千户。從圍安慶，攻光州之定城，略信陽，又别攻六合，拔之。

實卒，其子忠濟奏晉亨權知東平府事。東平貢賦率倍他道，又簿書獄訟日不暇給，晉亨任七年，甚獲民譽。憲宗即位，從忠濟入覲。時包銀制行，廷議户賦銀六兩。諸道長吏有輒請試行者，晉亨面責之曰：「諸君爲親民之吏，民利病且不知乎？今知而不言，罪也。承命而歸，事不克濟，尤罪也。且五方土産不同，任土而賦之，則民便而事易濟，必責民輸銀，雖破産有不能辦者。」大臣以聞。明日，太宗召見，如其言以對，帝韙之，乃蠲户額三分之一，仍聽民輸他物，遂爲定制。帝欲賜晉亨金虎符，辭曰：「虎符，爲長一道者所佩。臣佩虎符，非制也。不敢受。」帝益悦，改賜璽書、金符，恩州管民萬户。

中統三年，李璮叛，晉亨從忠範敗賊於遥牆濼，改本道奥魯萬户。四年，授金虎符，分將本道兵充萬户，戍宿州，建言：「汴隄南北沃壤，宜屯田以資軍食。」乃分兵屯墾。期年，遂獲其利。至元八年，改淄萊路總管，尋兼軍事。十一年，大舉伐宋，晉亨在選中，聞命就道，曰：「此報效之時也。」當率所部。由安慶渡江。伯顔留戍鎮江，戰焦山、瓜洲，皆有功。十三年，卒。三子：好古、好義、好禮。

好古，字信甫。晉亨權知府事，忠濟以好古領其父軍。戍宿州，旋授行軍千户。從圍樊城，又從略揚州，攻邵伯埭，拔之。中統元年，兼恩州刺史。未幾，移戍蘄州。宋人來攻，好古力戰，死之。時晉亨在濟南軍中，聞之，曰：「吾兒得其死矣！」至元元年，以好古殁於王事，命其弟好義、好禮並襲職爲千户。

齊榮顯，字仁卿，聊城人。父旺，金同知山東西路兵馬都總管。榮顯九歲代父任爲千户，佩金符，從妻父嚴實屢立戰功。攻濠州，宋兵背城爲陣，榮顯薄之，所向披靡。部將王孝忠力戰，中鉤戟，榮顯斷戟拔孝忠出，大帥察罕壯之。進拔五河口，擢權行軍萬户，守宿州。墮馬傷股，改提領本路課税，又改本路諸軍鎮撫，兼提控經歷司。值斷事官鈎校諸路積逋，官吏多遭詬辱，榮顯從容辨理，悉爲蠲貸。從實入朝，授東平總管府參議，兼領博州防禦使。及大兵伐宋，道出東平，索供給銀二萬錠，榮顯詣斷事官訴之，得折充賦稅。中統元年，告歸，卒於家。

岳存字彦誠，大名冠氏人。嚴實承制授帥府都總領，守冠氏。金將鄭倜據大名，來攻。存堅守，倜復自將萬人圍之。存率死士百餘人，突出西門搏戰，倜退走。從實拒武仙於彰德西，敗之。遷明威將軍，領冠氏主簿。明年，存率五百人自彰德北還，過金將張開，衆萬餘。存兵入林中，戒之曰：「彼衆我寡，不可輕動，聽吾鼓聲爲節。」乃命騎居前，步卒在後，距敵二十步，鼓之，直薄開衆，開遁走，不損一卒而還。旋擢本縣丞，移楚邱。告老歸，卒於家，年六十九。

子玉禎，襲父職冠氏縣軍民彈壓。從圍襄樊，築百丈山、鹿門等堡。又監戰船於鎮江，戰焦山，擢千户。宋平，從張弘範覲世祖於柳林，賜金飾、銀鞍勒，擢福州路總管。累遷建康路總管，有惠政，民勒碑記之。至大二年，卒，年七十二。

王德禄，興中府人。以騎兵從王守玉屯東平，又從守玉歸於嚴實，以功累遷同知兗州軍事。與宋將彭義斌戰，殁於陣。

信亨祚，字光祖，上谷人。率鄉曲千餘人壁梁山，歸於嚴實，署五翼都總領，佩金符。金濟南兵來襲青崖，一戰敗之，斬獲甚衆。後守曹州，不解甲者三年。又從實破黄山，取恩州，皆先登陷陣。又從大軍破彭義斌將劉慶福，遷同知曹州事。實治軍嚴，動以軍法從事，亨祚從容救止，多所全活。泰安人司仙統萬餘户壁於徂徠山，因亨祚自歸，亨祚受之，秋毫無所犯。卒年四十九。

畢叔賢，永清人。爲金濟南總管成江養子。李全據益都，以叔賢爲帳前都統，遷統制。大軍圍益都，城中食盡，全閉户欲自經，以試衆心嚮背。叔賢排户入，説全曰："公死城即破，大兵一縱，城民無噍類矣。公降，必不死，何惜屈一身而不爲城民計乎？"全遂納降。後從成江歸於嚴實，實倚重之。妖人李佛子之獄，詿誤萬人，實欲盡誅之。叔賢諫曰："民自陷於死，已可哀，况其老幼？公一言之重，人獲更生，何忍坐視而不救乎？"實惻然感動，别白詿誤，全活甚衆，并以金繒贖之。十五年，實承制授行軍總領，遥授鄒平、齊河兩縣令。累遷濮州刺史，改營屯都總領，復并本路税課所長官，卒。

閻珍，上黨人。仕金爲公府掾。金上黨公張開壁馬武寨，遣別將李松守潞州。嚴實從大兵略地，開遁，城民推珍爲主，遂以城降，實承制授珍爲潞州招撫使。有譖於實者，言珍多斂部民金，私貯之。實按籍問之，出入皆有朱墨可尋。實嘉歎，加元帥左監軍，兼同知昭義軍節度使事。又用實薦，遷左副元帥、昭義節度使，佩金虎符。武仙復叛，執珍送馬武寨，有營救之者，釋不誅，遷珍於河南。後復歸於實，卒。

孫慶，濟南人。嚴實壁青崖崮，慶往從之。實與彭義斌連和，密告難於國王孛魯。大軍來援，與義斌遇於贊皇西山。時實率所部從義斌，慶獻計：「援兵至，我宜入北軍以張其勢，成敗在此一舉，幾不可失。」實即馳赴之。義斌大敗，尋被獲。授慶濟南府軍資庫使，改行尚書省應辦使。累遷本路鎮撫軍民副彈壓，兼府領事。後罷職，復起爲都指揮使，卒。

齊珪，濱州蒲台人。從嚴實攻德州，有功，授無棣縣尹，攝政行千户，後兼總管，鎮棗陽。李璮叛，徵棗陽兵會討，僅留羸卒數千。時珪攝萬户，與宋人對壘，以東門外濠狹，命浚廣之。宋將聶都統、陳總管果率兵萬餘抵東門，阻於濠，不能仰攻。珪復率衆力戰，敵退走。事聞，賜金符，真授千户。至元二年，致仕，舉子秉節自代。卒於家。

秉節，字子度。憲宗四年，宋人圍海州，秉節往援，突陣，擒其二將。五年，從大軍伐宋，築新城白河口堡鹿門山，略地郢州大洪山黄山洞。七年，擢上千户，旋擢萬户。十一年，從丞相伯顔攻郢，克武磯堡，擒宋將閻都統。十二年，大軍敗宋賈似道於丁家洲〔一〕，使秉節屯建康，與宋將趙淮戰於西離山，淮遁去。遷武義將軍。又從定太平、安慶諸路，與宋將張咨議戰於崑山，斬之。十四年，授宣武將軍、管軍總管。黄州叛，秉節往討之，斬叛將余總轄於陣。十七年，授明威將軍。二十三年，移饒州，擒安仁劇盗蔡福乙。二十五年，擢廣威將軍、棗陽萬户府副萬户。二十八年，卒，年六十二。子英嗣。

英亦有武略，不妄殺降卒。時稱珪三世爲仁義將軍。

【校勘記】

〔一〕「丁家洲」，原作「丁家州」，據《宋史》卷四七本紀第四十七《瀛國公》、《元史》卷八本紀第八《世祖五》改。

新元史卷之一百三十八　列傳第三十五

史秉直 進道 天倪 楫 權 元亨 天安 樞 天澤 格 燿〔一〕 天祥

史秉直，永清人。祖倫，築室得藏金，遂饒於財。金末中原大亂，歎曰：「財者，人之命也，安可獨享？」乃徧周貧乏，建家塾，招徠學者。歲大祲，發粟八萬石賑之。父成珪，亦倜儻好施〔二〕。

秉直讀書，尚氣概。太祖八年，木華黎率師南伐，所向殘破。秉直聚族謀曰：「世亂如此，吾家百口何以自保？」已而知降者皆無恙，即率鄉民萬人詣涿州軍門降。木華黎欲官之，秉直辭而薦其子。乃以子天倪爲萬户，而命秉直統降人家屬屯霸州。秉直拊衆有方，遠近來降者十餘萬家。尋遷於漠北，降衆道饑，秉直所得牛羊悉殺以食之，全活無算。九年，從攻北京，城降。詔以吾也爾爲北京路都元帥，秉直行尚書六部事。吾也爾雖爲大帥，其軍府事一委秉直，又以秉直主餽餉，軍中未嘗乏絶。

天倪以都元帥行真定府事，降將武仙副之。天倪將赴真定，秉直密戒之曰：「觀仙之詞氣，必不爲我用，宜備之。」天倪謂：「大人奈何教兒猜中而不信人？」秉直怒，乃攜其孫楫、權還北京，曰：「吾不忍其併及於難也。」既而仙果襲殺天倪，人始服其先識。太宗二年，以老病謝事歸。幅巾羸馬，逍遥里巷，見者不知其爲貴官也。卒，年七十一。弟進道。子天倪、天安、天澤。

進道，字道遠。大兵徇燕、趙，進道與秉直共白於母，其母曰：「吾決以天道，莫若順之。」遂偕秉直謁國王木華黎。木華黎器其才，深加撫慰。九年，從木華黎圍北京。十年三月，城降，木華黎遣進道及要魯火赤、吾也爾等進兵，攻興州，守將趙玉望風納款。以功進義州節度使，命管領北京勾當。十一年，錦州守將張致叛，從木華黎討平之。又令招諭廣寧，兵至，即迎降。就命進道守廣寧，尋改留守北京，遷北京管民長官萬户。進道治北京十餘年，推誠御衆，不爲鉤距譎詐之事，輕徭薄賦，闔境安之。嘗謂人曰：「幼不能事父母，長不能事兄，吾於義誠有闕矣。且吾兄居鎮陽，吾思之，吾兄得毋北向思我乎？」愀然變色者久之。太宗六年，薦張翼自代，致仕歸。卒年六十五。

天倪，字和甫，姿貌魁傑。初生時有白氣貫於庭中，及長，好學，日誦千言。大安末，舉進士不第，歎曰：「大丈夫立身，何必文事？使吾擁百萬之衆，功名可唾手取也。」木華黎見而奇之，承制授萬户。天倪乃進言曰：「金遷都於汴，失策之甚者也。遼東、西諸郡，金之心腹地，我若據大寧以扼其吭，則遼陽可不攻自下矣。」木華黎善之。

初，倫卒，鄉人感其德，結清樂社以祀倫，凡四十餘社。至是，天倪選其壯勇萬人爲義兵，號清樂軍，以從兄天祥爲先鋒，所向無敵。分兵略三河、薊州，諸寨皆望風款服。太祖九年，入朝，召見行幄，賜金符，授馬步軍都統，管領二十四萬户。從木華黎攻高州，又攻北京，皆降之。

十年，授右副都元帥，改賜金虎符。八年，克平州，金經略使乞住降。進兵真定，其將武仙不下，乃移兵趨大名。衆謂城堅不可猝拔，天倪循視良久，使攻其西南隅。勁卒屢上屢卻，天倪一躍而登，守者辟易，遂克之。十一年，清州監軍王守約、平州推官合達，俱以城叛，欲從海道南歸。天倪追襲至樂安，金益都行省忙古以兵來援，敗之，殺守約，擒忙古，斬首萬級。

十二年，徇山東諸郡。部卒有宰民豕者，立斬之，軍中肅然。金知中山府李明、趙州李瑀、邢州武貴、威州武振、磁州李平、洺州張立等，皆降。十四年，從木華黎徇河東，至絳州。城人甃石爲團樓禦敵，天倪穴地攻之，樓陷，遂拔其城。木華黎大喜，賞繡衣、鞍馬。

十五年，武仙降，木華黎承制以天倪爲金紫光禄大夫、河北西路兵馬都元帥，行府事，仙副之。天倪言於木華黎曰：「今中原粗定，而所過猶縱鈔掠，非王者弔民伐罪之意。且王奉天子命，爲天下除暴，豈可效他將所爲？」木華黎曰：「善。」下令：「敢有剽掠者，軍法從事。」遠近大悦。十六年，金懷州元帥王榮、潞州裴守謙、澤州王珍皆以城降。十七年，攻濟南水寨，破之。

十八年，徇山西，不浹旬，定四十餘砦。未幾，還軍真定。宋大名總管彭義斌侵河北，天倪逆戰於恩州，敗之。

二十年，武仙部將據西山腰水、鐵壁二砦叛。天倪擣其穴，盡掩殺之。仙怒，會義斌復陷山東郡縣。仙謀叛，乃設宴邀天倪。有知其事者，止天倪毋往，不從，遂爲仙所害。先是，天倪擊鞠夜歸，有大星隕馬前有聲，心惡之，已而果及於難，年三十九。妻程氏聞亂，恐爲賊污，自殺。子五人：楫、權，其三子俱死於難。

楫，字大濟。太宗十一年，知中山府。憲宗三年，世祖駐六盤，召天澤議經略司事，天澤奏：「臣攝兄天倪軍民之職。天倪有二子，長子楫管民政，次子權又握兵柄，臣可退休。」世祖曰：「昔成吉思汗封功臣十人爲千户，諭衆曰：『所有年幼者，汝等無疑，此人父兄俱有功，安得不報？』且功臣中豈無一門三要職者？」意不許辭。尋遷楫征南行軍萬户翼經略，徇地蘄、黄。楫善撫士卒，所向有功。後天澤又請使楫襲其父職，世祖歎曰：「今争爵者多，讓爵者少，卿深可嘉尚。吾自有官與楫。」即以楫爲真定兵馬都總管，佩金虎符。

朝廷始徵色銀，楫請以銀與物折，仍減其元數以紓民。詔從之，著爲令。各道以楮幣相貿易，不得出境，二三歲輒一易，鈔本日耗，商旅不通。楫請立銀鈔相權法，人以爲便。或請更鹽法，按籍計口給之，楫争其不可，曰：「鹽鐵從民貿易，豈能如差税例配之？」議遂寢。元氏民有愬府僚於達官者，鞫之無實，將抵死，楫力爲營解。達官曰：「是欲陷汝輩死地，汝救之何也？」楫曰：「誅之足以懲後，然不若宥之以愧其心。且人命至重，妄言罪不至死。」乃杖而遣之。

中統元年，授真定路總管、同判本道宣撫司事。所舉州縣佐吏有文學者三十餘人，後皆知名。四年，以天倪爲武仙所殺，籍仙宅賜楫。會天澤言：「兵、民之官不可并在一門，行之請自臣家始。」楫即日解印綬歸。卒，年五十九。

五子：炫，常德管軍總管；煇，知孟州；燧，同知東昌事；煊，潼關提舉；煬，僉廣西按察司事。

權，字伯衡，勇而有謀。憲宗二年，天澤以萬户改河南經略使，命權代爲萬户。四年，屯鄧州，敗宋將高達於樊城。世祖伐宋，次鄂州，聞憲宗崩，北還，使權總兵屯江北岸之武磯山。中統元年，降詔獎諭，賜金虎符，授真定、河間、濱、棣、邢、洺、衛、輝等州路并摩哩糺軍兼屯田民户沿邊鎮守諸軍總管萬户，其所屬萬户、千户悉聽節制。三年，改授江漢大都督，依前屯戍。宋將夏貴攻邳州，徐邳總管李杲哥出降。貴既去，杲哥自陳能保全一州，權奏聞其事。詔自杲哥以下，並原其罪。已而杲哥降貴事發覺，詔誅之，並責權妄奏。

至元元年，入覲上都。六年，復詔赴上都，問取宋方略。對曰：「樊城爲襄陽之外郛，若先克樊城，則襄陽不戰自降。然後東西並舉，事必有濟。」帝善其言。七年，宋人入寇，權引兵趨荆子關，大破之。賜白金五百兩，權悉與麾下分之。夏貴以戰艦萬艘載鋭卒，欲截江面，權進攻破之。賜衣幣、弓矢、鞍勒。未幾，轉餉隨州，貴復引兵鈔奪，權又敗之。賜白金七百兩，授河南等處宣撫使。未行，賜金符，復充江漢大都督，總制兵馬，總管屯田萬户。天澤請罷子弟兵柄，授鎮國上將軍、真定等路總管，兼府尹。徙東平，又徙河間。卒，謚武穆。三子：烜，大中大夫、同知兩淮轉司事；焞，善化縣尹。烜子元亨。

元亨，字太初。至元二十九年，以大臣薦，入見皇太子於隆德殿，命直宿衛。出爲龍興路同知，擢黄州通判，移婺州。執政以元亨閥閲近臣，不宜限年勞，由奉訓大夫進朝列大夫。元亨有吏能，豪民詐乘傳肆爲奸利，元亨以法繩之，餘皆惕息。婺州不産銅，元亨言於行省，罷鑄錢，民尤頌之。延祐四年，遷饒州路同知，未赴任而卒，年五十四。

初，天倪卒，子楫、權幼，天澤襲爲萬户。及長，天澤辭萬户，世祖弗許，別授二子官。烜卒，弟焃未仕，元亨母張氏使以父爵讓焃，由是焃得善化縣尹。人皆稱史氏之世讓焉。

天安，字金甫。從秉直降木華黎，以其兄天倪爲萬户而質天安軍中。太祖十一年，從討錦州張致，平之。十四年，又從略地陝西，生擒鄜州張資禄，號張鐵槍，驍將也。武仙殺天倪於真定，天澤進兵野頭，天安亦率所部來赴，併力攻仙，敗之。以功授行北京元帥府事，屯真定。

宋人聚兵於邢州之西山，爲仙聲援，遣其黨趙和行間，誣倅副李甲、劉清輸款爲内應，守將械二人送府。大帥趣命戮之。天安揣知其詐，請鞫之，得實，乃斬和以徇。太宗四年，從伐金。師還，討劇盜果滿、蘇傑等，悉平之。六年，權真定等路萬户，賜金符。定宗元年，入覲，賜黄金、裘、馬。憲宗五年，卒。子樞。

樞，字子明，年二十餘，以功臣子知中山府，有治績。憲宗四年，初籍新軍，詔大臣求可以慎固封守、閑於將略者。擢樞征行萬户，配以真定、相衛、懷孟新軍，戍唐、鄧二州。五年，敗宋舟師於漢水之鴛鴦灘，賜金虎符。

八年，憲宗伐宋，樞從天澤覲帝於大散關。帝勞之，樞奏曰：「臣祖、父，受國厚恩。今陛下親總六師，暴露萬里之外，臣願出死力，以報國恩之萬一。」帝壯其言，命爲前鋒，從攻宋劍州。州僑治於苦竹厓，前阻絶澗，深數百尺。樞率壯士數十人，縋而下。及城降，大宴諸將，帝顧皇后，使飲樞酒，諭降將曰：「此國家殊禮，爾等有功，禮亦如之。」九年，從天澤敗宋將吕文德於嘉陵江，追至重慶而還。

世祖即位，改賜金虎符。中統二年，從天澤扈駕北征。三年，從天澤圍李璮於濟南。樞營於城西南，夾澗爲柵，淫雨暴漲，柵木壞。樞曰：「賊乘吾隙，今夜必出。」命作葦炬數百待之。迨夜，賊果至，飛炬擲之，風怒火烈，弓弩兼發，賊大潰，死者無算。未幾，璮就擒。

至元四年，宋人攻開、達諸州，以樞爲左壁總帥，佩虎符。七年，高麗權臣林衍死，其黨裴仲孫、金通精等立承化公爲王，竄珍島。進樞昭勇大將軍，高麗鳳州等處經略使，佩虎符，領屯田事。八年五月，樞與經略使忻都等進兵至高麗，謂諸將曰：「賊勢方張，未易力勝。況盛暑，弓力弛弱，猝不可用。宜分軍三路，多張旗幟以疑之，吾潛師擣穴，可破也。」諸將從其計，大破珍島賊，平其地而還。

十二年，復以萬户從丞相伯顏伐宋，賜錦衣、鞍勒、弓矢，仍給天澤帳下十人。宋平，署安吉州安撫使。時新附之衆，所在依險阻自保，樞以威信招納之，皆復業爲民。

十四年，移疾還。十九年，起爲東京路總管，辭不赴。二十一年，以盧世榮薦，拜中書左丞。世榮敗，坐免。二十三年，復授中奉大夫、山東西道宣慰使。二十四年，卒，年六十七。子：煥，昭勇大將軍、後衛親軍都指揮使，佩金符；煇，奉訓大夫、秘書少監。

天澤，字潤甫。身長八尺，音吐如鐘，善騎射，膂力過人。天倪帥真定，署天澤帳前軍總領。

太祖二十年，天澤送其母還北京，甫行，而天倪爲武仙所害。府經歷王縉追及天澤於中途，曰：「變起倉卒，部曲雖散走，尚在近郊。公能回轡而南，則不招自至矣。」天澤毅然曰：「兄弟之仇，不反兵，雖死何敢避，況不必死耶？」即傾貲裝，購甲仗南還。次滿城，收兵千餘，馬七百匹。遣監軍李伯佑詣國王孛魯言狀，且請濟師。孛魯承制授天澤都元帥，使笑乃觧率蒙古兵三千援之，合勢攻仙。生擒其將葛鐵槍，軍威大振，遂復中山、趙州，進屯野頭。仙懼，奔西山抱犢砦。三月，遂復真定。六月，宋將彭義斌以兵應仙，天澤禦於贊皇，擒斬之。未幾，仙令諜者入城匿大曆寺爲内應，夜半斬關納仙。天澤踰城走，求援於藁城董俊。俊授以鋭卒數百人，與笑乃斛軍合，攻仙。二十一年八月，天澤夜襲真定，克之，仙復走抱犢砦。笑乃斛忿民從賊，驅萬餘人將殺之，天澤曰：「此爲其所脅耳，殺之可憫。」力争於笑乃斛，始得釋。天澤招集流散，官府、民居日以完葺。以抱犢諸砦仙之巢穴，急攻之，仙敗遁，相、衛二州遂平。

太宗即位，議立三萬户，分統漢兵。適天澤入覲，太宗素知天澤，以杖麾天澤及劉黑馬、蕭札剌居右，詔爲萬户，其居左者悉爲千户，遂以真定、河間、大名、濟南、東平五路兵隸於天澤。二年冬，武仙屯汲縣，天澤合諸路兵圍之。金將完顔合達以十萬衆來援，戰不利，諸將皆北，天澤獨繞出敵後，夾攻之，仙棄城走。

四年，太宗由白坡渡河，詔天澤以兵會河南，招降太康、睢、柘等州縣。金徐州行省完顔慶山努入援，敗之於楊驛店。慶山努馬躓被擒，見天澤，問爲誰。天澤曰：「我真定史萬户也。」慶山努曰：「是天澤乎？吾國已殘破，公其以生靈爲念。」後慶山努卒不屈死。五年春，金主突圍而出，使完顔白撒自黄龍岡襲新衛，天澤率輕騎赴之，白撒等敗走蒲城，俘斬八萬餘人。金主奔歸德，天澤會諸軍於城下。新衛達魯花赤撒吉思不花欲背水而營，天澤曰：「此非駐兵之地，若敵至，則進退失據矣。」不聽。會天澤以事至汴，撒吉思不花全軍皆没。金主自歸德遷蔡州，元帥倴盞率大軍圍之，天澤當其北面，力戰有功。蔡州平，天澤還軍真定。

時政煩賦重，貸錢於西北賈人以代輸，數倍其息，謂之羊羔利，民不能堪。天澤奏請官爲代償，本息平而止。歲饑，假貸以充民賦，積一萬三千錠，天澤罄家資率屬吏償之。又請以中户爲軍，上、下户爲民，著爲定籍。從之。

七年，從皇子曲出伐宋，攻棗陽，天澤先登拔之。又攻襄陽，宋舟師數千陳於峭石灘，天澤挾兩舸直前擣之，宋師覆溺無算。九年，從口温不花攻克光州。次復州，宋舟師栅湖中，天澤曰：「栅破，則城自下。」募死士四千人攻其栅，破之，復州降。進攻壽春，乘勝而南，所向輒克。

憲宗三年，入覲，賜衛州五縣爲分邑。世祖在潛邸，知漢地不治，河南、陝西尤甚，請以天澤及趙璧爲經略使。天澤均賦税，更鈔法，建行倉，立屯田、保甲，境内大治。七年，詔阿藍答兒鈎較諸路財賦。阿藍答兒性苛刻，鍛煉羅織，無所不至，獨以時望容假天澤。天澤曰：「我爲經略使，願責我而寬屬吏。」由是獲免者甚衆。

八年，從憲宗伐蜀。明年夏，駐合州釣魚山，疫作，議班師。宋將吕文德以艨艟數千溯江而上，戰不利。帝命天澤禦之。天澤分兩翼，截江爲陣，自率麾下迎敵，奪戰艦數百艘，追至重慶而還。

中統元年，世祖首召天澤，問以治安之道。天澤疏奏：「立省部以正紀綱，設監司以督諸路，施恩澤以安反側，屏貪殘以任賢能，頒俸秩以養廉，禁賄賂以防奸。則上下丕應，内外休息。」帝嘉納之，以天澤爲河南等路宣撫使，俄兼江淮諸翼軍馬經略使。帝問竇默曰：「朕欲求如唐魏徵者，豈有其人乎？」默對曰：「深謀遠慮有宰相才，則史天澤其人也。」帝以爲然。二年夏五月，拜中書右丞相。天澤謂同官曰：「天澤本武夫，豈堪負荷？但事理未安者，老夫通譯其間，爲諸君條達之，何敢言相？」人多其能讓。初，憲宗時，括民户百餘萬，至是諸色占役者大半，天澤悉奏罷之。秋七月，從世祖討阿里不哥，次昔木土之地，綫真將右軍，天澤將左軍，合勢蹙之，阿里不哥敗走。

三年，李璮叛，諸王哈不赤討之，復命天澤往。聞璮入濟南，笑曰：「豕突入笠，無能爲矣。」乃進説於哈必赤曰：「璮兵精，不宜力角，當以歲月斃之。」於是深溝高壘，遏其奔軼，城中食盡，出降，生擒璮，斬於軍門。

初，天澤將行，帝臨軒授詔，俾諸將皆聽節度。天澤未嘗以詔示人，及還，帝慰勞之，悉歸功於諸將。其謙慎如此。言者謂李璮之叛由諸將權太重，天澤遂奏：「兵、民之官不可併在一門，行之請自臣家始。」於是史氏解兵符者十七人。

至元元年，加光禄大夫。三年，皇太子領中書省，兼判樞密院事，以天澤爲輔國上將軍、樞密副使。四年，復加光禄大夫，改左丞相。六年，降授爲平章政事。大軍攻襄陽，詔天澤與駙馬忽刺出往經畫之，賜白金、楮幣。天澤相要害，建地堡，以絶襄陽聲援，爲必取之計。七年，以疾還。八年，進開府儀同三司、平章軍國重事。

十年春，與平章阿朮等進攻樊城拔之，襄陽降。十一年，詔天澤與丞相伯顔總大軍，自襄陽水陸並進。以左丞相行中書省於荆湖。天澤至郢州，疾篤，還襄陽。帝遣近侍勞問，賜藥餌，天澤附奏曰：「臣大限有終，死不足惜，但願天兵渡江，慎勿殺掠。」語不及他。十二年二月卒，年七十四。帝聞，震悼，賻白金二千五百兩，贈太尉，謚忠武。後累贈太師，追封鎮陽王。天澤平居，未嘗自矜其能，及臨大事，毅然以天下自任。言約而理覈，氣和而色莊。年四十始折節讀書，尤熟於《資治通鑑》。至論成敗得失，雖老師宿儒自以爲不及也。拜相之日，門庭悄然。或勸以權自張，天澤舉韋澳告周墀之語曰：「願相公無權。爵禄刑賞，天子之柄，何以權爲？」言者慚服。初，天澤取衛州，獲衛士蒲察輔之，問金之名士，以近侍局副使李大節對。及克歸德，獲大節，署爲參謀，委以一路之事，常署空名委劄數十事，畀大節用之。又使王昌齡治食邑，凡蠹民之政，昌齡一切罷之，失職者造爲誣謗，天澤不顧也。其知人之明，多類此。天澤鬚已白，用藥染之，世祖見而問曰：「史拔都之鬚，何乃更黑耶？」對曰：「臣覽鏡見白鬚，竊悼衰暮，效力於陛下之日淺，故染之。」帝大喜。世祖時，漢人賜名拔都者，惟天澤與張弘範、張興祖三人云。

九子：格、樟，真定、順天新軍萬户；棣，衛輝路轉運使；杠，湖廣行省右丞；杞，淮東道廉訪使；梓，同知澧；楷，同知南陽府；構，中書左丞。

格，字晋明。憲宗二年，以衛州之汲、胙城、新鄉、獲嘉、蘇門五縣封天澤，即以格爲節度使。從憲宗伐宋。憲宗崩，至和林，留謙州五年始得歸。大軍圍襄陽，格請從，授懷遠大將軍、亳州萬户，佩虎符。天澤誡之曰：「戰事無居人後。」襄陽下，賜白金、衣裘、鞍馬、弓矢。大軍次鹽山，距郢州二十里，宋將夏貴鎖戰艦絶江爲陣，以拒我師。格麾下千户馬福嘗從世祖渡江，請爲鄉導，拖舟由沙武口入湖達於江。平章阿朮將二十五萬户，以五萬户爲前列，擇一人帥之，格居其一。軍先濟，爲宋將程鵬飛所卻，格身被三創，力戰，鵬飛乃敗走。阿朮奏格輕進，撓軍法。世祖貸之，賜白金五百兩。阿朮東下，格從阿里海涯圍潭州，攻鐵壩，礟石傷肩，又中流矢，格拔矢先登，克之。遂以格爲軍民安撫使，戍潭州。旋入覲，加定遠大將軍。格以天澤所服玉帶，賜物也，奏上之。帝曰：「太尉所服，汝服何嫌？」即以玉帶賜格。自是格班諸將，獨服一品服。從攻静江，衆以轒轀自蔽鑿城，格當礮礌之衝，轒轀不能前，乃率死士攀堞，蟻附而上，拔之。阿里海涯北還，留格戍静江。格乘勝徇定廣西昭、賀、梧、潯、藤、容、象、貴、鬱林、柳、融、賓、邕、横、廉、欽、高、化十八州，廣東肇慶、德慶、封三州，除其三年田租，發倉稻以振貧民。遣萬户鄭何、朱國寶、劉五剛、趙珪、趙修己戍昭、賀等州，千户馬天麟、宋景、劉君進、花禮、完顔世英、李宗、張武、鄒瑛、閻國順、脱歡戍潯、賓、容、象等州。又以千户不兼民職，則權分而令不專，皆便宜加以軍民總管。事聞，詔即授十千户爲總管。初，静江未下，溪洞諸蠻皆附於雲南。至是，格遣使諭之，來降者五十餘洞。雲南行省平章賽典赤以書讓格曰：「吾與先太尉共事久，汝奈何有吾成功？」各上其事於朝，詔聽格節度。擢昭勇大將軍、廣西宣撫使。尋罷宣撫，改鎮國上將軍、廣南西道宣慰使。宋將張世傑據福州，傳檄嶺南，詐言夏貴已復瀕江州縣。諸將恐江路絶，不能北歸，皆託計事返静江。格曰：「此虚聲怵我耳，君輩勿擅棄戍地。」行省又議棄肇慶等三州，併兵戍梧州。格曰：「棄地則示賊以怯，宜分兵戍之。」行省從格言，衆心始定。土賊蘇仲據鎮龍山，横、象、賓、貴四州皆受其害，格討平之。世傑分兵破潯州，又遣其將羅飛圍永州，判官潘澤民間道告急於格，格率所部援之，殄其衆。

進攻宋都督曾淵子於雷州，淵子走碙州。世傑將兵數萬欲復取雷州，萬户劉仲海擊敗之。世傑悉衆來攻，城中糧絶，格漕欽、廉諸州粟以給之，世傑解圍去。詔格移戍雷州。嶺南平，行省議户賦酒醋算，格曰：「兩廣地狹而户少，俗悍而産貧，征之適急其爲盜耳。」事遂寢。張弘範請復將亳州兵，乃還格鄧州萬户。尋拜參知政事，行廣南西道宣慰使。入覲，拜資德大夫、湖廣行省右丞。日本用兵，詔格督造戰艦六百艘，送揚州。要束木來爲左丞，鈎考戰艦費，欲以危法中格，無所得而止。尋遷江西右丞，進左丞，復還湖廣爲右丞，進平章政事。二十八年，卒，五十八。

時要束木定州縣賦籍，責償十五萬錠，會赦令下，要束木猶以爲不應貸。格曰：「今重賦於民，民不能堪。又格恩命不下，倘大亂起，孰任其咎？」要束木始減收五萬錠。未幾，要束木伏誅，格已先卒矣。

子燿、榮。榮襲鄧州舊軍萬户。

燿，字焕卿，權子。至元六年，以格爲亳州萬户，從圍襄陽。時格無子，言於天澤，請以燿爲子，天澤許之。行省授燿千户，從參政崔斌破土寇趙宣機，燿射殺數人，賊奪氣。斌歎曰：「真將種也。」

阿里海涯拔静江，留格戍之。或問其故，曰：「吾去而静江叛，戍將必誅。史宣慰功臣子，朝廷當寬宥之。」

燿從格戍静江，徇定廣東、西州縣，以功授同知潭州總管府事，攝德慶府總管。討平肇慶賊趙都，遷潭州路治中，改廣東道宣慰副使。唆都將兵至廣州，燿主辦餽運〔三〕，事治而民不擾。改浙東道宣慰副使，從省臣破山賊柳分司，又從討楊鎮龍、婁蒙才等，皆擒斬之。張弘範自南海還，求將亳州兵，還鄧州於史氏，詔允之。是時，令諸將位至省臣者，許自擇，欲將去相〔四〕，欲相罷將。格已官右丞，奏請以張温代爲鄧州萬户，世祖曰：「史天澤之兵，豈可使他人代將？」問格：「誰可授萬户者？」格奏：「臣子燿可。」燿固辭，請俟弟榮長授之。及格卒，詔以燿襲鄧州舊軍萬户。燿以弟榮入覲，奏曰：「榮爲臣所後父格之子，今年十四歲，宜代臣爲萬户。」世祖曰：「昔天澤讓職於兄子，今汝復讓職於弟，真天澤子孫也。」

至元二十九年，以將討爪哇，授燿福建等處行省平章政事，賜金虎符。未幾，改命史弼，燿不行。

成宗即位，拜江浙行省左丞。會人告省臣迎詔，褐衣上香，引燿爲徵。遣御史按問燿，言未見其褐，但不束帶耳。當國者庇其人，摭燿他事，免官。

大德元年，起爲江浙行省左丞，移湖廣二年，復還江西。以屯田贛州，兵多死於瘴癘，廣東宣慰司加丁糧於田租之外，皆按治主者之罪。入爲大司農，覈公帑逋緡錢數千萬，率勢家貸爲貿易，負子錢不歸，燿悉徵入之，不徇請託。九年卒，年五十。泰定三年，追謚義襄。燿性剛狷，雖勳貴不肯少下之。廉於財，所至賃屋以居。

子壎，瑞州總管，遷江西行省左丞，卒。

天祥，父懷德，秉直從祖弟也，從秉直降於木華黎，命懷德就領黑軍。後從木華黎攻大寧，先登，擒其二將，中流矢卒。

天祥初署都鎮撫，木華黎選降卒勇健者二百人隸之。太祖九年，從木華黎略地高州，攻拔惠和、金源等十五城，惟大寧固守不下。天祥獲金將完顏胡速，木華黎欲殺之，天祥曰：「殺一人無損於敵，且天祥嘗許以不死，殺之何以取信於後？」乃釋爲千户。懷德卒，天祥痛憤，戰愈力。十年，與吾也而攻北京，降其將寅達虎、烏古倫。進略北京傍近諸寨，擒都統不剌，釋其縛，諭以利害，不剌感泣，願效死。天祥命與降將王都統往諭樓子崖等二十餘寨，悉降之，得勝兵八千人。惟西乾河答魯、五指山楊趙奴不降，天祥攻之，趙奴死，答魯敗走。授西山總帥兵馬。興州守將趙守玉反，天祥與吾也而分道討平之。答魯復聚衆寇龍山，以槊刺吾也而墮馬，天祥馳救獲免，復與戰，敗之，答魯死。進克興中府。

十一年，從木華黎擒張致於錦州，得黑軍五百人，命天祥統之。

十一年春，覲太祖於魚兒濼，賜金符，授提控元帥。攻拔金蘇、復等州，獲金將完顏帑、耶律神都馬，遷鎮國上將軍、利州節度使、所部降民都總管、監軍兵馬元帥。武平賊祁和尚拒命，天祥擊斬之。遂擒金將巢元帥以獻。又討興州叛將重兒，斬之。十三年，權兵馬都元帥，蒙古、漢軍、黑軍並聽節制。從木華黎攻拔河東平陽等路八十餘城。

十五年，略地至真定，天祥謂木華黎曰：「攻之恐戮及無辜，不如先往諭之。不從，加兵未晚。」木華黎許之，守將武仙果降。已而請留天祥守真定，木華黎曰：「天下未定，天祥智勇之士，不可離吾左右。」乃使秉直子天倪守真定，而以天祥爲左副都元帥，引兵南屯邢州。仙兄貴以萬人壁邢州西山，負固不降。天祥率完顏胡速等扳援而上，盡掩捕之。貴大驚，謂天祥曰：「公若有羽翼者，不然何能至此？」遂以衆降。又從木華黎敗金人於黃龍岡，拔單、滕、兖三州。

木華黎圍東平，久不下，怒吾也而不盡力，將手劍斬之。天祥請代攻，木華黎大悦，賜皮甲一，又以己鐵鎧被之。鏖戰良久，木華黎使人止之曰：「爾力竭矣，宜少息。」賜以金鞍名馬。十六年，從拔綏德、鄜、坊等州。十七年，木華黎攻青龍、金勝諸堡，花帽軍堅守不下，既破，欲屠之，天祥力諫而止。

十八年，賜金虎符，授蒙古、漢軍兵馬都元帥，鎮河中。是冬，略地西夏，還，遇賊狙射傷額，遂失明。十九年，歸北京，授北京等七路兵馬都元帥。太宗二年，入覲，乞致仕，不許。三年，太宗用兵河南，强之行，使轉漕饋諸軍餉。

四年，命天祥領民兵數千，屯霸州之益津，行元帥府事，賜衣一襲。會天祥金瘡發，睿宗聞而憫之，授海、濱、和、衆、利州等處總管，兼領霸州御衣局人匠都達魯花赤，行北京七路兵馬都元帥府事。憲宗八年卒，年六十八。

天祥長身駢脅，膂力絶人，性好施予。太宗七年，括中州户口，天祥縱其奴千餘口爲良民，人尤頌之。

子：彬，江東提刑按察副使；槐，襲御衣局人匠都達魯花赤。

史臣曰：史秉直之降附，蓋爲保全宗族之計，然其父子卒以功名顯。余既歎秉直之知去就，又歎用人者能各盡其智勇也。天澤出入將相，不伐不施，世祖謂：「郭子儀、曹彬終身無大過。朕所見者惟史天澤似之。」知言哉！

【校勘記】

〔一〕「燿」，原作「耀」，據正文改。

〔二〕「倜儻」，原作「倜黨」，據文意改。

〔三〕「主辦」，原作「主辯」，據文意改。

〔四〕「欲將去相」，原作「欲相去將」，據姚燧《牧庵集》卷一六《榮禄大夫福建等處行中書省平章政事大司農史公神道碑》改。

新元史卷之一百三十九　列傳第三十六

張柔 弘彦　弘略　弘範　珪

張柔，字德剛，涿州定興人。少慷慨，尚氣節，以豪俠稱。右額有異肉如錢，怒則墳起。貧不事産業，嘗曰：「大丈夫當爲公侯，田舍翁不足道也。」金貞祐間，河北盜起。柔年三十四，有女道士蔡氏語之曰：「金祚將訖，君當爲諸侯輔新朝。」以兵法授之。柔聚衆保西山東流砦，選壯士以自衛，盜不敢犯。縣人張信假柔勢，納流人女爲妻，柔鞭信百，而還其女。信憾之，謀殺柔，既而信有罪當誅，柔救之獲免，部衆益服柔之威德。

中都經略使苗道潤承制授柔定興令，累遷青州防禦使。道潤表其才，加昭毅大將軍，遥領永寧軍節度使，兼雄州觀察使，權元帥左都監，行元帥府事。道潤爲其副賈瑀所殺，瑀使告柔曰：「吾得除道潤者，以君不助兵故也。」柔怒叱其使曰：「瑀殺吾所事，吾食瑀肉且未足快意，反以此言戲吾耶？」遂移檄道潤部曲，會於易州軍市川，誓復仇。適道潤麾下何伯祥得道潤所佩金虎符以獻，因推柔行經略使事。金主加柔驃騎將軍、中都留守，兼大興府尹、本路經略使，行元帥事。太祖十三年，大兵出紫荆口，柔戰於狼牙嶺，馬蹶被執，遂以衆降。太祖還其舊職，得便宜行事。柔攻下雄、易、安、保諸州，獲賈瑀，剖其心以祭道潤。瑀部將郭瑀亦降，盡有其衆，徙治滿城。

金真定帥武仙來攻，柔從數騎，躍馬直抵仙營，敵衆披靡，獲其旗鼓以歸。又明日，益張旗幟爲疑兵，援桴徑進，仙大敗，僵尸數里。乘勝攻完州，命部將聶福堅架飛梯，躍而登城，鞏彦輝率突騎繼之，城遂拔。獲州佐甄仝，詞色不撓，柔義而釋之。十四年，仙復來攻，敗之，進拔郎山、祁陽、曲陽諸城寨。既而中山叛，柔引兵圍之，與仙將葛鐵槍戰於新樂，流矢中柔頷，折其二齒，拔矢以戰，斬首數千級，遂克中山。仙復攻滿城，柔登城拒戰，爲流矢所中。仙兵大呼曰：「中張柔矣。」柔不爲動，開門突擊，仙敗遁。又敗仙兵於祁陽，進攻深澤、寧晉、安平，拔之。分遣别將攻下平棘、藁城、無極、欒城諸縣，拓地千餘里。由是深、冀以北三十餘城，緣山鹿兒、野狸等寨相繼降。一月之間，與仙十七戰，仙望風輒敗。

方獻捷於行在所，次宣德，而易州軍叛，逐其守盧應，據西山馬頭寨以自保。柔聞之，即引還，出奇兵破其寨，叛者皆伏誅。加榮禄大夫、河北東西等路都元帥，賜號拔都，將士遷授有差。

蒙古帥孱赤台數凌柔，柔不爲下，乃譖柔於行省曰：「張柔驍勇無敵，向被執而降，非其本意。今委以兵柄，威震河朔，失今不圖，後必難制。」行省召柔至，囚之土室，孱赤台立帳寢其上，環以甲騎，明日將殺之。孱赤台一夕暴死，柔始獲免。

二十年，武仙既降復叛，殺元帥史天倪，其弟天澤來乞援。柔遣驍將喬惟忠等率千餘騎赴之，仙大敗，遂分遣惟忠、宋演略彰德，聶福堅略大名。璽書授柔行軍千户、保州等處都元帥。二十二年，移鎮保州。州毁於兵，十餘年爲盜藪。柔畫市井，定民居，修官廨，引泉水入城，疏溝渠以洩之，遷廟學城東南，增其舊制，屹然爲河朔重鎮。

太宗四年，從睿宗伐金，語其部將曰：「吾用兵殺人多矣，寧無寃者？自今以往非與敵戰，誓不殺人。」大兵圍南京，柔軍於城西北，金人屢出戰，柔皆卻之。金哀宗自黄陵岡渡河，敗走歸德，崔立以南京降。柔入城，於金帛無所取，獨入史館取《金實録》并秘府圖書，訪求耆獻及燕趙大姓十餘家，衛送北歸。從大軍圍歸德，城瀕水，諸將背水而營。柔曰：「敵開門擊我，必擠我於水中。」衆不聽。既而金人果乘夜來襲，衆潰亂。柔率百餘騎援之，敵敗走。復益兵而出，勢張甚。柔命檥舟南岸，示無還意，下令登舟者斬，使一卒執大旗，立隄上，伏戰士於下，伺敵至擊之。敵竟不敢逼而退。金主走蔡州，州恃柴潭爲阻。宋孟珙以兵來會，決其南，潭水涸。金人懼，開門死戰，柔中流矢如蝟，爲金人所獲。珙麾兵救之，挾柔出。已而宋兵奪柴潭樓，柔使聶福堅先登，破外城，又遣張信墮其西城，諸軍齊奮，東城始陷。大將下令屠城，一小校縛十人以待。一人貌獨異，柔問之，狀元王鶚也，乃解其縛，賓禮之，後卒爲名臣。六年，柔入朝，太宗歷數其功，班諸將上，賜金虎符，升萬户。

七年，從皇子闊出伐宋，拔棗陽。又從大帥太赤攻徐、邳，奪其外城。宋守將出戰，諸軍悉力拒之。柔繞出敵背擊之，敵潰走，溺死者甚衆。又與史天澤邀擊潰走者，盡戮之。後從大帥察罕出許州，略淮東西，分戍許、鄭兩州而還。九年，詔屯兵曹武以逼宋，道出九里關，柔欲率所部徑進。或言道隘，宋必設伏，柔不聽。從以二十騎，方解甲而食，伏起，圍數重，左右皆失色。柔怒馬馳突，竟與二十騎達於曹武。復攻拔洪山寨，寨據山頂，四壁斗絶，柔肉薄而上，剗其壘。遂會諸軍圍光州，柔夜遣鞏彦輝率勁卒二百伏城西南，柔攻其西北，城人悉力拒，柔、彦輝乘虚而入，拔其外城，宋守將降。又進攻黄州，宋重兵據三山寨，地險絶，柔誘敵出戰，潛遣死士從間道魚貫而上。會天霧，守者不覺，遂崩潰，斬馘數萬。柔壁於黄州西北隅，城人有乘舟出者，柔曰：「此偵我者也，夜必襲我不備。」乃分軍爲三以待之。宋人果夜至，柔大敗之。宋人懼，請和。柔乃班師，使王安國攝行府事，戍光州。

察罕攻滁州，柔以二百騎往。城久不下，察罕欲解去，柔請決戰。既陣，柔突入宋軍，宋將執柔轡曳之，遇救得還，飛石中柔鼻，裹創復戰。夜遣鞏彦輝劫其營，焚城東南隅，柔率鋭卒先登，竟入滁州。十一年，詔以本官節制河南諸翼兵馬征行事，河南三十餘城皆屬焉。

柔辟王汝明爲書記。汝明年二十餘，始見柔，説以軍事，柔與語竟日，不覺墮麈尾於地，自是深重之。明年，詔柔等八萬户伐宋。王汝明説柔曰：「明公終歲用兵，惟資兩淮糧穀以給軍食，非久遠計也。莫若用許、鄭兩州戍兵開屯墾，以給糧儲。」柔從之。十三年，賜御衣數襲、名馬二、尚廄馬百匹。柔帥師自五河口濟淮，略和州，進攻壽州。裨將趙明、石文戰殁，柔哭之曰：「當爲婚姻，不負汝也。」師還，命王汝明、聶福堅將千人屯田於襄城。察罕奏柔總諸軍屯杞縣。初，河決於汴西南，入陳留分而爲三，杞居中潬。宋人恃舟楫之利，由亳泗以窺汴。柔乃夾河築連城，通以浮橋，爲進戰退守之計。未幾，又敗宋兵於泗州。王汝明漕襄城粟數千斛至，軍食以濟。冬，還軍杞縣。命子弘範娶趙明女，以己女妻石文之子，人皆服其信義。乃馬真皇后稱制五年，柔帳下吏夾谷顯祖得罪亡走，上變誣柔，詔逮柔至和林訊之。執政素知柔，以百口保之，卒辯其誣，顯祖伏誅。柔聞陵川郝經賢，請教其諸子，經爲柔論經國大要，柔深加禮敬焉。

憲宗即位，换金虎符。三年，柔遣王安國與總管叱刺攻宋廬州。四年，王安國略漢南，深入而還。柔遣張信戍潁州，自帥山前漢軍城亳州，移戍之。五年，安國復侵宋，率水軍出台子灣，抵蒙縣。柔會元帥不憐吉歹，攻蘄州及五河口，自亳州以南築甬道抵百丈口，中爲横堡，又東六十里立栅水中，由是宋之舟師不能北犯。奏入，憲宗大悦，賜衣一襲、翎根甲一、金符九、銀符九，頒將校之有功者。

九年，分遣裨將張果、王仲仁，從憲宗入蜀，王安國、胡進、田伯榮、宋演從塔察兒攻荆山，柔自從世祖攻鄂。世祖出大勝關，柔出虎頭關，與宋兵遇於沙窩，柔子弘彦擊敗之。世祖濟江，柔以兵來會，使何伯祥作鵝車，洞掘其城，别遣勇士先登。城垂陷，憲宗凶問至，宋亦行成。世祖北還，使統諸軍以俟後命。

中統元年，世祖即位，詔班師。阿里不哥叛，徵柔入衛，至盧朐河，復止之。分其兵三千五百人衛京師，以子弘慶爲質子。二年正月，入朝於上都。廷議削諸侯權，選耆德監之。諸萬户懼，請柔沮其事，柔言於上曰：「今治郡者皆年少，未習於政事。若獲罪不加以刑，則廢法；重繩之，則没其先世之微勞。請使老成人監之爲便。」世祖大悦，遂立十道安撫司。諸萬户皆怒，已而咸德之。三年，柔請老，年已七十，封安肅公，以第八子弘略襲其職。李璮反，詔柔與子弘範率精兵二千入衛，未幾，復止其行。宋夏貴出蘄州爲璮聲援，弘範敗之。

至元三年，城大都，起柔判行工部事，將二十萬人以受役，子弘略佐之。御史臺建，博羅請以柔爲御史大夫，帝曰：「臺臣構怨之地，非所以處功臣也。」議封柔國公，帝以柔起於燕，成功於蔡，詔自擇之。柔曰：「燕，天子所都，臣封蔡足矣。」乃進封蔡國公，刻印賜之。五年六月卒，年七十九。贈推忠宣力翊運功臣、太師、開府儀同三司、上柱國，謚武康。延祐五年，進封汝南王，謚忠武。

子十一人：福壽，早卒；弘基，順天宣權萬户；弘正，襲宣權萬户；弘規，從郝經受《左氏春秋》，順天、涿州等路新舊軍奥魯總管；第四子弘彦、第八子弘略、第九子弘範最知名。

弘彦，從郝經受學，善騎射，前後殺虎以百數。從伐宋荆山有功，授新軍總管。攻鄂州，先登者再。中統元年，扈駕上都，改順天路新軍總管。三年，授新軍萬户，佩金虎符。至元二年，授鄂州萬户。十六年，裕宗在東宫，召爲侍衛親軍副都指揮使。年四十告老，八十而卒。

弘略，字仲傑。憲宗五年，入朝，授金符，權順天萬户，從征蜀，以其幼，賜錦衣還。柔致仕，授弘略金虎符、順天路管民總管、行軍萬户，仍總宣德、河南、懷孟等路諸軍屯亳州。中統三年，李璮反，求救於宋將夏貴。貴乘虚北奪亳、滕、徐、宿、邳、滄、濱七州，新蔡、符離、蘄、利津四縣，殺守將。弘略率戰船禦之於渦口，貴退保蘄縣，弘略水陸並進。宋兵素憚亳軍，焚城宵遁，盡復所失地。李璮既誅，追問當時與璮通書者，獨弘略書勸以忠義，事得釋。朝廷懲璮叛逆，務抑諸侯權以保全之，因解弘略兵職，宿衛京師，賜只孫冠服，以從宴享。

至元三年，城大都，佐其父爲築宫城總管。八年，授朝列大夫、同行工部事，兼領宿衛親軍、儀鸞等局。十三年，城成，賜内帑、金釦、璹瑁巵，授淮東道宣慰使。十四年，宋廣王昺據閩、廣，時東海縣儲粟數萬，行省檄弘略將兵二千戍之，仍命造舟運粟入淮安。弘略雇民舟，有能載粟十石者與一石，人争趨之，一月而畢。

十六年，遷江西宣慰使。會饒州盜起，犯都昌。弘略以饒州雖屬江東，與南康止隔一湖，寇不滅，則南康必有相扇而起者。乃使人擣其巢穴，縛賊酋磔於市，餘黨潰散。下令曰：「不操兵者皆爲平民，餘無所問。」頃之，以疾歸。有讒貴臣子在江南買田宅，詞引弘略。或謂弘略曰：「公但居亳，未在江南，入見宜自明。」弘略曰：「吾明之，則言者獲譴矣。

吾寧引疾家居。」

二十九年，見世祖於龍虎臺，請曰：「臣之子玠長矣，願備宿衛。」從之，且賜以酒曰：「卿年未老，謝事何爲？」特命爲河南行省參知政事。元貞二年卒，贈推忠佐理功臣、銀青榮禄大夫、平章政事、上柱國、蔡國公，謚忠毅。子三人：玠、瑾、琰。

弘範，字仲疇。年二十，兄弘略爲順天路總管，上計，留弘範攝府事，吏民服其明決。蒙古軍肆暴，弘範杖之，入其境無敢犯者。

中統初，授御用局總管。三年，改行軍總管，討李璮於濟南。瀕行請氈帳，柔曰：「汝欲即安耶？」不與，戒之曰：「汝圍城勿避險地，險則己不敢懈，兵必致死。且主將知其險，有來犯，必赴救，可因以立功。勉之！」弘範營城西，璮出軍突諸將營，獨不向弘範。弘範曰：「我營險地，璮乃示弱於我，必以奇兵來襲，謂我不悟也。」遂築長壘，内伏甲士而外爲壕，開東門以待之，夜令士卒浚壕益深廣，璮不知也。明日，果擁飛橋來攻，未及岸，兵陷壕中，得跨壕而上者，入壘門，遇伏皆死，降兩賊將。柔聞之曰：「真吾子也！」璮既誅，朝廷罷大藩子弟，弘範例解總管。至元元年，弘略入宿衛，授弘範順天路管民總管，佩金虎符。二年，移守大名。歲大水，弘範輒免本縣租賦。朝廷罪其專擅，弘範請入見，進曰：

「臣以爲朝廷儲小倉，不若儲之大倉。」帝曰：「何説也？」對曰：「今歲水潦不收，必責民輸租，倉庫雖實，民死亡殆盡，明年租將安出？曷若活其民，使不逃亡，則歲有恒收，非陛下大倉乎？」帝悦其言，詔勿問。然卒坐盜用官錢免官。

六年，括諸道兵圍宋襄陽，授益都、淄、萊等路行軍萬户，復佩金虎符，戍鹿門堡，以斷宋餉道，且絶郢之救兵。弘範建言曰：「國家取襄陽，爲延久之計者，所以重人命而欲其自斃也。曩者夏貴乘江漲送衣糧入城，我師無禦之者。其境南接江陵、歸、峽，商販、行旅、士卒絡繹不絶，寧有自斃之時乎？宜城萬山以斷其西，栅灌子灘以斷其東，則庶幾速斃之道也。」帥府奏用其言，移弘範兵千人戍萬山。

既城，與將士較射出東門，宋師奄至。將佐皆謂衆寡不敵，宜入城自守。弘範曰：「吾與諸君在此，敵至不戰，可乎？敢言退者死！」即擐甲上馬，遣偏將李庭當其前，自率二百騎爲長陣，令曰：「聞吾鼓則進，未鼓勿動。」宋軍步騎相間突陣，弘範軍不動，再進再卻。弘範曰：「彼氣衰矣。」鼓之，前後奮擊，宋師奔潰。

八年，築一字城逼襄陽，破樊城外郭。九年，攻樊城，流矢中其肘，裹瘡見主帥曰：「襄、樊相爲唇齒，故不可破。若截江斷其援兵，水陸夾攻，樊必破矣。樊破，則襄陽何所恃？」從之。明日，復率鋭卒先登，遂拔樊城。未幾，襄陽亦下。偕宋將吕文焕入覲，賜錦衣、白金、寶鞍，將校行賞有差。十一年，丞相伯顔伐宋，弘範率左部諸軍循漢再東略郢西南，攻武磯堡，取之。大兵渡江，弘範爲前鋒。宋相賈似道督兵屯蕪湖，殿帥孫虎臣據丁家洲。弘範轉戰而前，諸軍繼之，似道敗走，弘範長驅至建康。伯顔大會諸將，出庫金行賞。弘範後至，伯顔曰：「祖宗之法，以軍事命集，罪加後至者，雖貴近無所貸。爾何爲後至？」弘範曰：「臨陣居先，受賞在後，何爲不可？」伯顔默然而止。十二年五月，帝遣使諭伯顔：「方暑，宜少駐以待。」弘範進曰：「聖恩待士卒誠厚，然緩急之宜，不能遥度。今敵已奪氣，正當乘破竹之勢取之。豈應迂緩，使敵得爲計耶？」伯顔然之，馳驛至闕，面論形勢。詔進兵。

十三年，次瓜洲，分兵立栅，據其要害。揚州都統姜才以二萬人出揚子橋，弘範佐都元帥阿朮禦之，與宋兵夾水陣。弘範以十三騎徑度衝之，陣堅不動，弘範引卻。一騎躍馬揮刀，直趣弘範，弘範旋轡刺之，應手頓斃馬下，其衆潰亂。追至城門，斬首萬餘級。宋將張世傑、孫虎臣等率水軍陣於焦山，弘範率所部横衝其陣，宋師大敗〔一〕。追至圌山之東，奪戰艦八十艘，俘馘千數。上功，改亳州萬户，賜名拔都。

是年，復從董文炳由海道會伯顔，進次臨安近郊。宋主上降表，以伯姪爲稱，往返未決，弘範將命入城，數其大臣之罪，皆屈服，取稱臣降表上。未幾，台州叛，弘範遣人持書諭之，守將殺使焚書，弘範力疾攻拔之。部將請屠城，弘範不許，但誅其守將，台民感悅。十四年，師還，授鎮國上將軍、江東道宣慰使。

十五年，宋張世傑立廣王昺於海上，閩、廣響應。弘範入覲，自奮請討之，乃授蒙古、漢軍都元帥。陛辭，奏曰：「漢人無統蒙古軍者，乞以蒙古信臣爲帥。」帝曰：「汝知而父與察罕之事乎？其破安豐也，汝父欲留兵守之，察罕不從。師還，安豐復爲宋有，進退失據。汝父深悔之，以委任不專故也。豈可使汝復有汝父之悔？」面賜錦衣、玉帶，弘範不受，以劍、甲爲請。帝出武庫劍、甲，聽自擇，且諭之曰：「劍，汝之副也，不用令者，以此處之。」將行，薦李恒爲副，從之。

至揚州，選將校水陸二萬人，分道南征。以弟弘正爲先鋒，戒之曰：「選汝驍勇，非私汝也。軍法重，我不敢以私撓公。勉之！」弘正所向克捷。攻三江寨，拔之。進克漳州，又攻鮑浦寨，拔之。由是瀕海郡縣皆望風降附。獲宋丞相文天祥於五坡嶺，使之拜，不屈。弘範義之，待以賓禮，送至京師。及弘範卒，天祥在京師，爲之垂涕焉。

十六年正月庚戌，由潮陽港乘舟入海，至甲子門，獲宋斥候將劉青、顧凱，乃知廣王所在。辛酉，次崖山。宋軍千餘艘碇海中，建樓櫓其上，隱然堅壁也。弘範引舟師赴之。崖山東西對峙，其北水淺舟膠，非乘潮不能進，乃由山之東轉南入大洋，始得逼其舟，又出奇兵斷其汲路。宋人以烏蛋船十餘艤大舟之北，弘範夜操小艇，帶勁兵潛襲之，取烏蛋船載草，乘風縱火。宋預以泥塗艦，懸水筒無數，火船至，鉤而沃之，竟莫能毀。弘範乃與李恒畫圖定計，授恒以戰艦二，使守北面。

二月癸未，將戰，或請用砲。弘範曰：「火起則舟迸散，非計也。」明日，四分其軍，軍其東南北三面，弘範自將一軍，相去里餘，下令曰：「宋舟潮至必東遁，急攻之，勿令去。聞吾樂作乃戰，違令者斬。」先麾北面一軍乘潮而戰，不克，李恒等順潮而退。樂作，宋將以爲休息，少懈。弘範率舟師復犯其前，命將士負盾而伏，令之曰：「聞金聲起，先金而妄動者斬。」飛矢集如蝟，伏盾者不動。舟將接，鳴金撤舟中布幙，弓弩火石交作，頃刻破其七舟，宋師大潰。宋丞相陸秀夫抱其主昺赴水死。世傑先遁，李恒追至大洋，不及。世傑走交趾，風壞舟，溺死海陵港。其餘將吏皆降。嶺海悉平，勒石紀功而還。

十月，入朝，賜宴内殿，慰勞甚厚。未幾，以染瘴癘，疾作。帝命尚醫診視，敕衛士監門，止雜人毋擾其病。病甚，沐浴易衣冠，扶掖至中庭，面闕再拜。退坐，命酒作樂，與親故言別。出所賜劍、甲，付嗣子珪曰：「汝父以是立功，汝佩服勿忘也。」語竟，端坐而卒，年四十三。贈銀青榮禄大夫、平章政事，謚武烈。至大四年，加贈推忠效節翊運功臣、太師、開府儀同三司、上柱國、齊國公，改謚忠武。延祐六年，加保大功臣，進封淮陽王，謚獻武。

弘範喜讀書，身長七尺，修髯如畫，歌詩踔厲奇偉，著有《淮陽集》。子珪。

珪，字公瑞。年十六，攝管軍萬户。至元十七年，拜昭勇大將軍、管軍萬户，佩其父虎符，鎮建康。未幾弘範卒，喪畢，世祖召見，珪奏：「臣年幼，軍事重，聶禎者，從臣祖、父，久歷行陣，幸以副臣。」帝歎曰：「求老成自副，常兒不知出此。」厚賜而遣之，徧及從者。十九年冬，以使事入覲。初，弘範以功高，凡内宴，賜坐諸王上，至是，特敕珪坐弘範故處。

還鎮，賊起蕪湖及宣、徽二州。珪率所部討之，蕪湖平，乃言於行省曰：「宣、徽非我所部，然不敢分彼此，以誤軍國之事。」遂進討宣州賊。官兵屢敗於賊，敗卒有殺民家豕並傷其主者，珪曰：「此兵之所以敗也。」斬之。明日戰，三合三勝。時賊勢尚强，珪曰：「宣卒敗而怯，勿累我。」使張旗鼓爲聲勢，自將所部攻之，賊大敗，斬馘三百人，餘衆悉降。又有吴道子者，以妖術惑衆，易珪年少，欲因入謁刺殺珪。珪執而斬之。其黨又欲襲珪，珪伏兵山上，令曰：「賊至而起。」明日，賊悉衆來攻，伏起，蹴賊墮死巖谷者無算，擒其酋磔之。宣州平，移兵討徽州，獲生口三十，縱之歸，使散語其人曰：「張萬户知汝爲逃死計，與官軍鬬非汝本心。來降，吾能活之。不然，吾殺汝立盡。」明日，有持牛酒來見者，珪厚加撫恤。遠近漸以信服，獨南喦西坑寨尤險固，又嘗敗官軍，堅守不降。珪選壯士百餘人鳥道緣登柵後，度已上，縱兵擊之。賊出戰，登者已奪其柵，賊回顧失巢穴，不得還其砦，由他道走。諸將請邀之，珪不可。已而賊以砦出，漸懈，珪曰：「可矣。」追之，盡殲其衆。南陵盜又起攻宣州，宣州告急。珪帥輕騎赴之，賊見兵無後拒，引衆圍珪。珪揮稍出入，斬首數千級，振旅而還。宣州人德珪，立生祠祀之。賊平，軍中無事，珪迎宋禮部侍郎鄧光薦，師事之。光薦授以所著書曰《相業》，謂珪曰：「熟讀之，後必賴其用矣。」

珪在軍中凡十有四年而復入朝，時至元二十九年也。廷議江淮行樞密院可罷，江浙行省參知政事張瑄領海運，亦以爲言。樞密副使暗伯問於珪，珪曰：「見上當自言之。」召對，珪曰：「使行院可罷，亦非瑄所應言。」帝深然之。未幾，拜行樞密院副使。太傅月兒魯諾延言：「珪尚少，請試以僉書，異日大用未晚。」帝曰：「不然，是家爲國滅金、滅宋，盡死力者三世矣。漢人賜號拔都者，惟史天澤與珪家。史徒持文墨議論，孰與其家功多？今可吝此耶？」進鎮國上將軍、江淮行樞密院副使。

成宗即位，罷行樞密院。大德三年，遣使巡行天下，珪使川、陝，問民疾苦，以便宜振之，罷冗官無益於民者。使還，擢江南行御史臺侍御史，換文階中奉大夫。遷浙西肅政廉訪使，劾罷郡長吏以下三十餘人，徵贓巨萬計。珪得監司奸利事，將發之，事干行省，平章政事阿里欲中以危法，賂遺近臣，妄言珪有厭勝事，且沮鹽法。帝遣使雜治之，得行省大小吏及鹽官欺罔狀，皆伏罪。召珪拜僉樞密院事，入見，賜只孫冠服侍宴，又命買宅以賜，辭不受。拜江南行臺御史中丞，因上疏極言天人之際、災異之故，其目有修德行、廣言路、進君子、退小人、信賞必罰、減冗官、節浮費，以法祖宗成憲，累數百言。是時中書平章政事梁德珪以受張暄、朱清賄謫湖廣，夤緣近倖求復相位，阿里亦由行省入爲中書平章政事。珪並劾之，不報。又馳驛面論其事，亦不報，遂謝病歸。久之，拜陝西行臺中丞，不赴。武宗即位，召拜太子諭德。未數日，拜太子賓客，復拜詹事，辭不就。御史中丞久闕，議擇人，仁宗時在東宮，曰：「必欲得真中丞，惟張珪可。」即日拜御史中丞。至大四年，帝崩，仁宗將即位，廷臣用皇太后旨，行禮於隆福宮，珪言：「當御大明殿。」御史大夫止之曰：「議已定，雖百奏無益。」珪曰：「未一奏，安知無益？」奏入，帝果移仗御大明殿。賜珪只孫衣二十襲、金帶一。帝嘗親解衣賜珪，明日復召，謂之曰：「朕欲賜卿寶玉，非卿所欲。」以帨拭面額，納諸珪懷，曰：「朕面澤之所存，心之所存也。」

皇慶元年，拜榮祿大夫、樞密副使。徽政院使失列門請以洪城軍隸興聖宮，自以徽政使領之。以上旨移文樞密院，衆恐懼承命，珪固不署，事遂不行。是年十二月，拜中書平章政事，綱領國子學，請減煩冗還有司以清政務，得專修宰相之職。帝從之，著爲令。教坊使曹咬住拜禮部尚書，珪曰：「伶人爲宗伯，何以示後世？」力諫止之。皇太后以中書右丞相鐵木迭兒爲太師，萬户别薛參知行省政事，珪曰：「太師論道經邦，鐵木迭兒非其人。别薛無功，不得爲外執政。」帝韙之。是時車駕幸上都，已度居庸，皇太后宫幄在龍虎台，遣失列門召珪，切責杖之。珪創甚，輿歸京師，明日遂出國門。珪子景元掌符璽，以父病篤告，遽歸。帝驚曰：「嚮别時卿父無病。」景元頓首涕泣，不敢言。帝不懌，遣參議中書省事換住賜上尊，拜大司徒。謝病家居，繼丁母憂，廬墓側，寢苫啜粥者三年。六年七月，帝憶珪生日，復賜上尊、御衣。

至治二年，英宗召見於易水之上，曰：「卿四世舊臣，朕將畀卿以政。」珪辭歸，丞相拜住問珪曰：「宰相之體何先？」珪曰：「莫先於格君心，莫急於廣言路。」是年冬，起珪爲集賢大學士。先是，鐵木迭兒既復相，以私怨殺平章蕭拜住、御史中丞楊朵兒只、上都留守賀伯顔，皆籍没其家。會地震風烈，敕廷臣集議弭災之道，珪抗言於坐曰：「弭災當究其所以致災。漢殺孝婦，三年不雨；蕭、楊、賀冤死，非致沴之一端乎？死者固不能復生，而清議猶可昭白，毋使朝廷終失之也。」又拜中書平章政事，侍宴萬壽山，賜玉帶。

三年秋八月，鐵失等弑英宗，逆黨夜入京師，坐中書堂，矯制奪符印。時衛王徹徹秃監省，珪密説之，徹徹秃意動。珪因曰：「大統應在晉邸，我有密書，非王莫敢致。」徹徹秃恐事泄，珪曰：「事成，王之功；不成，我甘齏粉，不敢以言累王。」於是徹徹秃使人達其書。

泰定帝即位於龍居河，鐵失等皆伏誅。駕至，珪等迎謁，帝顧問曰：「此張平章也。密書來，甚合朕意。」因探囊出片紙付翰林學士承旨曲出曰：「此當書於國史者。」鐵木迭兒之子治書侍御史鎖南，議遠流，珪曰：「於法，强盜不分首從。鎖南從弑逆，親斫丞相拜住臂，乃欲活之耶？」始伏誅。盜竊仁宗廟主。參知政事馬剌兼領太常禮儀使，當遷左丞，珪曰：「參政遷左丞，雖曰叙進，然太常奉宗祏不謹，當待罪，而反遷官，何以謝在天之靈？」命遂不下。泰定元年六月，車駕在上都。先是，帝以災異詔百官集議，珪與樞密院、御史臺、翰林、集賢兩院官，極論當時得失。珪自詣上都奏之曰：

國之安危，在乎論相。昔唐玄宗前用姚崇、宋璟則治，後用李林甫、楊國忠，幾致亡國。雖賴郭子儀諸將效忠竭力，克復舊物，然自是藩鎮縱横，紀綱亦不復振。良由李林甫妬害忠良，布置邪黨，奸惑蒙蔽，保禄養禍所致也。前宰相鐵木迭兒奸狡險深，陰謀叢出，專政十年，凡宗戚忤己者，巧飾危間，陰中以法，忠直被誅竄者甚衆。始以贓敗，謟附權姦失列門及嬖幸也里失班之徒，苟全其生，尋任太子太師。未幾仁宗賓天，乘時幸變，再入中書。當英廟之初，與失列門表裏爲姦，誣殺蕭、楊等，以快私怨。天討元凶，失列門之黨既誅，坐要上功，遂獲信任。諸子内布宿衛，外據顯要，蔽上抑下，杜絶言路，賣官鬻獄，威福己出，一令發口，上下股栗，稍不附己，其禍立至，權勢日熾，中外寒心。由是羣邪並進，如逆賊鐵失之徒，名爲義子，實其腹心，忠良屏迹，坐待收繫。先帝悟其姦惡，仆碑奪爵，籍没其家，終以遺患，構成弑逆。其子鎖南親與逆謀，所由來者漸矣。雖剖棺戮屍，夷滅其家，不足塞責。今復回給所籍家産，諸子尚在京師，夤緣再入宿衛。世祖時阿合馬貪殘敗事，雖死猶正其罪，况如鐵木迭兒之姦惡哉？臣等議：宜遵成憲，仍籍鐵木迭兒家産，遠竄其子孫外郡，以懲大姦。

君父之讎，不共戴天，所以明綱常、别上下也。鐵失之黨，結謀弑逆，君相遇害，天下痛心疾首，所不忍聞。比奉旨：「以鐵失等既伏其辜，諸王按梯不花、孛羅、月魯帖木爾、曲吕不花、兀魯思不花亦已流竄，逆黨脅從者衆，何可盡誅？後之言事者，其勿復舉。」臣等議古法：弑逆，凡在官者殺無赦。聖朝立法，强盜殺庶民，其同情者猶且首從俱罪，况弑逆之黨，天地不容。宜誅其徒黨，以謝天下。

《書》曰：「惟辟作福，惟辟作威。臣無有作福作威。臣而有作福作威，害於而家，凶於而國。」蓋生殺與奪，天子之權，非臣下所得盜用也。遼王脱脱，位冠宗室，居鎮遼東，屬任非輕，國家不幸有非常之變，不能討賊，而乃覬幸赦恩，報復讎忿，殺親王、妃主百餘人，分其羊馬畜産，殘忍骨肉，盜竊主權，聞者切齒。今不之罪，乃復厚賜放還，仍守爵土。臣恐紀綱由此不振。設或效尤，何法以治？且遼東地廣，素號重鎮，若使脱脱久居，彼既縱肆，將無忌憚，况令死者含冤，感傷和氣。臣等議：累朝典憲，聞赦殺人，罪在不原。宜奪削爵土，置之他所，以彰天討。

刑以懲惡，國有常憲。武備卿即烈，前太尉不花，以累朝待遇之隆，俱致高列，不思補報，專務姦欺，詐稱奉旨，令鷹師强收鄭國寶妻，貪其家人畜産，自恃權貴，莫敢如何。事聞之官，刑曹逮鞫服實，竟原其罪。輦轂之下，肆行無忌，遠在外郡，何事不爲？夫京師，天下之本，縱惡如此，何以爲政？古人有言：「一婦銜冤，三年不雨。」以此論之，即非細務。臣等議：宜以即烈、不花付刑曹鞫之。

中賣寶物，世祖時不聞其事。自成宗以來，始有此弊。分珠寸石，售直數萬，當時民懷忿怨，臺、察交言。且所酬之鈔，率皆天下生民膏血，錙銖取之，從以捶撻，何其用之不吝？夫以經國有用之寶，易此不濟饑寒之物，又非有司聘要和買，大抵皆時貴與斡脱中寶之人妄稱呈獻，冒給回賜，高其值且十倍，蠶蠹國財，暗行分用。如賽不丁之徒，頃以增價中寶事敗，具存吏牘。陛下即位之初，首知其弊，下令禁止，天下欣幸。臣等比聞中書乃復奏給累朝未酬寶價四十餘萬錠，較其元直，利已數倍。有事經年遠者三十餘萬錠，復令給以市舶番貨。計今天下所徵包銀差發，歲入止十一萬錠，已是四年徵入之數，比以經費弗足，急於科徵。臣等議：番舶之貨，宜以資國用、紓民力，寶價請俟國用饒給之日議之。

太廟神主，祖宗神靈所妥。國家孝治天下，四時大祀，誠爲重典。比者仁宗皇帝、皇后神主，盜利其金而竊之，至今未獲。斯乃非常之變，而捕盜之官兵不聞杖責。臣等議：庶民失盜，應捕官兵，尚有三限之法；監臨主守，倘失官物，亦有不行知覺之罪。今失神主，宜罪太常，請揀其官屬免之。

國家經賦，皆出於民，量入爲出，有司之事。比者建西山寺，損軍害民，費以億萬計。刺繡經幡，馳驛江浙，逼迫郡縣，雜役男女，動經年歲。窮奢致怨，近詔雖已罷之，又聞姦人乘間奏請，復欲興修，流言喧播，羣情驚駭。臣等議：宜守前詔，示民有信，其創造、刺繡事，非歲用之常者，悉罷之。

人有寃抑，必當昭雪；事有枉直，尤宜明辨。平章政事蕭拜住、中丞楊朵兒只等，枉遭鐵木迭兒誣陷，籍其家，以分賜人，聞者嗟悼。比奉明詔，還給元業。子孫奉祀家廟，修葺苟完，未及寧處，復以其家財仍賜舊人，止酬以直，即與再罹斷没無異。臣等議：宜如前詔，以元業還之，量其直以酬後所賜者，則人無寃憤矣。

德以出治，刑以防姦。若刑罰不立，奸宄滋長，雖有智者，不能禁止。比者也先帖木兒之徒，遇朱太醫妻女過省門外，强拽以入，姦宿館所。事聞，有司以扈從上都爲解，竟弗就鞫。輦轂之下，肆惡無忌，京民憤駭，何以取則四方？臣等議：宜遵世祖成憲，以姦人命有司鞫之。臣等又議：天下囚繫，不無冤滯，方今盛夏，宜令省、臺選官審録，結正重刑，疏決輕繫，疑者申聞詳讞。邊鎮利病，宜命行省、行臺體究興除。廣海鎮戍卒吏病者，給粥食藥，死者人給鈔二十五貫，責所司及同鄉者，歸骨於其家。

歲貢方物，有常制。廣州東莞縣大步海及惠州珠池，始自大德元年，姦民劉進、程連言利，分蜑户七百餘家，官給之糧，三年一採，僅獲小珠五兩六兩，入水爲蟲魚傷死者衆，遂罷珠户爲民。其後同知廣州路事塔察兒等，又獻利於失列門，創設提舉司監採，廉訪司言其擾民，復罷歸有司。既而内正少卿魏暗都剌，冒啟中旨，馳驛督採，耗廪食，疲民驛，非舊制，請悉罷遣歸民。

善良死於非命，國法當爲昭雪。鐵失弑逆之變，學士不花、指揮不顏忽里、院使秃古思，皆以無罪死，未蒙褒贈。鐵木迭兒專權之際，御史徐元素以言事鎖項死東平，及賈秃堅不花之屬，皆未申理。臣等議：宜追贈死者，優叙其子孫，且命刑部及監察御史體勘其餘有冤抑者，具實以聞。

政出多門，古人所戒。今内外增置官署，員冗俸濫，白丁驟升出身，入流壅塞日甚，軍民俱蒙其害。夫爲治之要，莫先於安民；安民之道，莫急於除濫費、汰冗員。世祖設官分職，俱有定制。至元三十年以後，改升創設，日積月增，雖常奉旨取勘減降，近侍各私其署，夤緣保禄，姑息中止。至英宗時，始鋭然減罷崇祥、壽福院之屬十有三署，徽政院、斷事官、江淮財賦之屬六十餘署，不幸遭罹大故，未竟其餘。比奉詔：「凡事悉遵世祖成憲。」若復循常取勘，調虚文，延歲月，必無實效，即與詔旨異矣。臣等議：宜敕中外軍民，署置官吏，有非世祖之制，及至元三十年以後改升創設員冗者，詔格至日，悉減併除罷之。近侍不得巧詞復奏，不該常調之人亦不得濫入常選，累朝斡耳朵所立長秋、承徽、長寧寺及邊鎮屯戍，别議處之。

自古聖君，惟誠於治政，可以動天地、感鬼神，初未嘗徼福於僧道，以厲民病國也。且以至元三十年言之，醮祠佛事之目，止百有二。大德七年，再立功德使司，積五百有餘，今年一增其目，明年即指爲例，已倍四之上矣。僧徒又復營幹近侍，買作佛事，指以算卦，欺昧奏請，增修布施莽齋，自稱特奉、傳奉，所司不敢較問，供給恐後。况佛以清净爲本，而僧徒貪慕貨利，自違其教，一事所需，金銀鈔幣不可數計，歲用鈔數千萬錠，凡所供物，悉爲己有，布施等鈔，復出其外，生民脂膏，縱其所欲，取以自利，畜養妻子。彼既行不修潔，適足褻慢天神，何以要福？比年佛事愈繁，累朝享國不永，致災愈速，事無應驗，斷可知矣。臣等議：宜罷功德使司，其在至元三十年以前及累朝忌日醮祠佛事名目，止令宣政院主領修舉，餘悉減罷。近侍之屬，並不得巧計擅奏，妄增名目。若有特奉、傳奉，從中書復奏乃行。

古今帝王治國理財之要，莫先於節用。蓋侈用則傷財，傷財必至於害民。國用匱而重斂生，如鹽課增價之類，皆足以厲民矣。比年遊惰之徒，妄投宿衛部屬，及宦者、女紅、太醫、陰陽之屬，不可勝數。一人收籍，一門蠲復。一歲所請衣、馬、芻糧，數十户所徵入不足以給之，耗國損民爲甚。臣等議：諸宿衛、宦、女之屬，宜如世祖時支請之數給之，餘悉簡汰。

闊端赤牧養馬駝，歲有常法，公布郡縣，各有常數。而宿衛近侍，委之僕御，役民放牧。始至，即奪其居，俾飲食之，殘傷桑果，百害蠭起。僕御四出，無所拘鈐，私鬻芻豆，瘠損馬駝。大德中，始責州縣正官監視，蓋暖棚、團槽櫪以牧之。至治初，復散之民間，其害如故，監察御史及河間路守臣屢言之。臣等議：宜如大德團槽之制，正官監臨，閱視肥瘠，拘鈐宿衛、僕御，著爲令。

兵戎之興，號爲凶器，擅開邊釁，非國之福。蠻夷無知，少梗王化，得之無益，失之無損。至治三年，參卜郎盜，始者刼殺使臣，利其財物而已。至用大師，期年不戢，傷我士卒，費國資糧。臣等議：好生惡死，人之恒性。宜令宣政院督守將嚴邊防，遣良使抵巢招諭，簡罷冗兵，明敕邊吏謹守禦，勿生事，則遠人格矣。

天下官田歲入，所以贍衛士，給戍卒。自至元三十一年以後，累朝以是田分賜諸王、公主、駙馬及百官、宦者、寺觀之屬，遂令中書酬直海漕，虚耗國儲。其受田之家，各任土著奸吏爲贓，巧名多取，又且驅迫郵傳，徵求餼廪，折辱州縣，閉償逋負，至倉之日，變鬻以歸，官司交忿，農民窘竄。臣等議：惟諸王、公主、駙馬、寺觀，如所與公主桑哥剌吉及普安三寺之制，輸之公廪，計月直折支以鈔，令有司兼令輸之省部，給之大都。其所賜百官及宦者之田，悉拘還官，著爲令。

國家經費，皆取於民。世祖時，淮北内地，惟輸丁税。鐵木迭兒爲相，專務聚斂，遣使括勘兩淮、河南田土，重併科糧，又以兩淮、荆襄沙磧作熟收徵，徼名興利，農民流徙。臣等議：宜如舊制，止徵丁税，其括勘重併之糧，及沙磧不可田畝之税，悉除之。

世祖之制：凡有田者悉役之，民田典賣，隨收入户。鐵木迭兒爲相，納江南諸寺賄賂，奏令僧人買民田者，免其賦役。臣等議：惟累朝所賜僧寺田及亡宋舊業，如舊制勿徵。其僧道典買民田及民間所施産業，宜悉役之，著爲令。

僧、道出家，屏絶妻孥，蓋欲超出世表，是以國家優視，無所徭役，且處之官寺，宜清净絶俗爲心，誦經祝壽。比年僧、道往往畜妻子，無異常人，如蔡道泰、班講主之徒，傷人逞欲、壞教干刑者，何可勝數？俾奉祠典，豈不褻天瀆神？臣等議：僧、道之畜妻子者，宜罷以舊制，罷遣爲民。

賞功勸善，人主大柄，豈宜輕以與人？世祖臨御三十五年，左右之臣雖甚愛幸，未聞無功而給一賞者。比年賞賜汎濫，蓋因近侍之人，窺伺天顔喜悦之際，或稱乏財無居，或稱嫁女娶婦，或以技物呈獻，殊無寸功小善。遞互奏請，要求賞賜回奉，奄有國家金銀珠玉，及斷没人畜産業。似此無功受賞，何以激勸？既傷財用，復啟倖門。臣等議：非有功勳勞效著明實蹟，不宜加以賞賜，乞著爲令。

臣所言弑逆未討、姦惡未除、忠憤未雪、冤枉未理、政令不信、賞罰不公、賦役不均、財用不節、民怨神怒，皆足以感傷和氣。惟陛下裁擇，以答天意，消弭災變。

帝不從。珪復進曰：「臣聞日食修德，月食修刑，應天以實不以文，動民以行不以言，刑政失平，故天象應之。惟陛下矜察，允臣等議，乞悉行之。」帝終不能用。

未幾，珪病增劇，非扶掖不能行。有詔：「常見免拜跪，賜小車，得乘至殿門下。」帝開經筵，命右丞相旭邁傑與珪領之，進封蔡國公、知經筵事，別刻蔡國公印賜之。珪薦翰林學士吳澄等以備顧問，求去益力。二年夏，得請暫歸。

三年春，復遣使召珪。珪至，帝曰：「卿來時，民間何如？」珪奏：「真定、保定、河間民饑甚，朝廷雖振以粟帛，惠未及者十之五六。」帝惻然，敕有司賙之。拜翰林學士承旨、知制誥兼修國史，經筵如故。帝見其羸甚，命養疾西山，繼得旨還家。

未幾，起珪商議中書省事，以疾不赴。四年，卒。

五子：景武，定遠大將軍、保定等路上萬户，佩虎符；景魯，海北廣東道肅政廉訪使；景哲，僉河東海右道肅政廉訪司事；景元，河南河北道肅政廉訪使；景丞，内政司丞。

天曆元年，紫荆關敗卒南走保定，沿途剽掠，景武與同知阿里沙率鄉民梃斃數百人。參知政事也先捏以兵至保定，執景武兄弟五人，盡殺之，籍其家。詔以珪女歸也先捏。廷臣言：「保定萬户張昌，其諸父景武等既受誅，宜罷所將兵，並奪其金虎符。」不許。

已而御史臺言：「北兵奪紫荆關，官軍潰走，掠保定。本路官與故平章張珪子五人，率民擊官軍死。也先捏不先奏聞，輒擅殺官吏及珪五子。珪祖、父三世爲國勳臣，即使景武等有罪，珪之妻女又何罪焉？今既籍其家，又以其女妻也先捏，誠非國家待勳臣之意。」帝曰：「卿等言是也。」詔中書還其所籍。御史臺又論也先捏擅殺之罪，詔竄也先捏於南寧，聽珪女還家。

至順元年，帝以珪議立泰定帝，追怨之，又疑景武等附上都，復籍珪五子家資。元統初，監察御史王文若奏：「珪祖、父三世積有勳烈，諸子橫罹戕害，官籍其家，宜革正之，以爲功臣之勸。」奏寢不報。

史臣曰：張柔平河北，經略江淮，有攻城野戰之功。弘範厓山之役，功成身歿，賞不酬勞。珪蹇蹇匪躬，稱爲賢相。以三世之忠，不能庇其子孫，唏矣。景武兄弟既駢戮，又籍其家，失刑莫甚焉，蓋出於文宗之私憾歟？

【校勘記】

〔一〕「宋師」，原作「宋帥」，據《元史》卷一五六列傳第四十三《張弘範傳》改。

新元史卷之一百四十　列傳第三十七

張榮　邦傑　宏　宓　劉鼎　張迪　迪子福

張榮，字世輝，濟南歷城人。父衍，以周急稱於鄉里。榮貌奇偉，嘗從軍，流矢貫眥，使人以足抵其額拔之，神色自若。

金末，山東盜起，榮率鄉民據濟南黌堂嶺，略有章邱、鄒平、濟陽、長山、辛市、蒲台、新城及淄州之地。

太祖二十一年，榮舉其地納款於按只台那顏。引見，太祖責其降附之晚，對曰：「山東之地，悉歸陛下，臣不能獨立。若尚有倚恃，仍不款服。」太祖壯之，拊其背曰：「真賽因拔都兒也。」授金紫光禄大夫、山東行尚書省，兼兵馬都元帥，知濟南府事。

太宗二年，議取汴。榮請先清蹕路，太宗嘉之，賜衣三襲，位諸侯上。四年，大軍至河上，榮率死士宵濟，守者潰走，奪戰船五十艘，麾抵北岸，乘勝破張盤三山砦，俘獲萬餘。大將阿朮魯欲盡殺之，榮力諫而止。五年，從阿朮魯攻歸德。阿朮魯欲殺降人，烹其油以灌城，榮又諫止之。城下，榮單騎入城拊其遺民。六年，攻沛縣，守將唆蛾夜擣我軍，榮覺之，唆蛾敗死，乘勝拔其城。進攻徐州，守將國用安引兵突出，榮逆擊敗之，用安赴水死。七年，攻拔邳州。又從諸王闊出拔宋棗陽等三縣。

時河南流民北徙濟南，榮下令分屋與地居之，資以樹蓄，且課其殿最，於是汙萊盡闢。中書考績，爲天下第一。李璮在益都，私餽以馬蹄金，榮卻之。年六十一，乞致仕，不許。世祖即位，授濟南路萬户，並封濟南公。致仕。卒，年八十三。贈推忠宣力正義佐命功臣、太師、開府儀同三司、上柱國，追封濟南王，謚忠襄。子七人。

長邦傑，字智萬。年十七，爲質子。榮老病，奏請以邦傑襲爵。奧都拉合蠻行省燕京，擬於常賦外徵銀七兩，諸路畏其權重，莫敢言者。邦傑曰："今天下甫定，瘡痍未復，輕徭薄賦以招徠之猶懼不濟，豈宜厚斂重困吾民？"奏請免徵，太宗許之。行省增酒課歲三百錠，邦傑曰："今正供猶不給，又倍酒税，是驅民於死地也。"力争之，卒如舊額。先是，逃亡者之逋賦，省檄居民代償，邦傑詣和林奏免之。尋榷鹽利，有司欲均賦於民，邦傑又奏寢其事，民翕然頌之。土寇李佛擁衆掠東平齊河，邦傑討平之。母卒，廬於墓側，哀毁逾禮。先榮卒，年四十四。邦傑勤於撫字，憲宗賜新造虎符及織金幣，割河南路將陵、臨邑等六縣屬之，以旌治績，時論榮之。謚宣惠。

邦直，邳州行軍萬户。至元二年，坐違制販馬論死。邦彦，權濟南行省。邦允，知淄州。邦孚，大都督府郎中。邦昌，奥魯總管。邦憲，淮安路總管，贈宣忠秉義功臣、中奉大夫、河南江北行中書省參知政事、護軍，追封濟南公，謚貞毅。

榮孫四十人。邦傑子宏，字可大，通諸國語，襲父爵。從憲宗攻釣魚山。世祖在潛邸，伐宋，宏爲前鋒，得生口輒詢山川地形，途所從出，城郭向背，主將誰某，倉儲、兵卒之數，一一奏之。且逆畫進取之策，既捷，卒如其言。世祖曰：「汝殆身歷耶？何其言之信也？」大軍至陽邏堡，宏以四百艘先濟，奪大船名白鷂者一，宋師奔潰。世祖圍鄂州，宏先諸將攻城，登其陴。師旋，授濟南府行軍萬户、管民總管，佩虎符。

中統三年春，李璮襲陷濟南，宏舁其祖榮走京師。榮命宏以劍誓子孫及諸將校曰：「討賊不用命者死。」衆悉奮。初，宏億知璮必反，條其逆跡十事上聞，曰：「諸路城堡不修，而益都因淵爲城。國初以全師攻之，數年不下。今更包以磚石，而儲粟於内，且留壯丁之轉輸者於府，志欲何爲？又諸路兵久從征伐，不得休息，率皆困弊。而璮假都督之重，擁强兵至五、七萬，日練習整厲，名爲討宋，而實不出境。士卒惟知璮之號令，不復禀朝廷之命。平章王文統，故璮參佐，倘中外連構，窺俟間隙，以逸待勞，此尤可慮。又大駕前歲北征，羣臣躬扞牧圉，而璮獨以禦宋爲辭，既不身先六軍，又不遣一校以從。及駕還京師，諸侯朝覲，又不至。不臣之心，路人共知。國家去歲遣使聘宋，實欲百姓休息，璮獨不喜，方發兵邊境，下竊兵威，上失國信。又如市馬，諸路無論軍民概屬括買，獨不及益都。而璮方散遣其徒於別境，高其直以市馬。王文統與璮締交，於此尤著。又中統鈔法，諸路通行，惟璮用漣州會子，所領中統鈔顧於臣境貿易，商人買鹽而鈔不見售。又山東鹽課之額，歲以中統鈔計爲三千五百錠，近年互爲欺誑，省爲二千五百錠，餘悉自盜，屬法制初新，宜復舊額，而欺盜仍前。又前歲王師渡江，宋人來禦，璮乘其隙取宋漣州，輒留歲賦爲括兵之用，而又侵及鹽課。誠使璮絶淮向南，去杭尚遠。方今急務，政不在此，而徒以兵賦假之，不可不慮。今亟宜罷王文統，而擇人代璮，且征璮從攻西北，足以破其姦謀。如或不然，尚宜再設都督，内足以分其勢而伐其謀，外足以鼎立而禦侮。」

奏上，帝諭近侍以軍國密計毋泄。至是，詔諸王合必赤統兵討璮，以宏爲導。宏率所部斷璮餉道，璮欲突圍走，宏屢卻之。以功遷大都督。及城破，宏言於合必赤，城民無罪，請禁剽掠。合必赤從之，遣將分掌門鑰，有褫婦人衣者，立斬以徇。於是城民皆免於難。

至元初，遷真定路總管，兼府尹，加鎮國上將軍。有故吏摭宏諸父罪狀，辭連及宏；

又言宏在濟南，盜用官物。世祖念其功，特原之，而免所居官。

九年，大軍圍襄陽，起宏爲懷遠大將軍、新軍萬户，佩金虎符。宋襄陽守將吕文焕納款，遣使來告：「得張濟南一言，吾無盟矣。」詔宏往諭，文焕即舉城降。十年，授襄陽等處統軍使，總兵十七萬人。十三年，謝病歸。卒於家，年五十九，謚武靖。

子：元節，襲宏爵宣武將軍、征西萬户；元里，建昌路達魯花赤。宏女也速貴，爲諸王忽剌忽兒妃。忽剌忽兒與乃顔通謀，也速貴以逆順禍福反復開諭，不聽。及敗，逮繫詔獄，有旨詰問：「汝從乃顔反，亦有人諫汝否？」忽剌忽兒以也速貴之言對，世祖嗟異曰：「是濟南張宏女也。」命索於軍中，給傳返濟南，有司供億。元貞初，山東憲司奏也速貴忠孝大節，贍養不足，乞賜田周恤之，詔加賜鈔幣二萬緡。元節子那懷，襲征西萬户。

邦憲子宓，字淵仲。幼以質子侍武宗於潛邸，賜名蒙古台。武宗即位，授尚沐奉御。嘗詔見便殿，問古聖人可法者，宓對曰：「帝王之德，莫大於孝。臣濟南人，濟南有舜祠。舜事父母底豫，可法者宜莫如舜。」武宗嘉納之。後山東蝗旱，命宓至濟南禱於舜祠，訖事而雨蝗盡死。還奏，賜金織衣一襲。

仁宗即位，欲授宓二品官，固辭。仁宗諭省臣曰：「朕惟張拔都兒，昔以五十萬衆歸我太祖，世祖念其勳勞，爵以上公。其孫蒙古台事先帝久，欲官以二品，辭不肯受。其以三品官授之。」尋選知滕州，陛辭，賜海東青以寵之。旋入爲度支監丞，出知南陽府，未行，轉兵馬司都指揮使。豫討鐵失赤斤帖木兒逆黨，遷彰德路總管。境内患盜，宓令郵置一鼓，盜發則擊鼓相應，各爲守備，盜悉遁。天曆初，擢山北廉訪副使，尋改保定路總管。時上都兵猝至紫荆關，戍卒潰走保定，大肆剽掠，同知路事阿里哥及平章張珪子景武等率居民梃斃數十人。知樞密院事也先尼至保定，營於城外，紿同知、縣尉與張景武兄弟及居民百餘人至軍中，責以擅殺，盡戮之。復下令屠城。宓方以病在告，即輿疾至也先尼帳下。也先尼跽宓而詬之曰：「汝欲反乎？」宓從容對曰：「我病，不與官事，聞戍卒見敵而潰，剽掠良民，此法所不貸者。民不辨誰何，倉卒殺之。樞密戮百餘人，足以相償。復欲屠城，城中户口萬餘，若激而生變，孰任其咎耶？願以身代民死，幸樞密允之。」也先尼氣沮，遂殺數人而去。城民聞宓歸，咸額手以更生相慶。後臺臣言也先尼擅殺之罪，詔刑部鞫之，籍也先尼家，杖一百七，竄南寧。然終無以宓之事上聞者。

宓後調真定路，移平江路。平江積訟牒七百餘，宓下車數日，剖析略盡。時東南諸路富民佃其田於提舉司，州縣一切不得問，其徭役則責之貧户。宓言於行省，請罷之。事聞，詔罷平江、杭州、集慶提舉司，民尤稱便。元統二年，召爲吏部尚書。明年，拜嶺北行省參知政事，謝病歸。至正三年，起爲山東東西道宣慰使。益都路增油税至四千五百錠，羨入十倍，宓下令釐革之，益都民勒石頌其事。復乞致仕，卒於家，年六十六。贈中奉大夫、江浙等處行省參知政事、護軍，追封濟南郡公，謚宣懿。

子元輔，松江財賦司副提舉。

榮行臺官知名者，曰劉鼎、張迪。

史臣曰：張起巖撰《張宏行狀》，稱張氏累世有善政。時論東諸侯尚忠厚、崇信義，而不奪民力，惟濟南爲然。予考其時，東平嚴忠濟驕豪隳父業，益都李璮包藏禍心，獨榮子孫愽愽奉職，恭儉愛民，所謂「豈弟君子，求福不回」者也。也先尼欲屠保定，張宓冒死以紓其禍。微宓，則保定之民必揭竿而應上都。文宗罪也先尼，而不賞宓之功。嗚呼，何其闇歟！

劉鼎，字漢寶，濟南章邱人。美鬚髯，有器度，臨事才智捷出。金末山東大亂，有盜栅歷城南山中爲民患，官兵不能制。鼎直登其栅，喻以禍福，盜遂降。以功授歷城令。土豪李氏據遥牆濼，恣爲姦利。遥牆濼，縣之大澤也。鼎一日往濼中，伏壯士於路側，誘李出，執而殺之。

張榮聞鼎名，授爲行臺掾。益都李全聽讒言，分兵爲三道攻濟南。榮欲悉兵拒之，鼎方卧疾，扶掖入見，謂榮曰：「彼衆我寡，戰必敗。公第入，老夫爲公卻之。」鼎致書於全及其三帥，三帥勒兵待命。全發書，撫掌大笑曰：「我固言之矣，此老在，何益？」趣罷兵，修好如故。太宗五年卒，年五十一。

子景石，十歲徧通五經。客命賦火鐮詩，景石援筆立就，一座盡驚。官山東轉運司經歷，以剛介不能從俗，自免歸。後除濱州教授。卒，年六十七。子，敏中自有傳。

張迪，字吉甫。本濟南章邱人，後徙禹城。迪有膂力，能臂擐石獅子以行，兼控二強弩俱彀滿。隸榮帳下，有戰功，授濟南兵馬鈐轄，權濟南府事。行省自水砦還舊治，遷懷遠大將軍、元帥、右監軍、濟南府推官，佩金虎符，仍提領歷城縣事。榮從大軍伐宋，薦迪爲留後。迪涖政廉明，號稱良吏。頃之，卒。

子福，字顯祖。好學，能背誦《春秋左氏傳》。從榮朝太宗於和林，預伐宋之謀。大軍圍沛縣，城中食盡，率敢死士乘夜突圍而出，福力戰卻之。擢中書奏差，佩銀符。廷議增調諸路兵伐宋，濟南路應調二千三百人，民大擾。榮使福面奏：「兵興，役無虚歲。今又增兵，民情震駭。宜寢其命，以安反側。」世祖從之。遷濟南軍民鎮撫都彈壓。行中書省牙魯瓦赤建議，常賦外增銀六兩，視絲緜中分折納。榮子邦傑襲位，使福白於宗王，亟罷其議。遷鎮府鈐轄，權濟南府事。從邦傑入朝面奏，乞休兵以養民力，世祖嘉納之。後致仕，卒於家，年七十一。

福五子，中子鐸最知名。

鐸，字宣卿。幼負奇節，讀書通大義，以古人自勗。出《中庸》、《大學》授其子弟曰：「此宰相之業也。」累遷東昌録事推官，卒。

鐸弟鑄子範，四川等處副提舉，工詩，有《蓬窗稿》、《益齋集》、《旅齋集》。範子起巖，自有傳。

新元史卷之一百四十一　列傳第三十八

董俊 文炳 士元 士選 文蔚 文用 士廉 文直 文忠 士珍 守中 守簡 士良 士恭

董俊，字用章，真定藁城人。少力田，長涉書史，善騎射。金貞祐間，邊事方急，藁城令立的，募射中者拔爲將。獨俊一發破的，遂領所募兵爲統將。

太祖十年，國王木華黎南下，俊迎降。十四年，以勞擢知中山府事，佩金虎符。金將武仙據真定，諸城皆應仙。俊率衆夜入真定，逐仙走之。十五年春，中山府治中李全叛應仙，俊方屯曲陽，仙來攻，敗之黄山下，獻捷於木華黎。及仙以衆降，木華黎承制授俊龍虎衛上將軍、行元帥府事，屯藁城。俊謁木華黎曰：「武仙姦黠，終不爲我用，請備之。」木華黎然其言，以俊爲左副元帥，升藁城縣爲永安州，號其衆爲匡國軍，兵、民之事，一委於俊。二十年，仙果殺都元帥史天倪，據真定叛，旁郡縣皆爲仙守。俊以孤軍居反側間，戰士不滿千人。仙攻之，不能下，乃縱兵蹂民禾。俊呼語之曰：「汝欲得民，而奪之食，無道賊不爲也！」仙慙而去。久之，俊復夜入真定，仙敗走，乃納史天倪弟天澤爲帥。

太宗四年，會諸軍圍汴。明年，金主棄汴奔歸德，追圍之。金兵夜出薄諸軍於水，俊力戰，死之，時年四十有八。

俊早喪父，事母以孝聞，待親故皆有恩意。克汴時，以侍其軸爲賢，延歸教諸子。嘗曰：「射，百日事耳。《詩》、《書》，非積學不通。」屢誡諸子曰：「吾一農夫，遭天下多故，徒以忠義事人，僅立門户。深願汝曹力田讀書，勿求非望，爲吾累也。」

臨陣勇氣懾衆，立矢石間怡然若無事者，雖中傷亦不爲動。每慕馬援爲人，曰：「馬革裹屍，援固可壯。」故戰必先登。或諫，俊曰：「我人臣也，敵在前，不死，乃就安避危乎？」初，太宗即位，朝於行在，諸將獻户口，各增數，吏請如衆。俊曰：「民實少，他日需求無應，必重斂以承命，是我獨利，而民日困也。」藁城有三百餘人尅期作亂，事覺，戮其渠魁，餘並釋之。深、冀二州妖人惑衆，圖不軌，連逮者數萬人，有司議當族。俊力請主者，但誅首惡。節度使劉成叛降武仙，俊下令曰：「叛者成一人，餘能去逆效順，即忠義士，吾畀其貲産，仍奏官之。」衆果相率來降。沃州天臺砦既降，他將欲掠其子女。俊曰：「城降而俘其家，仁者不爲也。」力止之。

爲政寬明，見人善治田廬，必曲加褒奬，有惰者則怒罰之。故所部完實，民惟恐其去也。贈翊運效節功臣、太傅、開府儀同三司、上柱國，封壽國公，謚忠烈。加贈推忠翊運效節功臣，改封趙國公。

九子：文炳、文蔚、文用、文直、文毅、文振、文進、文忠、文義。文毅，同知潭州路總管府事。文進，順德路總管府判官。文振、文義，早卒。

文炳，字彦明，俊之長子也。父卒，年始十六。母李夫人有賢行，治家嚴。文炳事母，撫諸弟，儼如成人。

太宗七年，以父任爲藁城令，時年甫十七。文炳明於聽斷，同列皆束手下之，吏抱案牘求署字，不敢仰視。縣貧，重以旱蝗，徵斂日暴，民不聊生。文炳出私穀數千石賑之。前令因軍興，稱貸於人，貸家取息歲倍，償以蠶、麥。文炳曰：「民困矣，吾當爲代償。」乃以田廬計直與貸家，復籍縣閒田畀貧民爲業，於是流離漸復。朝廷初料民，敢隱實者誅，籍其家。文炳使民聚口而居，少爲户數。衆以爲不可，文炳曰：「爲民獲罪，吾所甘心。」民亦有不樂爲者，文炳曰：「後當德我。」由是賦斂大減。旁縣民訟不得直，皆詣文炳求決。文炳嘗上謁大府，旁縣人聚觀之，曰：「吾亟聞董令，董令顧亦人耳，何其明若神也。」府帥需索無厭，文炳抑不予。或讒於府帥，欲中傷之，文炳曰：「吾終不能剥民求利也。」即棄官去。

憲宗元年，世祖受命征大理，文炳率四十六騎從行，人馬道死殆盡。及至吐番，止有兩人，挾文炳徒行，取死馬肉食之，日行一二三十里。會使者過，遇文炳，還白其狀。世祖即命其弟文忠以尚廐五馬載糗糧迎之。既至，世祖閔其勞，賜賚甚厚。有任使，皆稱旨，由是日親貴用事。

九年秋，世祖伐宋，攻淮西臺山寨。文炳馳至寨下，諭以禍福，不應。文炳脫胄呼曰：「吾所以不亟攻者，欲活汝衆也，不速下，今屠寨矣。」守者遂降。九月，師次陽羅堡。宋兵築堡於岸，列船江中，軍容甚盛。文炳請於世祖曰：「長江天險，宋所恃以爲國，勢必死守。不奪其氣不可，臣請嘗之。」即與敢死士數百人先發，率弟文用、文忠，鼓櫂疾進。鋒既交，文炳麾衆上岸搏之，宋師敗走。命文用輕舟報捷，世祖方駐香爐峰，因策馬下山問戰勝狀，以鞭仰指曰：「天也。」命諸軍毋解甲，明日圍城。既渡江，會憲宗崩，閏十一月班師。

明年，世祖即位於上都，是爲中統元年，命文炳宣慰燕南諸道。還奏曰：「人久弛縱，一旦遽束以法，不可。宜赦天下，與之更始。」世祖從之。二年，擢山東東路宣撫使。方就道，會立侍衛親軍，帝曰：「親軍非文炳難任。」即遥授侍衛親軍都指揮使，佩金虎符。

三年，李璮反濟南。文炳會諸軍圍之，賊勢日蹙。文炳曰：「窮寇可以計擒。」乃抵城下，呼璮將田都帥曰：「反者璮耳，餘來即吾人，毋自取死。」田縋城降。田，璮之愛將，既降，衆遂亂，擒璮以獻。璮兵有沂、漣兩軍二萬餘人，勇而善戰，主將怒其從賊，配諸軍，使陰殺之。文炳當殺二千人，言於主將曰：「彼爲璮所脅耳，殺之恐乖天子仁聖之意。向天子伐南詔，或妄殺人，雖大將亦罪之。是不宜殺也。」主將從之。

璮伏誅，山東猶未靖，乃以文炳爲山東東路經略使，率親軍以行，出金、銀符五十，有功者聽與之。閏九月，文炳至益都，留兵於外，從數騎衣冠而入。居府，不設警衛，召璮故將吏謂之曰：「璮狂賊，詿誤汝等。璮已誅，汝皆爲王民。天子至仁聖，遣經略使撫汝，當相安毋懼。經略使得便宜除擬將吏，汝等勉取金、銀符，經略使不敢格上命不予有功者。」所部大悅。

至元二年，以文炳代史氏兩萬户爲鄧州光化行軍萬户、河南等路統軍副使。到官，造戰艦五百艘，習水戰，凡阸塞要害皆列栅築堡，爲備禦計。帝嘗召文炳密謀，欲大發河北民丁。文炳曰：「河南密邇宋境，人習江淮地利，宜使河南人戰，河北耕以供食。俟宋平，則河北長隸兵籍，河南削籍爲民。如是爲便。又將校素無俸給、馬乘，請使所部千户私役兵四人，百户二人，聽其雇役，稍食其力。」帝皆從之。始頒將校俸，以秩爲差。

七年，改山東路統軍副使，治沂州。有詔和糴本部，文炳命收州縣所移文。衆諫，文炳曰：「但止之。」乃遣使入奏，曰：「敵人接壤，知吾虚實，一不可；邊民供頓甚勞，重苦此役，二不可；困吾民以懼來者，三不可。」帝大悟，罷之。九年，遷樞密院判官，築正陽兩城。

十年，以文炳行樞密院事，守正陽。夏霖雨，水漲，宋淮西制置使夏貴帥舟師十萬來攻，文炳登城禦之。飛矢貫文炳左臂，文炳拔矢授左右，發四十餘矢。箙中矢盡，顧左右索矢，又十餘發，力困不能張滿，遂悶絶氣殆。明日，水入外郭，文炳麾士卒卻避，貴乘之。文炳病創甚，子士選請代戰，文炳壯而遣之，復自起束創，手劍督戰。士選以戈擊貴，幾獲之，貴遂遁去。

是歲，大舉伐宋，丞相伯顔自襄陽東下。十一年正月，拜參知政事、行中書省於淮西。文炳會伯顔於安慶，安慶守將范文虎以城降。文炳請於伯顔曰：「大軍既疲於陽羅，吾兵當前行。」伯顔許之。宋都督賈似道來禦，望風敗走。進至和州，文炳謂伯顔曰：「和州與采石對岸，亦堅城也。今不取，異日必爲後患。」伯顔使文炳與萬户晏徹兒往招之，知州事王喜以城降。

三月，詔以天時向暑，命伯顔軍駐建康，文炳軍駐鎮江。時揚州堅守不下，常州、平江既降復叛。張世傑、孫虎臣約真、揚兵誓死戰，陳大艦萬艘碇焦山下江中，勁卒居前。文炳身犯之，載士選別船。文直子士表請從，文炳顧曰：「吾弟僅汝一子，脱吾與士選不返，士元、士秀猶足殺敵，吾不忍汝往也。」士表固請，乃許之。文炳乘輪船，建大將旂鼓，士選、士表船翼之，大呼突陣。戰酣，短兵相接，宋兵亦殊死戰，聲震天地，横屍委仗，江水爲之不流。自寅至午，宋師大敗。世傑走，文炳追及於夾灘。世傑收潰卒復戰，又破之，遂東走於海。文炳船小，不能入海，乃還。俘甲士萬餘人，悉縱不殺，獲戰船七百艘。

十月，諸軍分三道而進，文炳居左，由江陰並海趨臨安。先是，江陰軍僉判李世修欲降不果，文炳檄諭之，世修以城降，令權本軍安撫使。所過民不知兵，凡獲生口，悉縱遣之，無敢匿者。張瑄有衆數千，出没海上，文炳命招討使王世强及士選單舸至瑄所，諭以威德，瑄即率所部降。

十三年春正月，次鹽官，招之，再返不下。將佐請屠之，文炳曰：「縣去臨安近，聲勢相及。臨安約降已有成言，吾輕殺一人，則撓大計，况屠一縣耶？」於是遣人入城諭之，城人遂降。文炳會伯顔於臨安城北。

宋主㬎既納款，伯顔命文炳入城，罷宋官府，散其諸軍，封庫藏，收禮樂器及圖籍。文炳盡取宋主諸符璽，上於伯顔。伯顔以宋主入覲，詔留事一委文炳。時翰林學士李槃奉詔至臨安，文炳謂之曰：「國可滅，史不可没。宋十六主，有天下三百餘年，其太史所記具在史館，宜收之。」乃得宋史及諸注記五千餘册，歸之國史院。宋宗室福王與芮赴京師，偏以重寶致諸貴人，文炳獨卻不受。及官録與芮家具籍受賫者，惟文炳無名。伯顏入朝奏曰：「臣等奉天威平宋，懷徠安集之功，董文炳居多。」帝曰：「文炳舊臣，忠勤朕所素知。」乃拜資德大夫、中書左丞。

時張世傑奉吉王昰據台州，福建亦爲宋守。敕文炳進兵，所過禁士馬勿踐田麥，曰：「在倉者吾既食之，在野者汝又踐之，新附之民何以續命？」次台州，世傑遁。諸將先俘州民，文炳下令曰：「台人首效順於我，我不暇有，故世傑據之，其民何罪？敢不縱所俘，以軍法論。」得免者數萬口。至温州，其守將火城中而遁，文炳追擒之，數其殘民之罪，斬以狥。逾嶺，漳、泉、建寧、邵武諸郡皆送款。閩人感文炳德，廟祀之。

十四年，帝在上都，適北邊有警，欲親征，急召文炳。四月，文炳至自臨安，帝日問來期，及至，即召入。文炳奏曰：「今南方已平，臣無所效力，請事北邊。」帝曰：「朕召卿，意不在是也。豎子盜兵，朕自撫定。山以南，國之根本，盡以託卿。卒有不虞，便宜處置以聞。中書省、樞密院事無大小，咨卿而行。已敕主者，卿其勉之。」文炳避謝，不許，因奏曰：「臣在臨安時，阿里伯奉詔檢括宋諸藏貨寶，追索没匿，人實苦之，恐非安懷之道。」即詔罷之。又奏：「昔者泉州蒲壽庚以城降，壽庚素主市舶，臣欲重其事權，使爲我扞海寇，誘諸蠻臣服，因解所佩金虎符佩壽庚矣。惟陛下恕其專擅之罪。」帝嘉之，更賜金虎符。燕勞畢，即聽陛辭。文炳求見皇太子，帝許之，復敕太子曰：「董文炳所任甚重，見畢即遣行。」太子慰諭懇至。文炳留士選宿衛，即日就道，凡在上都三日。

至大都，更日至中書、樞密，不署中書案。平章政事阿合馬方恃寵用事，生殺任情，惟畏文炳，嘗執筆請曰：「相公官爲左丞，當署省案。」請至再四，不肯署。皇太子聞之，謂宮臣竹忽納曰：「董文炳深慮，非爾曹所知。」後或私問其故，文炳曰：「主上所付託者，在根本之重，非文移細故。且吾少徇則濟姦，不徇則致讒；讒行則身危，而失付託本意。吾是以略其細務也。」

十五年夏，文炳有疾，奏請解機務。詔至上都，命僉書樞密院事、中書左丞如故。八月，天壽節，禮成賜宴，帝命文炳上坐，諭宗室大臣曰：「董文炳，功臣也，理當坐是。」每尚食上食，輒輟賜文炳。是夜，文炳疾復作，敕賜御醫診視。疾篤，洗沐而坐，召文忠等曰：「吾以先人死王事，恨不效命邊疆，今至此，命也。願董氏世有男子能騎馬備行伍，則吾死瞑目矣。」言畢，卒，年六十二。帝聞，悼痛良久，贈金紫光禄大夫、平章政事、上柱國，追封趙國公，謚忠獻。世祖眷文炳最厚，嘗曰：「朕心，文炳所知；文炳心，朕所知。」故讒間不行。文炳卒後十餘年，姦臣桑哥敗，帝詔文炳子士選入，曰：「汝父忠勤不欺，成吾大事。

汝不必遠學，學汝父足矣。」其爲帝所眷如此。文炳孝友，居母喪，哀毁骨立，教諸弟如嚴師。文用、文忠雖貴顯，休沐還家，不敢先至私室，侍立終日，不問不敢對。諸弟有過受笞，退無怨言。當世言家法者，比之漢萬石君云。子士元、士選。

士元，一名不花，字長卿，文炳長子也。自襁褓喪母。祖母李氏愛之，謂文炳曰：「俟兒能言，即令讀書。」憲宗征蜀，士元年二十三，從叔父文蔚率鄧州軍西行。次釣魚山，宋人堅壁拒守。士元請代文蔚攻之，以所部鋭卒先登，力戰，以它軍不繼而還。憲宗壯之，賜金帛。

中統初，文蔚入典禁兵，士元選供奉内班，從車駕巡狩北方。會文蔚病卒，無子，命士元襲爲千户，率禁兵戍淮上。士元在軍中，修敕武備，號令肅然。

丞相伯顔克江南，兩淮郡縣猶爲宋守，士元攻拔淮安堡，以功遷武節將軍。從太師博魯歡攻揚州，駐灣頭堡。博魯歡病還京師，以行省阿里代領諸軍。揚州守將姜才以米運至，出步騎五千陣於丁村。阿里素不習兵，率輕騎數百出堡，士元與别將哈剌禿以百騎從之。日已暮，宋兵至者萬餘，士元謂左右曰：「大丈夫報國正在今日，勿懼也。」整軍欲戰，阿里已遁去。士元與哈剌禿以所部迎敵，泥淖，馬不能馳，乃棄馬步戰，至夜，宋兵始退。

及明日，阿里來視戰地，見士元卧泥中，身被十七創，甲裳盡赤，肩舁至營而絶，年四十二。哈剌秃亦戰死。文炳聞士元死，一慟而止，曰：「真吾子也！」

江淮既平，伯顔入朝言於帝曰：「淮海之役，所損者二將而已。」帝問其人，以士元與哈剌秃對。曰：「不花健捷過人，晝戰必能制敵，夜戰而死，甚可惜也。」至大元年，贈鎮國上將軍、僉書樞密院事，謚節愍。後加贈推誠效節功臣、資政大夫、中書左丞、護軍，追封趙郡公，改謚忠愍。

士元妻淩氏，嘗以賜幣爲士元作服，世祖善之，謂左右曰：「董士元妻必勤於女紅者。」由是有賢名。子守仁，中書參知政事，謚肅誠。

士選，字舜卿，文炳次子也。幼從文炳居兵間，晝治武事，夜讀書不輟。文炳敗宋兵於金山，士選戰甚力。及降張瑄等，丞相伯顔臨陣觀之，壯其驍勇，遣使問之，始知爲文炳子。奏功，佩金符爲管軍總管。臨安降，從文炳入宫，取宋主降表及收其文書圖籍，静重識大體，秋毫無所取，軍中稱之。詔置侍衛親軍諸衛，以士選爲前衛指揮使，未幾，以職讓其弟士秀。帝嘉其意，命士秀將前衛，而以士選同僉行樞密院事於湖廣，久之，召還。

乃顔叛，帝親征，召士選至行在所，與李庭同將漢軍以禦之。乃顔飛矢及乘輿，士選等出步卒横擊之，其衆敗走。緩急進退有禮，帝甚善之。桑哥伏誅，召士選論議政事，以中書左丞與平章政事徹理往鎮浙西，聽辟舉僚屬。至部，察病民事，悉以帝意除之。西僧楊璉真伽總攝僧教於杭州，淫恣不法，士選受密旨逮之，械於市，士民稱快。

成宗即位，僉行樞密院於江南。未幾，拜江西行省左丞。贛州盜劉六十聚衆至萬餘，自號劉王。朝廷遣兵討之，主將觀望不肯戰，賊勢益盛。士選請自往，衆欣然許之。即日就道，不求益兵，但率掾史李霆鎮、元明善二人，持文書以去，衆莫測所爲。至贛境，捕貪吏病民者治其罪，民大悦。進至興國縣，去賊百里，察知激亂之人，悉置於法，復誅奸民之爲囊橐者。於是民争出自效，不數日，遂擒賊首，散餘衆歸農。軍中獲賊所爲文書，旁近郡縣富人姓名具在。霆鎮、明善請焚之，民心益安。遣使以事平奏於朝，中書平章政事不忽木召其使，謂之曰：「董公上功簿耶？」使者曰：「某且行，左丞告某曰：『朝廷若以軍功爲問，但言鎮撫無狀，得免罪幸甚，何功之可言？』」因出其書，但請黜贓吏數人而已，不言破賊事。廷議深歎其不伐。

拜江南行御史臺中丞，廉威素著，不嚴而肅。入僉樞密院事，俄拜御史中丞。前中丞崔彧久任風紀，善斡旋以就事功。既卒，不忽木以平章軍國重事繼之，方正持大體，已而多病，遂屬之士選。士選風采明俊，中外竦然。時丞相完澤用劉深言，出師征八百媳婦，及至，士卒死者十已七八。驅民轉粟餉軍，溪谷之間不容舟車，必負擔以達，一人致粟八斗，率數人佐之，凡數十日乃至。由是民死者亦數十萬，中外騷然。而完澤説帝：「江南之地盡世祖所取，陛下不興此役，則無功可見於後世。」帝入其言，用兵意甚堅，故無敢諫者。士選率同列言之，奏事殿中畢，同列皆起，士選乃獨言：「劉深出師，以有用之民而取無用之地。就令當取，亦必遣使諭之，諭之不從，然後視時而動。豈得聽一人妄言，致百萬生靈於死地？」帝色變，士選猶辨論不止，侍從皆爲戰慄。帝曰：「事已成，卿勿復言。」士選曰：「以言受罪，臣所甘心。他日以不言罪臣，臣雖死何益？」帝麾之起，左右擁士選出。未數月，帝聞師敗績，慨然曰：「董二哥之言驗矣，吾愧之。」因賜上尊，以旌直言。乃罷兵，誅劉深等。世祖嘗呼文炳曰董大哥，故帝以二哥呼士選云。久之，出爲江浙行省右丞，遷汴梁行省平章政事，又遷陝西。至治元年卒，追封趙國公，謚忠宣。

士選平生以忠義自許，尤廉介，門生故吏無敢以苞苴進者。治家甚嚴，言世家有禮法者，必歸之董氏。尤禮敬賢士，在江西以屬掾元明善爲賓友，既又師事吴澄，延虞汲於家塾，以教其子，後又得範梈等數人，皆以文學顯。

子守忠，雲南行省參知政事、樞密副使，謚靖獻；守愨，浙東道廉訪使；守思，知威州。

文蔚，字彦華，俊之次子也。重厚寡言，善騎射，膂力絶人。事母至孝，凡所與交，貴賤長幼，待之無異。

太宗十三年，僉民兵南行，文炳命文蔚率十有七人，私整鞍馬衣甲，自爲一隊，與衆軍渡淮。憲宗四年，世祖收大理，還駐六盤山。文炳以文蔚公勤，可委以事，解所佩金符讓之。帝嘉之，授藁城等處行軍千户，鎮鄧州。是年冬十一月，城光化。明年，城昆陽。六年，城棗陽。文蔚悉總其役。

七年，從大軍攻樊城，南據漢江，北瀕湖，卒不得渡。文蔚夜率所部，於湖水狹處，伐木爲橋，至曉，師畢過，城人大驚。文蔚復統拔都軍以當前行，奪其外城，論功居最。九年，從憲宗入蜀，至釣魚山，地勢險絶，惟一徑可登。文蔚激厲將士，挾雲梯以上。帝親勞之，厚加賞賚。

中統二年，世祖置武衛軍。文蔚以鄧州兵入爲千户。帝北狩，留屯上都。三年，李璮反，據濟南，文蔚以所部圍其南面。至元五年七月，卒於上都之炭山。泰定中，贈明威將軍、僉右衛使司事、上騎都尉、隴西郡伯。

文用，字彦材，俊第三子也。生十歲，父卒。長兄文炳教諸弟有法，文用學問早成，弱冠試詞賦中選。藁城爲莊聖太后湯沐邑，太后命擇邑中子弟來見，文用始從文炳謁太后於和林。世祖在潛藩，命文用主文書，講説帳中。

憲宗三年，從世祖征雲南大理。七年，世祖命授皇子經，是爲北平王、雲南王。又使召遺老竇默、姚樞、李俊民、李冶、魏璠等。九年，從世祖伐宋，攻鄂州，宋吕文德將兵來拒，水陸軍容甚盛。世祖臨江督戰，文炳求先進，文用與文忠固請偕行，世祖親料甲胄，擇大艦授之，大破宋師。

會憲宗崩，世祖不即去，文用一日三諫，乃班師。世祖即位，使文用宣諭邊郡，且擇諸翼軍充侍衛，七月還朝。中書左丞張文謙宣撫大名等路，奏文炳爲左右司郎中。二年八月，以兵部郎中參議都元帥府事。三年，李璮叛，從元帥闊闊討之。阿朮伐宋，召文用爲其屬，文用辭曰：「新制：諸侯總兵者，其子弟勿任兵事。今吾兄文炳以經略使總重兵鎮山東，我不當行。」阿朮曰：「潛邸舊臣，不得引此爲説。」文用卒謝病不行。

至元元年，召爲西夏中興等路行省郎中。中興自渾都海之亂，民間相恐動，竄匿山谷。文用至，鎮之以静，爲書置通衢諭之，民乃安。始開唐來延、秦家等渠，墾中興、西涼、甘、肅、瓜、沙等州之地爲屯田，歸者四五萬户，更造舟於河，受諸部落及潰叛之來降者。

時諸王只必鐵木兒鎮西方，部下需索無算，省臣不能支。文用坐幕府，輒面折以法，其徒積忿，譖文用於王。王怒，召文用，使左右雜問之，意叵測。文用曰：「我天子命吏，非汝等所當問，請得與天子所遣爲王傅者辨之。」王即遣其傅訊文用，文用謂之曰：「我漢人，生死不足計。所恨者，仁慈寬厚如王，而其下毒虐百姓，凌暴官府，損王聲名。於事體不便。」因歷指其不法者數十事。其傅白於王，王即召文用謝曰：「非郎中，我不知也。郎中持此心事朝廷，宜勿怠。」自是譖始不行。二年，入奏經略事宜還，以詔旨行之。

八年，立司農司，授山東東西道巡行勸農使。文用巡行所部，至登州，見其開墾有方，以郡守爲能，作詩表異之。蒞任五年，政績爲諸道勸農使之最。十二年，丞相安童奏文用爲工部侍郎，代紇石里。紇石里，阿合馬私人也，安童罷相，即使鷹監奏曰：「自紇石里去，工部侍郎不給鷹食，鷹且瘦死。」帝怒，促召治之。因急捕文用入見，帝望見，曰：「董文用乃爲爾治鷹食者耶？」置不問，別令取給有司。

十三年，出爲衛輝路總管，佩金虎符。諸郡運江淮米於京師，衛當運十五萬石。文用曰：「民籍可役者無幾，且米船不能以時至，而先爲期會，是未運而民已困矣。」乃集旁郡通議，立驛置法，民力以舒。十四年，詣漕司言事。適漕司議通沁水東合御河以便漕，文用曰：「衛爲郡，地最下，大雨時行，沁水輒溢出，今又引之使來，豈惟無衛，將無大名、長蘆矣。」會朝廷遣使相地形，上言：「衛州城浮屠最高者，纔與沁水平，勢不可開。」事始寢。

十六年，受代歸。裕宗在東宮，數爲臺臣言：「董文用忠良，何以不見用？」十八年，臺臣奏起文用爲山北遼東道提刑按察使，不赴。十九年，朝廷選舊臣，召文用爲兵部尚書。二十年，江淮省臣建議行臺隸於行省，狀上，集朝臣議之。文用議曰：「御史臺，譬之卧虎，雖未噬人，人猶畏其爲虎也。今虛名僅存，紀綱猶不振，一旦摧抑之，則風采薾然，無可復望者矣。昔阿合馬用事時，商賈賤役皆行賄入官，及事敗，欲盡去其人，廷議以爲不可，使阿合馬售私恩，而朝廷斂怨。乃命按察司劾罷其不稱職者，然後吏有所憚，民有所赴訴。則是按察司者，國家當激勵之，不可摧抑之也。」於是廷臣悉從文用議。

轉禮部尚書，遷翰林、集賢二院學士，知秘書監。時中書右丞盧世榮，以掊克爲功，建議曰：「我立法治財，視常歲當倍增，而民不擾。」詔下會議，人無敢言者。文用陽問曰：「此錢取於右丞家耶？將取之於民耶？取於右丞之家，則不敢知；若取諸民，則有説矣。收羊者歲嘗兩剪其毛，今牧人日剪其毛而獻之，則主者固悦其得毛之多，然而羊無以避寒熱，即死且盡，毛又安所得哉？民財有限，取之以時，猶懼其不給；今刻剥無遺，尚有百姓乎？」世榮不能對。丞相安童謂坐中曰：「董尚書真不虛食俸禄者。」議者出，皆謝文用曰：「君以一言折聚斂之臣，吾曹不及也。」世榮竟以是得罪。

二十二年，拜江淮行中書省參知政事，文用力辭。帝曰：「卿家世非他人比。朕所以任卿者，不在錢穀細務，卿當察其大者，事有不便，但言之。」文用遂行。行省丞相忙兀帶素貴倨，同列莫敢仰視，跪起稟白如小吏。文用至，則坐堂上，侃侃與論是非，無所遷就，雖數忤之，不顧也。有以帝命建佛塔於宋故宮者，官吏奉行甚急。天大雨雪，入山伐木，死者數百人，猶欲並建大寺。文用曰：「非時役民，民不堪命，少徐之如何？」忙兀帶曰：「參政奈何格上命耶？」文用曰：「非敢格上命。今日之困民力而失民心者，豈上意耶？」忙兀帶意沮，遂稍寬其期。二十三年，朝廷將用兵日本，文用上書極諫，時論韙之。

二十五年，拜御史中丞。文用曰：「中丞不當理細務，吾當先舉賢才。」乃舉胡祗遹、王惲、雷膺、荆玩恒、許楫，孔從道十餘人爲按察使，徐琰、魏初爲行臺中丞，當時以爲極選。時桑哥當國，自近戚貴人見之，皆屏息遜避，文用獨不附之。桑哥令人風文用頌己於上前，文用不答。桑哥又自謂文用曰：「百司皆具食於丞相府矣。」文用又不答。會北邊軍興，誅求愈急，文用謂桑哥曰：「民憊矣。外難未解，而内伐其根本，丞相宜思之。」桑哥益怒，乃摭拾臺事百端，文用與辯論不爲屈。於是具奏桑哥姦狀，語密，外人不知也。桑哥日誣譖文用於帝，曰：「在朝惟董文用戇傲不聽令，沮撓尚書省，誰治其罪？」帝曰：「彼御史之職也，何罪之有？且董文用端謹，朕所素知，汝善視之。」遷大司農。時欲奪民田爲屯田，文用固執不可。乃遷爲翰林學士承旨。

二十七年，隆福太后在東宫，以文用舊臣，欲使文用授皇孫經，以帝命命之。文用講説經旨，必附以朝廷故事，反覆開悟，皇孫亦特加敬禮。

三十一年，帝命文用諸子入見，文用曰：「臣蒙國厚恩，死無以報，臣之子豈敢濫邀恩寵。」命至再三，終不肯從。世祖崩，成宗即位上都，太后命文用從行。既即位，巡狩三不剌之地，文用曰：「先帝新棄天下，陛下不以時還，無以慰元元之望。宜趣還京師。」帝悟，即時旋蹕。帝每召文用，問先朝故事，文用亦盛言先帝虚心納諫、開國經世之務，奏對或至夜半。

初，帝在東宫，正旦受賀，於衆中見文用，召使前曰：「吾向見至尊，甚稱汝賢。」至是眷賚益厚。是年，詔修《世祖實録》。遷資德大夫、知制誥兼修國史。文用於祖宗世系功德、近戚將相家世勳績，皆記憶貫穿，史館恒質疑於文用。大德元年，請老，賜中統鈔萬貫以歸，官一子，鄉郡侍養。六月卒，年七十有四。贈銀青光禄大夫、少保、壽國公，謚忠穆。

八子：士亨，昭勇大將軍、侍御親軍都指揮使；士恒，南康路總管；士廉，字簡卿，以儒業起家爲國子師，扁其書室曰「性齋」，學者稱之。

文直，字彦正，俊第四子也。通經史法律，爲藁城令，佩金符。性好施，鄉里有貧乏者，每陰濟其急，不使之知。卒年五十有二。

子士表，後衛親軍都指揮使，追封隴西郡侯，謚武毅。士表子守義，前衛親軍都指揮使，追封隴西郡侯，謚昭毅。

文忠，字彦誠，俊第八子也。入侍世祖潛邸。從討雲南，又從伐宋，與兄文炳、文用敗宋兵於陽羅堡，得蒙衝百艘。

世祖即位，置符寶局，以文忠爲郎，授奉訓大夫。居益近密，嘗呼董八而不名。至元二年，安童以右丞相入領中書，陳十事，言忤旨。文忠曰：「丞相素有賢名，人方傾聽，所請不得，何以爲政？」遂從旁代奏，條理詳明，始蒙允納。

八年，侍講學士徒單公履欲奏行貢舉，知帝於釋氏重教輕禪，乃言：「儒亦有之，科舉類教，道學類禪。」帝怒，召姚樞、許衡與宰臣廷辯。文忠自外入，帝曰：「汝日誦《四書》，亦道學者。」文忠對曰：「陛下每言：『士不治經講孔孟之道，而爲詩賦，何關修身？何益治國？』由是海内之士稍知從事實學。臣今所誦皆孔孟之言，焉知所謂道學？而俗儒守亡國餘習，欲行其説，故以是上惑聖聽，恐非陛下教人修身治國之意也。」帝意始解。

十一年，伐宋，民困供給。文忠奏免常歲横征，從之。又請罷官鬻田器之税，聽民自爲。時多盜，詔犯者皆殺無赦。文忠言：「殺人取貨與竊一錢者均死，恐乖陛下好生之德。」帝悟，敕革之。或告漢人毆傷國人，及太府監屬盧摯盜剪官布，帝命殺以懲衆。文忠言：「今刑曹於囚罪當死者，已有服辭，猶必詳讞。是豈可因人一言，遽加重典？宜付有司閱實，以俟後命。」乃遣文忠及近臣突滿分覈之，皆得其誣狀，遂原之。帝因責侍臣曰：「方朕怒時，卿曹皆不敢言。非董文忠開悟朕心，則殺二無辜之人，必取議中外矣。」因賜文忠金尊，曰：「用旌卿直。」裕宗亦語宫臣曰：「方天威之震，董文忠從容諫止，實人臣所難能者。」盧摯奉物詣文忠泣謝曰：「鄙人賴公復生。」文忠曰：「吾素不知子，所以相救者，爲國平刑，豈望子見報哉？」卻其物不受。

自安童罷相，阿合馬獨當國柄，懼廉希憲復入相，害其私計，奏希憲以平章政事行省江陵。文忠言：「希憲，國家名臣。今宰相虚位，不可使久居外，以孤人望。且江陵卑濕，希憲病，宜早召還。」從之。十六年十月，奏曰：「陛下始以燕王爲中書令、樞密使，纔一至中書。自册爲太子，欲使明習軍國之事，然十有餘年，終守謙退，不肯視事者，非不奉明詔也，蓋朝廷處之未盡其道爾。夫事已奏決，而始啟太子，是使臣子而可否君父之命，故惟有避遜而已。以臣所知，不若令有司先啟太子而後奏聞，其有未安者，則以詔敕斷之，庶幾理順而分不踰。」帝即日召大臣，面諭其意，行之。復語太子曰：「董八崇立國本者，其勿忘之。」

禮部尚書謝昌元請立門下省，封駁制敕，以絶近習奏請之弊。帝鋭意行之，詔廷臣雜議，且怒翰林學士承旨王磐曰：「如是有益之事，汝不入告，而使南方後進言之，汝用學問何爲？」廷議以文忠爲侍中。近臣乘間奏曰：「陛下置門下省，今實其時。然得人則可以寬聖心，新民聽。今聞用欺詐之臣，臣實惑之。」其言多指擿文忠。文忠忿辯，帝令言者出，文忠猶訴不止。帝曰：「朕自知之，彼不言汝也。」文炳官中書左丞，卒。太傅伯顏言文忠可相〔二〕，文忠固辭。

十八年，升典瑞局爲監，郎爲卿，仍以文忠爲之，授正議大夫。俄授資德大夫、僉書樞密院事，卿如故。車駕行幸，詔文忠毋扈從，留居大都，凡宫苑、城門、直舍、徼道、環衛、管屯、禁兵、太府、少府、軍器、尚乘諸監，皆領焉。兵馬司舊隸中書，並付文忠。時桑哥累請奪還中書，不報。是冬十月，卒。帝悼惜之，賻錢數十萬。大德四年，贈光禄大夫、司徒，封壽國公，謚忠貞。後加贈體仁保德佐運功臣、太師、開府儀同三司、上柱國、趙國公，謚正獻。五子，士珍、士良、士恭最知名。

士珍，字周卿。幼從許衡學，淹貫經史，通國語，善騎射。世祖命侍東宮，裕宗嘗解御衣賜之。至元十九年，參議樞密院事，讞軍户康甲寃，老吏咸服其明斷。二十三年，進同知上都留守司事。時桑哥立尚書省，專以錢穀羨餘罔上。士珍典倉庾，出納均平，不事掊克。世祖詰之，對曰：「臣收粟不以高概，多取於民；出粟不以低概，少與於軍。臣不爲欺，羨餘故無自出。」帝感悟。二十八年，除山東東西道肅政廉訪使。

成宗即位，召爲兵部尚書。大德元年，遷吏部尚書。五年，拜江浙行省參知政事，賜鈔萬五千緡，以旌其廉。七年，召拜中書參知政事，與右丞相答剌罕、右丞尚文等同心輔政，有中統、至元之風。會河東地震，民多死傷，命士珍發屬郡藏粟賑之。八年，出爲江西行省左丞，以疾不赴，改陝西行臺中丞。至大元年，又移江南行臺，皆力辭。

仁宗即位，拜河南江北行省左丞。皇慶二年，御史中丞員闕，仁宗與臺臣議其人，既而曰：「方今無踰董士珍者。」驛詔還都，拜御史中丞。仁宗性嚴毅，士珍執奏或不得旨，至再三，必俞允乃已。帝輒歎曰：「董中丞，直人也！」嘗一日論事榻前，忤帝意，進曰：「臣等死生至微，臣若顧其至微，而使君有過舉，國有闕政，何面目立朝廷之上！」中書以四方災異，欲遣使者巡行郡國，士珍曰：「此時急務，選賢能，任守令，省刑薄斂，其民自安。使者巡行郡國，徒增擾耳。」事遂寢。省、臺議禁圍獵，欲置犯者極刑。士珍曰：「殺其麋鹿者，如殺人之罪，可乎？」其人語塞。士珍在言路，蹇蹇自矢，有古直臣風，爲它官則務持大體。居中書時，帝議討西南夷，臺臣力諫不納，士珍侍左右，從容進曰：「臺臣言是。」帝意解，遂寢其事。延祐元年卒，年五十九，謚清獻。士珍三子：守中、守庸、守簡。守庸，御史中丞，坐黨附逆臣鐵失，免官。

守中，字子平。始入太學，世祖召問時政，條對詳敏，如素習吏事者，世祖稱之。年二十二，以世冑供奉内廷。歷尚服院，出爲懷慶路判官，坐事左遷河南行省理問。丁父憂，起爲典瑞院丞、僉典瑞院事，不赴。服闋，除集賢侍讀學士，出爲浙江道廉訪使。以弟守庸爲御史，改河南行省參知政事。河北饑，部使者下令逐流民南渡，守中止而賑之，全活無算。遷湖廣行省參知政事。江西歲給蒙山銀冶糧四萬餘石，輸銀三萬五千兩。興國路龍閣諸山亦産銀，有請包辦興國銀冶者，守中曰：「此姦利之民。」斥弗聽。旋改漢中道廉訪使。時泰定帝崩，燕鐵木兒迎懷王於江陵，使河南行省平章伯顏簡兵扈從。守中赴漢中任，過河南，伯顏留之，與聞密議。伯顏遣孛羅守潼關，守中諫，不聽。已而潼關果失守。懷王至，召賜白金百兩，除河南道廉訪使，使將兵守武關。事平，遷湖北道廉訪使，晉階正奉大夫。歲大饑，豪民控米商閉糴城中，斗米至萬錢。守中適至，杖其黨與七十餘人，米大賤。撥貢士莊錢入學養士，俾不至以饑廢學。又刻《朱子戊申封事》於南陽書院，以教學者，士論翕然頌之。後以病乞歸。至順四年，卒於家，年六十一。贈樞密副使，追封趙郡公，謚清獻。三子：鋕、鉉、鑰。鋕僉羣玉內司事。鑰，監察御史。

守簡，字子敬，士珍第三子也。甫冠，入直宿衛，仁宗察其忠謹，授集賢侍讀學士。守簡辭，帝曰：「朕知卿家法崇禮讓，宜成卿之美。」乃以守簡兄守中代之，换守簡僉典瑞院事。帝賜守簡《大學衍義》，適近侍進酒，守簡引《衍義》之説以諫，帝大悦。

英宗即位，命守簡代祀秦、蜀山川。陜西饑，守簡移行省開倉廪賑之，復命謝專擅之罪。帝曰：「卿，朕之汲黯也。」除淮安路總管。歲旱，條荒政便宜奏之。未及報，先以禄廪，倡官民輸錢粟流民，爲粥食之。土著則給以錢，使不失其業。邗溝涸，發官帑浚之，使饑民得食其力，公私皆以爲便。未幾，遷汴梁路總管，郡人挽留不得行，由他道而去。有吏於汴而不返葬者，弟利其資，逼寡嫂啟冢歸其柩。嫂匿其骨之一體，弟訴之，下嫂於獄。豪家又覬以賤價，售其田宅，共賄獄卒殺嫂，以瘐死聞。守簡廉得其實，豪家、獄卒與弟皆論死。陳州有惡少，爲何人所殺〔二〕，且誘其妻以逃。事覺，有司逮其族人論死。守簡詰吏曰：「惡少死，其妻安在？」吏不能對。乃捕其妻至，一訊而服，汴人以爲神明。擢海北海南廉訪使。廣西猺人竊發，官軍不能制。守簡劾其總兵官，罷之，諸將皆肅然聽命，猺患遂平。累擢江東廉訪使，以疾告歸。召爲大都路總管，兼大興尹，辭不就。遣中使賜上尊，强起之，旋除樞密院判官。

至正元年，出爲山東廉訪使，未行，拜中奉大夫、陝西行省參知政事，復以疾辭。改浙西廉訪使，擢湖廣行省左丞，又改江南行臺御史中丞。先是，建集慶寺，取官没田宅給之，内有故平章政事張珪别業，未幾，敕復歸張氏，有司猶觀望。守簡至，立命歸之。召還，拜御史中丞。

至正四年九月，遷中書左丞，尋命知經筵事。新進士授官，吏部奏，恐礙入粟補官者。守簡曰："朝廷下詔求賢，將儲爲公卿也。苟急於此而緩於彼，人將謂讀書不如獻粟，恐貽笑於天下後世。"乃授進士官如故事。有司患盜，欲重法以懲之。守簡曰："民貧故爲盜，不思保民而淫刑以逞，可乎？"或謂去歲汴中亂，連坐者猶未竟其獄，此盜所以起也。守簡曰："罪人已得，州縣奉行文書，容有不能辨其真僞者，未可以首從論。且事在赦前，使國家失信，何以安反側？"於是繫獄者百餘人皆釋不問。廷議以盜發，禁漢人挾弓矢。帝曰："董左丞祖父佐祖宗征伐四方，豈得以漢人待之？"賜良弓二，命其族人皆得挾弓矢。四月，惠宗北巡，命守簡留守京師，賜御衣一襲。未幾，以左丞總裁遼、金、宋三史，復拜御史中丞，進榮禄大夫。至正六年卒，年五十五。贈推誠佐治濟美功臣、榮禄大夫、河南行省平章政事、上柱國，追封冀國公，謚忠肅。子鎧。

士良，文忠第二子。由曲陽尹累遷開州尹。文忠卒，世祖召見諸子，士良偕其弟士恭入見，帝熟視之，指士良語左右曰：「此兒甚肖其父。」遂命入直宿衛，以母疾謝歸。再起爲曲陽尹。縣陶縹瓷歲貢之，是年變色爲赤。士良曰：「禮：奇器不入公宫。」悉毁之。人服其有識。士良嘗以公事至曲阜，孔氏有相争之獄，累年不決，聞士良至，咸愧而相告曰：「吾輩所爲，何以見董公？」遂罷訟。泰定四年卒。

士恭，字肅卿，文忠第五子。幼端重，未嘗見其嬉笑。文忠卒，世祖召見諸子，士恭年甫十三，命往返步於廷中，正色斂容，周旋中度。帝甚奇之，問學射否，對以漢人挾兵有禁。帝即以弓矢賜之，仍命董氏一族弛挾兵之禁。後入直宿衛，從成宗至三不剌，命代祀岳瀆，復命奏對稱旨。世祖常呼文忠爲八哥，帝因呼士恭爲察罕八哥，其見親禮如此。大德九年，授典瑞少監。十一年，有位士恭下者，中書奏遷太監。帝怒曰：「董少監不遷，何耶？」特命擢典瑞太監，階正議大夫。

成宗崩，安西王阿難答覬覦神器，亟索符璽，士恭持不與。仁宗入平内難，士恭奉御寶以進。武宗即位，賜黄金帶以旌之。典瑞升爲院，拜中奉大夫、同知典瑞院事。四年，出爲江南行臺侍御史，涖事不務苛細，人服其知大體。皇慶二年，典瑞復爲監，授典瑞卿，使屬吏佩金字圓牌馳驛召之。有宗室位士恭下，固讓之。帝不允，士恭始拜命。帝問民所疾苦，以省刑薄斂對，問臣子之道，以忠孝對。帝大悦。延祐二年，拜陝西行臺御史中丞。丞相阿斯罕迎詔，便服不拜，又肩輿登堂北面坐。士恭厲色責之，叱左右去其肩輿。翌日，諸御史踵門謝曰：「微公，臺綱幾墜。」未幾，謝病歸。累除河南江北、淮東西道廉訪使，俱不赴。至順元年卒，年五十三。

子：守讓，東昌路總管；守訓，中書工部司程；守誠，衡水尹，有惠政，縣人立碑頌之。

史臣曰：藁城董氏與永清史氏、定興張氏，皆爲功臣之冑。董氏被服儒術，家法尤嚴，父子兄弟世濟其美，出任干城，入爲腹心。《詩》云：「惟其有之，是以似之。」其董氏之謂與！

【校勘記】

〔一〕「太傅」，原作「太傳」，據姚燧《牧庵集》卷一五《董文忠神道碑》、蘇天爵《國朝文類》卷六一《僉書樞密院事董公神道碑》改。

〔二〕「何人」，黄溍《金華黄先生文集》卷二六《董公神道碑》作「同黨」。

新元史卷之一百四十二　列傳第三十九

汪世顯 忠臣 德臣 良臣 惟正

汪世顯，字仲明，鞏昌鹽川人。本姓王，父彥忠，隸於汪古部，故改姓汪。世顯仕金，屢立戰功，爲征行從宜，分治陝西西路。時軍儲匱，世顯出家貲爲豪右率，鄰州效之，兵食以足。哀宗以忽斜虎爲鞏昌總帥，世顯同知府事，二人同心固守。及忽斜虎勤王敗潰，乃以世顯代爲總帥。哀宗遷蔡州，欲奔鞏昌，以粘葛完展爲鞏昌行省。蔡州破，完展欲安衆以待嗣立者，乃遣人稱使者，自蔡州宣諭。世顯知哀宗凶問，且嫉完展制之，遣使約會州守將郭斌，併力圖鞏昌。使者至，爲斌所拒，且曰：「爾帥欲背國家，任自爲之，何爲及我？」世顯遂襲殺完展，據鞏昌。及皇子闊端至，乃率衆降。皇子曰：「吾征四方，所至皆下，汝獨固守，何也？」對曰：「臣不敢背主失節。」又問曰：「金亡已久，汝不降，果誰爲耶？」對曰：「大軍迭至，莫知適從。惟殿下神武不殺，竊意必能保全闔城軍民，是以降也。」皇子大悅，承制授世顯舊官。

從伐宋，斷嘉陵江，擣大安。宋將曹友聞潛兵與諸蠻相爲犄角，世顯敗之。入武信，遂進逼葭萌。宋將依山爲栅，世顯以數騎襲奪之，乘勝定資州，略嘉定、峨眉，進次開州。宋軍屯萬州南岸，世顯即水北造船以疑之，夜從上游乘革舟以濟，敗之。追奔至夔峽，與宋援軍遇，斬首三千餘級。明年，師還攻重慶，會大暑，乃罷歸。入覲太宗，錫金符，易其名曰中山，且歷數其功。

十三年，蜀帥陳隆之貽書請戰，聲言有衆百萬。闊端集諸將議之，咸謂隆之可擒。世顯曰："顧臨敵何如耳，不必誇辭。"進薄成都，隆之戰屢卻，堅壁不出。其部曲田顯約夜降，隆之覺之。世顯曰："事急矣。"亟梯城入救顯，得與從者七十餘人出，獲隆之，斬之。世顯復簡精鋭五百人，擣漢州，州兵三千出戰，盡殲之。三日，大軍薄其城，克之。

六皇后稱制二年，闊端承制拜世顯便宜總帥，秦、鞏等二十餘州事皆聽裁決，賜虎符、錦衣、玉帶。世顯先已遘疾，至是加劇，卒，年四十九。中統三年，追封隴西公，謚義武。延祐七年，加封隴右王。七子：忠臣；德臣；直臣，鞏昌中路都總領，戰殁；良臣；翰臣，兵馬都元帥；佐臣，鞏昌左翼都總領，戰殁；清臣，四州行樞密院副使。

忠臣，字漢輔。以管軍總領從攻成都，入其外城。世顯陷伏中，忠臣手殺十餘人，翼世顯而出。後從克疊州，賜金符。世顯卒，忠臣讓世爵於弟德臣，皇子闊端嘉之，以忠臣爲鞏昌元帥、知府事。憲宗二年，權都總帥事。世祖征雲南，禡牙臨洮，忠臣上謁，使督嘉陵漕運。九年，帝自將攻蜀，德臣集諸將問曰：「吾境内凋瘵，一旦乘輿至，左右貴近之需索，何以應之？」忠臣曰：「吾輩拔身健兒，惟應效死前驅，何至爲媚人計？汝但恤吾妻子足矣。」德臣泫然，灌酒於地，誓與諸將同生死。忠臣從憲宗攻苦竹隘，先登，賜銀四百五十兩。復從攻長寧山，又以先登，賜銀幣。德臣卒於合州，忠臣集將佐議曰：「吾弟歿王事，子惟正雖未冠，宜世其爵。」諸將乃奉惟正爲總帥。

中統元年，授忠臣副總帥，戍青居山。三年，璽書褒美，賜虎符，復以弟良臣代之。卒於鞏昌，年四十八，謚忠讓。

子惟益，襲副總帥。孫安昌，懷遠大將軍、便宜都總帥。

德臣，賜名田哥，字舜輔。襲爵鞏昌等二十四路便宜都總帥。從征蜀，將前軍出忠、涪，所向克獲。進攻運山，所乘馬中飛石死，步戰，拔其外城。宋將余玠攻漢中，德臣馳援之，玠聞，遁去。

憲宗素聞其名，入覲，賜印、符，命城沔州，數日而畢。進攻嘉定，敵潛軍夜出，德臣迎戰，殺百人。還至雲頂山，宋軍乘夜斫營，覺之，擒斬無算。進次隆慶，宋軍仍夜出，與力戰，大敗之。及馬漕溝，遇伏兵，獲其統制羅廷鶚。又詔德臣城益昌，諸戍皆聽節制。世祖以皇弟有事西南，德臣入見，乞免益昌賦稅及徭役，漕糧、屯田爲長久計，並從之。命置行部於鞏昌，立漕司於沔，通販鬻，給餽餉。奏乞以兄忠臣攝府事，使己得專事益昌。益昌爲蜀喉襟，宋人憚其威名，不敢犯。

已而嘉陵漕舟水澀，議者欲棄去。德臣曰：「國家以蜀事托我，有死而已，奈何棄之？」盡殺所乘馬饗士。襲嘉州，得糧三千餘石。雲頂守將呂遠以兵五千邀戰，擒之，復得糧五千石。

獲宋提轄崔忠、鄭再立，縱令持檄諭苦竹，守將南清以城降，所俘城中民悉歸之。戍卒數百人有去志，德臣揣知之，給券縱去，皆泣謝。未幾，山寨相繼輸款。宋將余晦遣都統甘閏，以兵數萬城紫金山，德臣選精卒，銜枚夜進，大破之，閏僅以身免。南清入覲，其下殺清妻子叛。宋將焦遠饋以糧，德臣擊敗遠，盡獲所饋糧。又敗宋援兵，獲糧百餘艘。魚關至沔水，迂迴爲渡百有八，至是爲橋梁以通行旅。

憲宗親征，次漢中，德臣朝行在所。初，成都猝爲宋人所圍，德臣遣將赴之，約曰：「先破敵者，奏領此城。」圍遂解。詔俟江南事定，如約以城與之。帝幸益昌，駐北山，謂德臣曰：「來者言汝立利州之功，今見汝身甚小，而膽甚大，不知敵曾薄汝城否？」德臣對曰：「賴陛下福，未嘗一來。」帝曰：「彼憚卿威名耳。」賜金帶，且俾立石紀功。嘉陵、白水交會，勢洶急，帝問：「船幾何可濟？」德臣曰：「大軍百萬，非可久淹，當別爲方略。」即命繫舟爲浮橋，一夕而成，如履坦途。帝顧謂諸王曰：「汪德臣言不虛發。」賜白金三十斤，仍命刻石紀功。苦竹既逆命，至是攻之，巖壁峭絶，或請建天橋，帝以問德臣，對曰：「臣知先登陷陣而已，他非所知也。」既而橋果無功。乃率將士魚貫而進，帝望見，歎曰：「人言其膽勇，豈虛譽耶？」宋守將趙仲武納款，楊立猶率所部拒戰，德臣奮擊，盡殺之。俄有疾，帝勞之曰：「汝疾皆爲我家。」飲以葡萄酒，解玉帶賜之，曰：「飲我酒，服我帶，疾其瘳乎！」德臣泣謝。宋龍州守將王德新遣使來納款，乞宥州民抗命之罪，奏如其請。進攻長寧，拔之，斬守將王佐。

帝東下，德臣爲先鋒，抵大獲山，奪水門，宋將楊大淵降，已而運山、青居、大梁皆降。攻釣魚山，守臣王堅負險，五月不下。德臣率死士夜登外城馬軍寨，殺守寨者，梯折，後軍不繼，乃還。德臣單騎至城下，大呼曰：「王堅，我來活汝一城軍民，宜早降。」語未既，幾爲飛石所中，遂感疾。帝遣使問勞，俾還鞏昌，奏曰：「陛下尊爲天子，猶冒寒暑，服勞於外。臣待罪行伍，死其分也。」卒，年三十有六。中統三年，追封隴西公，謚忠烈。

六子：長惟正；次惟賢，大司徒、中書右丞；惟孝，參知政事、昭文館大學士；惟明，以質子爲元帥；惟能，征西都元帥；惟純，權便宜都總帥、屯田上萬户府萬户。

良臣，年十六七即從兄德臣軍中，每戰輒爲前鋒。以功擢裨將，兼便宜都府參議。憲宗三年，以德臣薦，爲鞏昌帥，領所部屯田白水。憲宗親征，軍至六盤，良臣還鞏昌，供億所須，民無擾累。詔權便宜總帥府事。良臣奏：「願與兄德臣效力定四川。」帝曰：「行軍餽餉，所繫不輕，汝任其責可也。」以勞賜黄金、弓矢。

世祖即位，阿藍答兒、渾都海逆命，劫六盤府庫，西垂騷動。詔良臣討之。兵至山丹，賊按兵不戰者凡二月。俄大舉至耀碑谷，兩軍相當，良臣慷慨誓諸將曰：「今日之事，係國安危，勝則富貴可保，敗則身家並盡。苟能用命，雖死行間，不失忠孝之名。」衆踴躍而前。會大風揚沙，晝晦，良臣手刃數十人，賊勢沮，衆軍乘勝擣之，賊大潰，獲阿藍答兒、渾都海。捷聞，賜金虎符，權便宜都總帥。

中統二年，合剌叛，復討平之。入覲，賜燕，屢稱其功，良臣拜謝曰：「臣奉諸王成算，何功之有？」世祖嘉其能讓，復賜金鞍、甲胄、弓矢，轉同簽鞏昌路便宜都總帥，凡軍民官並聽良臣節制。宋將昝萬壽帥戰船二百，泝江而上，欲掩青居。良臣伏甲數十艘，身先逆戰，萬壽敗走，伏發，幾獲之。三年，授閬蓬、廣安、順慶等路征南都元帥。良臣以釣魚山險絶，不可攻，奏請就近地築城曰武勝，以扼其衝。四年春，良臣攻重慶，命元帥康脱脱先驅，與宋將朱禩孫戰，兵交，良臣引兵横擊，敵敗走趨城，不得入，盡殺之。

至元六年，授東川副統軍。八年，兄子惟正請於朝，謂良臣勞苦，乞身代之。九年，復授良臣昭勇大將軍、巴昌等二十四處便宜都總帥，兼本路諸軍奥魯總管。明年，入覲。帝曰：「成都被兵久，須卿安集之。」授鎮國上將軍、樞密副使、西川行樞密院事，蜀人安之。十一年，進攻嘉定，昝萬壽堅守不出。築壘逼其城，萬壽悉軍出戰，大破之。萬壽遂降。良臣統兵順流而下，紫雲、瀘、敘相繼款附。還圍重慶。

十三年，宋涪州安撫楊立帥兵救重慶者再，良臣皆敗走之。宋安撫張珏遣將乘虚襲據瀘州，良臣還軍平之。十五年春，張珏率衆突出，良臣奮擊，身中四矢。明日，督戰益急，珏所部趙安開門納降，珏遁走。良臣禁俘掠，發粟振饑，民大悦。四川悉平，捷聞，世祖喜甚，召良臣入覲，授資善大夫、中書左丞、行四川中書省事，賜白貂裘。良臣陳治蜀十五事，世祖嘉納之。行省罷，改授安西王相，不赴。十八年夏，卒，年五十一。贈開府儀同三司，謚忠惠，加贈推誠保德宣力功臣、陝西等處行中書省平章政事、柱國，追封梁國公。

七子：惟勤，雲南諸路行省平章政事；惟簡，保寧萬户；惟和，同知屯田總管府事；

惟永，征西都元帥；惟恭，階州同知；惟仁，人匠總管府達魯花赤；惟新，漢軍千户。

惟正，字公理。幼穎悟，藏書一萬卷，喜從文士遊。父卒於軍，塔察兒國王使權襲父爵，守青居山。

世祖即位，遂以父爵授之。初，憲宗遣渾都海以騎兵二萬守六盤，又遣乞台不花守青居。至是，渾都海叛，乞台不花欲發兵相應。惟正命力士縛乞台不花，殺之。世祖嘉其功，詔東川軍事悉聽處分。

中統二年，入朝，賜甲冑、寶鞍。三年，詔還鞏昌。部長禾禿叛，民大擾。惟正謂諸將吏曰：「禾禿今若猘犬，方肆狂齧，苟一戰不利，則城邑爲墟，當勝以不戰。」乃發兵踵之，賊欲戰不得，相持兩月，知其糧盡勢蹙，曰：「可矣。」屢戰皆捷。禾禿遣三十人來約降，即遣十人還，潛兵躡其後，出禾禿不意，擒殺之。

至元七年，宋人築合州，詔立武勝軍以拒之。惟正臨嘉陵江作栅，扼其水道，夜懸燈栅間，編竹籠，中置火炬，照百步外，以防不虞。宋人知有備，不敢近。九年，略江、忠、涪三州，破寨七，擒守將六，降户千六百有奇。會丞相伯顔克襄陽，議取宋，惟正奏曰：「蜀未下者，數城耳。宜併力攻餘杭，本根既拔，此將焉往？願以本兵由嘉陵下夔峽，與伯顔會錢塘。」帝優詔答曰：「四川事重，舍卿誰托？異日蜀平，功豈在伯顔下耶。」未幾，兩川樞密院合兵圍重慶，命惟正助之。惟正奪其洪崖門，獲宋將何世賢。皇子安西王出鎮秦蜀，召惟正還。

十四年冬，皇子北伐，藩王禿魯叛於六盤，王相府命布色台進討，惟正爲副。進次平涼，簡精兵八千人而行，至六盤。禿魯先據西山，惟正分安西兵爲左右翼，鞏昌兵居中，去禿魯一里許，皆下馬彎弓。禿魯遣百騎突陣，惟正令引滿毋發，將及，又命曰：「視必中而發。」於是矢下如雨，突騎中者三之一，餘盡馳還。惟正麾兵逐之，三踰山，至蕭河，擒叛將燕只不花。復進兵，禿魯亦就擒。安西王至，惟正迎謁，王歷稱其功。明日大燕，賞以金尊、貂裘。王妃賜其母珠絡帽衣，且曰：「吾皇家兒婦，爲汝母製衣，汝母真福人也。」詔惟正入朝，世祖推玉食食之，賜白金五千兩、錦衣一襲，授金吾衛上將軍、開成路宣慰使。十七年，遷龍虎衛上將軍、中書左丞，行秦蜀中書省事，賜玉帶。以省治在長安，去蜀遠，乃命惟正分省於蜀。惟正留意撫循，人安之。二十年，進階資德大夫。二十二年，改授陝西行中書省左丞。入覲上都，還至華州，卒，年四十四。謚貞肅。

二子：嗣昌，武略將軍、成都管軍副萬户；壽昌，資德大夫、江南行御史臺中丞、四川行省平章政事。

史臣曰：汪世顯、郭斌，俱爲金將。世顯襲殺元帥，據鞏昌以叛，因降附晚，又竊忠義之名，金之降將，未有如世顯之狡者。斌捐軀脰、糜妻子，而汪氏累世富貴，蓋義與利之相反如此。然志士仁人終不以此而易彼也。

新元史卷之一百四十三 列傳第四十

石珪天禄 王珍文幹 楊傑只哥 劉通復亨 淵 劉斌思敬 趙柔晟 耿福繼元

石珪，泰安新泰人。體貌魁偉，倜儻不羈。金末，渡河，率少壯據險自保，與滕州陳敬宗破張都統等兵於龜蒙山。又敗宋將鄭元龍於亳州，乘勝引兵入盱眙。會宋賈涉誘殺漣水忠義軍統轄季先，衆迎珪爲帥，稱爲太尉。

太祖十三年，使葛不罕與宋議和。明年，珪令麾下劉順覲太祖於塔什干城，太祖慰勞順，且敕珪曰：「如宋和議不成，吾與爾爲一家，勿憂不富貴。」順還告珪，珪感悦，日夜思降。十五年，宋果渝盟，珪棄其妻孔氏、子金山，杖劍渡淮，宋將追之曰：「太尉還，完汝妻、子。」珪不顧，宋將沉珪妻、子於水。遂率順及李温等歸木華黎。木華黎承制拜珪光禄大夫、濟兗單三州兵馬都總管、山東諸路行元帥府事，佩金虎符，便宜從事。後金棄東平，珪與嚴實分守，收輯濟、兗、沂、滕、單諸州。十八年，加金紫光禄大夫、東平兵馬都總管、山東諸路都元帥。

秋七月，珪攻克曹州，與金將鄭從宜戰，馬仆，爲所獲，送至汴。金主壯其爲人，誘以名爵。曰：「吾身事大朝，官至光禄，復能受封他國耶？假我一朝，縛爾以獻。」金主大怒，蒸殺於市。珪怡然就死，色不變。其部下立祠兗州祀之。子天禄。

天禄襲父爵，授龍虎衛上將軍、東平路元帥，佩金虎符。時宋將彭義斌取大名及中山，天禄從孛里海敗之，又敗金將武仙，屢立戰功，國王孛魯奏遷金紫光禄大夫、都元帥。

太宗四年，從皇太弟拖雷伐金，率戰船夜至歸德城下，襲其營，殺三百餘人。金將陳防禦來追，天禄回軍復戰，金兵退走。明年秋九月，破考城，復圍歸德。冬十二月，歸德降。六年，入覲，改授征行千户，濟、兗、單三州管民總管。七年，從札剌温火兒赤渡淮，攻隨州，至襄陽夾河寨，敗宋兵。又從攻蘄、黄等州。

時詔天禄括户東平，軍民賦税並依天禄已括籍册，嚴實不得科收。天禄病，不任職，以子興祖襲。明年卒，年五十四。

子十人。興祖襲千户，官武略將軍，從伐宋，攻鄂州。至元四年，由宿州率所部抄沿淮諸郡，俘獲甚多，統軍司賞馬二十匹、銀五百兩、錦二十端。十二年，攻常州，爲先鋒，功在諸將上。宋亡，第功，擢宣武將軍、管軍總管，戍温州。平土賊林大年等，招輯南溪山寨歸農者三萬餘户。十六年，晉顯武將軍，佩金虎符。十九年七月，卒於軍。子璉嗣。

王珍，字國寶，大名南樂人。金末所在盜起，南樂人楊鐵槍聚衆保鄉里，珍從之。大兵略地河朔，鐵槍迎降，署珍軍前都彈壓。鐵槍戰死，衆推蘇椿代領其衆。宋將彭義斌侵大名，椿戰不利，降之，義斌遂據大名。珍棄其家，間道走還軍中，按只吉歹大王嘉其誠心歸附，以爲義子。復從速魯忽擊走義斌，蘇椿以大名降，歸珍妻子。珍語之曰：「吾非棄汝輩，誠不以私愛奪吾報國之心。」聞者稱歎，授鎮國上將軍、大名路治中、軍前行元帥府事。俄遷輔國上將軍，復授統攝開、曹、滑、濬等處行元帥府事，兼大名路安撫使。

蘇椿有異志，珍覺之，與元帥梁仲先發兵攻椿，椿開南門遁。國王斡真授仲行省，珍驃騎衛上將軍、同知大名府事，兼兵馬都元帥。從速不台經略河南，破金將武仙於鄭州，復與金人戰於蕭縣，斬其將。頃之，仲死，國王命仲妻冉守真權行省，珍爲大名路尚書省下元帥，將其軍。國用安據徐、邳，珍從太赤及阿朮魯攻破之，授同簽大名行省事。從伐宋，破盧、壽、滁等州，珍常身先諸將。宋城五河口，珍帥死士二十人奪之，乘勝連破濠、泗、渦口。

太宗二年，入朝，授總帥本路軍馬管民次官，佩金符。珍言於帝曰：「大名困於賦調，貸借西域賈人銀八千錠，及逋糧五萬斛，若復徵之，民無生者矣。」詔官償所借銀，復盡蠲其逋糧。已而朝廷議分蒙古、漢軍戍河南，以珍戍睢州，修城隍，明斥候，宋兵不敢犯。定宗三年，入朝，晉本路征行萬户，加金虎符。在鎮九年卒，年六十五。子文幹。

文幹善騎射，襲爲行軍萬户。從世祖攻鄂州，先登，中流矢，賜良馬、金帛。李璮叛，從哈必赤大王討平之。論功第賞，文幹曰：「增秩則榮及一身，賜金則恩逮卒伍。」迺以白金二千兩、器皿百事、雜綵數百縑賞之，文幹悉頒於軍中。

中統三年，制：「父、兄、子、弟並仕者，罷其子、弟。」文乾弟文禮爲千户，文幹自陳願解己官而留文禮，詔從之。改同知大名路總管府事，累遷河東山西道提刑按察副使。近臣言其鄂州之功，晉僉東川行樞密院事，歷金州、衛輝、東平總管，改江東建康道提刑按察使。卒於官，年五十八。發其篋中，錢僅七緡，貧不能歸葬。人以此稱之。

楊傑只哥，大興寶坻人。少有勇略。大兵略地燕趙，率族屬降附。從攻遼東，又從元帥阿朮魯克西夏諸城，有功。

太宗元年，皇太弟拖雷賜以金、幣，命從阿朮魯攻信安。阿朮魯知其材出諸將右，命裁決軍務。信安城四面阻水，其帥張進數月不降。傑只哥曰：「彼恃巨浸，我師進不得利，退不得歸，不若往説之。」進見其來，怒曰：「吾已斬二使，汝不畏死耶？」傑只哥無懼色，從容言曰：「今齊魯、燕趙地方數千里，郡邑皆聞風納款，獨君恃此一城，亡可立待。爲君計，不如歸附，可以保富貴。」進默然曰：「姑待之。」凡三往，乃降。

三年，大名守蘇椿叛，討獲之。衆議屠城，傑只哥曰：「怒一人而族萬家，非招來之道也。」衆是其言，由是滑、濬等州皆下。四年，大軍攻徐州，阻河不得濟。傑只哥率勁卒憑河奪賊舟楫，衆遂畢渡，獲河南諸郡降人三萬餘户。進圍徐州，金將國用安拒戰，傑只哥率百餘騎突陣，大敗之。皇弟拖雷賜名拔都，授金符，命總管新附軍民。

七年，太宗特賜傑只哥種田民户租賦。九年，從阿朮魯攻歸德，傑只哥麾諸將縛草作筏渡濠抵城下，梯城先登，拔之。乘勝得五州、十縣、四堡、二寨。十年，宋兵至，傑只哥率舟師擊之，轉戰中流，溺死，年四十。子孝先、孝友。孝先，僉江北淮東道肅政廉訪司事。孝友，鎮江路總管。

劉通，字仲達，東平濟河人。初從嚴實來歸，收濮、曹、相、潞、定陶諸州縣，實薦於太師木華黎，以通爲齊河總管，尋授鎮國上將軍、左副都元帥、濟南知府、德州總管、行軍千户。太宗賜金符，擢上千户。宋將彭義斌攻齊河城，已登陴，通率六七人鼓噪而進，宋人驚墜，溺死者甚衆。明日，復圍城三匝，通令守陴者植槊如櫛，俄撤去，宋人懼其出攻，遂引退。九年，遷德州等處二萬户軍民總管，卒。子復亨。

復亨襲行軍千户，從嚴實略安豐、通、泰、淮、濠、泗、蘄、黄、安慶諸州。憲宗西征，復亨攝萬户，統東平軍馬攻釣魚山苦竹寨，有功。師還，兼德州軍馬總管。

中統元年，率所部戍和林，還，授虎符，進武衛軍副都指揮使。李璮叛，遣使招復亨，復亨斬之。時諸軍乏食，復亨出其私蓄以濟師。世祖嘉之，賜白金五千兩，復亨固辭。

至元二年，進左翼侍衛親軍都指揮使。四年，遷右翼。九年，加昭勇大將軍、鳳州等處經略使。十年，遷征東左副都元帥，統軍四萬、戰船九百，征日本，由博多舍舟登陸，屢敗日本。兵進至今津，戰於百道原，復亨披赤甲，縱横指揮，鋒鋭甚。日本將三郎景資射復亨墜馬，乃引軍還。事具《日本傳》。十二年〔一〕，授昭信路總管。十四年，遷黄州宣慰使。十五年，改太平路總管，俄授鎮國上將軍，爲淮西道宣慰使都元帥。二十年，加奉國上將軍。三月，卒。五子：浩、澤、澧、淵、淮。浩，中統四年襲千户，至元八年歿於兵。澤，由近侍出爲荆州湖北道宣慰使。澧，知長寧州。俱蚤卒。

淵，至元十一年佩金符，授進義副尉，爲徐、邳屯田總管下丁莊千户。九月，領兵巡邏泗州，至淮河九里灣，遇宋兵，奪其船三十餘艘。十二年三月，與宋安撫朱焕戰於清河，敗之，擒十四人，奪其輜重。九月，從右丞別里迷失攻淮安。十三年，與宋人戰於昭信軍南靖平山。俱有功。十四年，入覲，進武略將軍、管軍總管。十五年，從元帥張弘範征閩、廣諸州，以功授武德將軍。十六年，從攻崖山，弘範命淵領後翼軍，水戰有功。十七年，進安遠大將軍，爲副招討。二十一年，遷潁州副萬户。二十四年，從征交趾，鎮南王脱歡命別將二萬人攻萬劫江，又攻靈山城，大敗賊衆。還師，討浙東土寇，平之。三十一年，兼領紹興浙江五翼軍，守杭州。大德十一年，卒。子無晦，至大元年襲授昭信校尉、潁州副萬户。延祐五年，以病免。六年，改河南江北行省都鎮撫。泰定四年，加宣武將軍，卒。

劉斌，濟南歷城人。少孤，鞠於大父。有勇力，從濟南張榮起兵，爲管軍千户。太宗四年，以功授中翼都統。從攻歸德，軍杏堆，距陳州七十里。聞金兵屯州城外，斌率衆夜破之。又襲敗太康兵，拔其城。移屯襄陽，軍乏食，斌知青陵多積穀，陳可取狀。衆難之，斌叱之，曰：「青陵前阻大澤，彼恃險，不設備，可必勝也。」乃率百騎夜發，行大澤中五十餘里，遇敵兵，斌揮槊突擊，敗之，獲其糧數千斛。從攻六安，先登，破其城。

擢濟南推官，授本道左副元帥，擢濟南新舊軍萬户，移鎮邳州。憲宗九年，病，謂其子曰：「居官當廉正自守，毋黷貨以喪身敗家。」語畢而逝，年六十有二。追贈中奉大夫、參知政事、護軍、彭城郡公，謚武莊。子思敬。

思敬賜名哈八兒都，襲父職爲征行千户。世祖南征，從董文炳攻臺山寨，先登，中流矢，傷甚。帝親勞賜酒，易金符。中統二年，授武衛軍千户。從討李璮，賜銀六十錠。四年，授濟南武衛軍總管，捕盜有功，又賜銀千兩。至元三年，授懷遠大將軍、侍衛親軍左翼副都指揮使。四年，命築京城。八年，授廣衛將軍、西川副統軍，佩金虎符。九年，宋嘉定守臣昝萬壽乘虚襲成都，哈八兒都邀擊之，戰於青城，宋兵大敗，奪所俘二千人還。十二年，轉同僉行樞密院事，復攻嘉定，取之。瀘、叙、忠、涪諸郡，及巴縣籌勝、龜雲、石筍等寨十九族，及西南夷五十六部，悉來降。十三年，圍重慶，敗宋將張萬，得其舟百餘。六月，瀘州復叛，殺哈八兒都妻子。哈八兒都討擒其將任慶，攻破盤山寨，俘九千餘户，又獲其將劉雄及王世昌等。夜入東門，巷戰，殺王安撫等，遂克瀘州。復攻重慶，其將趙牛子降。十六年，蜀平，拜中奉大夫、四川行省參知政事。行省罷，改四川北道宣慰使。

十七年，授正奉大夫、江西行省參知政事，平吉、贛盜，民賴以安。二十年，卒，年五十三。贈推忠宣力果毅功臣、平章政事、柱國，封濱國公，謚忠肅。弟思恭，字安道，累官昭毅大將軍、右衛親軍都指揮使；思義，宣武將軍、昌國州軍民達魯花赤。

趙柔，易州淶水人。父世英，金易縣令。柔有膽略，金末避兵西山，栅險自保。同縣劉伯元、蔡友資、李純等亦各聚衆數千，聞柔信義，共推爲長。柔明號令，嚴賞罰，人多服之。

大兵入紫荆關，柔以衆降，行省札八兒奏聞，授涿、易二州長官，佩金符。時羣盜並起，柔單騎徧入賊寨，説降其衆，以功遷真定、涿州等路兵馬都元帥，佩金虎符，兼銀冶總管。太宗二年，命兼管諸處打捕總管。八年，加金紫光禄大夫，卒。至順元年，追封天水郡侯，謚莊慎。

四子：守賚、守信、守純、守政。守賚二子：謙，襲打捕鷹房總管；晟，最知名。守信二子：簡，洺水尹，贈榮禄大夫、柱國、魏國公，謚忠憲。簡子世安，中書平章政事。守純子千間，提領打捕鷹房。守政子：允，保定總管府通判；密，大名打捕鷹房府總管。

晟，字子昌，以伯父守賚蔭，累官秀容縣尹。秀容民家女爲妖所馮，術士劾之，輒投以瓦石。晟至，妖不復作，其家繪晟像祀之。轉新城尹，時太保曲樞圉人牧馬於新城，踐蹋田禾，晟收繫之。曲樞怒，使其長史持刑部牒按治晟，卒無所得。

至治元年，詔舉守令，部使者以晟應，改中山尹，又轉安憙。所至有能名，以臺臣薦，拜陝西行臺監察御史、僉四川道廉訪司事。

天曆元年，召拜監察御史。首言：「天下已定，不當有彼此之分，上都官吏宜序用。」劾平章政事速速恃功驕恣，帝親祀太室，速速爲禮儀使，稱疾不出，又褻服入齋宫，不敬。又劾參知政事也先捏，將兵禦西軍，逗撓不進，擅殺萬户張景武兄弟二人。皆以罪廢。除山東道廉訪司副使，改燕南道。遷同知儲政院事，拜燕南道廉訪司使。以年老致仕，不允，拜翰林直學士。

至順三年，大雨雪。晟上言：「雨水正月中氣，春分二月中氣，四陽上行，卦爲《大壯》。今自正月雨雪至二月末已，陽和弗興，陰凝不釋。陽爲君子、爲善，陰爲小人、爲惡，宜預防其變。」中書以其言下禮部。是年晟卒，年七十四。明年，贈集賢直學士，追封天水郡侯，謚惠肅。

耿福，字伯禧，祁州束鹿人。沈鷙寡言，善騎射。大兵入中原，河朔盜起，令遁去，束鹿民推福攝縣事，號令明信，境内晏然。

太祖八年，木華黎徇地至束鹿，福以衆降。九年春，木華黎以冀州不納使者，命福討之。福請先招之，果不來，興師未晚。乃遣福持檄往諭，守將猶疑曰：「若遣親信來，我即降。」福使其妻兄往，守將迎降。冀州平，謁太祖於行在，賜金織衣一襲、名馬二，拜鎮國上將軍、安定軍節度使，行元帥府事，佩金虎符。是年秋，武仙悉衆來攻，福逆擊之，仙不能克，乃以火炮攻北門。城中火起，福禱於真武廟，反風滅火，大雨如注。俄聞劉仲禄以兵迎邱真人行次安平，福宣言於師曰：「劉便宜率精兵援我，期以明日破賊。」諸軍聞之，膽皆壯。是夜，分兵三隊攻賊，仙棄營走，福追擊，斬首數千級，仙僅以身免。順天帥張柔上其功，加輔國上將軍。明年二月卒，年四十九。子孝祖，襲東鹿軍民長官，贈吏部尚書，追封高陽郡公；紹祖，東鹿縣尉。孝祖子繼元。

繼元字舜臣。幼英悟好學，年十八以質子入宿衛，襲東鹿縣尹。官制行，改固安州判官，移錦州。有劇盜據山險，繼元至，掩捕無遺，境内以安，民號其山曰「耿公山」。累官葛城、大同、河間縣尹，同知絳州事，卒。

子焕，由中書掾累官監察御史、都事，拜治書侍御史。至元元年，以户部尚書晉中書左丞。二年，遷侍御史，拜御史中丞。六年，賜上尊、束帛，致仕卒。

【校勘記】

〔一〕「十二年」，「十」字原脱，據《元史》卷一五二列傳第三十九《劉通傳》補。

新元史卷之一百四十四　列傳第四十一

張子良懋　王檝　高宣天錫　塔失不花　邸順浹　琮　澤　張全思忠　匡才國政　鮮卑仲吉　焦德裕　李邦瑞唐慶　張羽　王鈞

張子良，字漢臣，涿州范陽人。金末四方兵起，子良率千餘人阻水治舟筏，取蒲魚自給，從之者衆，至不能容。子良部勒定興、新城數萬口就食東平，東平守蒙古綱納之。久之，綱棄東平，檄子良屯宿州，又使移屯壽州。夏全劫其民出雞口。李敏據壽州，子良率麾下造敏，敏欲害之，子良走歸宿州。因以宿帥國用安之衆，奪全所劫老幼數萬以還。大軍圍汴，聲援盡絶，用安欲以漣水之衆入援，道阻不能進。子良與一偏將晝伏夜行，得入汴，達用安意。金君臣以爲自天降也，曲賜勞來，凡所欲皆如用安請，因以徐、宿二州授子良。明年，子良運米五百石於汴，授榮禄大夫、總管陝西東路兵馬，仍治宿州。是時，金之命令已不行於陝，而用安亦卒不得逞。徐、宿之間民無食者出城采旅穀以食，子良嚴兵護之，防鈔掠。猝遇敵，子良被重傷，乃率其衆就食泗州。守將欲圖之，子良與麾下十數人即軍中縛守將，殺之。

太宗十年，率泗州西城二十五縣、軍民十萬八千餘口，因元帥察罕來歸。太宗命爲東路都總帥，授銀青榮禄大夫，擢京東路行尚書省兼都總帥，管領元附軍民，進金紫光禄大夫。十二年，賜金符。自兵興以來，子良轉徙南北，依之以全活者不可勝計。

憲宗即位，授歸德府總管，領元附軍民。中統二年，改爲歸德、泗州總管，降虎符，仍管領泗州軍民。至元七年，罷元管户隸諸郡縣，授昭勇大將軍、大名路總管，兼府尹。八年卒，年七十八。贈昭勇大將軍、僉樞密院事、上輕車都尉，追封清河郡侯，謚翼敏。二子：長懋，次亨。亨，佩金虎符，爲管軍千户。卒，子與立襲。與立卒，子鑑襲。

懋，字之美。未弱冠，已有父風。領父衆，從丞相阿朮，城歸德府，留其軍鎮之。未幾，移鎮下邳，知歸德府事。李璮叛據濟南，以所部戍蔡州。中統元年，授泗州軍總把，佩金符。

至元七年，擢濟南諸路新軍千户。九年，從破襄、樊，有功。十一年，丞相伯顔南征，其行陣以鏵車弩爲先，衆軍繼之。懋以勇鷙，將弩前行，擢爲省都鎮撫。臨安平，還駐瓜洲，伯顔命懋往諭淮西夏貴，將騎士直趨合肥。貴出迎，設賓禮。懋示以逆順禍福，辭旨雄厲，貴受命頓首，上地圖降。還報，伯顏大喜，復令徇鎮東、安豐、壽春、懷遠、淮安、濠等州郡，皆下之。十三年，懋馳驛至上都，伯顏上其功，授明威將軍、泗州安撫司達魯花赤。十四年，改安撫司爲總管府，置宣慰使，拜同知淮西道宣慰司事。十六年，改授懷遠大將軍，吉州路總管。

部使者劉宣賢之，凡所徵治，朝至夕報可，豪强竦然。萬户蘇良恃勢虐民，爲之翼者，有「十虎」之目，民苦之。乃上其事於憲府，盡誅「十虎」，奪良虎符，黜之，民大悦。羣盜有白晝劫城者，懋聞之，率從騎擣其穴，縛盜首以歸。流民來歸者數千家，相率爲生祠祀之。十七年二月卒，年六十三。贈昭勇大將軍、龍興路總管、上輕車都尉，追封清河郡侯，謚宣敏。二子：文煥，以父蔭任承務郎、江州路瑞昌縣尹；文炳，三汊河巡檢。文煥子珪，初爲高安縣尹，有異政，擢江西檢校，拜南臺御史，遷淮西、江西二道廉訪僉事，卒。

王檝，字巨川，鳳翔虢縣人。父霆，金武節將軍、麟游縣主簿。檝性倜儻，弱冠舉進士不第，乃入終南山讀書。泰和中，復下第，詣闕上書，論當世急務，金主俾給事縉山元帥府。尋用元帥高琪薦，特賜進士出身，授副統軍，守涿鹿。

太祖將兵南下，檝鏖戰三日，兵敗見執，將戮之，神色不變。太祖問曰：「汝曷敢抗我？獨不懼死乎？」對曰：「臣以布衣受金主恩，今即僨軍，得死爲幸。」帝義而釋之，授都統，佩金符，令招集山西潰兵。從大軍破紫荆關，取涿、易、保州、中山府，次雄州。節度使孫吴堅守不下，檝入城諭以禍福，吴以城降。

九年，授宣撫使，兼行尚書六部事。從三模合拔都、石抹明安入古北口，攻薊、雲、順等州，所過迎降，遂圍中都。中都降，檝進言曰：「國家以仁義取天下，不可失信於民，宜禁虜掠，以慰民望。」時城中絶粒，人相食，乃許軍士齎糧入城轉糶。於是士得金帛，民獲粒食。又議：「田野久荒，兵後無耕牛，宜差官往廬溝橋索軍回所驅牛，十取其一，以給農民。」用其策，得牛數千頭，分給近縣，民大悦，復業者衆。三模合、明安俾檝招諭保定、新城、信安、雄、霸、文安、清、滄諸城，皆望風款附，乃置行司於滄州以鎮之。遂從明安入覲，授銀青榮禄大夫，仍前職，兼御史大夫，世襲千户。

時河間、清、滄復叛，帝命檝討之，復命駙馬孛秃分蒙古軍及漢軍三千屬檝，遂復河間，得軍民萬口。孛秃惡其反覆，欲盡誅之。檝曰：「驅羣羊使東西者，牧人也，羊何知焉？殲其渠魁足矣！釋此輩，遷之近縣，强者使從軍，弱者使爲農，此天之所以畀我也，何以殺爲？」孛秃曰：「汝能保此輩不復反耶？」檝曰：「可！」即移文保任之。

帝命闍里必與斡赤斤國王分撥諸侯城邑，諭闍里必曰：「漢人中若王宣撫者，可任使之。」遂以前職兼判三司副使。又命省臣總括歸附工匠之數，俾大臣分掌之。太師阿海具列諸大臣名以聞，帝曰：「朕有其人，偶忘姓名耳。」良久曰：「得之矣，舊人王宣撫可任是職。」遂以命檝。時都城廟學燬於兵，檝取舊樞密院地，復創立之，春秋率諸生行釋菜禮，仍取岐陽石鼓列廡下。

二十一年，從征西夏。及秦州，夏人盡撤橋梁爲備，軍阻不得前。檝夜督士卒運木石，比曉橋成，軍乃得進。明年，奉監國公主命，領中都行省。金將張進據信安，結北山盜李密，轉掠近縣。檝曰：「都城，根本之地，不可無備。」引水環城，調度經費，檝自爲券，假之賈人，而歛不及民，民安之。遣其子守謙率所部討平諸盜。

太宗元年，從大軍入關中，克鳳翔。請於太宗曰：「此城，鄉邑也，願入城訪求親族。」果得族人數十口以歸。五年，奉命持國書使宋，以兀魯剌副之。至宋，宋人甚禮重之，即遣使以金幣入貢。檝前後凡五往，以和議未決，卒於宋。宋人重賵之，仍遣使歸其柩。

高宣，遼陽人。太宗元年，以宣爲元帥，賜金符，統兵從睿宗攻大名。宣進曰：「伐罪吊民，願勿嗜殺，以稱上意。」睿宗召元帥阿朮乃諭之，下令軍中如宣言。四年正月，從破金兵於三峰山，降宣者三千餘户，籍以獻，立打捕鷹坊都總管府統之，以宣爲都總管，賜金符。卒。皇慶二年，贈推忠宣力功臣、銀青榮禄大夫、大司徒，追封營國公，謚簡僖。子天錫。

天錫，事世祖潛邸，爲必闍赤，甚見親幸。中統二年，授鷹房都總管。四年，改燕京諸路奥魯總管，遷按察副使，仍兼鷹坊都總管。天錫語丞相不花、左丞張文謙曰：「農桑者，衣食之本，務本則民衣食自足，古之王政，莫先於此。」丞相以聞，帝悦，命立司農司，以天錫爲中都山北道巡行勸農使，兼司農丞。尋遷司農少卿、巡行勸農使。又遷户部侍郎，進嘉議大夫、兵部尚書，卒。後贈推忠保義功臣、太保、儀同三司、柱國，追封營國公，謚莊懿。子諒，裕宗初封燕王，以諒爲符寶郎。俄命襲其父官，爲鷹坊都總管。裕宗甚愛之，謂符寶郎董文忠曰：「汝爲我奏請，以諒所管民户隸於我，庶得諒盡力爲我用。」文忠入奏，帝從之。未幾，授諒嘉議大夫，遷兵部尚書，卒。仁宗時，贈推誠保德贊治功臣、太師、開府儀同三司、上柱國，追封營國公，謚宣靖。

子塔失不花，成宗命世其祖父官，以居喪辭。大德元年，授奉議大夫、章佩監丞，累遷少監。武宗即位，授中議大夫、秘書監丞。仁宗居東宮，召入宿衛。至大三年冬，遷少中大夫、納綿府達魯花赤，且諭之曰：「此汝先世所守舊職也。」皇慶元年春，改授嘉議大夫、同知崇祥院事。冬，進資德大夫，爲院使。延祐四年夏四月，帝謂塔失不花曰：「汝祖嘗爲司農，今復以授汝。」遂遷榮禄大夫、大司農。英宗居東宮，塔失不花撰集前代嘉言善行，名曰《承華事略》，並畫《豳風圖》以進。帝覽之，獎諭曰：「汝能輔太子以正，朕甚嘉之。」命置於東宮，俾太子時時省覽。六年，改集禧院使，卒。

邸順，保定行唐人，占籍曲陽。金末，聚衆數百人，與其弟常分據石城、元保兩砦。太祖九年來降，授行唐令。十一年，真定饑民穴地避賊，賊發而噉之，順擒斬數百人。遷恒州安撫使。武仙率衆來攻，順敗之，賜金虎符，加鎮國上將軍、恒州等處都元帥。十五年，仙屯於黄、堯兩山，順及弟常又擊敗之。時西京郝道章陰結武仙，掠州縣，順擒道章，殺之，仙退保真定。又從木華敗仙於王柳口，仙遂出降。以功賜順名察納合兒，擢驃騎上將軍，充山前都元帥；常，賜名金那合兒。

太宗三年，從攻河南諸路，招降民十餘萬，以順知中山府。十一年，賜金符，遷行軍萬户，管領諸路元差軍五千人。定宗二年，屯於五河口，宋兵乘夜來襲，順掩殺甚衆。憲宗三年，攻宋漣水軍，舉部將肖撒八、耨隣之功以奏，皆賜金符，仍使隸順麾下。六年，卒，年七十四。子浹。

浹襲父職。從世祖圍鄂州，有功。中統元年，浹舉部將張宣等十二人，皆賜金符。三年，以歸德萬户從討李璮，還守息州。至元十一年，賜虎符，授金州招討副使。俄遷懷遠大將軍、金州萬户。又改襄陽管軍萬户、行淮西總管萬户事，守廬州。

十四年，移屯隆興，仍管本翼軍民。後又爲管軍萬户，攻贛州崖石寨、太平巖賊有功。十七年，擢鎮國上將軍、都元帥，鎮隆興諸路，兼管本萬户府事，賜銀印。吉、贛盜起，遷元帥府以鎮其地。三十一年，元帥府罷，仍爲萬户。未幾，佩元降虎符，爲歸德萬户，鎮吉安。又統江西各萬户，戍廣東。大德三年，卒，年七十七。贈輔國上將軍、北庭元帥府都元帥、護軍，追封高陽郡公，謚武敏。子榮仁，襲佩父虎符，以歸德萬户鎮廣東潮州，因疾謝事，子貫襲。貫卒，子士忠襲。士忠卒，子文襲。

琮，順之族弟。從常來降。太祖二十年，武仙據真定叛，琮敗之於黄臺。太宗五年，從倴盞破蔡州，授真定諸路萬户，選充總管府推官。尋賜金符，授管軍總押管，領七路兵馬鎮徐州。十一年，從察罕攻宋滁州，力戰，中流矢卒。子澤。

澤字潤之。通《左氏春秋》，年十一，襲父職。憲宗七年，城鹿邑，避河流齧，移戍潁州。宋夏貴夜悉鋭攻東南壁，澤將射士禦之。戒更吏促其漏，丙夜伐五鼓，敵以爲旦，遽引去。自此貴不敢復犯潁州。

中統四年，盡收諸將符節，澤亦納金符。明年，制還之。至元初，入覲，賜錦衣、弓矢、鞍勒。從劉國傑圍襄陽，掠鴉山，拔平塞寨，功最，受衣幣之賜。又從伯顔南伐，下郢州，賜白金三百兩。又從阿里海涯下荆南，進武德將軍、管軍總管。又從攻潭州，流失貫肘，城拔，進顯武將軍。明年，從攻静江，炮礧傷首，絶而後蘇。從阿里海涯討平土寇羅飛、張虎、周龍，皆生獲之，剥其皮以獻，進懷遠大將軍萬户，换虎符。率所部監郴州，位總管上。初至城中，纔四百户，澤招懷安輯，期年遂至萬户。重修孔子廟，聘進士左雲龍爲校官。州界鄙州，盜起，宣慰司將調兵討之，澤曰：「盜始起，官兵遽討之，民懼俘戮，必驚竄，與盜合，是驅使爲賊也。」乃召父老諭之曰：「吾止官軍，不使暴。汝佃民有從賊者，不坐汝，聽汝執送自贖。」得五百人，惟誅首事數人，餘悉縱之。

大兵伐占城，所過城市，肆行剽奪。至郴州，澤捕劫抄者，械送軍中，責其部將約束不嚴，皆杖之。既而命郴州造海艦十五艘[一]，度用錢七十五萬。澤戢吏侵牟，用未半而工已就。後伐安南，令饋米千石入桂林。澤曰：「自是入桂，陸行千里，負擔之民，人勝五斗，二千人爲擔夫，負資裝者半之，行未中道，必委負而逃，可前知也。」乃召丁家曰：「吾將出家資，責諸縣令即桂林糴之，上不乏軍興，而下紓民力，何如？」衆踴躍從之，後貸錢加息還澤，辭不受其贏。又請罷陶坑銀，減酒醋税，皆惠政也。

遷廬州蒙古漢軍萬户。郴州人號泣遮留，如失父母。又改潁州萬户，戍無爲軍。盜起江南，澤率所部討之，饒、信等處皆降。破宣、徽二州賊於南陵，斬馘萬餘。績溪賊壁塘山，山周十里，峻二百丈，行省官以六萬兵攻之，不能下。澤一戰破之，因留澤戍徽州。進拜都萬户，尋還無爲州，復戍郴州。二十一年，卒，年六十三。子謙元，襲潁州萬户。

張全，大興永清人。宗族同居百餘年，稱「義門張氏」。以良家子從軍，隸史天倪麾下，充唐山令，進授都鎮撫。太宗四年，以千户從史天澤略地河南，密縣西山難民匿山窟中，諸將欲焚其窟，全言於天澤，禁之，全活甚衆，人稱爲「佛張鎮撫」。

子思忠，字立言，從父軍中。既冠，嗣父職。至元五年，朝廷會諸道兵取襄、樊，思忠建議築堡於淯河口，以遏宋人轉輸之路，從之。以思忠充唐州、新野等處提舉糧漕。淯河淺深不常，艱於綱運，思忠建數堰以平水勢，造江軸車兼通陸運，軍餉以濟。從攻樊城，先登，中流矢，力戰不輟。以勞授都鎮撫。其職掌上承主帥方略，指授諸將，軍中有所關白，必因都鎮撫上達，凡訓練、調遣、巡邏之事，皆領之。當時大小四十餘營，每遣翼鎮撫一員，號曰「接手」，聽將令於都鎮撫。其權重如此。

十年春，襄陽降。明年，詔丞相伯顏等水陸並進，次郢州，與宋軍相持。思忠按視江北，有一港通湖，可三里許，由湖復入於江，喜曰：「吾事濟矣！」遂拖舟達湖中，無復阻礙，伯顏大悅。時主帥從偏裨百餘騎周巡險要，會天大雪，誤抵宋壁，宋兵潛出圍之，衆將相顧失色。思忠奮矟突擊，殺數十人，始得解去。

尋以功授宣武將軍，從伯顏敗賈似道於丁家洲，遂入建康。丞相阿朮分兵趨瓜步，回擣揚州，擇勇而有謀者偕往，以思忠爲首選。伯顏惜，不遣，奏請權充萬户。命未下而卒，年三十九。子四人，用道嗣職爲千户。

匡才，邳州人，金邳、徐兵馬都巡使。太宗五年，率所部降於都元帥大赤〔一〕，建言：「邳、徐逼宋北邊，銅陵、孟山、宿遷、桃源、睢口，皆要地。今不乘勝取之，則邳、徐不可守。」大赤然之，使才與裨將百家奴攻拔五城，獲宋將馬都統、王都統。授沂、邳、東河監軍。

八年，邳人袁萬作亂，陰結宋將李都統襲邳州。才大敗宋兵，擒萬，斬之。加諸路兵馬使。十年，徐州守將張彥叛，合宋將范太尉來攻，才復敗之，獲鮑太尉。進沂、邳、東河元帥，兼建武軍節度副使。十二年，宋兵入境，戰不利，殁於陣，年六十五。

才妻高氏有志操。初，才以事詣幕府，賊乘虛襲邳，執高氏以去。高氏罵不屈，賊斫其面，仆地，卒獲免。後大軍破賊，分其産畀之，名其田曰「夫人莊」。子國政。

國政六歲而孤。宋兵至，國政與高氏相失，高氏冒死求之，得於亂尸中，竟無恙。中統三年，李璮叛，宋人陷邳州，國政母子皆被俘，徙之淮安。宋亡，國政率所部三百餘人北歸，從行樞密院別乞烈迷失入覲，賜宴便殿，賞衣靴，授揚子縣丞。累遷睢州判官，虞城縣年，有馴麞至其廬。有司上其事，表所居曰「貞孝里」。

尹，所至以廉惠稱。國政篤孝，母疾，刲肝療之。又疾，剔腦和藥，遂愈。丁母憂，廬墓三

鮮卑仲吉，字慶仲。其先中山人，後徙灤州。太祖十年，大兵定中原，仲吉首率平灤路軍民詣軍門降，太祖命爲灤州節度使。從阿朮魯南征，充右副元帥，以功賜虎符，授河北等路漢軍兵馬都元帥。從平蔡州有功，加金吾衛上將軍、興平路都元帥、右監軍、永安軍節度使，兼灤州管内觀察使、提舉常平倉事。尋卒。子準，充管軍千户，從札台火兒赤東征高麗。中統元年，賜金符，扈駕征阿里不哥，以功受上賞。三年，從征李璮。至元十年，授侍衛親軍千户、昭武大將軍、大都屯田萬户，佩虎符，卒。子誠，襲授宣武將軍、高郵上萬户府副萬户，佩虎符。改授懷遠大將軍、僉武衛親軍都指揮使司事。從征瓜哇，攻八百媳婦，使廣東，俱有功。尋以疾卒，子忽篤土襲。

焦德裕，字寬父。其遠祖贊，從宋丞相富弼鎮瓦橋關，遂爲雄州人。父用，金千户，守

雄州北門。太祖兵至，州大開南門降，用猶力戰，生獲之。帝以其忠壯，釋不誅，復舊官。徇地山東，未嘗妄殺一人。年六十二卒。

德裕通《左氏春秋》，有拳勇，善射，從其舅解昌軍中。武仙敗，裨將趙貴、王顯、齊福等保仙故壘，數侵掠太行。太宗擇廷臣有才辯者往招之，楊惟中以德裕薦，遂降齊福，擒趙貴。王顯亡走，德裕追射殺之，其地悉平，詔賜井陘北障城田。

中統三年，李璮平，世祖命德裕曲赦益都。四年，賜金符，爲閬蓬等處都元帥府參議。宋夏貴圍宣撫使張庭瑞於虎嘯山，實薪土塞水源，人無從得飲。帥府檄德裕授之，德裕夜薄貴營，令卒各持三炬，貴驚走，追及鵝谿，馘千人，獲馬畜兵仗萬計，擢京畿漕運使。至元六年，僉陝西道提刑按察使事。八年，轉西夏中興道按察副使。

十一年，從丞相伯顏南征，授僉行中書省事，遂從下安慶。至鎮江焦山寺，僧誘居民叛，丞相阿朮既誅之，欲戮其徒衆，德裕諫止之。宋平，賜予有加，奉敕求異人、異書。平章阿合馬譖丞相伯顏殺丁家洲降卒，事奏，以德裕爲中書參知政事，欲假一言證成之，德裕辭不拜。久之，復僉行省事。

十四年，改淮東宣慰使。淮西賊保司空山，檄淮東四郡守爲應。元帥帖哥邏得其檄，即械郡守許定國等四人，使承反狀，將籍其家。德裕言：「四人者皆降將，有地有民，豈肯他覬！奈何以疑似殺之？且安知非反間耶？」乃盡復其官。拜福建行省參知政事。二十五年，卒，年六十九。贈榮禄大夫、平章政事，追封恒國公，謚忠肅。二子：簡，餘姚州知州；潔，信州治中。

李邦瑞，字昌國，以字行，京兆臨潼人。幼嗜學，讀書通大義。被掠，逃至太原，木華黎兵至，邦瑞迎降。太原守將器之，具鞍馬遣赴行在。太宗二年，奉使於宋，至寶應，不得入。未幾，命復往，諭行尚書省李全護送，宋仍拒之。復奉詔以行道出蘄、黄，宋遣賤者來迓，邦瑞怒叱之，宋改命行人，乃定約而還。賜車騎、衣襲，並銀十錠。邦瑞奏：「宗族離散，乞歸尋訪。」帝允之，並諭速不台、察罕、也速、達海等，邦瑞宗族有隸諸部者歸之。六年，從諸王闊出經略河南，凡所歷四十餘城，繪圖以進。授金符、宣差、軍儲使，卒。子榮。

太宗時使於金、爲金人所殺者有唐慶。至元中使於宋、爲宋人所殺者有張羽。

慶事太祖，爲管軍萬户、權元帥左監軍。二十五年，賜虎符，使金。太宗四年，復以慶爲國信使，取金質子，督歲幣，以金曹王來見帝於官山。七月，使慶再往，令金主黜帝號稱臣。金飛虎軍夜半入館舍，殺慶及其弟山禄、興禄，並從者十七人。金主不問，和議遂絶。金滅，購慶屍不得，厚恤其家，賜金五十斤。子政，中統三年入見，詔計其家口，給糧養之。

張羽，字飛卿，陝西人，以千户議中書省事。至元十三年，大兵渡江，羽請至臨安爲陳禍福，抵中江，宋人殺之。詔官其子一人，復其家。

王鈞，鳳翔岐山人。金末，關中羣盜蠭起，鈞集鄉兵萬人壁拙山後，移壁三稜堡。偵知賊巢窟，縱奇兵擊之，擒賊首張嵩、楊政等，復招降劇賊梁七兄弟，併將其衆。授都提控，再遷鳳翔安撫使。率邠、涇諸州流民，復鳳翔，進拜都元帥。鳳翔大饑，移民就食秦州，與汪世顯連兵拒守。

金亡，明年始來降。太宗義其後服，不之罪，使將所部從大軍伐蜀。是年，攻拔大安軍。太宗八年，圍成都，克其郛。入覲，以功賜金符，仍故官。九年，克遂寧。十年，襲萬州，累戰皆捷。改平涼長官、元帥，兼征行元帥。再從伐蜀，入成都，虜其將以歸。憲宗駐蹕六盤，平涼爲近郡，使者徵發旁午，皆取給鈞家。後運粟沔陽，率十石致一百，鈞爲民代輸三千石，闔郡翕然頌之。鈞由此罄其家資。以老病致仕，使子贇襲其職。後卒歸葬，民沿塗哭之，爲位以祭者至數萬人。贇由知平涼府遷同知安西路總管府事，卒。

【校勘記】

〔一〕「郴州」，原作「彬州」，據上文及姚燧《牧庵集》卷一七《潁州萬户邸公神道碑》改。下同。

〔二〕「都元帥大赤」，程鉅夫《雪樓集》卷五《匡氏褒德之碑》作「大帥岱齊」。

新元史卷之一百四十五　列傳第四十二

趙天錫 賁亨　趙瑨 秉溫 秉正　趙迪 椿齡　賈塔剌渾 六十八　喬惟忠　袁湘　王兆 劉會　趙祥　聶珪　靳和 用　王守道　李伯祐　楊彥珍　吴信　段直 王珪　周獻臣 梁成

趙天錫，字受之，東平冠氏人。祖誠，歲饑，發粟賑餓者，爲鄉里所推重。父林，金貞祐之亂，以鄉豪保縣城，授冠氏令。大軍略洺州，林堅守不降，城陷死之。

天錫初爲本縣防城提控，後避兵於洺州。防禦使蘇政召置幕府，仍充冠氏令。乃挈鄉人壁桃源、天平諸山。太祖十六年，降於行臺嚴實，從征澤、潞有功，遷元帥左都監，兼冠氏令如故。

十九年，宋將彭義斌據大名，天錫度冠氏不能守，率所部往依大將孛里海。義斌敗，授鎮國上將軍、左副元帥、同知大名路兵馬都總管事。二十年，復爲冠氏令。先是，冠氏守將李泉降於義斌，大兵至，怒城民反覆，欲屠之。天錫悉力營護，活老幼數萬人。後泉在大名，又結蘇椿等，納金將鄭倜，欲復取冠氏。一日，倜自將萬人來攻，天錫率死士乘城力戰三晝夜，倜知不可攻，乃引去。太宗元年，朝於行在，上便民數事，優詔答之。四年，嚴實敗於黄龍岡，將佐十餘人爲金所俘，天錫皆以計活之。五年，用實薦，授行軍千户，賜金符。十年，從伐宋，病卒，年五十。

天錫天資厚重，造次必以禮，事母至孝，在軍中未嘗妄笞一人。冠氏屢經寇亂，户口凋耗，天錫敝衣糲食，勸課農桑，數年之後，流亡復業。賓至，燕享犒勞如承平故事，來往者皆稱爲「樂土」云。

天錫姊有勇略，自將萬餘人，錦衣繡帽，從横無敵，東西數千里咸以「女王」目之。

天錫子賁亨〔一〕。賁亨字文甫，襲父行軍千户。憲宗九年，從世祖渡江攻鄂州，有功。至元五年，總管山東諸翼軍。從圍襄、樊，賁亨别抄蘄、黄，以五百人拔野人原寫山寨，修白河新城。七年，偕元帥劉整入朝，授征行千户，賜金符及衣帶、鞍馬。從攻樊城，擁盾先登，拔之。十一年，敗宋將夏貴於淮西，益以濟南、汴梁二路新軍。十二年從攻鎮江，與宋將孫虎臣、張世傑戰於焦山，殺獲甚衆。江南平，進宣武將軍。

十四年，授虎符、懷遠大將軍、虔州路總管府達魯花赤。未行，盗發瀲浦，行省檄爲招討使，率所部平之。未幾，處州盗季文龍、章焱作亂，文龍自稱兩浙安撫使，據處州天慶觀。賁亨將三百騎討之，走章焱。文龍復率衆來援，賁亨與萬户忽都台合兵攻之，賊大潰，文龍溺死。忽都台欲盡戮州民，賁亨不從。兵虜掠，賁亨捕爲首者斬之，還所掠於民，闔境悦服。

十五年，龍泉賊張三八殺慶元縣達魯花赤也速台兒，衢州賊陳千二、遂昌賊葉一、丙六遥與三八連合。賁亨以孤軍轉戰，前後斬首三千餘級，賊悉平。十七年，改處州路管軍萬户。卒，年五十七。

趙瑨，蔚州飛狐人。父崑，金帥府評事。兄珪，亦爲金將，守飛狐城。崑卒，珪奉母如蠡州，留瑨於飛狐。

太祖八年，大軍至飛狐，瑨迎降。十二年，木華黎署瑨爲百户，從攻蠡州。裨將石抹也先戰死，木華黎怒，將屠城，瑨泣曰：「母與兄在此，願以一身贖城中民命。」木華黎義而許之。從攻易州，城中死士突出，瑨力戰，中流矢，出腦後。城下，擢冀州行軍都元帥，佩金虎符。瑨讓於珪，從之，改授瑨冀州軍民總管，遷易州達魯花赤，佩金虎符。太宗伐金，瑨輸矢二十餘萬至行在，帝大喜，命權中書省事。五年，趙揚據興州叛，瑨討平之，遷中山、真定二路達魯花赤。

中統三年，立十路宣慰司，以瑨爲順天路宣慰使。至元元年，轉淄萊路總管。六年，改太原路。十二年，擢燕南道提刑按察使。十四年，改河南道。後致仕卒，年八十三。皇慶元年，贈儀同三司、太保、上柱國，追封定國公，謚襄穆。子秉温、秉正。

秉温，事世祖於潛邸，命受學於太保劉秉忠。從征雲南大理。中統初，行右三部尚書事。至元八年，預制朝儀，授禮部尚書、知侍儀司事、秘書少監，購求天下秘書。十九年，遷昭文館大學士，知太史院、侍儀司事。《授時曆》成，賜鈔二百錠，進中奉大夫。二十九年，編《國朝集禮》成，官其子襲侍儀使。後卒。皇慶元年，贈金紫光禄大夫、司徒、雲國公，謚文昭。子和，昭文館大學士。

秉正，字公亮，瑨次子，秉温弟也。初爲新軍上千户。世祖自鄂班師，瑨迎謁於定州，奉牛酒以獻。帝爲下馬，坐帳内，瑨進酒，秉正從拜於後。世祖偉其貌，命入直宿衛。從伯顔伐宋，賜金符，授徽州管軍總管，遷僉江西湖東道提刑按察司事。豐城尹張甲夤緣東宫近侍得官，貪虐，秉正按之，張怒曰：「吾受東宫教者！」秉正曰：「東宫教汝殘民耶？」吏不敢書其獄詞。秉正曰：「吾得罪，必不累汝等。」卒論如法。行部迎劉辰翁、鄧光荐諸老宿會於學宫，命諸生師事之。移僉漢中道，謝病歸。二十八年，起爲僉河東道提刑按察司事。成宗即位，擢江南行臺治書侍御史。大德五年，出爲江西廉訪使，卒，年六十七，謚忠敏。

趙迪，真定藁城人。有膂力，善騎射。金末爲義軍萬户，郡將出六鈞强弩，募挽者，獨迪能之，署真定尉，遷藁城丞。

大軍至藁城，迪率衆迎降。太祖十七年，升藁城爲永安州，號其軍爲匡國軍，以迪同知節度使事。從太祖征西域，將校多縱意剽掠，獨迪治軍嚴，所過秋豪無犯。

初，真定既下，迪亟入索城中藁城人，得千餘，諸將欲分取之，迪曰：「是我所掠者，宜歸我。」盡縱之去，衆皆感泣。後戰骨蔽野，迪爲大塚瘞之。遷永安軍節度使，卒，年七十。子椿齡。

椿齡字壽卿，襲父職爲永安軍節度使、藁城丞，尋遷縣令。有甲乙二人共飲，甲返，乙不知所往，其家訟甲殺之，已誣服。椿齡以不得乙尸，緩其獄，不令甲償死。踰月，滹沱冰釋而尸出，乃醉後墮水死也，甲之誣始白，一縣稱其詳審。

遷西京總管，兼大同尹。詔采民女實掖庭，椿齡上言：「山西距京師甚遠，又無大家，民女率寒陋，無可充掖庭之選。徒令嫁娶失時，非朝廷之盛舉。」同列不敢署名，椿齡獨奏之，事竟報罷。改南京總管，兼開封尹。未行，裕宗在東宫，留爲兵部尚書。未幾，改户部，又改禮部。建言：「省部用人，率徇其私，非獨名器日濫，且啟仕者之争，無忌憚者至遮乘輿自訴，其風不可崇長。」時論韙之。至元十七年，出爲陝西漢中道提刑按察使。十八年，遷中奉大夫、荆湖北道宣慰使。二十七年，卒，年七十三。子瓛，大中大夫、江州總管。

賈塔剌渾，冀州人。太祖伐金，募能用砲者籍爲兵，授塔剌渾四路總押，佩金符以領之。及攻拔益都，擢龍虎衛上將軍、元帥左監軍，便宜行事。師還，駐謙謙州。

十四年，從太祖征西域，將所部及契丹、女真、唐兀、漢兵攻斡脱剌兒城。塔剌渾督諸軍穴城先入，破之，拜元帥，改銀青光禄大夫。太宗四年，從睿宗渡漢江，略唐、鄧、申、裕諸州。又從大帥朮赤攻下徐、邳諸州。六年，卒。子抄兒赤襲，從諸王也孫哥、塔察兒伐宋，憲宗八年卒。子冀驢襲，卒。弟六十八襲。至元五年，從諸軍攻襄、樊。九年，六十八率所部戍駱駝嶺一字城，立砲樊城南，不發，以怠敵心。俄率鋭卒突出，攻其城西，破之。賜銀幣、鞍馬、弓矢。十二年，進宣武將軍，從攻宋常州，發砲摧其城，以納諸軍。宋援兵突至，六十八力戰卻之。臨安降，進懷遠大將軍，再進昭勇大將軍，領南軍精鋭者入宿衛。累進奉國上將軍、管領砲手軍都元帥。二十年，罷都元帥，更授砲手軍匠萬户，佩三珠虎符。二十六年，卒。

喬惟忠，字孝先，涿州定興人。從張柔起兵，保西山之東流堝。金行臺授惟忠定遠大將軍、恒州刺史。柔降於蒙古，招惟忠，不從。及克東流堝，柔嘉其守義，釋之。武仙叛，柔會諸將討之，使惟忠攝元帥事。仙棄真定走，將聚保於狼山砦，惟忠謂諸將曰：「彼欲歸巢穴，我遏之，必致死於我。不如開其歸路，彼得歸，無鬥志，是獲獸於穴也。」衆從之。仙既過，惟忠奮擊，大破之。有别將陷敵，惟忠横戈突陣，援而出之，斬馘無算。遂會攻彰德，轉戰至滕州，營於牙山。金人夜襲其營，惟忠揮戈陷陣，諸軍繼之，敵衆駭散。又會攻益都，敗援兵於城下。先是，柔開元帥府於滿城，以惟忠爲元帥都監，遷副元帥。師還，復從柔鎮新衛州。

太宗三年冬，從大軍破金人於鈞州，遂圍汴。金哀宗北渡，其丞相白撒圍衛州，惟忠力戰卻之，追奔至黄龍岡，又從圍蔡州。金亡，柔入覲太宗，奏言：「臣憑藉國威，所向克捷。臣副將喬惟忠，戰功第一，乞加恩澤。」璽書賜金符，授千户。自是連年伐宋，從破棗陽，攻光、黄等州，俱有功。定宗元年卒，年五十五。

惟忠美鬚髯，沈勇善戰，遇克捷，無自得之色。其攻黄州，宋人夜襲諸柵，惟忠率鋭卒拒戰。主帥舉火偵之，見青甲而黄馬者戰甚力。明日懸賞購其人，惟忠終不自言，其不伐如此。子珪，襲千户。

袁湘，字潤夫，太原臨泉人。金將王公佐鎮葭蘆，當蒙古之衝，力不支。一日，問將佐使舉所知可與計事者。或薦湘，公佐辟之，授忠顯校尉，遥授延長縣主簿。以功進武節將軍、臨泉令。公佐卒，人心惶沮，湘曰：「吾不愛一死，敵怨我日久，我死，彼將甘心於民，吾何忍耶？」濟河，詣大將孛里海，湘請降，解所佩劍誓曰：「所有二於公者，有如此劍。」孛里海義之，以便宜升臨泉爲州，授湘爲守將，遣將州兵略地鄜、延，悉下之。

擢延安路兵馬總管。湘敦勸農桑，裁抑游惰，鄰民聞之咸逾河而至。又徵儒者侯邱、嚴明、焦舉華、張玉明、畢美、邵瑞、張輔等延致幕下，由是禮讓大行。

會檢料户口，湘止籍主户，漏其僑家浮客。或咎以「何獨損吾户口」，湘曰：「若欲肥版籍以衒衆耶？一旦賦役下，僑浮必逃亡，祇益累也。」後河東、山西累徙其民，湘謂使者曰：「吾所籍止主户，不敢以僑浮爲土著，版册具在，可稽也。何如勿徙，使各奠其居，置吏歲集其賦入，是以吾土養吾民，便甚。」使者從之。尋有詔，任民隨在占籍。湘猶減浮僑之庸調。同列嫉其能，訐於朝，徵湘就辯。湘見貴幸，幣贄甚薄，執政嘉其廉直，釋之歸。世祖駐蹕六盤，湘上謁，建言：「始延安籍民爲兵，皆懸賞募之，人率授銀三十兩始行。及遠戍久役，津餽不加於前，老稚日困，則怯者挺身亡去，悍者連伍俱歸。軍吏雖以法誅之，莫能止也。非大選閲州民厚籍饒丁更代，以休其力，則兵帳不充。」世祖韙之，責諸道將吏曰：「汝輩之來，其所請求不過官資之崇卑、符節之輕重而已。亦嘗有一白軍民利病，如袁湘者乎？」聞者愧服。自是，雖不自行遣官屬奏事，世祖輒曰：「若從袁湘所來耶？」即報可。卒，年五十九。子克忠，昭勇大將軍、隴右道提刑按察使；克良，提舉太原桴木司。

王兆，堅州人。少爲軍吏，非所好，棄去，從旁郡諸豪俠游。太祖十二年，蒙古兵圍雁門，游兵至堅州，知州棄城遁。城人推兆與劉會同管州事，兆度不能守，乃與會等持牛酒詣軍門上謁，且獻攻取之策。主帥偉之，以便宜授兆左監軍，會軍事判官盡還所俘堅州生口。已而受監國公主教，遷昭武將軍、堅州左副元帥。時兵荒之後，兆招集流民，勸課農桑，在職二十年，威惠大行。以老病致仕，卒年八十。弟斌，善騎射，兆倚爲爪牙。武仙餘黨匿五臺山中爲盜，斌偵知所在，擒盜首戮之，餘黨悉平。兆子玘，權堅州軍民。

次官劉會，亦堅州人。由判官遷驍騎將軍、堅州都元帥，兼節度使。子澤質於監國公主，深蒙禮遇。澤妻卒，公主賜良家女爲繼室。會卒，澤襲堅州軍民長官。

趙祥，字天麟，繁畤人。金末，徙蔡州之平輿。大軍圍金主於蔡州，祥糾合義兵數千，發平輿富人藏粟，突圍饋城中。金主嘉之，賜銀符，命還守平輿。金亡，祥率其衆降宋。宋襄陽守將慮降人反覆，欲坑之。太尉江海持不可，使祥戍鄧州，以裨將呼延實爲之監。祥與實不相能，又知其始謀，益憤。太宗七年冬，大兵略地至鄧州，祥突入實營，劫令約束所部毋妄動，即開門迎降，縱實還襄陽以謝宋。

八年二月，皇子曲出伐宋，徙唐、鄧、均三州民於洛陽西，以長水爲鄧州治，令祥權行省事。襄、樊二州民亦徙於洛陽西。祥入覲，奏歲饑，請發大名軍儲米，運陝州鹽以振之，報可。賜金符、錦衣。旋授鄧州長官，以其弟彦爲次官。祥在任十二年，墾汙萊，建城邑，甚有能名。憲宗三年，史天澤奉命經略河南，還五州民於故土，祥仍爲鄧州帥。時宋人已復取襄、樊，守以重兵，二州民無所歸，皆寓於鄧州。祥外扞敵兵，内務耕作，四年積穀七十萬石。以疾乞休，不允。卒年六十一。祥有勇力，善射，性坦直。子侃，以平宋功，授昭勇大將軍，鎮衢州。

聶珪，字廷玉，冀寧壽陽人。少孤，從兄璋學，天資開敏。金攝太原府事趙得裕辟爲委差官。時德裕寄治榆次之利和砦。太祖十七年，大軍克利和砦，珪率衆迎降，授招撫司副使，同都元帥王璋招撫平定州諸砦。璋卒，珪代爲都元帥，而以璋弟貴副之。貴素驕恣，珪稍加檢制，貴不平，潛結武仙以叛。二十一年正月，遣步卒戕珪，以弓弦縊之，舁置於城西北隅。至夜，珪帳下督王常等視珪可救，緩其縊而活之。珪奔於太原，太原繼陷，珪挺身走，檄召本路兵復克太原。

都行省恒察遣兩千户討仙，以珪爲嚮導，襲破仙於石人砦。仙竄仙台砦，珪進圍之，仙衆潰，遂奔汲縣。珪以功攝平定皋、晉、威、盂、遼、儀等處總兵都元帥，守令以下聽珪選注，賜金虎符。

時遺民據山砦自保，珪攻降石龕、熹泉等十餘砦。北山民兵帥趙德以驍勇聞，屢入寇。珪敗德於張家河，生獲之，德請降。珪使德入平山境，招撫張山、保安等砦。後德卒以戰死。

太宗五年，再攻新砦，拔之。於是河北之南路、西路，諸賊帥悉解甲來降。六年，仙餘黨復據平定、皋落，珪攻破之，其安撫史雄、康義等俱降。七年，東山羅睺等亦率所部來降，境内始平。時朝廷更制，改授珪平定邢、晉等州長官。

先是，珪拔新砦，俘男女數千人，大帥習力吉思欲盡坑之，珪不從，衆始獲免。珪天資仁厚，其爲政緩急輕重，悉有條例。家居喜賓客，多購法書名畫，與元好問、李治等友善。卒，年五十六，贈西陽郡公。子大本，襲平定等州軍民長官。

靳和，字達道，平陽曲沃人。家富，喜施予。太祖十四年，率義兵三千人降於木華黎，授征南元帥。木華黎南征，留和守曲沃。金將據彈平、青龍諸砦，屢出剽掠，和選募鄉兵，且耕且戰，境内卒免流殍。太祖嘉之，拜絳陽軍節度使，賜金符。後乞致仕，卒。長子麟，襲節度使。

次子用，初授滎河尹，遷汲縣尹。廷議開沁水通漕，用力争不可，以舉家没入爲請，事獲寢。已而沁水涌溢，壞民田千餘頃，其言卒驗。拜監察御史，出爲嶺北湖南道廉訪僉事，所至廉直有聲。卒於官。

王守道，字仲履，真定平山人。金亡，羣盜並起，往往殺守令，擁衆自保。宣撫司署守道爲縣尉，因攝令，改真定主簿。史天倪爲河北西路兵馬都元帥，鎮真定，收大名、澤、潞、懷、孟諸城之未附者，以守道爲府經歷。及金恒山公武仙降，爲天倪副，守道謂天倪曰：「是人位居公下，意不平，宜先事備之。」天倪不以爲然，未幾，果爲所害。及仙以城反，史氏舊部與屬縣豪傑納天倪之弟天澤爲主帥，攻仙。仙走保西山諸砦，執守道家人，以重幣誘之，守道不顧。擢慶源軍節度使。

天澤爲五路萬户，署守道行軍參謀，兼檢察使。真定爲莊聖太后湯沐邑，守道頻歲入覲，奏對稱旨，賜金符、錦衣、金錢。至元七年卒。至大元年，以子顒貴，特贈銀青榮禄大夫、大司徒，追封壽國公，謚忠惠。仁宗即位，復加推忠協力秉義功臣、金紫光禄大夫、大司徒、上柱國。

李伯祐，高麗人，爲史天倪部將。武仙襲殺天倪，其弟天澤方在燕京購入覲禮幣，伯祐馳告之，與從事王玉汝、王縉推天澤領其兄潰卒。又北見國王孛魯，使奏聞。詔天澤嗣爲都元帥，以伯祐爲都提控。仙復夜襲真定，伯祐從天澤縋城出，先投下以藉。天澤走藁城，求援於董俊。諸將有異謀者，伯祐手斬之。天澤再取真定，伯祐轉鎮撫軍民都彈壓。

從天澤伐宋，以功授金符，授本路兵馬都總管。大軍圍襄陽，宋人栅峭石灘，環以戰艦。天澤將伯祐等二十人攻其栅，伯祐櫂輕舸而進，三進三卻。宋人以爲怯，不設備。遂疾趨敵艦，天澤先登，伯祐繼之，平其栅而還。又從拔壽春，授千户。天澤拜河南經略使，以伯祐攝真定萬户。又從世祖圍鄂。

中統元年，擢侍衛親軍都指揮使，佩金符。李璮反，從大軍討之，戰於老鸛口，失利。

伯祐與董文蔚合，請天澤督師，從之。壇平，伯祐以老致仕，卒，年八十三。子珣，真定管軍千户；公懋，沭陽令；珏，江陵總管；琦，寶慶總管；琳，提舉越州人匠。初，伯祐致仕時，禁網尚疏，諸將多以家奴代兵。後核兵籍，事發，罪至死。珣爲部下所訐，事連伯祐。珏方爲質子，乃自承曰：「吾以資用乏，爲此事，父兄不知也。」下獄當死，執政知其事，憫之，奏軍官未受俸以前，宜減罪，珏始獲免。後從大軍伐宋有功，應得萬户，聞珣卒，子幼，恐奪珣千户，乃棄己功，求代兄子襲千户，曰：「吾父、兄世官也，吾宜及兄。」俟其子壯，授之，人稱其孝弟云。

楊彦珍，汴梁杞縣人。金末，聚衆二萬人來降，授萬户。從張柔戰淮南、北，復徐、邳兩州，擢行軍千户。又從柔拔光化、棗陽，克信陽軍，戍鄧州。宋將劉整來襲，戰於塔橋、古村、黔陂，屢敗之。與游顯築威楚、鐵狗兩堰，以灌屯田，歲收粟數萬石。憲宗四年，以老乞致仕，使子珪襲其職。至元中卒，年七十。

珪始以副千户領彦珍舊部。江漢督府遣别將襲宋房州，爲宋兵所邀截，檄珪援之。戰於分道口，斬其副將杜胡。又戰於馬嘶山通道，房州全軍皆出。從史天澤援開、達二州，累戰皆捷，獲生口五百。又從阿朮圍襄陽，戰於小堰堡、南漳鵶及八瓣棱三山，擒宋將解都統、樊提轄於湖城砦，趙總管於野鵝池，劉都官於蚌山，王總管於狢子川。至元六年，襄陽下，授敦武校尉。

十二年，從伯顔攻漢陽，先登，拔之。又從敗宋師於陽邏堡，獲船五十五艘。又從阿里海涯戰於荆口，降其將高安撫。從攻沙市，先登，拔之。徇地峽州，鄉民多趨險阻自保，珪擇宜都富民駱升爲衆所信嚮者，署爲邑令，招還五千户。從圍潭州，先登，進武略將軍、千户，佩金符。從下衡、永、全、道四州，拔静江，進宣武將軍、總管，佩虎符。又從拔西融州，召還，進明威將軍、副萬户，再遷廣威將軍、萬户，戍襄陽。後卒。

珪大小七十餘戰，身被五創，矢中右手、洞肩、汏股、貫踵，衆推其勇敢云。

吴信，晉寧榮河人。目瞭能夜視，月下射雉、兔於百步之外，矢無虚發。

太祖十七年，率衆降於木華黎，授鎮西元帥，留戍禹門東衛堡。進據汾陰鄉，金榮州守將憚信威名，不敢迎擊，信遂定榮州。

太宗二年，太傅耶律秃花遣信進攻夾家堡，中伏，士卒潰散。信突圍而出，過深穽，躍馬過之，如有神助。已而潰卒復集，再戰，大破之，堡衆遂降。

及境内寧謐，信躬勤稼穡，公私皆足。在任十餘年，爲政廉平，遠近歸之。後以疾致仕，卒，年六十八。子思，襲榮河諸軍奥魯。

段直，字正卿，澤州晉城人。木華黎略地河東，直率衆歸之，承制授澤州長官，兼潞州元帥府右監軍，佩金符。時天下初定，以澤州衝要，留兵戍之。將士恣爲侵暴，民苦之，往往聚爲盜賊。直上言，願罷戍兵，請身任防守，從之，羣盜始息。

直見士人避亂者多未復，乃籍其業於親戚、鄰人，約曰：「俟主還與之。」於是流亡盡返，户口日增。新法：匿逃亡者籍没，從坐保任。直乃豫爲符券，若係官收養以俟諸軍物色者，於是匿家皆獲免罪。州人俘於他郡者，直又出資贖之。闔境翕然，以爲樂土。

直乃大修廟學，購書萬卷貯之。州人李俊民，累徵不起，賜號莊靖先生，直迎而師之。學徒通經預選者至百二十餘人。世祖在潛邸，聞而嘉之，特命提舉本州學校事。直未拜而卒，年六十五。子紹隆，襲澤州長官，加武略將軍，移知葭州。

同時有王珪，聞喜人。父謹成，金華州節度使。天興元年，拒大軍於新門，兵敗死之。

珪以父死事，授招撫使。金亡，降於蒙古，授征行元帥、孟津令。敦尚儒雅，士論稱之。

周獻臣，字夢卿，忻州定襄人。父丕顯，質直尚義。有以女奴嫁饑民爲贅婿者，歲久，並所生男女奴之。丕顯教以訴訟法，爲有司所直，所生女從母，其餘皆免爲良。當世賢之。丕顯長子鼎臣，金陽曲令，城陷死之。

獻臣，其次子也。岱遜郡王略地河東，獻臣率衆迎降，承制授定襄令。從岱遜南略遼、沁、晉、絳、河、解等州，皆望風納款。復從岱遜安輯靈、夏，以功擢九原府左副元帥，權四州都元帥，行九原府事。未幾，又從平河北、山東諸路。

太祖二十一年，武仙圍忻州，獻臣援之，遇仙驍將姬節使於忻州之南原。敵鋭甚，獻臣謂麾下曰：「彼衆我寡，不可緩也。」乃陷陣而入，大破之，斬首三百餘級，圍立解。仙復遣驍將董祐襲盂州，遂侵忻州。獻臣拒戰，互有勝負。中流矢，創甚，意氣愈厲，復敗祐於盂州之邱石甸，祐僅以身免。自是仙不敢窺忻州。

太宗二年，車駕南征，詔獻臣屯三棱、大勝等寨，以禦金人。已而從大軍克蔡州，又從大軍伐蜀，宣授征行千户，賜金符。後致仕，卒於家，年七十四。獻臣用兵有法，賞罰明信，與士卒同甘苦，故所向有功。子允中，襲父職，累遷宣武將軍、太原路行軍總管；敏中，忻州諸軍奥魯長官。

襄陵人梁成，與獻臣同時，亦有名。成性剛勇，國王孛魯選善騎射者，成中選，爲偏將，從孛魯拔益都。又從攻河南，授廣威將軍、都元帥，賜金符，卒。子正視，以質子從征西域，每戰先登，不避矢石，授武略將軍，充千户，賜虎符。從也里城，殁於軍。子乞住，襲父千户。

【校勘記】

〔一〕「賁亨」，原作「賁亨」，據本卷目録改。下文作「賁亨」不誤。

新元史卷之一百四十六　列傳第四十三

劉伯林黑馬　元振　元禮　夾谷常哥　常哥子忙古帶　郭寶玉德海　侃　石天應安琬

劉伯林，濟南歷城人。好任俠，善騎射。金末爲威寧防城千户。太祖圍威寧，伯林知不能敵，乃縋城詣軍門降。帝問伯林在金國爲何官，對曰「都提控」。即以元職授之，命選士卒爲一軍，與太傅耶律秃花招降山後諸州。

太祖北還，留伯林屯天成堡，遏金兵，前後數十戰。進攻西京，賜金虎符，以本職充西京留守兼兵馬副元帥。從征山東，攻梁門、遂城，下之。復從大軍攻下濟、兖諸州。木華黎上其功，賜名馬二十匹、錦衣一襲。太祖十三年，從攻太原、平陽。明年，破潞、絳及聞喜諸州縣。時論欲徙聞喜民實天成堡，伯林以人艱於食，止之。部曲俘掠萬計，悉縱之還。

在威寧十餘年，務農積穀，與民休息。嘗曰：「吾聞活千人者，後必封。吾之所活，何啻萬餘人，子孫必有興者。」十六年，卒，年七十二。累贈太師，封秦國公，謚忠順。子黑馬。

黑馬，名嶷，字孟方。始生時，家有白馬産黑駒，故以爲小字，後遂以小字行。驍勇有膽略，從父大小數百戰，出入行陣，略無懼色。嘗率十三人巡邏，遇金兵圍之，即搏鬥，手刃數人，十三人皆得脱。襲父職，佩虎符，兼都元帥。

太祖十八年，從國王木華黎攻鳳翔，不克，回屯絳州。又從孛羅攻西夏。明年，從按真那演攻破東平、大名。二十年，金降將武仙據真定以叛，從孛羅討之，武仙遁去。金將忽察虎復取山後諸州，黑馬逆戰，隘胡嶺，大破之，斬忽察虎。

太宗即位，始立三萬户，以黑馬爲首，蕭札剌、史天澤次之，授金虎符，充管把平陽、宣德等路管軍萬户，仍僉太傅府事，總管漢軍。從破鳳翔、西河、洧州諸城堡。太宗二年，睿宗入自大散關，假道於宋以伐金，命黑馬先由興元、金、房、東下。至三峰山，從大軍敗金將合達。又從攻香山寨及鈞州。賜西錦、良馬、貂鼠衣，以旌其功。會增立七萬户，仍以黑馬爲首，蕭札剌、史天澤、嚴實等次之。

五年，從破南京，賜繡衣、玉帶。六年，從破蔡州，滅金。七年，同都元帥答海紺卜征西川。十三年，改授都總管萬户，統西京、河東、陝西諸軍萬户，夾谷忙古歹、田雄等並聽節制。入覲，帝慰勞之，賜銀鼠皮三百爲只孫衣。尋命巡撫中原，察民利病。應州郭志全反，脅從詿誤者五百餘人，有司議盡戮之，黑馬止誅其爲首者數人，餘悉從輕典。

憲宗三年，從車駕至六盤山。商州與宋接境，數爲所侵，命黑馬守之，宋人斂兵不敢犯。七年，入覲，請立成都，以圖全蜀。帝從之，就命管領新舊軍民、小大諸務，賜號也可禿立。

中統元年，廉希憲、商挺宣撫川、陝，時密力火者握重兵居成都，希憲與挺慮其爲變，以黑馬有膽智，使乘驛矯詔誅之。其子訴於朝，世祖諭之曰：「兹朕命也，其勿復言。」三年，命兼成都路軍民經略使。瀘州被圍，黑馬已屬疾，猶親督轉輸不輟。左右諫之，黑馬曰：「國事方急，以此死無憾。」遂卒，年六十三。累贈太傅，封秦國公，謚忠惠。子十二人，元振、元禮最顯。

元振，字仲舉，黑馬長子也。從父入蜀，會商、鄧間有警，命黑馬往鎮其地，以元振攝萬户，時年方二十。既涖事，號令嚴明，麾下宿將皆敬憚之。憲宗伐宋，駐蹕釣魚山，以元振與紐鄰爲先鋒。

中統元年，世祖即位，廉希憲、商挺奏以爲成都經略使總管萬户。宋瀘州守將劉整送款請降，黑馬遣元振往受之。諸將皆曰：「劉整無故而降，不可信也。」元振曰：「宋權臣當國，賞罰無章，有功者往往以計除之，是以將士離心。且整本非南人而居瀘州重地，事勢與李全何異？整此舉無可疑者！」遂行。黑馬戒之曰：「劉整，宋之名將。今遽以城降，情僞不可知。汝無爲一身慮，事成則爲國家之利，不成則當效死，乃其分也。」元振至，整開門出迎。元振先下馬，與整相見，示以不疑。明日，請入城，元振釋戎服，從數騎與整聯轡而入，飲燕至醉。整心服焉，獻金六千兩、男女五百人。元振以金分賜將士，而還其男女。宋將俞興率兵圍瀘州，晝夜急攻，自正月至五月，城幾陷。左右勸元振曰：「事勢如此，宜思變通。整本非吾人，與俱死無益也。」元振曰：「人以誠歸我，既受其降，豈可以急而棄之？且瀘之得失，關國家利害，吾有死而已。」食將盡，殺所乘馬犒將士，募善游者賫蠟書至成都求援，又權造金銀牌分賞有功者。未幾，援兵至。元振與整出城合擊興兵，大敗之，斬其都統一人，興退走。捷聞，且自陳擅造金銀牌罪，帝嘉其通變，賜錦衣一襲、白金五百兩。入朝，又賜黃金五十兩、弓矢、鞍轡。

黑馬卒，元振居喪，起授成都軍民經略使。至元七年，時議以勳舊之家事權太重，遂降爲成都副萬户。十一年，命兼潼川路副招討使。十二年卒，年五十一。子緯，襲父職，佩虎符爲萬户。守潼川，立遂寧諸處山寨。從圍釣魚山，數戰有功。授潼川路副招討，遷副都元帥。復授管軍萬户，遷同知四川西道宣慰司事。入朝，進四川西道宣慰使，拜陝西行省參知政事，卒。

元禮，黑馬第五子也。從父在軍中，授金符，爲京兆路奥魯萬户。中統四年，遷興元、成都等路兵馬左副元帥。

至元元年，遷潼川路漢軍都元帥。二年九月，宋將夏貴率軍五萬犯潼川，元禮所領纔數千，衆寡不敵，諸將登城望貴軍有懼色。元禮曰：「料敵制勝，在智不在力。」乃出戰，屢破之。復大戰蓬溪，自寅至未，勝負不決。元禮謂將士曰：「此去城百里，爲敵所乘，則城不得入，潼川非國家所有。丈夫當以死戰取功名，時不可失也。」即持長刀大呼突陣，所向披靡，大敗貴兵，斬首萬餘級。捷聞，賜錦衣二襲、白金三錠、名馬一匹、金鞍轡、弓矢。召入朝，命復還潼川，立蓬溪寨。

元禮又奏：「嘉定去成都三百六十里，其間舊有眉州城，可修復之，屯兵以扼嘉定往來之路。」世祖從之。四年，命平章趙寶臣往視可否。或以爲眉州荒廢已久，立之無關利害，徒費財力。元禮力争之，寶臣是其言，遂興工，七日而竣。元禮鎮守眉州五年，召入朝，乞解官養母，從之。九年，起授懷遠大將軍、延安路總管，卒。

初，伯林與夾谷常哥同守威寧，又同時來降。其父子功名與劉氏相埒焉。

夾谷常哥，女真人。既降，太祖命率所部守威寧。金人啗以大官，使反正，常哥縛其使以獻。太祖嘉之，擢爲萬户兼招討使，卒。後贈定襄郡公，謚忠敏。子忙古帶，嗣萬户，從木華黎平山東、河北，又從睿宗拔鳳翔。明年，從破宋人於大散關。俱有功。太宗七年，從塔海紺卜伐蜀。明年，上言：「興元形勢，西控巴蜀，東扼荆襄；山南之地，無要於此。誠留兵戍守，招徠未降，擇便水之田，授以牛種，既省關中餽運，亦制蜀一奇也。」帝從之，授興元軍民安撫使，領屯田事。

定宗即位，置行省於興元，以忙古帶領之，宋閬州守將馬仲、巴州守將張文貴等皆來降。憲宗元年，宋制置使余玠敗利州路元帥王進於金牛堡，遂圍興元。忙古帶誓死拒守，城垂陷，會都元帥禿薛以援兵至，玠始遁去。憲宗嘉其功，授軍民萬户，再賜金虎符。七年，與劉黑馬城成都，七日而工畢。中統三年，改賜虎符。四年，致仕，以子堅實嗣，卒年七十。後追封汭國公，謚忠靖。堅實官至河南行省右丞。

郭寶玉，字玉臣，華州鄭縣人，唐中書令子儀之裔也。通天文、兵法，善騎射。金末，爲猛安，屯定州。時童謡曰：「摇摇罟罟，至河南，拜閼氏。」既而太白經天，寶玉歎曰：「北軍南，汴梁即降，天下改姓矣。」金人以獨吉思忠、完顔承裕行中書省，領兵築烏沙堡。大軍至，思忠等敗走，寶玉舉兵降。

木華黎引見太祖，問取中原之策，寶玉對曰：「中原勢大，不可忽也。西蕃勇悍可用，宜先取之，藉以圖金。」又言：「建國之初，宜頒新令。」帝從之。於是頒條畫五章，如「出軍不得妄殺，刑獄惟重罪處死，其餘雜犯量情笞決」；「軍户，蒙古、色目人，每丁起一軍，漢人有田四頃、人三丁者，僉一軍」；「年十五以上成丁，六十破老，站户與軍户同」；「民匠限地一頃」；「僧道無益於國、有損於民者悉禁止之」，皆寶玉所陳也。

帝將征西域，患其城多依山險，問寶玉攻取之策，對曰：「使其城在天上，則不可取；如不在天上，至則取矣。」帝壯之，授抄馬都鎮撫。從木華黎取高州，降北京、龍山，復帥抄馬從錦州出燕南，破太原、平陽諸州縣。

十四年，從帝西征，寶玉胸中流矢，帝命剖牛腹置其中，少頃，乃蘇。進次忽章河，敵列兩陣迎拒，戰方酣，寶玉望其衆疾呼曰：「西陣走矣！」其兵果走，追殺殆盡。從下尋思干城。次阿母河，敵築十餘壘，陳船河中。俄風濤暴起，寶玉令發火箭射其船，乘勝直前，破護岸兵五萬，斬大將佐里，遂屠諸壘，收呼拉商部馬里四城。

十六年，西域主札剌勒丁南走入鐵門，寶玉追之，遂奔印度。帝駐蹕大雪山前，時谷中雪深二丈，寶玉請封山川神。十七年三月，封崑崙山爲玄極王，大鹽池爲惠濟王。從者別速不台轉戰有功，累遷斷事官。卒於賀蘭。二子：德海、德山。德山以萬户從破陝州，攻潼關，卒。

德海，字大洋。資貌奇偉，亦通天文、兵法。金末，爲謀克，擊宋將彭義斌於山東，敗之。知父寶玉北降，遁入太行山，大軍至，乃出降，爲抄馬彈壓。從者別西征，渡乞則里八海，攻鐵山。衣幟與敵軍不相辨，乃焚蒿爲號，煙焰漫野，敵軍動，乘之，斬首三萬級。踰雪嶺西北，進軍次荅里國，討平之。二十年，還至峥山，吐蕃帥尼倫、回紇帥阿必丁反，復俱擒斬之。

二十一年春，從元帥闊闊出游騎入關中，金人閉關拒守，德海引驍騎五百，斬關入，殺守者三百人，直擣凌風寨。以後兵不至，引還。太宗元年秋，破南山八十三寨，陝西平。德海導大將夔曲捏拔都，假道漢中，歷金、房而東，與金將武仙遇於白河，德海提孤軍轉戰，仙敗走，復破金移剌粘哥於鄧州。四年春正月，從睿宗敗金兵於三峰山，又破金將合喜兵於中牟。完顏斜烈復帥軍十萬來拒，戰於鄭州，德海先登破之，殺其都尉左崇。以功遷右監軍。五年正月，破金師於黄龍岡。六年，河南復叛，德海往討之，炮傷其足，以疾歸。卒。

德海請遣大臣試天下僧、尼、道士，選精通經文者千人，有能工藝者，則命小通事等領之，餘皆爲民。又詔天下置學廪，育人材。太宗皆從之。子侃。

侃，字仲和。幼爲丞相史天澤所器，留於家教養之。弱冠爲百户，驁勇有謀略。太宗五年，金將伯撒復取衛州，侃拒之，破其兵四萬於新衛，遂渡河，追金主至歸德。又從速不台攻汴西門，以功授總把。從天澤屯太康，復以下德安功爲千户。送兵仗至和林，改抄馬那顏。

從宗王旭烈兀西征。憲宗三年，至木剌夷。敵塹道，置毒水中，侃破其兵五萬，斬其將忽都答而兀朱。五年，至乞都卜。其城在檐寒山上，懸梯上下，守以精兵悍卒。侃架炮攻之，守將火者納失兒開門降。旭烈兀遣侃往説兀魯兀乃算灘來降。其父阿力據西城，侃攻之，走據東城，復攻破殺之。六年正月，至兀里兒城，伏兵，下令聞鉦聲則起。敵兵果來，伏發，盡殺之，海牙算灘降。又西至阿剌汀，破其游兵三萬，禡拶答而算灘降。至乞石迷部，忽里算灘降。

從旭烈兀進攻報達，教主哈里發所都也。侃至，破其兵七萬，屠西城。又破其東城，東城殿宇皆構以沉檀木，舉火焚之。香聞百里，得七十二絃琵琶、五尺珊瑚燈檠。兩城間有大河，侃預造浮梁以防其遁。城破，哈里發登舟〔一〕，覩河有浮梁扼之，乃自縛詣軍門降。其將紂答兒遁去，侃追之，至暮，諸軍欲頓舍，侃不聽，又行十餘里，乃止。夜暴雨，先所欲舍處水深數尺。明日，獲紂答兒，斬之。

又西行三千里，至天房，其酋住石致書請降，左右信其言，易之，不爲備。侃曰：「欺敵者亡，軍機多詐，若中彼計，恥莫大焉。」乃嚴備以待。住石果來邀我師，侃與戰，大敗之，巴兒算灘降。

又西行至密昔兒，會日暮，已休，復驅兵起，留數病卒，西行十餘里頓軍，下令軍中銜枚而進。敵不知也，潛兵夜來襲，殺病卒。其酋可刀算灘大驚曰：「東將軍，神人也。」遂降。

旭烈兀命侃西渡海，收富浪國。侃喻禍福，兀都算灘曰：「吾昨所夢神人，乃將軍也。」即來降。師還，至石羅子，敵來拒，侃一鼓敗之，換斯干阿答畢算灘降。憲宗九年，破兀林游兵四萬，阿必丁算灘大懼，來降。西南至乞里彎，忽都馬丁算灘來降，西域平。侃以捷告至釣魚山，會憲宗崩，乃還鄧州，開屯田，立保障。

世祖即位，侃上疏陳建國號、築都城、立省臺、興學校等二十五事，及平宋之策。其略曰：「宋據東南，以吴越爲家，其要地則荆襄而已。今日之計，當先取襄陽。既克襄陽，彼揚、廬諸城，彈丸地耳，置之勿顧，而直趨臨安，疾雷不及掩耳，江淮、巴蜀不攻自平。」後皆如其策。

中統二年，擢江漢大都督府理問官。三年二月，益都李璮反，夏貴復來犯邊。史天澤薦侃，召入見，世祖問計所出，曰：「羣盜竊發，猶柙中虎。内無資糧，外無救援，築壘環之，坐待其困，計日可擒也。」帝然之，賜尚衣弓矢。夏貴焚廬舍，徙軍民南去。侃追貴，過宿遷縣，奪軍民萬餘人而還。賜金符，爲徐、邳二州總管。貴以兵三萬入寇，侃出戰，斬首千餘級，奪戰艦二百。

至元二年，有言當解史天澤兵權者，天澤遂遷他官，侃亦調同知滕州。三年，侃上言：「宋人羈留我使，宜興師問罪。淮北可立屯田三百六十所，每屯置牛三百六十，計一屯所出，足供軍旅一日之需。」四年，徙高唐令，兼治夏津、武城等五縣。從大軍克襄陽。江南平，遷知寧海州。居一年，卒。

侃行軍有紀律，野爨露宿，雖風雨不入民舍，所至興學課農，吏民畏服。子秉仁、秉義。

史臣曰：元之兵制，漢人無將蒙古兵者。旭烈兀平木剌夷及報達，郭侃之功在怯的不花諸將之右。其事或虚罔不實。《春秋》之義：「信以傳信，疑以傳疑。」今仍采舊史之文，爲列傳云。

石天應，字瑞之，興中永德人。善騎射，豪爽不羈，鄉人多歸之。太師木華黎南下，天應率衆迎謁軍門，木華黎即承制授興中府尹、兵馬都提控。天應造攻戰之具，臨機應變，捷出如神，以功拜龍虎衛上將軍、元帥右監軍。天應旌旗色黑，人目之曰「黑軍」。從木華黎大小二百餘戰，常身先士卒，累功遷右副元帥。

太祖十六年五月，拔洺州。九月，從木華黎自東勝渡河，取葭州，進克綏德。天應因説木華黎曰：「西戎雖降，實未可信。此州當金、夏之衝，士卒健勇，倉庫豐實，加以長河爲限，脱爲敵軍所梗，緩急非便，宜命將守之。多造舟楫，以備不虞。」木華黎然之，表授金紫光禄大夫、陝西河東路行臺兵馬都元帥，以勁兵五千，留守葭蘆。遂造舟楫，建浮橋，諸將多言水漲勞費無功，天應下令曰：「有沮吾事者，斷其舌。」橋成，諸將悦服。先時，金葭州守將王公佐收合餘燼，攻函谷關，將圖復故地，及見橋成，遂遁去。

一日，謁木華黎於汾水東，木華黎諭以進取之策。天應還鎮，召將佐謂曰：「吾累卿等留屯於此，今聞河東西皆平川廣野，可以駐軍，規取關陝，諸君以爲如何？」或諫曰：「河中雖用武之地，南有潼關，西有京兆，皆金軍所屯。且民新附，其心未一，守之恐貽噬臍之悔。」天應曰：「葭州通鄜、延，今鄜已平，延不孤立，若發國書，令夏人取之，猶掌中物耳。且國家之急，本在河南。河中雖迫於二鎮，實用武之地，北接汾、晉，西連同、華，若起漕運以通餽餉，則關内可尅期而定。關内既定，河南在吾目中矣。吾年垂六十，一旦卧病床第，聞後生輩立功名，死不瞑目也。」

秋九月，遂移軍河中。既而金軍果潛自中條襲河中，天應知之，先遣驍將吴澤伏兵要路。澤勇而嗜酒，是夕醉卧，金兵由間道已抵城下。時兵燼後，守具未完，敵乘隙入。天應見火舉，知城已陷，左右從者四十餘騎，皆勸其渡河。天應曰：「先時人諫我南遷，吾違衆而來，今事急棄之去，是不武也。縱太師不罪我，何面目以見同列乎？今日惟死而已，汝等勉之！」少頃，敵兵四合，天應力戰，至日午，死之。木華黎聞而痛惜，以子焕中知興中府事，執中行軍千户，受中興中府相副官。

初，天應死事時，弟天禹子佐中在軍中。伺敵少懈，倒抽其斧，反斫之，突城而出，趨木華黎行營，率蒙古軍數千回與敵戰，敗之。木華黎嘉其勇，奏授金符，行元帥事。尋詔將官各就本職，授興中府千户。子安琬。

安琬襲職，佩金符，從征大理，討李壇，皆有功。十三年，分寧盜起，行省檄安琬討之。賊背山而陣，安琬引兵出陣後，賊驚潰，退而距守。安琬揮兵直抵壘門，賊揚言曰：「願少容行伍而戰，死且不憾。」安琬從之，賊果出。安琬突陣而入，大呼曰：「吾止誅賊首，庸卒非我敵也。」手刃中其背，生擒之。累功至右衛親軍副都指揮使，進階懷遠大將軍，賜金虎符。後授大同等處萬户，領江左新附卒萬人，屯田紅城。大德三年，李萬户當戍和寧，親老且病，安琬請代其行，及還，以病卒。子居謙襲職，後改忠翊侍衛親軍都指揮使。

【校勘記】

〔一〕「哈里發」，原作「合里發」，據上文改。

新元史卷之一百四十七　列傳第四十四

李守賢 轂 伯溫 守正 守忠　何實　劉亨安 世英　薛塔剌海 四家奴　高鬧兒 元長　滅里干　王義 奥敦世英[一] 保和　希愷　希尹　田雄 史千　張拔都 忙古台[二]　世澤　張榮 君佐　孫威 拱

李守賢，字才叔，大寧義州人。祖父小字放軍，從金將攻宋淮南，飛石傷髀，録功，賞生口七十。主將分命將校殺所掠俘口，有失亡者罪死，放軍當殺五百人，皆縱之去。放軍爲人營救，亦獲免。

金大安初，守賢暨兄庭植、守忠，弟守正，從兄伯通、伯溫，降於國王木華黎，朝太祖於行在，即命庭植爲龍虎衛上將軍、右副元帥、崇義軍節度使；守賢，錦州臨海軍節度觀察使；守忠爲都元帥，守河東，守賢自錦州遷河東南路兵馬都總管。

太宗元年，朝於和林，加金紫光禄大夫，知平陽府事，兼本路兵馬都總管。太宗南伐，道平陽，見田野不治，以問守賢，對曰：「民貧無耕具，且流亡未復，故荒田多。」詔給牛萬頭，仍徙關中生口墾地河東。三年，平陽當移粟萬石輸雲中，守賢奏：「百姓疲敝，不任輓輸。」帝嘉納之。時河中未下，守賢請自北面鑿城先登，如其言，城果下，遂構浮橋以通來往。明年，濟河入潼關，大破金將趙雄兵於芮城。

時方會師圍汴，留守賢屯嵩、汝二州，金將完顔延壽保嵩山太平寨，衆十餘萬。五年正月望日，延壽等擊球爲戲，不設備。守賢潛遣壯士數十人，緣崖蟻附以上，殺其守卒，遂縱兵入，破之，下令禁抄掠，悉收餘衆以歸。不兩旬，連天、交牙、蘭若、香爐諸寨，皆望風俱下，守賢未嘗妄殺一人。藍田賊王祐聚衆據虢州南山，守賢使人招之，祐素憚守賢威略，即以所部降。六年冬十月卒，年四十六。

子彀嗣。九年，從太師塔海紺卜伐蜀有功。明年，攻碉門。又明年，征萬州，會戰於瞿塘峽，獲戰艦千餘艘。十三年，朝行在，授河東道行軍萬户，兼總管。進兵攻成都，由廣元出葭萌，度木爪坡，宋人聞彀至，潛伏以待，彀諜知之，令衆銜枚疾進，伏兵不敢動。徑克成都。

憲宗南伐，彀造浮橋濟援兵，且斷宋人往來之路。會江漲，浮橋斷。宋將率舟師萬艘逆戰。彀以所部先犯之，諸軍繼進，遂大捷。明日，帝召諸將謂曰：「汝輩平日自負鷙勇，及臨敵，不能爲朕立尺寸功。獨李彀摧鋒陷陣，視敵蔑如，言勇者如彀乃可耳。」賜白金二百五十兩。中統三年，改河東路總管，佩金虎符。移京兆路，加昭勇大將軍。未幾，轉洺磁路。至元七年正月卒，年四十九。子惟則，懷遠大將軍、平陽征行萬户。

伯温，守賢從兄也。兄伯通從國王木華黎討張致，歿於陣。伯温行平陽元帥府事，鎮青龍堡。平陽陷，弟守忠被執。金人盡鋭來攻，守卒多遁去，部將李成開水門，導敵入。伯温登城樓，謂左右曰：「吾兄弟受方面之寄，今不幸失利，當以死報國。吾弟已被執，我不可再辱。」即拔劍驅家屬投井，以刃植柱刺心而死。金人登樓，見伯温抱柱，目不瞑，咸嗟歎之。

守正，質於木華黎，後爲平陽守，活俘虜甚衆，授銀青榮禄大夫、河東南路兵馬都元帥。上黨、晉陽合兵攻汾州，將陷。守正赴援，衆寡不敵，别遣老弱百人曳薪揚塵，多張旗幟，敵謂大兵至，遂解去。汾人持牛酒迎犒，且泣謝曰：「幸公完是州，德甚大，願奉是州以從。」楊鐵槍既降復叛，守正擒斬之。軒成據隰州，與守正相拒，中流矢，瘡甚。金大將合達復以衆來攻，守正裹瘡戰歿。大帥以其兄守忠代之。

守忠，官至銀青榮禄大夫、河東南路兵馬都元帥，兼知平陽府事，從攻益都。北還，部將彭智孫乘間據義州叛，守忠長驅抵城下，力戰克之。太祖二十二年四月，金將紇石烈真襲攻平陽，行營招討使、權國王按札兒屯於洪洞，守忠援之，師潰，嬰城自守。副帥夾谷常德潛開東門，以納金兵，城遂陷。金人執守忠至汴，誘使降，守忠罵之，金人怒，置守忠鐵籠中炙死。

何實，字誠卿，大寧人，父道忠，金北京留守。實少孤，依叔父以居，家人常入卧内，見一青蛇蜿蜒被中，駭而視之，乃實也。及長，通諸國譯語，驍勇善騎射，遠近之民慕其雄略，咸傾心歸附。

張鯨既納款，復以叛誅。鯨弟致亦謀叛，使問於實，實叱之曰：「天命今在朔方，汝等爲不軌，徒自斃耳。」乃籍户口一萬、兵三千來歸。國王木華黎與論兵事，奇變百出，甚稱之。引見太祖，獻軍民之數，帝大悦，賜鞘劍一，命從木華黎充前鋒。時致據錦州，實與賊遇於神水縣，挺身陷陣，大破之，木華黎奏賜鞍馬、弓矢，以功爲帳前軍馬都彈壓。十二年，木華黎平河北、山東，使實率四千人徇曹、濮、恩、德、泰安、濟寧諸州，薄濰州，與木華黎會，遷兵馬都鎮撫。十二年，從攻大同、鷹門及石、隰等州。引兵掠太原、平陽、河中、京兆，所向欵附。木華黎録其功，表實爲元帥左監軍。

木華黎卒，子孛魯嗣。武貴既降復叛，據邢州。實率所部圍之，立雲梯，先登。城破，貴遁走，逐北四十里，斬首二百餘級。實下令，敢有剽掠者斬，軍中肅然。孛魯命實戍邢州，撫恤凋殘，邢民敬愛之。孛魯征西夏，分織匠五百户置局課織，以實領之。

太祖二十二年，賜金虎符，便宜行元帥府事。邢州歲屢饑，請移織匠局於博州，孛魯從之，憫實勞瘁，檄東平嚴實與之分治軍民。博州兵燹後，公私掃地，實以絲數印會子，權行一方，民獲貿遷之利。

太宗二年，收諸將金符。九年，實入覲，貢金幣紋綺三篚。次陵州，遇寇，實縱擊，斃二十餘人，生擒十餘人。朝於幄殿，帝歡甚，命所獲寇勿殺，仍以賜實。是日，賜坐，與論軍中故事，良久，曰：「卿效力有年，朕欲授以征行元帥，後當重任。」實叩頭謝曰：「臣披堅執鋭，從事鋒鏑二十餘年，身被十餘創，右臂不能舉，已爲廢人。臣不敢辱命，願辭監軍之職，幸得元佩金符，督治工匠。」帝默然不悦，命之射，實謝不能。命入宿衛，密使人覘之，實臂果不能舉。始俞其請，賜宴，取金符親佩之，授以漢字宣命，充御用局人匠達魯花赤，子孫世其官，更賜白貂帽、減鐵繫腰，貂衣一襲、弓一、矢百，遣歸。憲宗七年，卒。子九人，孫十七人。子崇禮，授應奉翰林文字、同知制誥兼國史院編修官。

劉亨安，其先范陽人，後遷遼東川州。國王木華黎經略遼東，其兄世英率宗人隸麾下，分兵收燕、趙、雲、朔、河東，以功充行軍副總管。河東被兵之後，民物凋殘，世英言於木華黎曰：「建國以民爲本，今平陽諸路遺民殆盡，異日我師復至，孰給轉輸？收存恤亡，此其時也。」木華黎善之。以絳州邊地，難其人，授世英絳州節度使，兼行帥府事。世英卒，無子，國王孛魯命其族兄德仁襲職。金將移剌布哈攻絳州，城陷，死之。孛魯承制以亨安領其衆，奏賜金虎符，授鎮國上將軍、絳州節度使，行元帥府事，兼觀察使。

太宗二年冬，從大軍入關。明年春，從克鳳翔。四年，從敗金人於三峰山。五年，從平蔡州。既而宋兵入汴，趨洛陽，元帥塔察兒使亨安拒之，與宋軍遇龍門北，揭戈突陣，衆乘之，宋師大潰，追奔百餘里。塔察兒拊其背曰：「真驍將也！」延坐諸將之右，勞賜甚厚。八年，從都元帥塔海征蜀。圍成都，亨安爲先鋒，大破宋兵於城下，生擒其將陳侍郎。有喬長官與亨安争功，未幾攻城，喬爲炮所傷，亨安負之以出，喬感愧。

亨安從軍十年，所獲金帛悉推與將佐，故士卒樂爲之用。六皇后稱制二年二月，卒。

子貞，嗣職。

薛塔剌海，大興人。太祖引兵至北口，塔剌海帥所部三百餘人來歸。帝命佩金符，爲水軍炮手元帥，屢有功，進金紫光禄大夫。佩虎符爲水軍炮手及諸色人匠都元帥，便宜行事。從征西域，俱以炮立功。太宗四年，從睿宗假道金、房，敗金兵於鈞州三峰山。又從下南京，取鄢陵、扶溝。四月，卒。

子奪失剌，襲爲都元帥，略地江淮，卒於軍。弟軍勝襲。憲宗八年，從憲宗征蜀，攻苦竹崖、大林平、青居山，破重慶、馬湖、天水，賜白金、鞍馬，授武衛軍炮手元帥。中統三年，李壇據濟南叛，又以炮克其城。至元五年，從圍襄陽，卒。

丞相阿朮欲以千户劉添攝帥府事，子四家奴，年方十六，請從軍自效，帝壯而許之。八年，始襲父爵。十年，從阿里海涯克樊城，四家奴以用炮，論功第一。十一年，從丞相伯顔渡江，至郢州，先登，克之。十二年，授武節將軍。六月，與宋將夏貴戰於峪溪口，奪其船二百餘艘。十一月，屠常州。十二月，取平江。十三年，攻鎮巢，進圍揚州，守臣李庭芝棄城走，追獲之。九月，進階懷遠將軍，將兵徇浙東，遂入福建。與宋人戰於灤江，破之。

十六年，進階鎮國將軍，留鎮揚州。二十二年，改爲萬户，卒。

高鬧兒，女真人。事太祖，從征西域。復從闊出太子、察罕那演伐宋，累有功，授金符總管，管領山前十路工匠軍。憲宗憫其老，命子元長襲職。

元長從世祖渡江攻鄂，還鎮隨州。至元二年，移鎮李陽堡。五年，從元帥阿朮建白河口、新城、鹿門山等處城堡，圍襄、樊。七年，充李陽軍馬總管。十年，從攻樊城，先登。十一年，從渡江，與宋人戰，殺三百餘人，奪其船及鎧仗，以功賜虎符、擢宣武將軍。進兵丁家洲，敗宋將孫虎臣等，奪其船及鎧仗無算。又敗夏貴於焦湖。從攻常州，先登，又從攻杭州。宋平，護送宋太后、幼主至京師，以功進懷遠大將軍、萬户。

二十一年，從鎮南王脱歡征安南，追襲安南世子於海口，奪其戰艦以還。二十二年，進安遠大將軍、李陽萬户府萬户。是年夏，復以兵追襲安南世子於三叉口，中毒矢卒。

子滅里干，初直宿衛，襲父職，領兵戍廣東，尋移戍惠州。平譚大獠、朱珍等。元貞元年，移戍袁州，盜蔡陀頭以衆犯境，一戰獲之。尋南恩盜起，復以兵殲之。還，卒於袁州。

贈懷遠大將軍、李陽萬户府萬户、輕車都尉、渤海郡侯。

王義，字宜之，真定寧晉人。世業農。義有膽智，沉默寡言。金人遷汴，河朔盜起，縣人推義攝縣事，稱爲都統。木華黎兵至城下，義率衆以寧晉歸焉。入覲，太祖賜駿馬二匹，授寧晉令，兼趙州以南招撫使。時亂後，農皆失業，所在人相食。寧晉東藪澤，周回百餘里，中有小堡曰瀝城，義曰：「瀝城雖小而完，且有魚藕菱芡之利，不可失也。」留偏將李直守寧晉，自率衆保瀝城，由是歸附者衆。金將李伯祥據趙州，木華黎遣義襲其城，會大風雨，義帥壯士挾長梯疾趨，夜四鼓登城，殺守埤者，城中亂，伯祥挺身走天壇寨，一州遂定。木華黎承制授義趙州知州，兼趙、冀二州招撫使。太祖十二年，從大軍南取洺州，還至唐陽西九門，遇金監軍納蘭率冀州節度使柴茂等，將兵萬餘北行。義伏兵桑林，先以百騎挑之，誘納蘭至桑林，伏起，金兵大亂，奔還，獲納蘭二弟及萬户李虎。十三年，拔束鹿，進攻深州，守將以城降。順天都元帥張柔上其功，擢深州節度使，兼深、冀、趙三州招撫使。

金將武仙以兵四萬攻束鹿，諭軍士曰：「束鹿兵少，城無樓櫓，一日可拔也。」義固守月餘，仙不能克。一夕，義召將佐曰：「今城守雖固，然外無援兵，糧食將盡，豈可坐而待斃？」椎牛饗士，率精鋭三千，銜枚夜出，直搗仙營。仙軍亂，乘暗攻之，斬馘數千人。仙率餘衆遁還，悉獲其軍資器仗。木華黎聞之，遣使送銀符十，命義賜有功者。十五年，拔冀州，獲柴茂，械送軍前戮之。授龍虎衛上將軍、武安軍節度使，行深、冀二州元帥府事，賜金虎符。

十六年，仙復遣其將盧秀、李伯祥陷灑城，率戰艦數百艘沿河而下。義以舟師截其下流，邀擊之，士卒皆習水戰，敵莫能當，擒秀。伯祥退保灑城，義引兵拔之，伯祥遁走。邢州盜趙大王，聚衆數千，據任縣固城水寨，真定史天澤集諸道兵攻之，不能下。義引兵薄其城，一鼓破之，獲趙大王、侯縣令等，餘黨悉平。義乃布教令，招集散亡，督勸農功。深、冀之間，遂爲樂土。未幾卒。

奧敦世英，女真人。其先世仕金，爲淄州刺史。大兵下山東，州民奉世英及弟保和迎降，皆授爲萬户。世英倜儻有武略，由萬户遷德興府尹。時金經略使苗道潤率衆欲復山西，世英拒戰，敗之，將盡殺所俘。其母責之曰：「汝華族也，畏死而降，豈可殲同類以立威名！」世英感母言，皆宥之。未幾，巡部至定襄，卒於軍。

保和由萬户升昭勇大將軍、德興府元帥，賜虎符，改雄州總管。尋以元帥領真定、保定、順德諸道農事，墾田二十餘萬畝。改真定路勸農事，兼領諸署，賜居第、弓矢、裘馬、給户，食其租。年五十六，致仕。保和四子：希愷、希元、希魯、希尹。

希愷襲父職。皇太后賜以錦服，曰：「無墜汝世業。」大軍伐宋，置軍儲倉於汴、衛，歲輸河北諸路粟以實之，分冬月三限，失終限者死，吏徵斂舞法，病民尤甚。希愷知其弊而寬之，事集，民無罹法者。尋以勸農使兼知冀州，蒙古軍占民田久不歸，希愷奪而返之，軍無怨言。至元二年，遷順天府治中。三月，改順德府。又踰月，擢知河中府，秩滿歸。時阿合馬專政，官以賄成，希愷不往見之，降武德將軍、知景州。數月卒。

希元，彰德路漕運使。

希魯，澧州路總管。

希尹，中統三年，李璮叛，世祖命丞相史天澤討之，希尹謁天澤，面陳利害，願從軍自效。天澤試以騎射，壯之，命充真定路行軍千户。與賊戰，矢無虛發，賊敗走入城中，希尹請深溝高壘，不戰而坐待其困。天澤從之，瓊就擒。至元十一年，樞密院録其功，自右衛經歷，六遷至同知廣東道宣慰司事，卒。

田雄，字毅英，北京人。以驍勇善騎射知名，金末署軍都統。太祖兵至北京，雄率衆出降，隸國王木華黎麾下，從平興中、廣寧諸郡、定府州縣二十有九。又從攻邢、相二州，及鄜坊、綏、葭、諸州，俱有功。木華黎承制授隰、吉二州刺史，兼鎮戎軍節度使，行都元帥府事，平汾西霍山諸砦。既而金兵至，雄不能守，棄隰州，歸於木華黎。太祖十七年，以木華黎命，授河中帥，聽石天應節制。

太宗二年，從攻西和、興元，賜金符，授行軍千户，召爲御前先鋒。别將一軍，攻克楨州雷家堡。招納河南降附，得户三萬七千有奇，民皆安堵。五年，授鎮撫陝西、總管京兆等路事。雄披荆棘，立官府，開陳禍福，招徠堡砦之未降者，獲其人，皆慰遣之，由是歸附者日衆。雄乃教民力穡，京兆大治，事聞，賜金符。定宗元年，入覲於和林，以疾卒，年五十八。後追封西秦王。子大明，襲職，知京兆等路都總管府事。

與雄同隸木華黎部下者，有河州人史千。木華黎南下，千率衆迎降，授鎮西元帥，佩金符。從太宗圍鳳翔，又從大軍略漢中，取河南，俱有功。詔領平陽、太原兩路兵，戍關中，爲田雄之副。後告歸，卒於家。

張拔都，昌平人。太祖南征，拔都率衆來降，願爲前驅。遂從大將罕都虎征河西諸蕃，屢戰，流矢中頰，不少卻。帝聞而壯之，賜名拔都，罕都虎亦專任之。金亡，罕都虎爲炮手諸色軍民人匠都元帥，守真定，卒，無子，以拔都代之。及罕都虎兄子贍闍長，拔都請於朝，歸其職於贍闍。後卒於家。

子忙古台，從憲宗攻釣魚山、苦竹隘二城，親冒矢石，屢挫而不沮，以勇聞。中統元年，賜銀符，預議炮手軍府事，尋易金符，爲行軍千户，從征襄樊有功。卒。

子世澤襲，從丞相伯顔南征，大小十餘戰，皆有功。又從平廣西。明年，收瓊、萬諸州，拜宣武將軍、行軍總管。未幾，遷行軍副萬户，加明威將軍。從鎮南王伐交趾，既還，議再舉。有萬户脱歡當行，病不能起，世澤曰：「吾祖父以力戰荷國厚恩，吾蒙其餘澤，當輸忠王室，豈可苟爲自安計耶！」請代脱歡行，人服其義勇云。

張榮，清州人，後徙鄢陵。從石抹明安降，太祖賜虎符，授懷遠大將軍、元帥左都監，領軍匠，從太祖征西域諸國。十五年八月，至西域莫闌河，不能涉。太祖召問濟河之策，榮請造船，以一月爲期。乃督工匠造百船，及期，師畢濟。太祖賞其功，賜名兀速赤。十八年七月，擢鎮國上將軍、水軍炮手元帥。十九年七月，從國王孛羅征河西。二十一年，從征關陝五路。十月，攻鳳翔，炮傷右髀。賜銀三十錠，養病於雲内州。太宗三年七月，卒，年七十三。

子奴婢，襲佩虎符、炮軍水手元帥，領諸色軍匠。太宗伐金，命由關西小口收附金昌等州。授懷遠大將軍，累遷輔國大將軍，領蒙古漢軍，守均州。宋兵來襲，奴婢大敗之。復與宋兵戰，流矢中右臂。中統三年，卒，年七十五。

子君佐襲，佩虎符，水軍炮手元帥，戍蔡州。五年，從都元帥阿朮攻襄陽。至元八年，調守襄陽一字城、槖駞嶺，攻南門牛角堡，破之。攻樊城，親立炮摧其角樓。十年，襄陽降。參政阿里海牙以宋降將吕文焕入朝，敕召蒙古、漢人萬户凡二十人陛見，各以功受賞，君佐預焉，命還鎮。十一年，從大軍渡江，至沙洋，丞相伯顔命率炮手軍攻其北面，焚城中民舍幾盡，遂破之。賜良馬、金鞍、金段。又以火炮攻陽邏堡，破之。十二年，從大軍與宋將孫虎臣戰於丁家洲，復從丞相阿朮攻揚州。是年冬，又從諸軍破常州。

十三年，擢懷遠大將軍，率所部屯真、揚二州間，絶宋糧道。宋制置李庭芝、都統姜才棄城走，揚州平，以君佐爲安慶府安撫司軍民達魯花赤。十四年春，安慶野人原及司空山天堂賊，將攻安慶，君佐密偵知之。時城兵僅數百人，君佐命搤賊出没要道，賊不敢入，乃襲陷黄州。大軍復黄州，授君佐爲黄州達魯花赤。十五年，加鎮國上將軍，仍水軍炮手元帥。十九年，命率新附漢軍萬人，修膠萊河以通漕運。二十一年，兼領海道運事。是年卒。

孫威，渾源人，幼有巧思。金貞祐間，應募爲兵，以驍勇稱。及來降，守將表授義軍千户，從軍攻潞州、鳳翔，皆有功。善爲甲，嘗以意製蹄筋翎根鎧以獻，太祖親射之，不能徹，大悦。賜名伊克烏蘭，佩以金符，授順天、安平、懷州、河南、平陽諸路工匠都總管。威突戰不避矢石，帝勞之曰：「汝縱不自愛，獨不爲吾甲計乎？」因召諸將問曰：「汝等知所愛重否？」諸將對，皆失旨。太祖曰：「能捍蔽汝等以立功名者，非威之甲耶？爾輩何言不及此？」復賜威錦衣。威性仁慈，恐民有横被屠戮者，輒以簡工匠爲言，全活之。卒，年五十八。至大二年，贈中奉大夫、武備院使、神川郡公，謚忠惠。

子拱，襲順天、安平、懷州、河南等路甲匠都總管。巧思如其父，常製甲二百八十襲以獻。至元十一年，别製疊盾，其製，張則爲盾，斂則合而易持。世祖以爲古所未有，賜幣帛旌之。丞相伯顔南征，以甲冑不足，詔諸路集民匠分製。順天河間甲匠先期畢工，且繪虎豹異獸之形，大爲帝所稱歎。十五年，授保定路治中。歲饑，議開倉賑民，或曰：「宜請於朝。」拱曰：「救荒事不可緩，若得請而後發粟，則民餒死矣。苟見罪，吾自任之。」遂發粟四千五百石以賑饑民。二十二年，除武備少卿，遷大都路軍器人匠總管、工部侍郎。

成宗即位，典朝會供給，賜銀百兩、織紋段五十匹、帛二十五匹、鈔萬貫。元貞二年，授大同路總管，兼府尹。大德五年，遷兩浙都轉運使。鹽課舊二十五萬引，歲有虧負，拱至，增五萬引，恢辨雖充，民無擾累，遂爲定額。九年，改益都路總管，兼府尹，仍出内府弓矢、寶刀賜之。卒於官。贈大司農、神川郡公，謚文莊。

【校勘記】

〔一〕「奥敦世英」，原作「奥屯世英」，據正文改。本書卷一五一目録「常歙住」下有「奥都世英」，正文作「奥屯世英」，云：「奥屯世英，字伯豪，小字大哥，其先居上京」。

〔二〕「忙古台」，原作「忙古歹」，據正文改。《元史》卷一二二列傳第九等多處作「忙古歹」。

新元史卷之一百四十八　列傳第四十五

郝和尚拔都天挺　何伯祥瑋　王善慶端　梁瑛天翔　杜豐思明　思忠　思敬　王玉忱

郝和尚拔都，安肅人，出於朵魯别族，以小字行。幼爲國兵所掠，長通譯語，善騎射。太祖遣使宋，往返再四，以辨稱。授太原府行軍元帥，佩金符。

太宗三年，授行軍萬户。七年，從定宗伐宋。圍襄陽，宋兵陣漢水上。率先鋒數百人，直前突之，宋兵潰走。八年，從都元帥塔海伐宋，克興元。宋將王連以重兵守劍關，募死士乘夜攻之，遂入關，直抵成都。明年，取夔州，宋舟師來援。和尚拔都乘輕舸徑進，既出復入，宋人莫能當，由是以敢戰名。

十二年，朝太宗於行在，命解衣，數其創痕二十有一，進拜宣德、西京、太原、平陽、延安五路萬户，易佩金虎符，以兵二萬屬之。復賜上廐馬二、西域馬三，錦帛、弓鎧有差。六皇后稱制三年，朝定宗於宿瓮都之行宫，賜銀萬錠，辭以「賞厚，臣不敢獨受，願分於將校」。遂奏劉天禄等十一人，皆賜金、銀符。定宗三年，詔還治太原，凡租税、鹽課，悉蠲其過重者，歲饑，出銀六千錠、粟千石、羊千頭，以贍國用。四年，升萬户府爲河東北路行省，得以便宜行事。憲宗二年，卒。追贈太保、儀同三司、冀國公，謚忠定。七子：天益，佩金符，太原路軍民萬户都總管；仲威，襲五路萬户；天舉，大都路總管兼府尹；天祐，陝西奥魯萬户；天澤，夔州路總管；天麟，京兆等路諸軍奥魯萬户；天挺，最知名。

天挺，字繼先，受業於元好問。以勳臣子召見，世祖嘉其容止，詔以文學之事侍皇太子。雲南建行省，除參議行尚書省事，尋擢參知政事，又擢陝西漢中道廉訪使。未幾，入爲吏部尚書，尋除陝西行御史臺中丞、四川行省參政、江浙行省左丞，俱不赴。

武宗即位，拜中書左丞，與宰相論事不合，輒面斥之。一日，以敷奏明允，特賜黄金百兩，不受。武宗曰：「非利汝第，旌汝敢言耳。」

仁宗即位，詔天挺與張閭等十人共議大政，革尚書省諸弊。出爲江西行省右丞，改河南行省。召拜御史中丞，入見，首陳綱紀之要，以獵爲諭曰：「御史擊奸，有似鷹揚禽之，弱者易獲也。其力大者必藉人之力，不然，有傷鷹之患。」仁宗韙之。又上書陳七事，曰：惜名爵、抑浮費、止括田、久任使、論好事、獎農務本、勵學養士。詔中書省施行。尋拜河南行省平章政事。時卜憐吉歹爲行省丞相，待以師禮。皇慶二年，卒，年六十七。贈光禄大夫、中書平章政事、柱國，追封冀國公，謚忠定。

好問撰《唐詩鼓吹》十卷，天挺爲之注。趙孟頫序其書，以爲唐人之於詩，「非好問不能盡去取之工，非天挺亦不能發比興之藴」云。

子佑，字君輔。仁宗時拜殿中侍御史，以廉直稱。遷陜西行省參知政事，拜陜西行臺侍御史。孫忠恕，翰林待制，獻所著《無逸圖》。命預修遼、金、宋三史，書成，即謝病歸，卒於家。

何伯祥，字世麟，其先陜州人，後徙易州。父淵，知易州。伯祥以行軍千户隸張柔部下。時保定經略使王子昌、信安公張甫堅守不降。子昌，金驍將也。柔命伯祥取之。伯祥薄其城而陣，子昌出走，伯祥追及之。子昌反射伯祥，中手貫槍。伯祥策馬棄槍，徒手搏之，禽子昌及所佩金虎符，甫亦遁去。伯祥遂攻西山諸寨，悉平之，取三十餘城，後從破蔡州，以功授易州等處軍民總管。

太宗九年，從察罕伐宋，伯祥拔三十餘寨，獲戰艦萬餘艘。宋人以兵二萬守洪山，伯祥逆戰，破之。又從克光州，進攻黄州。有小舟來覘，張柔曰：「此偵者，吾當備之。」命伯祥伏兵赤壁以伺之。夜果水陸來攻，伯祥橫擊宋師，大敗之。軍還，又拔張家寨，俘斬萬級。大帥口温不花、察罕以其功上聞。及張柔入覲，面奏伯祥戰功，賜宣命、軍符，充易州等處行軍千户，兼軍民總管，仍賜廐馬、衣甲。柔常命伯祥攝帥府事，軍事皆咨之。

憲宗二年，又從大軍南征，深入敵境。察罕由別道遽還，諸將倉皇失措，伯祥曰：「此必爲敵所遏，不如出其不意，使不能測我，乃可出也。」遂直抵司空山寨，爲攻取之勢。既夜，分所部爲十營。營火十炬，伏精卒於營前，黎明，整衆徐行。宋兵果追之，遇伏驚潰，大敗之，轉戰千餘里，諸軍賴以拔出。帝聞之，賜黄金二百兩。

世祖伐宋，以伯祥參預軍事，後卒於鄂州。延祐初，贈推忠保節功臣、太保、儀同三司、上柱國，追封易國公，謚忠毅。子瑛、瑋。瑛，行軍千户，與子德隆俱戰殁。

瑋，字仲韞。年十六，從張柔見世祖，帝感其父之殁，授瑋易州知州。未幾，襲行軍千户，鎮亳州。從圍樊城，宋將夏貴帥舟師來援，瑋營於城東北，扼其衝。貴縱兵燒北關，進逼瑋營，萬户脱温不花等邀瑋入城，瑋不從，率所部力戰，貴敗走。

至元十一年，伯顔伐宋，以瑋爲帳前都鎮撫。伯顔令軍中拒命者屠之，瑋諫曰：「丞相弔民伐罪，宜以不殺爲本。」伯顔善其言。及克黄家灣、沙洋堡，使瑋撫定其民，則沙洋已屠矣。進攻陽羅堡，夏貴列戰艦於上下游，瑋從阿朮先濟，奮擊之，貴敗走。又敗賈似道於丁家洲。授武德將軍、管軍總管，佩金虎符。宋平，進懷遠大將軍、太平路軍民達魯花赤。俄遷户部尚書，行兩淮都轉運使。阿合馬用事，謝病歸。

十八年，召參議中書省事。出爲江南浙西道提刑按察使，改大名路總管。二十八年，遷湖南宣慰使。三十一年，拜中書參知政事。時宰執十二人，瑋以政出多門，辭不拜。

大德四年，除侍御史，又以母疾辭。七年，改授御史中丞。瑋剛直無所顧忌，奏政要十事，以紓民力、制國用、備荒政、重吏禄、開賢路爲急務，且曰：「丞相安童甚賢，而相業前後異者，蓋初則有史天澤、廉希憲、許衡諸人爲之佐，及再相，則諸人去矣。」成宗嘉納之。京師孔子廟成，瑋請建國學於廟側，從之。地震，上言咎在大臣。明日，洪雙叔、木八剌沙、阿老瓦丁皆罷政事。既而賽典赤、八都馬辛等召還，瑋言：「姦黨不可復用，宜選正人以爲輔弼。」疏入，報聞。御史郭章劾郎中哈剌哈孫受賕，已抵罪。哈剌哈孫結權倖，以枉問逮章。瑋言於帝曰：「陛下殺郭章，如祖宗法度何？」帝意解，即釋之。

九年冬，將有事於南郊，議配享，瑋曰：「嚴父配天，萬世不易。」不果行。成宗崩，左丞相阿忽台奉皇后命，集議成宗祔廟及皇后攝政事。瑋曰：「朝廷故事，惟親王得與此，非臣所敢知。」阿忽台變色，以唐武后爲辭。瑋曰：「彼有廬陵王，事體不同。」及出，勸右丞相答剌罕、御史大夫塔思不花密白武宗及皇太后，早定大計。武宗即位於上都，除瑋副詹事，復遥授平章政事、商議中書省事。武宗至，羣臣郊迎，帝問：「孰爲何中丞？」瑋出拜，帝曰：「聞卿忠直，其匡朕不逮，勿有所隱。」

至大元年，遷詹事，兼衛率使。拜中書左丞，仍商議中書省事。越王秃烈請置吏自賦，脱虎脱等議建尚書省易鈔法，瑋皆奏格之。未幾，出爲河南行省平章政事，佩金虎符，提調屯田事。帝召至榻前，諭曰：「汴事重，屯田久廢，卿當爲國竭力。」賜黑貂裘、錦衣各一襲。瑋行部至揚州，民負鎮南王錢，王傭之，歲滿没入爲奴，瑋白王釋之。奸人趙萬兒造妖言，事覺，連南陽、歸德等路數百家，瑋按誅萬兒，盡釋逮繫者。歲餘，增河南屯田米十七萬石。又經理荆湖廢屯，歲得米百餘萬石。以行臺錢五十萬建國學，買地三千畝立書院於南陽，祠諸葛亮。又請置洪澤芍陂屯田萬户府儒學教授。三年，改行尚書省平章政事，卒，年六十六。皇慶中，贈推忠佐理同德功臣、太傅、開府儀同三司、上柱國，追封梁國公，謚文正。子德嚴、順德路總管；德温，武略將軍、副萬户。

王善，字子善，真定藁城人。姿貌雄偉，多智略。金宣宗南遷，河朔羣盜蠭起，藁城人推善爲首，使捍衛鄉里，授本縣主簿。

未幾，權中山府治中。時武仙在真定，忌善威名，密使知府李濟、通判郭安圖之。善覺，襲殺二人來降，授同知中山府事，佩金符。率所部三百人攻武仙，仙遣裨將拒戰，善擒斬之。仙走獲鹿，使其將段琛城守，善進攻拔之，軍勢大振，自中山以南，降州縣四十有二。

十五年，遷中山、鎮定等路招討使。尋加右副元帥、驃騎大將軍，屯藁城。十七年，升藁城爲永安州匡國軍，以善行帥府事。明年，進金吾衛大將軍、左副元帥。武仙既降，善奏：「仙狼子野心，終必反覆，請修城塹爲備。」十九年，仙果叛，率衆來攻，及西門，善力戰卻之，仙自是不敢復入真定。二十一年，賜金虎符，仍行帥府事。

太宗四年，從攻河南，至鄭州，守將馬伯堅素聞善名，登陴呼曰：「藁城王元帥在軍中否？願以城降之。」善免冑應之，伯堅果出降。八年，兼河北西路兵馬副總管。十三年，授知中山府事，屬縣新樂居衝要，迎送供給，倍他縣，民不堪命。善出家貲助之，民懷其德。卒，年六十一。皇慶元年，贈銀青榮禄大夫、司徒，追封冀國公，進趙國公，謚武靖。子慶淵，行軍千户，戰殁；次子慶端；從子思義，從征江西、廣東有功，官廣東兵馬招討使，兼領韶州路總管。

慶端，字正甫。初爲本路管庫官。遷水軍提領，訓練將士常如臨敵。敗李璮於老鸛口，以功授金符，爲千户。監築大都城，議用甓，慶端請易以葦，省費不貲。事竣，第勞賞，慶端固辭，且言共事者有顏進，遂擢進千户，别賜慶端銀鈔。大軍伐宋，使慶端戍清口，宋人覘知虚實，來攻，守將戰没，城垂陷。慶端拔刀誓衆，樹栅，以手臂創劇，割之，力戰數日，敵卒退。進武節將軍、管軍總管，領左右中衛兵。至元初，從世祖北征，還，遷右親軍副指揮使，進侍衛軍都指揮使。慶端建武威營，以處衛兵，又别立神鋒軍，教以蹶張之技，又作整暇堂、屏利局，經畫田廬，如治家事。其後諸衛皆取以爲法。

十九年，設詹事院，就兼詹事丞，有司欲貸威武衛倉穀萬石，以賑饑民。皇太子問慶端，對曰：「兵民一體，何問焉！」即日付之。世祖聞其事，歎曰：「真宰相之器也！」帝遣近侍夜出詗察，爲邏卒所執，告以故，卒曰：「軍中知將令，不知其他。」近侍奏聞，賜慶端黑貂裘以獎之。及親征乃顏，敕慶端以所部扈從。

慶端年六十餘，與士卒同甘苦，夜不解衣而卧，暇日使士卒爲軍市，自相貿易。故經年暴露，士無饑色。事平，世祖北巡，命慶端先歸。慶端引義，仍求扈從，帝嘉獎之。

世祖崩，慶端言於裕聖皇太后，謂：「神器不可久虚，宜速定大計，以慰天下之望。」成宗即位，論翼戴功，拜金吾衛上將軍、中書左丞，行徽政院副使，兼隆福宫左都衛使。大德二年，加榮禄大夫、平章政事、僉書樞密院事，兼使如故。十二月，以疾卒。皇慶二年，贈金紫光禄大夫、開府儀同三司、上柱國，追封冀國公，謚忠武。子桓，亦官至平章政事。

梁瑛，汾州平遥人。有勇力，善騎射。太祖十三年，率衆降於木華黎，授元帥左監軍，使攻城堡之未下者。瑛招懷降附，甚得人心。十四年，從按赤那延徑回牛、鳳棲二嶺，攻克平陽、霍州、晉安、沁、潞等數十州縣。又踰太行，略懷、孟等州。十五年，從木華黎入陝西，天寒，黄河冰合，諸軍平渡，遂攻拔禎州，擢征行都元帥，佩虎符。以平遥縣行平安州事，使瑛領之。二十二年，金人陷平陽、太原，攝國王按札爾檄瑛會兵討之，敵敗走。

太宗元年，入覲，適改定天下官制，特授瑛御前千户，佩金符。二年，扈駕南征，至鳳翔，使瑛别將所部西略宋地，克西和、興元十餘城。四年，從諸將敗金兵於三峰山。時降人日衆，諸將以糧不繼，欲盡殺之。瑛曰：「殺降不祥。」凡隸麾下者，皆得免死。十一年，從塔海甘卜伐蜀，略重慶、萬州，敗宋人於夔州，作皮渾船以濟師。奏擢征行萬户，留鎮興元。又從塔海圍資州，踰月始下。塔海欲坑其衆，瑛曰：「今始得一城，而坑之，他城未易下也。」事獲已。瑛喜曰：「吾大小百餘戰，未嘗敗衄，所全活者亦不下數千人，可以無愧於心矣。」十三年，從塔海攻成都，自新井入，詐立宋將幟，以誘城中。宋制置使丁黼夜出戰於石筍街，敗死，遂克其城。

六皇后稱制元年，宋人再陷成都，瑛復從塔海攻之，與先鋒禿薛擒其制置使陳隆之，成都平。定宗二年，瑛告老，不允，以瑛充西京、平陽、太原、京兆、延安五路萬户，治太原。子翼，襲行軍千户。瑛以太原甫定，民多流散，奏請給復三年，於是四方來歸者三萬餘户。憲宗六年卒，年六十六。三子：翼、羽、天翔。翼，由千户累官成都轉運使；羽，太原路行軍千户。

天翔，字飛卿。生而穎異，讀書能知大義，通習國語，尤善射。年十八，授平遥縣尹，召父老十餘人詢以民事，衆曰可而後行，境内翕然頌之。中統五年，授同知懷孟路奥魯總管府事。至元九年，改介休縣尹。縣南北驛衝，諸王使命絡繹，天翔迎送供億，民不擾而事集。承制僉兵以戍南邊，天翔第民衆寡甲乙爲伍，咸服其公允。

十三年，用部使者薦，授同知郢州事。州初附，人懷反側。不逞者聚而爲盜，天翔捕首惡，杖殺之，餘釋不問，一境慴服。擢僉嶺南廣西道提刑按察司事，再遷海北廣東道提刑按察副使。宣慰使白甲貪虐，土豪因衆怒謀爲亂，天翔劾罷之，民心遂靖。轉奉議大夫、四川道提刑按察副使。歲饑，天翔欲發廩賑之。衆議上聞，天翔獨曰：「報下，則民殍矣。朝廷罪責，吾當身任。」遂發粟四萬石，事聞，世祖韙之。桑哥秉政，遣使括天下錢穀，檄天翔分理其事。天翔不希旨剕剔，時論稱之。建言：「思、播、八番蠻獠怙險爲盜竊，宜遷其右部郡縣之，且選能吏馭之，使知懾懼。」後設宣撫使鎮其地，由天翔請也。俄遷奉政大夫、浙東海右道提刑按察副使，未上。

二十六年，授雲南行臺侍御史。天翔下車，訪軍民利病，條汰冗員，薄税斂，省驛傳，遷土官，恤兵政，已逋懸，布威德，懷遠人，共二十餘事，世祖嘉納焉。入爲吏部侍郎。高麗饑，詔天翔往賑，還，除少中大夫、成都路總管。又改西蜀四川道肅政廉訪使。命下而卒，年五十五。子時中，信州路總管府治中；時正，清河縣尹；時仁，浙東海右道肅政廉訪司僉事；時義，成紀縣尹。

杜豐，字唐臣，汾州平遥人。少倜儻有大志，仕金爲平遥縣義軍謀克，佩銀符。太祖取太原，豐率所部降於國舅按赤那延，授兵馬都提控。從攻平陽，又從克絳州、解州諸堡，招集流民三萬餘家，賜金符，擢征行元帥左監軍。

太祖十五年，金將上黨公張開寇汾州，豐擊敗之。從皇弟哈察兒略懷、孟，拔温谷、木澗諸寨，又攻克洪洞西山及松平山，斬獲萬計。十七年，授豐龍虎衛上將軍、河東南北路兵馬都元帥，便宜行事。

二十一年，從按赤那延克益都，遂略登、萊，降島民萬餘。太宗元年，率本部克沁州及銅鞮、武鄉、襄垣、浮山、沁源諸縣。三年，命豐撫定平陽、太原、真定三路及遼、沁二州未降山寨。七年，授沁州長官。豐在沁州十餘年，寬徭薄賦，勸農積穀，民以殷富。定宗二年，致仕。憲宗六年，封沁陽郡公，卒，年六十七。沁人立廟祀之。子三人：思明、思忠、思敬。

思明，字彦昭。豐致仕，思明襲父職。中統初，例遷隰、鄧、陝三州刺史，政尚嚴猛，盜賊屏迹。至元十九年，從伯顔伐宋，攻陽羅堡，先登，授明威將軍、吉州路總管達魯花赤。卒年六十四。

思忠，字信甫。沁州諸軍奥魯長官。高麗金通精搆亂，詔思忠討之，諭以大義，高麗人遂降。還，授承務郎、固鎮鐵冶提舉，思忠曰：「鹽鐵之政，古人所鄙，營利非余所能。」棄官歸，時論高之。

思敬，字亨甫。許衡門人。事世祖於潛邸，累遷治書侍御史。阿合馬敗，臺臣以不早言，皆斥去。思敬爲世祖所眷，獨留，出爲順德、安西等路總管。再入爲侍御史，按治桑哥之罪，臺綱振肅。未幾，拜參知政事。改四川行省右丞，不赴。以中書右丞致仕，卒年八十六，謚文定。

思明子泂，長寧州知州。思敬子肯構，山西道宣慰使；肯播，會州知州；肯穫，陝西行省左丞。肯構子宣，光禄大夫、集賢大學士，追封晉國公。肯獲子文獻，晉寧路同知。

王玉，趙州寧晉人，父守忠、金承信校尉。玉長身駢脅多力，金末爲萬户，守趙州。大兵至，玉率衆降。領本部軍從攻邢、洺、磁三州，濟南諸郡號「長漢萬户」。從攻澤、潞諸州，獨潞州堅壁不下。玉力戰，流矢中左目，竟拔其城。又破平陽，下太原、汾、代等州。師還，署元帥府監軍，以趙州四十寨隸焉。

武仙既降復叛，殺元帥史天倪。宋將彭義斌在大名，陰與仙合，玉從笑乃帶、史天澤，攻敗武仙，擒義斌，駐軍寧晉東里寨。仙遣人賚誥命，誘玉妻，妻拒曰：「妾豈可使吾夫爲二心臣耶！」仙圍之數匝，殺其子寧壽。玉聞之，領數騎突其圍，斬獲數百人而還。仙遣人追之，不敢進，皆曰：「王將軍膽氣驍雄，我輩非敵也。」仙乃盡發玉先世二十七冢。玉從史天澤諸將敗仙於趙州，仙糧絶，走雙門寨，圍之，會大風，仙獨脱走，斬其將四十三人，真定遂平。加定遠大將軍，權真定五路萬户，假趙州慶源軍節度副使。

有負西域賈人銀者，倍其母，不能償，玉出銀五千兩代償之。又出家奴二百餘口爲良民，時論稱之。中統元年，卒，年七十。子忱。

忱，字允中。幼明敏。平章趙璧引見裕宗，奏對稱旨，命宿衛，掌錢穀計簿。至元十七年，授山北遼東道提刑按察司副使，秩朝列大夫。駙馬伯忽里，數出獵蹂民田，忱以法繩之。司吏耿熙言徵北京宣慰司積年逋負，可得鈔二十萬錠。帝遣使核實，熙懼事露，擅增制語，有「并打算大小一切諸衙門等事」凡十二字，逮繫官吏至數百人。忱驗問，知其詐，熙乃款伏。裕宗卒，忱建言：「陛下春秋高，當早建儲嗣。」章三上，平章不忽木以聞，帝嘉納之。

二十四年，改河北河南道提刑按察副使。忱以江南人鬻子北方，名爲養子，實爲奴，乞禁之。又省部以正軍餘田出調發，忱言：「士卒衝冒寒暑，遠涉江海，宜加優恤。」皆從之。潁州朱喜，俘於兵，既自贖，主家利其資，復欲以爲奴。又有誣息州汪清爲奴，殺而奪其妻子、田宅者。獄久不決，忱皆平反之。劾罷鎮南帥唐兀台，唐兀台誣奏忱，逮忱至京師，面陳其事，世祖大悟，抵唐兀台罪。遷燕南河北道肅政廉訪副使，帝謂左右曰：「此人非素餐者。」敕省臺慰遣之。二十七年，河間鹽司盜印鈔十餘萬，忱核正其罪。諸王分地恩州，以錢貸民，倍其息，忱令子母相當則止，逾者有罰。先是，僉民爲兵，限私田四頃贍其家，忱曰：「一兵歲費不啻千緡，區區限畝，豈能充給？」奏請增田額以恤之，不報。至是，以戍兵貧乏〔一〕，敕忱與諸臣會議，簡料真定、順德、廣平等路，得富民數百户充兵額，汰貧兵還，人皆服其平允。三十年，拜廣西道肅政廉訪使，秩嘉議大夫，以疾辭。

元貞元年，起爲河東道肅政廉訪使。五臺山建佛寺，省臣擇幹吏工部司程陸信董其役，驅民夫數千入山伐木，死亡大半。忱言於皇太后，減其役，仍恤死者家，民德之。宗王分地河東，其左右哈塔不花倚勢虐民，忱按其事，已款伏，王爲之請，忱不從。會車駕北巡，哈塔不花亡走，訴忱不法，敕中丞崔彧問之。俄彧卒，哈塔不花又上訴，敕省臺官同鞫之。事皆不實，抵哈塔不花罪。

大德三年，遷江陵路總管，不行，又改汴梁路。河決原武，回回炮手居鄢陵者萬餘户，忱督使趨工，不數日堤成，民尤頌之。至大三年，拜雲南行省參知政事，未行，卒，年七十九。追贈河南行省參知政事、護軍、太原郡公，謚憲穆。

忱與姚天福、陳天祥齊名，並以方鯁稱於當世云。

史臣曰：郝和尚拔都諸人，披堅執銳，爲時名將。又俱有賢子，振其世業。郝天挺之文學，王慶端、梁天翔之政事，王忱之諫諍，皆卿士之良也。何瑋正色立朝，侃侃誾誾，尤不愧社稷之臣，庶幾與張珪、李孟相伯仲矣。

【校勘記】

〔一〕「貧乏」，原作「貧之」，據文意改。

新元史卷之一百四十九　列傳第四十六

按竺邇車里　步魯合答　國寶　趙世延　野峻台　阿巴直　月乃合馬潤　馬祖常

按竺邇，雍古氏。幼鞠於外祖達工家，達工，朮要甲氏，譌爲「趙家」，故按竺邇亦姓趙氏。達工爲金羣牧使，太祖獲其牧馬，達工死之。

按竺邇年十四，隸皇子察合台部下。嘗從獵射，獲數麋，有二虎突出，按竺邇三發皆中之，由是以善射名。從太祖征西域，以功爲千户。二十年，從攻西夏積石州，先登，拔其城。圍河州，破臨洮，攻德順，又從攻鞏昌，皆有功。

太宗即位，以按竺邇爲元帥，鎮删丹州，自燉煌置驛通西域。三年，從圍鳳翔，按竺邇分兵攻西南隅，選死士先登，拔其城，追斬金將劉興哥。分兵攻西和州，宋將彊俊堅壁，欲老我師。按竺邇率死士詬城下挑戰，俊怒，悉衆出。按竺邇佯走，俊追之，因以奇兵奪其城，生獲俊。餘衆退保仇池，進擊，拔之。從攻平涼、慶陽、邠、原、寧夏，皆降。涇州叛，殺守將郭元妸，按竺邇往定之。衆議屠城，按竺邇但誅首惡。師還原州，降民棄老幼夜亡走，衆曰：「此必反，宜誅之，以儆其餘。」按竺邇曰：「此輩懼吾驅之北徙耳。」遣人諭之曰：「汝等若走，以軍法從事，父母妻子並誅矣。汝歸，保無他。明年草青時，其具牛酒迎我。」民皆復業。豪民陳苟集數千人匿新寨諸洞，衆議以火攻之。按竺邇曰：「招諭不出，攻未晚。」遂偕數騎抵寨，縱馬解弓矢，召苟遥語之，折矢爲誓，苟即率其衆羅拜降。

金人守潼關，攻之，戰於扇車回，失利。睿宗分兵由山南入金境，按竺邇爲先鋒，趣散關。宋人已燒絶棧道，復由兩當縣出魚關，軍沔州。宋制置使桂如淵守興元，按竺邇假道於如淵曰：「宋讐金久矣，曷從我以洗國恥？今欲假道南鄭，由金、洋達唐、鄧，會大兵以滅金，豈獨吾利，亦宋之利也。」如淵遂輸芻糧，遣百人導大兵，由武休關東抵鄧州，西破小關子。金人大駭，謂我軍自天而下。睿宗以玉杯盤、生口三十賞按竺邇假道功。

初，金將郭蝦蟆自鳳翔突圍出，保金、蘭、定、會四州。至是金亡，命按竺邇往攻之。圍蝦蟆於會州，食盡，城陷，蝦蟆手劍驅妻子於一室焚之。有一女奴抱兒出，泣授人曰：「將軍盡忠，忍使絶嗣？此其幼子也，幸垂哀憫！」言畢，復赴火死。按竺邇聞之，惻然，命收養之。金將汪世顯守鞏州，按竺邇奏記皇子闊端，請遣使招之。皇子遣按竺邇往，世顯果降。太宗勞之曰：「長軍民官，何官爲尊，任汝自擇。」按竺邇固辭。乃拜征行大元帥，賜錦衣。

七年，大軍伐蜀，皇子出大散關，分兵令宗王穆哥等出陰平。按竺邇領炮手兵爲先鋒，破宕昌、階州。攻文州，守將劉禄堅守不下，諜知城中無井，乃斷其汲道，率勇士梯城而上，陷之，禄不屈死。因招徠吐蕃酋勘陁孟迦等十族，賜以金符，略定龍州，遂與大軍合，進克成都。師還，成都復叛。按竺邇言於宗王曰：「隴西州縣甫平，人心猶貳，西漢陽隴、蜀之衝，宜得良將鎮之。」宗王曰：「無以易汝。」分蒙古千户五人，隸麾下以往。按竺邇命侯和尚等南戍沔州之石門，木魯關西戍階州之兩水關，謹斥堠，嚴巡邏，境内帖然，敵不敢犯。

十一年，從元帥塔海伐蜀，克隆慶，進攻重慶，圍萬州，敗宋舟師於夔門。十三年，連下西川二十餘城，成都守將田顯開北門迎降。其制置使陳隆之遁，追獲之，縛至漢州，令誘降守將王夔，夔乘夜驅牛突圍走，遂斬隆之。六皇后稱制元年，攻拔遂寧、瀘、叙等州，進克資州。命按竺邇班師，安輯涇、邠二州。憲宗即位，宋制置使余玠攻興元，文州降將于德新乘隙叛，執扈、牛二鎮將，率衆走江油。憲宗召按竺邇還鎮。按竺邇遣别將直擣江油，奪扈、牛二將歸。

中統元年，世祖即位，叛將阿藍答兒、渾都海據關隴。時按竺邇以老，委軍事於其子，帝遣宗王哈丹、阿曷馬等西討。按竺邇曰：「今内難方殷，豈臣子安卧之時？吾雖老，尚能破賊。」遂引兵出删丹之耀碑谷，從阿曷馬與賊合戰。會大風，晝晦，大敗之，斬馘無算。捷聞，帝賜璽書褒美，賜弓矢、錦衣。四年卒，年六十九。延祐元年，贈推忠佐運功臣、太保、儀同三司、上柱國，封秦國公，謚武宣。子十人：車里、國寶、南家台、阿巴直、欽木兒、質兒瓦台、主渾、伯延、察野、連台兒、孛浪台。

車里，襲父職。從都元帥紐璘攻成都，宋將劉整以重兵守雲頂山，車里敗之，拔其城。又進攻重慶，車里將兵千人爲先鋒，渡馬湖江，敗宋兵於馬老山。諸軍還屯灰山，宋兵夜來劫營，復爲車里所敗，斬首三百級。世祖即位，賜金符，爲奥魯元帥，又改征行元帥。

至元二年，車里以老疾不任事，命子步魯合答代領其軍。至元八年，授步魯合答管軍千户，佩金符。宋將昝萬壽攻成都，僉省嚴忠範遣步魯合答將兵七百人禦之於沙坎，流矢中右頰，拔矢，戰愈力，大敗其軍。十一年，行院汪良臣圍嘉定，步魯合答即率其衆攻九頂山，克之，嘉定降。進攻重慶，宋軍突圍出走銅鑼峽，行院呼敦遣步魯合答追之，至廣羊壩，斬首二百級。瀘州叛，還軍討之，步魯合答以所部兵攻寶子寨，歲餘不下，造雲梯以登，始克之。十六年，重慶降，以功遷武略將軍、征行元帥。

二十一年，命統蒙古探馬赤軍千人從征金齒蠻，平之。都元帥蒙古歹征羅必甸，步魯合答率游兵爲前鋒，江水暴溢，率衆泅水而渡。傅城下七日，諸軍始至，步魯合答先登，拔其城，遂屠之。又從征八百媳婦，至車鼇。車鼇者，其酋長所居也。諸王闊闊命步魯合答將游騎三百往招之降，不聽，進兵攻之，步魯合答毁其北門而入。賜金虎符，授懷遠大將軍、雲南萬户府達魯花赤，卒。子忙古不花，襲管軍千户。

國寶，一名黑仔，倜儻有謀略。按竺邇爲元帥，軍務悉以委之。中統元年，從攻阿藍答兒有功。阿藍答兒部將火都據吐蕃之點西嶺，國寶攝帥事討之。衆欲速戰，國寶曰：「此窮寇也，宜少緩，以計破之。」火都欲西走，國寶據險要之，挑戰則斂兵自固。相持兩月，潛師出其不意，擒之。捷聞，賜弓矢、金綺。初，按竺邇告老，詔使車里襲征行元帥。車里以病不視事，國寶謂諸弟曰：「昔我先人立功西垂，關隴雖平，而西戎未戢，此吾輩自奮之時也。」乃遣部將謝鼎持金帛説降吐蕃，酋長勒陁孟迦從國寶入覲。國寶奏曰：「文州山川險扼，控制北蕃，宜城文州，屯兵鎮之。」乃授國寶三品印，爲蒙古漢軍元帥並文州吐蕃萬户府達魯花赤。國寶宣上威德，於是扶州諸羌呵哩禪波哩揭諸酋皆降，從國寶入覲。國寶圖山川形勢以獻，詔授呵哩禪波哩揭爲萬户，賜金虎符，諸酋長爲千户，賜金符。國寶治文州有善政。至元四年，卒。延祐元年，贈推誠佐理功臣、光禄大夫、平章政事、柱國，封梁國公，謚忠憲。國寶子世榮、世延，俱以趙爲氏。

世榮，一名那懷，襲懷遠大將軍、蒙古漢軍副元帥，兼文州萬户府達魯花赤，後以功進安遠大將軍、吐蕃宣慰使議事都元帥，佩三珠虎符。

趙世延，字子敬，一名達察兒，天資秀發，喜讀書。弱冠，世祖召見，俾入樞密院、御史臺習官政。至元二十一年，授雲南諸路提刑按察司判官，時年二十有四。二十六年，擢監察御史，與同列五人劾丞相桑哥不法。中丞趙國輔，桑哥黨也，抑不以聞，更以告桑哥，於是五人悉爲所擠。桑哥知帝眷世延，獨容之。敕按平陽達魯花赤也先忽都贓鉅萬，鞫左司郎中董仲威殺人獄，皆明允。二十九年，轉奉議大夫，出僉江南湖北道肅政廉訪司事。修澧陽縣壞堤，嚴常、澧掠賣良民之禁，部内頌之。

元貞元年，除江南行御史臺都事，丁内艱，不赴。大德元年，復除前官。三年，移中臺都事，俄改中書左司都事，復爲中臺都事。六年，由山東肅政廉訪副使，改江南行臺治書侍御史。十年，除安西路總管。安西積訟三千牘，世延既至，不三月，剖決殆盡。陝民饑，省臺議，請於朝賑之。世延曰：「救荒如救火，願先發廩以賑。朝廷設不允，世延當傾家財以償。」從之，所活者衆。

至大元年，除紹興路總管，改四川肅政廉訪司使。蒙古軍科差繁重，而就戍往來者擾民尤甚，且軍官或抑良民爲奴，世延皆除其弊。又修都江堰，民尤便之。四年，遷中奉大夫、陝西行臺侍御史。先是，八百媳婦叛，右丞劉深討之，兵敗而還，坐棄市。皇慶元年，復命右丞阿忽台繼往，世延言：「蠻夷地在羈縻，而重煩天討，致軍旅亡失，誅戮省臣。藉使盡得其地，何補於國？今窮兵黷武，實傷聖治。朝廷當選重臣知治體者，付以邊寄，兵宜止，勿用。」事聞，樞密院臣以爲用兵國家大事，不宜以一人之言爲進止。世延聞之，章再上，事卒罷。

二年，拜江浙行省參知政事，尋召還，拜侍御史。延祐元年，省臣奏：「比奉詔漢人參政用儒者，趙世延其人也。」帝曰：「世延誠可用，然雍古氏非漢人，其署宜居右。」遂入之中書，參知政事。明年，遷御史中丞。詔省臣自平章以下，送之官。其禮前所未有，由是爲權臣所忌，乃假皇太后命出世延爲雲南行省右丞。陛辭，帝特命留之。三年，右丞相帖木迭兒罷，未逾月，復起爲太子太師，世延劾其罪惡十有三，詔奪其官。尋遷翰林學士承旨，兼御史中丞，世延固辭，乃解中丞。五年，進光禄大夫、昭文館學士，守大都留守，乞補外，拜四川行省平章政事。世延議即重慶路立屯田，得江津、巴縣閑田七百八十三頃〔一〕，摘軍千二百人墾之，歲得粟萬一千七百石。

仁宗崩，帖木迭兒復居相位，鋭意報復，屬其黨何志道，誘世延從弟胥益兒哈忽誣告世延。逮世延置對，中途遇赦。世延以疾抵荆門，留就醫。帖木迭兒遣使逮至京師，復使人諷世延啗以美官，令告引同時劾己者。世延不聽，乃坐以違詔書不敬，又謀害宰相，當處極刑。帝以事在赦前，不允。帖木迭兒更以它事白帝繫之，刑曹逼令自裁，世延不爲動。逾年，胥益兒哈忽亡去，中書左丞相拜住屢言世延亡辜，命出獄養疾。先是，帝獵北涼亭，顧謂侍臣曰：「趙世延，先帝所尊禮，而帖木迭兒妄入其罪，數請誅之，此殆報私怨耳，朕豈能從之！」侍臣皆叩頭稱萬歲。帖木迭兒在上京，聞世延出獄，索省牘視之，怒曰：「此左丞相罔上所爲也。」事聞，帝語之曰：「此朕意耳。」未幾，帖木迭兒死，事乃釋。世延僑於金陵。

泰定元年，召還，除集賢大學士。明年，出爲江南行臺御史中丞。四年，入朝，復爲御史中丞，又遷中書右丞。詔：「趙世延頃爲權姧所誣，中書宜徧移天下，昭雪其辜。」仍加翰林學士承旨、光禄大夫。經筵開，兼知經筵事，又加同知樞密院事。

泰定帝崩，燕鐵木兒迎文宗於江陵，使世延分典機務。文宗即位，世延仍以御史中丞兼翰林學士承旨，以疾乞歸田里，詔不允。用中丞崔彧故事，加平章政事，居前職。天曆二年正月，復除江南行臺御史中丞，行次濟州，三月，改集賢大學士，六月，又加奎章閣大學士，八月，拜中書平章政事。至順元年，詔世延與虞集等纂修《經世大典》，世延屢乞解中書政務，專意纂修。帝入內。冬，世延至京，固辭，不允。詔以世延年高多疾，許乘小車曰：「老臣如卿者無幾，求退之言，後勿復陳。」四月，仍加翰林學士承旨，封魯國公。六月，燕鐵木兒言：「嚮有旨，惟許臣及伯顏兼領三職，今趙世延以平章政事兼翰林學士承旨、奎章閣大學士。」引疾以辭。帝曰：「朕重老成人，其令世延仍視事中書，果病，不領銓選可也。」七月，監察御史葛明誠言：「世延年踰七十，智慮衰耗，固位苟容，無補於事，請斥歸田里。」詔中書議之。燕鐵木兒言：「世延以年老屢乞致仕，臣等以聞，敕『世延舊人，宜在中書』。御史之言，不知前旨也。」帝曰：「御史言，世延固難任中書，其仍以翰林、奎章之職任之。」是年，世延乃乞病歸，養疾於金陵之茅山。二年，改封涼國公。

元統二年，詔賜世延錢四萬緡。至元元年，仍除奎章閣大學士、翰林學士承旨、中書平章政事、魯國公。明年五月，至大都，十一月卒，年七十有七。至正二年，贈世忠執法佐運翊亮功臣、太保、金紫光禄大夫、上柱國，追封魯國公，謚文忠。世延嘗較定律令，彙次《風憲弘綱》行於世。

五子：野峻台；次月魯，江浙行省理問官；次伯忽，夔州路總管，天曆初囊加台據蜀叛，死於難，贈推忠秉義效節功臣、資善大夫、中書右丞、上護軍，追封蜀郡公，謚忠愍。

野峻台，由四川行省左右司郎中、西行臺監察御史、河西廉訪副使，轉黄州路總管。湖廣既陷，朝廷察其材，擢四川行省參知政事，命與平章咬住討賊。咬住軍五千，分鋭卒八百，使野峻台爲前驅。賊方據巴東縣，攻拔之。是時，歸、峽等州皆爲賊所守，野峻台破賊江上，斬溺無算。歸、峽平，又進拔枝江、松滋兩縣，乘勝趨江陵。賊出陣清水門，鏖戰至夕，賊退入城。黎明，賊出戰，咬住止軍百步外，先大陷陣，賊飛槍刺野峻台，殺之。事聞，贈榮禄大夫、陝西行省平章政事、柱國，追封涼國公，謚忠壯。

阿巴直，一名國安。國寶將卒，以子世榮幼，命阿巴直襲其職，兼文州吐蕃萬户府達魯花赤。後以國寶功，賜阿巴直金虎符，進昭勇大將軍。十五年，討叛王吐魯於六盤山，獲之，請辭職授世榮。帝曰：「人争，汝讓，可以敦薄俗。」録其六盤功，進昭毅大將軍、招討使，使世榮襲其父職。弟欽木兒，佩金符、管軍萬户；質兒瓦台、主渾，俱佩金符、營軍千户。

月乃合，字正卿。本雍古部，後徙於静州，曾祖帖木兒越哥，金馬步軍指揮使，因以馬爲氏。父馬慶祥，本名昔里吉思，金鳳翔府路兵馬都總管判官。大軍克鳳翔，昔里吉思盡室自焚。其僕抱嬰兒出，即月乃合也。金宣宗南遷，贈昔里吉思鎮國上將軍、恒州刺史，從祀於褒忠廟。

月乃合幼好學，每奮而自誓曰：「吾父死於國難，吾紓家難可也。」金亡，北渡河，見憲宗於藩邸。帝嘉其端謹，使佐斷事官卜兒只。月乃合慨然以治道自任，政事修舉，有能名。

憲宗二年，料漢地民籍，凡試通一經以上者，爲儒士，復其家，實月乃合爲帝言之。又請建常平倉，舉海内賢者楊春卿、張孝純等，分布諸郡，辟馬文玉、牛應之等爲參佐，後皆至顯仕。

九年，世祖南征，使月乃合專饋餉，運濟南鹽百萬斤，以給公私之費。世祖即位，降詔褒諭。阿藍答兒據魚兒濼以叛，月乃合市馬五百匹以佐軍實，帝給券賜其家曰：「後宜償汝也。」中統二年，拜禮部尚書，佩金虎符。

四年，奏光、潁等州立榷場，歲可得鐵一百萬七十餘斤，鑄農器十萬件，易粟四萬石，官民既便，兼可填服南方。詔以本職兼領已括户三千興造鑪冶，蒙古、漢軍並聽節制。未行，以疾卒，年四十八。至順元年，贈推忠宣力翊運功臣、正議大夫、僉樞密院事、上輕軍都尉，追封梁郡侯，謚忠懿。子十一人：世忠，常平倉都轉運使；世昌，尚書省左右司郎中，贈嘉議大夫、吏部尚書，追封梁郡公；世顯，通州知州；世禄，織染局提舉；世吉，絳州判官；審温，瑞州路總管。世昌子潤。

潤，字仲澤。父以文學入官，累遷兩淮轉運司經歷。鹽商争先後，歲終鹽直不售。潤請刻籌，第甲乙，置筒中，使商人自押之，其弊遂除。未幾，改太平路當塗縣尹。上疏言括馬料，民徙户增賦爲不便。時宰相桑哥主其事，獨潤以縣令争之。再調常州路武進縣，擢奉訓大夫、知光州。言利者請籍光州新開田，稱歲可得粟十萬石。河南行省下其事，潤執筆不肯署，吏固請，潤曰：「官可免，筆不可署。」卒格其事不行。州無茶税，民採茶自食，轉運使捕之抵於法。會朝廷遣使者問民疾苦，潤訴其冤，自轉運使以下各降黜有差。久之，改漳州路同知。皇慶二年，卒，年五十九。贈中奉大夫、河南行省參知政事，追封梁郡公。所爲詩曰《樵隱集》。子祖常，最知名；祖義，郊祀法物庫使；祖烈，江浙行省承宣使；祖孝，與祖常同舉進士，陳州判官；祖謙，保德州同知，遷東鹿縣達魯花赤，有惠政，部使者至縣，父老數百人争言其賢，使者以狀聞，召爲昭功萬户府知事，卒。

祖常，字伯庸。七歲知學。十歲時，見燭欹側燒屋壁，解衣沃水以滅火，人咸異之。既長，益篤於學。時名儒張頦講學儀真，往受業其門，質以疑義，頦甚器之。延祐初，科舉法行，鄉貢、會試皆中第一，廷試國人居第一甲，祖常爲二甲第一，授應奉翰林文字、同知制誥兼國史院編修。三年，拜監察御史。

是時，仁宗在御已久，猶居東宫，恒飲酒過度。祖常上書：「請御大明殿正衙，立朝儀，御史執簡，太史執筆，則雖有懷姦利己、乞官求賞者，不敢出諸口。天子承天地祖宗之重，當慎爲調攝，至於酒醴，近侍進御，應思一獻百拜之義。」帝嘉納之。英宗爲皇太子，又上書請簡擇師傅。時姦臣鐵木迭兒爲丞相，威權自恣，祖常率同列劾其十罪，仁宗震怒，黜罷之。祖常又奏參議孛羅、劉吉爲鐵木迭兒腹心，交通賄賂，左右司都事馮翼霄、劉允中依馮權勢，僥倖圖進，孛羅等皆褫職。秦州山移，祖常言：「山，不動之物，今移動，由在野有當用不用之賢，在官有當言不言之佞。」疏聞，大臣爲家居待罪。祖常薦前平章蕭拜住、左丞王毅前與鐵木迭兒抗辯是非，當置機要；前御史徹里帖木兒、中書參議韓若愚，皆被鐵木迭兒誣罔，宜早賜録用；翰林承旨劉敏中斂身高蹈，宜賜俸以厲廉隅；國子司業吴澄海内名儒，宜登兩院；翰林修撰陳觀、刑部主事史惟良，才器方嚴，宜居諫職。皆一時賢者也。俄改宣政院經歷，月餘辭歸，起爲社稷署令。七年，仁宗崩，亡何，鐵木迭兒復相，左遷祖常開平縣尹，因欲中傷之，遂告歸。久之，鐵木迭兒死，拜住獨相，召除翰林待制。泰定元年，立皇太子，擢典寶少監、太子左贊善，兼翰林直學士，除禮部尚書。尋辭歸。

天曆元年，召爲燕王内尉，仍入禮部，兩知貢舉，一爲讀卷官，時稱得人。遷參議中書省事，參定親郊禮儀，充讀册祝官，拜治書侍御史，歷徽政副使，遷江南行臺中丞。元統元年，召議新政，賜白金二百兩，鈔萬貫。又歷同知徽政院事，兼知經筵事，遂拜御史中丞。帝以其有疾，詔特免朝禮，光禄日給上尊。祖常在憲臺，務存大體。西臺御史劾其僚禁酤時面有酒容，以苛細黜之。山東廉訪司言孔氏訟事，以闕名教寢之，按者亦引去。除樞密副使，復辭歸。起爲江南行臺中丞，又遷陝西行臺中丞，皆以疾不赴。至元四年卒，年六十。贈攄忠宣憲協正功臣、河南行省右丞、上護軍、魏郡公，謚文貞。

祖常立朝既久，多所建明。嘗議：「國族及諸部既誦聖賢之書，當知尊諸母以厚彝倫。」又議：「將家子弟驕脆，恐負任使，庶民有挽强蹶張老死草野者，當設武學、武舉，儲材以備非常。」時雖弗用，識者韙之。

祖常工文章，務去陳言，專以先秦、兩漢爲法，尤致力於詩，圓密清麗。有文集行於世。文宗嘗駐蹕龍虎臺，祖常應制賦詩，甚被歎賞，謂中原碩儒唯祖常一人云。

二子：武子，湖廣行省檢校官；文子，秘書省著作郎。

史臣曰：雍古氏，回鶻之貴族也。按竺邇父子，爲當時名將。至趙世延，乃用文學取貴仕。觀其劾桑哥、忤鐵木迭兒，豈非謇諤之士？晚節依違，貽固寵之譏。所謂「血氣既衰，戒之在得」者歟？馬祖常高才碩學，與元明善、虞集齊名，獨以排擯集爲士論所不滿。惜哉！

【校勘記】

〔一〕「頊」，原作「傾」，據《元史》卷一八〇列傳第六十七《耶律希亮傳》改。

新元史卷之一百五十　列傳第四十七

綽兒馬罕希拉們　貝住　岱爾拔都也速台兒　脱忽察兒圖格察兒　速客圖　撒里　成帖木兒　庫而古司　阿兒渾尼佛魯慈

綽兒馬罕，斡帖格歹氏，事太祖爲火兒赤。太宗與朮赤、察闊台攻克西域烏爾鞬赤都城，盡戮其民，留工匠及婦女分取之，而無所獻於太祖。太祖怒，及太宗、察闊台赴行在，不令入見。綽兒馬罕與晃孩、晃格合兒諸人曲爲營救，且請討報達哈里發以迎合太祖之意。太祖怒始解，遂命綽兒馬罕任西征之事。太宗即位，復以斡豁禿兒及蒙格禿爲綽兒馬罕後援。

時札拉勒丁據亦思法杭，哈里發立爲波斯汗。二年，綽兒馬罕將兵三萬討之。札拉勒丁以天寒，我師未必遽進，不設備，遣小校率十四騎往阿剌黑偵敵，至贊章及阿八哈耳，突遇前鋒，從騎盡没，小校僅以身免。返報，札拉勒丁遂由台白利司走莫干城，糾合部衆。兵未集，而綽兒馬罕奄至。札拉勒丁復走，與諸酋議，欲還亦思法杭。適阿尼忒部酋遣使誘札拉勒丁西入羅馬國，徐圖恢復，且請發四千騎以衛之。札拉勒丁乃赴阿尼忒，中途夜飲，我師追及之。札拉勒丁突圍而走，至阿尼忒，閉城不納，綽兒馬罕急追之，從者盡死。札拉勒丁單騎入庫兒忒山，爲仇家所殺。

綽兒馬罕既克札拉勒丁，遂入呵尼忒、愛而西楞、梅法而定三部，破沙而來脱及忒勿沙與麻而頓，分軍入毛夕耳部，屠謨那薩。又一軍東北入必忒力斯、阿而奇斯。分軍下梅拉喀，西南至哀而陛耳而還。綽兒馬罕營於台白利司，令民輸布帛以貢和林，定賦額之數。阿特耳佩占先併於札拉勒丁，至是亦降。綽兒馬罕復取阿兒俺，屠甘札，由莫干侵角兒只，别軍克哀而陛耳。

太宗九年，入義拉克、阿剌伯二部，報達大震。我師失利而返。十年，再入義拉克、阿剌伯，圍侃匿斤城。哈里發遣七千騎赴援，綽兒馬罕設伏兵邀之，盡殲其衆。部將分下角兒只所屬之地，嘎達罕取，開達巴古城、法而沙拏速忒城，謨拉爾取商喀耳城，綽兒馬罕弟笠拉取嗒程城，察格塔取羅黎城，圖格塔取蓋恒城。蓋恒守將阿拔克爲角兒只大將意萬乃之子，迎降。綽兒馬罕自取脱馬尼城、商馬素亦而台城、帖弗利司城。十一年，商喀耳等土酋皆納款。阿拔克與商喀耳酋瓦拉馬從綽兒馬罕攻降孤尼城、喀而斯城，於是西北諸部略定。太宗命綽兒馬罕留鎮其地。

十一年，阿拔克偕阿釋阿甫妻湯姆塔入朝，湯姆塔前爲札拉勒丁妻，阿拔克之女弟也。太宗厚撫之，詔綽兒馬罕返其侵地。未幾，又詔綽兒馬罕：「角兒只國及其國之屬地，歲貢外，勿苛斂。」綽兒馬罕獲札拉勒丁，威震西域，爲一時之名將。六皇后稱制元年，卒。以副將貝住代之。

綽兒馬罕子希拉們，勇冠三軍，蒙古人呼爲金柱，從旭烈兀伐報達。阿八哈嗣爲汗，以希拉們領角兒只事。

貝住，別速特氏，爲綽兒馬罕副將，復代綽兒馬罕爲元帥。乃馬真皇后稱制二年，貝住伐羅馬國。別將約索倭耳分軍入西里亞，降木拉梯亞城。其阿勒波部、俺體育部、達馬斯克部，俱納款輸歲賦。四年，克凱辣脱城，行太宗之命，使湯姆塔主其地。又入美索卜塔米牙克羅哈城、夕你班城。五年，與報達兵戰於牙庫拔，失利。定宗崩後一年，攻達枯克城，拔之。殺報達所置官吏，以報牙庫拔之役。憲宗二年，復入美索卜塔米牙，大掠而還。貝住初攻羅馬，以炮毁愛而西楞城，復與羅馬酋開廊蘇戰於愛而靖占，大破之。追至舍挖司，降其民，羅馬酋遂納款。小阿昧尼亞酋聞羅馬服，亦納款於貝住。六年，從旭烈兀伐報達，爲右翼大將。涉毛夕耳河，攻報達西北諸城，克之。後卒。子阿拉爾爲諸王阿八哈將。

岱爾拔都，又譯爲艾兒拔都，康里氏。太祖攻布哈爾，以岱爾拔都爲前鋒，循沙漠僻路，突至努爾城，降其衆。太祖使速不台收撫之，令如平日賦額，輸金錢千五百底那。岱爾拔都復從速不台征欽察，伐西夏，滅金，又從定宗攻阿速，皆有功。西域呼拉商長官成帖木兒不能撫其民，札拉勒丁舊部喀拉札構亂，岱爾拔都方爲八脱吉斯城守將，太宗命會兵討之。喀拉札據山爲堡，攻圍二年始下。岱爾拔都以書告成帖木兒：「呼拉商人本不從喀拉札，徒以汝貪婪，激民爲亂，今可汗命我轄呼拉商，汝宜速去。」時元帥綽兒馬罕亦征成帖木兒還，以呼拉商、馬三德蘭兩部屬於岱兒拔都。憲宗末，從世祖伐宋，命充怯憐口阿答赤孛可孫，又從大軍渡江，攻鄂州。以疾卒。子也速台兒。

也速台兒，從討阿藍答兒、渾都海，又從平李璮，伐宋，累功授管軍總把。至元十四年，從攻福建興化，招古田等處五千餘户，以功擢武略將軍、千户，賜金符。又招手號新軍二千五百餘人，進宣武將軍總管，賜虎符。世祖議討日本，也速台兒願往，賜以弓矢，進懷遠大將軍、萬户。二十年，授泰州達魯花赤。二十三年，遷昭勇大將軍、欽察親軍都指揮使。二十四年，從征乃顔，有功。明年，卒。贈金吾衛上將軍，追封成武郡公，謚顯敏。

脱忽察兒，佚其氏族。太祖討札拉勒丁，以者別爲前鋒，速不台爲者別後援，脱忽察兒又爲速不台後援。時蔑而甫汗蔑里克遣使納降。太祖命者別三人經汗蔑里克之地，勿擾其部衆。者別、速不台皆秋豪無犯，脱忽察兒後至，獨縱兵暴掠，且徵求苛急，民不堪命。蔑而甫部衆盡叛，脱忽察兒爲其所殺。汗蔑里克遣使言其事於太祖，且魄衣服以謝，然内不自安，卒叛附札拉勒丁。

太祖征西域諸將，以殺掠降衆爲人所戕者，又有圖格察兒。圖格察兒爲拖雷前鋒，至你沙不兒城，不知城已降附，縱兵大掠，城民射殺之。後拖雷攻克你沙不兒，圖格察兒之婦率萬人入城，遇人盡殺之，以報夫仇。

速客圖，晃豁壇氏。事太祖，以千户管飲膳。太祖用兵西域，分四路攻之。速客圖與阿剌黑、塔孩二人將五千人爲一路，東南攻白訥克特城。圍三日，降之，分康里兵與民置兩地，盡殺康里兵，取工匠從軍。忽氈城酋帖木兒瑪里克守錫爾河中潬，與城犄角，矢石不能及，又造十二艘。裹以氈泥，禦火箭。速客圖等以兵力不足，請援。援兵至，驅民五萬，運石填河，爲甬道，達於中潬。瑪里克不能守，遂遁。

撒里，塔塔兒氏。父哈剌拔都與兄忽里，俱爲太祖忽蘭皇后所撫養。撒里從攻西夏之托克奇城，蒙哥見一壯士登城戰甚力，問其人，則撒里也，遂擢用之。其後從征西域，至印度斯單，大掠而回。西域屯田，多撒里舊部。子鄂爾多諾顏，襲父職。

成帖木兒，佚其氏族，朮赤部將也。朮赤伐西域，遣使招降撒格納克城，城人殺之。

進至鄭忒城，守將遁。又使成帖木兒招降，遂單騎入，諭以禍福。成帖木兒獲免，城亦下。太祖分鹹海西南貨勒自彌之地，及鹹海、裏海之北，封朮赤。朮赤以烏爾鞬赤爲貨勒自彌都城，使成帖木兒守之。

太宗即位，命綽兒馬罕討札拉勒丁，復命成帖木兒自烏兒鞬赤至呼拉商，捕札拉勒丁餘黨，即以成帖木兒爲呼拉商長官，屬於綽兒馬罕。呼拉商，西域一大都會也。兵事竣，流民復業，百貨充牣如平日。太祖諸子各置官於呼拉商，以收賦稅。太宗遣開里拉特，拔都遣奴薩爾，察闊台遣庫爾圖喀，睿宗子遣佟嘎，皆爲成帖木兒之佐。成帖木兒黷貨而虐民，札拉勒丁之舊將喀拉札、徒干桑古爾率康里兵萬餘人，竄你不沙兒、徒思山中，亂民應之。於是呼拉商全部大擾。

成帖木兒自將攻喀拉札，不能克。開里拉特自薩伯子洼城赴援，力戰三晝夜，喀札拉敗遁。康里兵三千人走海拉脱，開里拉特追殲之。時太宗又命八脱吉思守將岱爾拔都會討喀拉札，勞師二年，喀拉札始就擒。岱爾拔都移書成帖木兒言：「我已受命代汝爲呼拉商長官。」綽兒馬罕聞成帖木兒之召亂也，亦徵之，遂以呼拉商、馬三德蘭兩部屬於岱爾拔都。

成帖木兒使開里拉特入覲太宗，譽其才，太宗信之，復命成帖木兒領呼拉商、馬三德蘭，開里拉特副之，不使受岱爾拔都節制焉。

庫而古司〔一〕，别失八里人。幼隸朮赤帳下，從出獵，適太祖書至，倉卒無讀者，惟庫而古司能讀，朮赤悦，令以畏兀文授其子。成帖木兒守烏爾鞬赤，以庫而古司治文書，復從至呼拉商，與呼拉商人射里甫哀丁、志費尼人巴海勒丁俱爲成帖木兒所任。太宗七年，成帖木兒卒，以奴薩爾代之，耄不治事，皆取決於開里拉特。初，庫而古司與巴海勒丁入覲太宗，言西域事甚悉，簿籍出入之數尤明晰，丞相鎮海才之。及奴薩爾不稱職，太宗欲用庫而古司，丹尼司們則請以成帖木兒之子翁古帖木兒嗣父任。鎮海獨對，力薦庫而古司，乃命攝呼拉商長官。奴薩爾解任，開里拉特與射里甫哀丁均失勢，鞅鞅，遂使翁古帖木兒誣庫而古司以罪狀，入告。太宗命阿兒渾偕二使者按其事。庫而古司亦赴愬於和林，遇諸途。命庫而古司返，不從，怒而毆之，齒折，濺血淋漓。庫而古司使其僕裹血衣赴和林，自與使者返呼拉商。太宗見血衣，大怒，召諸人嚴鞫之。開里拉特往，至布哈爾，爲怨家所殺。翁古帖木兒坐誣告，以年少爲人詿誤，宥其罪，令庫而古司回任，以阿兒渾亦直庫而古司，俾佐之。庫而古司集屬僚，諭以上意：「毋溺職，毋侵官，毋骫法度，吏受賕，簿其贓入官，將士不得妄殺部人。」於是民大悅，流亡盡復。初，睿宗徙海拉脱民千户於別失八里，庫而古司以海拉脱荒殘，歸其三百户，逾年，海拉脱已增至六千户云。

阿兒渾，西域衛拉特氏。通畏兀文，太宗使治文書。既佐庫而古司，嫌庫而古司專，乃往依察闔台。庫而古司執射里甫哀丁，訊以刑，盡得其構陷之事，將入告於太宗，聞太宗崩而返。射里甫哀丁之妻愬於察闔台妃。阿兒渾方用事，遂捕庫而古司，使諸王喀喇忽拉台以沙塞其口，斃之，而誣爲供狀以奏，乃馬真皇后即以阿兒渾代庫而古司之任。

定宗二年，命野里知吉帶率綽斯滿兵征西域未下諸部。中分西域之地，東屬阿兒渾，西屬野里知吉帶。初，太宗崩，諸王各以敕令徵西域財賦。乃馬真皇后四年，召内外大臣會議，立定宗。阿兒渾亦往，盡取所奉諸王敕令以獻，定宗嘉之，諸王始斂戢。至是，求貨者復絡繹於西域。

憲宗即位，阿兒渾再言其事，憲宗命詳定條例以上，乃援牙剌洼赤計丁出賦之例，按貧富分則，一切科斂悉革之，毋聽諸王濫發號令，報可。錫阿克渾獅首金符，充阿母河等處行尚書省事，以巴海勒丁、沙拉智哀丁佐之。萬户音杜綽克擅殺守吏，阿兒渾以詔書便宜行事，戮之。於是西域一切之政，始有條理焉。野里知吉帶二子從失烈門謀逆，事覺，伏誅。憲宗命捕野里知吉帶，付拔都殺之。

阿兒渾子九人，知名者曰尼佛魯慈，曰合濟那蘭，曰勒格濟，曰薩德爾迷失。

尼佛魯慈，初佐阿魯渾長子合贊鎮呼拉商。及阿魯渾殺其相布哈，尼佛魯慈恐禍及於己，陰勒所部劫合贊營，適合贊他往，遂奔突而基斯單，附於海都。阿魯渾卒，其弟蓋喀圖嗣爲汗。四年，爲貝住等所弑。合贊起兵討貝住，尼佛魯慈用其妻托紺珠公主之言，仍歸於合贊，佐平内亂。合贊嗣位，拜尼佛魯慈爲大將，位羣臣右。尼佛魯慈恃功驕蹇，合贊厭之。其裨將奴爾蘭等又誣其通書埃及，請藉埃及兵力以圖合贊。遂捕尼佛魯慈家屬，悉誅之。尼佛魯慈據呼拉商以叛。大德二年，合贊遣兵討之，尼佛魯慈奔於海拉脱，海拉脱酋縛獻軍中，殺之。事具諸王傳。自阿兒渾奉命至西域，諸子多尚公主，一門鼎盛，至是族滅云。

史臣曰：西人書載翁古帖木兒獻一帳於太宗，爲風所仆，太宗不懌。庫而古司繼獻一帳，稱太宗意。又獻寶石帶，太宗束之，腰疾頓愈。然則庫而古司之受知，亦由於賄歟？余觀成帖木兒貪黷，射里甫哀丁等娼嫉，其人均不足道。然如庫而古司、阿兒渾之設施，皆犖犖大政，又惡可没耶？阿兒渾既直庫而古司，又誣而殺之，其子卒爲人構陷，至於滅族，天道神明，報施不爽，尤可畏哉！

【校勘記】

〔一〕「庫而古司」，原作「庫爾古司」，據本卷目録及下文改。

新元史卷之一百五十一　列傳第四十八

常𩜊住 普蘭奚 普化　奥屯世英〔一〕貞　也里迭兒　石抹明里　劉哈剌八都魯　許國禎〔二〕扆　韓麟

常𩜊住，信都人。祖父資，太祖選入宿衛，典御膳。父兀邇篤襲職，兼納憐總管奴婢。憲宗二年夏，大會諸王於驢駒河上，水忽暴漲，鼎俎失序，兀邇篤躬自營護，竟無廢禮，帝甚嘉之。然兀邇篤以此致疾，賜醫藥費養疾於家，以其奴來興代之。明年，卒。

世祖伐宋，還至順德，追思兀邇篤之勤，召𩜊住入見，令直宿衛。至元四年，敕以來興還之，𩜊住曰：「來興奉至尊久，豈宜爲臣奴？」頓首固辭。帝悦，賜鈔償之。因謂左右曰：「𩜊住忠謹，出於天性，宜友賢士，以成其德。」命與董文忠同直。至元九年，遣𩜊住侍皇太子。一日，復召入，左右諫曰：「畀之而復奪之，不可。」帝笑曰：「朕特戲言耳。」賜巾服，佩刀遣之。三十一年，改中順大夫、家令司丞。成宗即位，轉吏部尚書、内宰司丞，進資善大夫、同知宣徽院事。大德八年卒，年六十一。延祐二年，贈推誠宣力保德功臣、太師、開府儀同三司、上柱國，追封信都王，謚忠懿。二子：普蘭奚；次小和尚，内宰司丞。

普蘭奚，八歲，裕宗養於宫中。母疾，刲股和藥療之，不令人知，裕宗稱其孝。丁父憂，哀毁踰制。起爲資善大夫、同知宣徽院事。武宗即位，入侍興聖宫，進徽政院使，固辭，仍爲同知徽政院事。皇慶元年，擢光禄大夫，封趙國公，賜尚服黄金幣、白鵲。延祐二年，加金紫光禄大夫、徽政院使，卒。

子普化甫齔，成宗愛之，召入禁中，累遷集賢學士，領典瑞院。延祐中，加榮禄大夫，守司徒，不拜，卒。

奥屯世英，字伯豪，小字大哥。其先居上京胡里改路，徙蒲城，遂爲蒲城人。其遠祖黑風，佐金太祖征伐有功，封王。父閏生，新平縣令。

世英以蔭補官，累遷郃水酒税監，充征行都統，領軍率其衆來降。以材武爲太祖所知，賜虎符，隸朵火魯虎徹立部下。大軍攻陝西，世英與禮古帶偕至富平，主帥命諸將分下各州縣，世英欲得蒲城，從之。至城下，諭以禍福，城人相率出降。世英復從大軍攻鳳翔，自隴州克鳳州，取武休關，至興元，又攻鞏州，再入宋境。從皇弟拖雷，由興元歷金、洋諸州，所至城寨無不降附。遂敗金兵於三峰山。

金亡，奉命鎮河中，招降天和、人和二堡。初，太宗在鳳翔，許世英以河中府尹，會以他事不果。世英入覲，太宗喜曰：「曩之所許，今可相付矣。」世英奏曰：「臣名在四大王府，今改屬别部，何面目見唐妃母子？」帝始怒，既而喜曰：「汝言是也。」唐妃聞其言，甚悦，禮遇益厚。十三年，河中船橋官以事誣世英，奪虎符。唐妃言於太宗，復畀之，授軍民萬户，便宜行事，改賜金虎符。卒，年六十二。贈嘉議大夫，追封奉元郡侯。

世英性至孝。大兵圍慶陽，戰失利，世英家屬爲金人所獲。世英狼狽北歸，每夜焚香祝天，願得生遇父母，每就寢則淚漬裀席，太宗憫之。及大兵下河南，下令軍中曰：「得大哥父母者，生致之，無使驚怖。」及攻拔許州，有唱者曰：「奥屯將軍家屬在此！」世英馳往視之，則闔門百口如故，人以爲孝感所致云。

二子：貞、亮。貞，字正卿。年十三，世英卒，入見，憲宗詔曰：「世英早附太祖皇帝，統兵南伐，我師失利，叛者如蟻，而世英棄父母、捐妻子，束身來歸，先帝嘉之。以有昔授，今命其子貞襲萬户，佩金虎符。毋少貞，若不奉約束，罪死没入其室。」

貞從攻重慶、嘉定諸路，俱有功。世祖即位，貞入覲，賜黄白金錦衣。至元十三年，以貞爲南陽府尹，階明威將軍。累遷廣南西道宣慰使，改蓬州路總管，又轉順慶、嘉定兩路總管。所至有惠政。卒，年六十七。子金剛奴，金齒大理道宣慰副使、僉都元帥府事；銀剛奴，錦州判官。

也里迭兒，西域人。事世祖於潛邸。憲宗九年，世祖伐宋，還幸其第。也里迭兒以金繝衣地藉馬蹏，帝嘉歎之。及即位，使領茶迭兒局，茶迭兒，譯言廬帳也。未幾，賜虎符。至元三年，授嘉議大夫，領茶迭兒局諸色人匠總管府達魯花赤，兼監領宫殿。又命與大興府尹張柔、工部尚書段天祐同行工部事，監築宫城，卒。

初，部人鑿石，肖也里迭兒象。及卒，家人謂其非法，議棄之。帝夜夢也里迭兒若愬事狀，詔訊其家人，以實告。帝亟命止之，賜金幣爲祀事。

子馬合謀沙，襲父職，遥授工部尚書，卒。子：密見沙；次木八剌沙，領茶迭兒局、工部尚書；次忽都魯沙，户部尚書；次阿魯渾沙。

也里迭兒追贈推誠宣力功臣、太傅、開府儀同三司、上柱國，追封趙國公，謚忠敏。馬合謀沙追贈推誠贊治功臣、太傅、開府儀同三司、上柱國，追封趙國公，謚忠靖。

石抹明里，契丹人。祖合魯，事太祖爲膳夫。睿宗求之，帝聽以其僚十人往，敕曰：「皇子方總兵，朕輟爾畀之，能以事朕者事之，將用黃金覆汝周身。」睿宗從太宗西征，道中無水，合魯晨聚草霜，調羹以進，睿宗嘉之。師還，賜金帛甚厚。年八十，卒。

中統初，明里入見，世祖令近侍送明里於裕宗，且曰：「明里，朕親臣之子，今以事汝。」已而世祖命裕宗：「以從者十人來，朕將行賞。」十人至帝前，帝曰：「第五人非明里耶？」對曰：「然。」帝曰：「上之。」明里越一人立，帝曰：「更上之。」明里又越一人立，帝曰：「止。」賜金文衣一襲。明里出，侍臣相與耳語。帝聞之曰：「明里之祖合魯，事太祖、睿宗以及朕兄弟，爾時汝輩安在？顧疑其後來耶？」帝親征乃顏，明里請從。師還，第功賜白金百兩。至元二十八年，爲尚食令。

成宗即位，加朝列大夫，賜金帶，又賜御衣一襲、鈔萬五千貫。詔曰：「明里舊臣，其令諸子入宿衛，可假禮部尚書，進階嘉議大夫，食尚書祿以老。」

武宗即位，詔曰：「明里夫婦，歷事帝后，保抱朕躬，朕甚德之。可特加明里榮祿大夫、司徒。其妻梅仙封順國夫人。賜黄金二百五十兩、白金千五百兩、衣一襲。仁宗在東宫，語宫人曰：「昔朕有疾甚危，徽仁裕聖皇后憂之，梅仙守視，不解帶者七十日。今不敢忘，其賜明里寶帶、錦衣、輿馬。」至大三年二月，卒，年六十九。

劉哈喇八都魯，河東人，世業醫。至元八年，世祖駐蹕白海，以近臣言，得召見。世祖謂其目有火光，異之，留侍左右，初賜名哈喇斡脱克赤。擢太醫院管勾。昔里吉叛，宗王别里帖木兒奉命征之，帝謂哈喇八都魯曰：「當行者多避事，汝善醫，復習騎射，能從行否？」對曰：「事君不辭難，臣不行將何爲？」即請受甲。帝曰：「醫，汝事也，甲不可得。」惟賜環刀、弓矢、裘馬等物。

一日，從王獵於野，有狐竄草中，哈喇八都魯一發中之，王大喜。又療王妃疾愈，王奏爲長史。將戰，從王請甲，王曰：「上不與汝甲，我何敢與！」因留之，使領輜重。哈喇八都魯不肯，曰：「大丈夫當效力行陳，乃守營帳如婦人耶！」見有甲者，飲以酒，高其直購之。明日，被以往。王望見，使人問之，免胄曰：「我也。」因慨然曰：「一人爲善，萬人可激，我爲萬人激耳。」中道三遇賊，射哈喇八都魯皆不中。王解衣衣之曰：「此所以識也。」

師次金山，有使者云自脱忽大王所來，曰：「我受太祖分地，守此不敢失。凡上所使與昔里吉之過我者，並飲食供給之，無二心。且願見天子，而道遠無鄉導，今聞王來甚喜，得一見可乎？」王以爲信，左右曰：「此詐也，脱忽與昔里吉爲耳目，願勿聽。」乃使人間道詗之，獲其游騎三十人，訊之，得其情，知脱忽方酣飲。遂出其不意襲擊，大敗。因獲昔里吉所遣使，知其不爲備，又乘勢攻之。王乃命哈喇八都魯獻俘行在。帝見其瘠甚，輟御膳羊胾以賜。既拜受，先割其美者懷之。帝問之，對曰：「臣將行，值母有疾，不敢以遠役告。今歸，母幸存，請以君賜遺之。」帝悦，命自今凡賜食，必先賜其母。以功授和林等處宣慰副使，賞賚甚厚。二十三年，遷同知宣慰司事。二十四年，遷宣慰使。

二十五年，海都入寇，尚書省以和林屯糧，奏用怯伯管出納。帝曰：「錢穀非怯伯所知，哈喇斡脱克赤可使也。」進嘉議大夫，與怯伯偕往。

二十六年，海都寇和林，皇子北安王使報怯伯，率其民避去。怯伯與哈喇八都魯南行六日至巴爾布拉克，距海都軍五六十里。怯伯大懼曰：「事急矣，不如順之。」哈喇八都魯語其弟欽祖、榮祖曰：「怯伯有二心矣。」遂潛遁，遇千户忽魯速，從騎百餘人，問之，忽魯速曰：「吾在海都軍中，聞怯伯反，宣慰脱身歸報天子，我欲往從之。」哈喇八都魯察其誠，與之謀，乘高結陳，令曰：「吾將往責怯伯，汝曹勿動，見吾執弓而起，即相策應。」既見怯伯，哈喇八都魯詭辭自解，乘間疾去。忽魯速整陣以出，怯伯遣騎來追，拒卻之。道遇送軍裝者，護送至鹽海，及入見，帝喜曰：「人言汝陷賊，乃能來耶！」命與酒饌。顧謂侍臣曰：「譬諸畜犬，得美食而棄其主，怯伯是也。雖未得食而不忘其主，此人是也。」更其名曰察罕斡脱克赤，賜鈔五千貫。

二十七年，遷正奉大夫、河東山西道宣慰使。奏曰：「臣累戰而歸，衣裘盡敝。河東，臣鄉里，願乞衣錦之榮。」帝以金織文衣賜之。居二年，召還。帝諭之曰：「自此而北，乃顏故地曰阿八剌忽者，産魚，吾立一城名曰肇州，汝往爲宣慰使，仍别賜汝名曰『小龍兒』，或曰哈喇八都魯，汝擇其一可也。」對以小龍兒非人臣所敢當，願賜名哈喇八都魯。帝復賜繡衣、玉帶及鈔五千貫。既至，一日得魚九尾，皆千斤，遣使來獻，俄召還。

三十一年春，世祖崩，太傅伯顔奉皇太后旨，以哈喇八都魯爲咸平道宣慰使。元貞元年，召爲御史中丞，行至懿州，卒。

許國禎，字進之，絳州曲沃人。祖濟，金絳州節度使。父日嚴，榮州節度判官。世業醫。

國禎博通經史，尤精醫術。世祖在潛邸，國禎以醫徵至，療莊聖太后疾，刻期而愈。太后年五十三，以白金鋌如年數賜之。宗王昔班屢請以國禎隸帳下，世祖重違其請，將遣之。辭曰：「國禎蒙恩拔擢，誓盡心以報，不敢易所事。」乃不果遣。

世祖過飲馬湩，得足疾，國禎進藥味苦，卻不服。國禎曰：「古人有言：良藥苦口利於病，忠言逆耳利於行。」已而足疾再作，召國禎入視，世祖曰：「不聽汝言，果困斯疾。」對曰：「良藥苦口，大王既知之；忠言逆耳，願留意焉。」世祖大悦，以七寶馬鞍賜之。

憲宗三年，從世祖征雲南，與聞機密，朝夕侍左右。或在告，帝輒不悦。九年，從世祖圍鄂州，師還，招降民數十萬口，國禎發蔡州軍儲糧賑之，全活甚衆。

世祖即位，録前勞，授榮禄大夫、提點太醫院事，賜金符。至元三年，改授金虎符。十二年，遷禮部尚書。國禎疏陳八事，曰慎財賦，禁服色，明法律，嚴武備，設諫官，均衛兵，建學校，立朝儀，多見施行。凡所薦引，皆知名士，士亦歸重之。帝與近臣言及勳舊大臣，因謂國禎曰：「與朕同履艱難者，惟卿數人在爾。」遂拜集賢大學士，進階光禄大夫。每進見，帝呼爲「許光禄」而不名，由是内外諸王大臣皆以「許光禄」稱之。拜翰林集賢大學士。卒，年七十六。時大臣非有勳德爲帝所知者，罕得贈謚，特贈國禎金紫光禄大夫，謚忠憲，人以爲榮。後加贈推誠廣德協恭翊亮功臣、翰林學士承旨、上柱國，追封薊國公。

初，國禎母韓氏，亦以能醫侍莊聖太后，賜以真定宅一區。國禎由是家於真定。子扆。

扆，字君黼。從其父事世祖於潛邸，賜名忽魯火孫，俾從許衡學，入直宿衛，忠慎小心。嘗因事忤旨，欲罪之，帝後悔，謂近侍帖哥曰：「朕初罪忽魯火孫，汝何不言？汝二人自今約爲兄弟，朕有所譴責，則更相進諫。」乃置金酒中，使二人飲酒爲盟。時裕宗居東宫，帝又諭忽魯火孫曰：「若太子罪汝，將誰諫耶？」遂命宫臣慶山奴亦同飲金酒。俄除禮部尚書、提點太醫院事，賜日月龍鳳紋綺衣二襲。每外國使至，必命扆應對，辭理明辨，莫不傾服。改尚醫太監。帝使畫工寫其像賜之。轉正議大夫，仍提點太醫院事。

有竊大安閣禮神幣者，將論死。忽魯火孫諫曰：「因敬神而置人於死，臣恐神不享其祭。」帝即命釋之。忽魯火孫與丞相安童善，桑哥忌之，數譖於上，帝不之信。桑哥敗，繫于左掖門，帝命忽魯火孫往唾其面，固辭。帝稱其仁厚，賜以白玉帶，且諭之曰：「以汝潔白無瑕，有類此玉，故以賜汝。」

成宗即位，遷中書右丞，行太常卿，辭不拜。乃命以中書右丞署太常事。俄改陝西行中書省右丞。時關中饑，議發倉粟賑之。同列以未請於朝不可，忽魯火孫曰：「民爲邦本，今饑餒如此，若俟命下，無及矣。擅發之罪，吾當獨任之。」進發粟。不數日，命亦下。明年旱，禱於終南而雨，歲以大熟，民皆畫像祀之。

忽魯火孫不事生業，田宅皆上所賜。有足疾，不能行，仁宗以爲先朝老臣，特敕乘小車入禁中，訪以舊事。後疾益甚，每國有大政，使近侍即其家問之。特授榮禄大夫、大司徒，食其禄終身。卒，贈推忠守正佐理功臣、光禄大夫、陝西等處行中書省平章政事、柱國，追封趙國公，謚僖簡。

以醫術爲國楨所薦者，有韓麟。

麟字國瑞，真定人。世祖召見便殿，示以西域藥。麟奏對稱旨，授尚醫。帝春秋高，體常不平，麟典領方藥，累賜貂裘、玉帶，擢御藥局副使。

成宗即位，遷太醫院副使，晉太使。太醫院升二品，進嘉議大夫、僉書太醫院事。召麟讀《資治通鑑》、《大學衍義》，麟開陳義理，帝聽之忘倦。御史中丞崔彧言事忤旨，麟乘間奏曰：「臺諫，天下耳目，使噤口不敢言事，是自塞其耳目也。」帝悟，彧得無罪。帝問麟：「今儒臣，孰與卿比？」對曰：「集賢學士焦養直，學爲通儒，非臣所及。」遂召養直入侍左右。帝晚年寢疾，麟言：「治世莫如愛民，養身莫如寡欲。」帝嘉納之。

至大中，出爲淮安路總管，不赴。皇慶元年，拜秘書卿。明年，進昭文館大學士。延祐六年，卒，年六十七。

【校勘記】

〔一〕「奥屯世英」，原作「奥都世英」，據正文改。

〔二〕「許國禎」，原作「許國楨」，正文或作「楨」，或作「禎」。按《元史》卷一六八列傳第五十五本傳作「許國禎」，王圻《續文獻通考》卷一九三《封建考》作「許國禎」，據改。下同改。

新元史卷之一百五十二　列傳第四十九

月里麻思　塔不已兒重喜　怯怯里相兀速　孛罕忽都　苫徹拔都兒　哈八兒秃察罕　阿兒思蘭阿散真　失剌拔都兒　口兒吉　阿老瓦丁亦思馬因　失里伯　拜延　坤都岱烏克岱　合剌江〔一〕　曷實帶　只兒哈郎秃魯不花　咬住哥

月里麻思，乃蠻氏。太宗命爲斷事官忽都虎之副，又同阿朮魯充達魯花赤，破宿州。太宗十三年，使於宋，從行者七十餘人，月里麻思語之曰：「吾與汝等奉命南下。楚人多詐，倘遇害，當死，毋辱君命也。」已而抵淮上，宋將以兵脅之曰：「爾命在我，生死頃刻間耳。若能降，官爵可立致。不然，必不汝貸。」月里麻思曰：「吾持節南來，以通國好，反誘我以不義，有死而已！」言辭慷慨，不少屈。宋將知其不可逼，乃囚之長沙飛虎寨二十六年而死。世祖深悼之，詔復其家，以子忽都哈思爲答剌罕。忽都哈思自陳於帝曰：「臣願爲國效命，爲父雪恥。」帝嘉納之，授以均州監戰上萬户。十八年，以招討使將兵征日本，戰没。

塔不已兒，東吕紇氏。太宗時，以招討使將兵破信安、河南，授金虎符、征行萬户，以疾卒。子脱察剌襲職。憲宗九年，伐宋，破十字寨，命其子重喜從行。

重喜與宋兵戰於洋隘口，奪戰艦一，流矢中左足，勇氣愈倍。時世祖駐蹕口北，親勞之曰：「汝年幼，能宣力如是，深可嘉尚，然繼今尤當勉之。」及脱察剌卒，以重喜襲職。中統三年，從征李璮有功。四年，率所部鎮莒州。至元二年，築十字路城，以重喜爲游擊軍。四年，從抄不花伐宋，至泗州北古城。時蔡千户爲宋兵所圍，重喜救出之。五年，入覲，賜白金、納失失段及金鞍、弓矢等。十一年，宋兵圍正陽，敗之。十二年，從下漣、海諸城，别領五千人徑至衡陽店，與宋將李提轄等戰，大敗之，遂進駐瓜洲。十三年夏六月，宋都統姜才來攻，敗之。又從敗李庭芝等於泰州。十四年，進昭勇大將軍、婺州路總管府達魯花赤，佩已降虎符。未幾卒。子慶孫襲職。初授宣武將軍、管軍總管，鎮守安樂州。十六年，移戍鎮江府。十八年，還鎮通州。二十年，進明威將軍。二十二年，移鎮十字路。二十四年，領諸翼軍鎮太湖，教習水戰。二十九年，從征爪哇，擢昭勇大將軍、征行上萬户。將行，詔留之。皇慶二年，卒。子孛蘭奚襲。

怯怯里，斡耳那氏。以千户從闊出攻安豐、壽州。又從諸王塔察兒率蒙古軍二千攻荆山，破之，賜馬二匹。與萬户納䚟以兵略漣海，又從元帥懷都攻襄陽，卒。

子相兀速襲父職。至元十三年，率本部兵從丞相伯顔渡淮，别將千騎攻淮安南門，破之。又從元帥博羅罕築灣頭堡。萬户納兒䚟卧疾，令相兀速權領蒙古、女真、漢人三萬户。宋揚州都統姜才引兵來寇，相兀速逆戰有功。又從丞相阿朮襲制置使李庭芝及姜才於泰州。皆獲之。十四年，加宣武將軍、管軍總管。十八年，爲蒙古侍衛親軍總管。二十三年，改千户。三十年，擢蒙古侍衛親軍副指揮使司事，易金虎符，加顯武將軍。子捏古䚟，元貞元年爲蒙古侍衛親軍百户。大德六年，襲父職，佩金虎符，授宣武將軍。延祐四年，遷左翊蒙古侍衛親軍都指揮使，仍所佩符，進懷遠大將軍，卒。

孛罕，兀魯帶氏。事太祖，備宿衛。太宗時，領蒙古、漢軍從攻河中府、潼關及河南諸州縣，與拜只思、札忽帶、阿思蘭攻秦、鞏及仁和諸堡，又與拜只思共守長安。太宗七年，授萬户。從都元帥塔海紺卜伐蜀，卒於師。

子忽都襲萬户。憲宗命將其父軍，從都元帥大答攻巴州。又從都元帥紐璘渡馬湖江，破宋敘州兵於老君山下。中統元年，宋人以舟師二千犯成都新津，忽都逆擊敗之。至元元年，授蒙古、漢軍總管。二年，從都元帥百家奴敗宋將夏貴於淮安。五年，卒。子札忽帶方在宿衛，弟忽都答立襲其職。忽都答立卒，札忽帶復嗣爲千户。從行樞密院圍重慶。守將張珏以勁兵數千挑戰，札忽帶力戰，大破之。回軍圍瀘州，未下。行樞密院遣入朝計事。授定武將軍、管軍總管。復還攻瀘州，登城，摶戰而歿。子阿都赤。

苫徹拔都兒，欽察人。初事太宗，掌牧馬，從攻鳳翔，戰潼關，皆有功。後從大將速不台攻汴京。金人列大栅於河南，苫徹拔都兒率死士往拔之，賜良馬十匹。師還，金將高英率衆邀於中路，苫徹拔都兒擊斬之，賜白金五十兩、幣四匹。從攻秦州，前鋒塔察兒與金將戰。金將捽其鬚，苫徹拔都兒斫金將，乃得脱。蔡州破，金守將佩虎符立城上，苫徹拔都兒以鐵椎擊殺之，取虎符以獻。命從皇子闊出攻棗陽，又從宗王口温不花攻光州。一日五戰，光州下，賜黄金五十兩、白金酒器一事、馬三十匹。百户愛不怯赤自以無勇略，乞苫徹拔都兒自代，遂授爲百户。從攻滁州，宋兵敗走西山，苫徹拔都兒與千户忽孫追殲之。世祖伐宋，募能先絶江者，苫徹拔都兒與脱歡領兵百人，同宋使諭鄂州降。抵城下，鄂守將殺使者，以軍來襲，苫徹拔都兒奮擊，大破之，復賜黄金五十兩。

中統三年，授蔡州蒙古、漢軍千户。冬，宋人犯西平，爲苫徹拔都兒所卻。至元二年秋，由安慶入廬州，聞宋兵至，設伏於竹林，敗之。四年秋九月，從元帥阿朮敗宋兵於襄陽安陽灘。五年，從阿朮圍襄陽，奪宋將夏貴米舟。阿朮入漢江，使與札剌兒引軍南略，多所斬獲。十年八月，略地淮東。十二年，遣招降滁州，戮其守將王應龍。改武略將軍管軍千户。十三年，復略地淮東，獲其總管二人以獻。遷滁州總管府達魯花赤。宋都統姜才率軍取糧高郵，苫徹拔都兒從史弼奪其馬及糧橐二萬。淮東平，入朝。十四年，從討只里瓦歹於懷剌合都。改宣武將軍、滁州路總管府達魯花赤。

十七年，率其子脱歡、孫麻兀入見。奏曰：「臣老矣，幸主上憐之。」帝命以脱歡爲宣武將軍、管軍總管，佩金符；麻兀爲滁州路總管府達魯花赤。後脱歡以征日本功，授明威將軍、滁州萬户府達魯花赤，遷昭勇大將軍，征行萬户府達魯花赤，佩三珠虎符。又以征爪哇功，遷昭毅大將軍，鎮守無爲、滁州萬户府達魯花赤，卒。次子鎖住襲其職。

哈八兒秃，薛亦氏。從憲宗攻釣魚山，有功。又從親王塔察兒北征，充千户所都鎮撫。從千户脱倫伐宋，没於陣。

子察罕，從塔察兒攻樊城，領揚州等處游擊軍與宋兵戰，有功。至元十一年，從忽都帖木兒攻江陵。又從阿剌罕敗宋兵於陽邏堡，阿剌罕選爲萬户府副鎮撫。十二年，從總管脱脱出廣德，與宋兵戰，敗之，賜白金酒器。又從攻獨松、千秋等關及諸山寨，撫其降民，賜白金一百兩。十三年，中書省檄爲瑞安縣達魯花赤。始至，招集逃民十萬餘户。十四年，擢管軍總把，並領新附軍五百人，從宣慰唐兀台戰於司空山，有功，命以本職兼都鎮撫，俄選充侍衛親軍。十六年，授銀符、忠武校尉、管軍總把。二十四年，賜金符，授承信校尉、蒙古衛軍屯田千户。二十五年，進武義將軍、本所達魯花赤。二十七年，遷左翼屯田萬户府副萬户。大德五年，卒。子大納襲。

阿兒思蘭，阿速氏。憲宗伐阿速部，阿兒思蘭偕其子阿散真上謁，帝賜手詔，命專領阿速部衆，留其衆之半，餘悉遣歸，以阿散真侍左右。道遇闊里哥叛軍，阿散真力戰死，帝命裹其屍還葬之。阿思蘭言於帝曰：「臣長子死，今以次子捏古來侍陛下，願用之。」捏古來從兀良合台征哈剌章有功。又從伐宋，中流矢卒。子忽都兒，世祖命從孛羅那顏使於哈兒真，以疾卒。子忽都帖木兒。

失剌拔都兒，阿速氏。父月魯達某，憲宗時率阿速十人入覲，充阿答赤。從世祖平大理，兀良合台奏其功，賞俘口。後以金創發，卒。

失剌拔都兒至自脱別之地，賜白金、楮幣、牛馬有差。至元二十一年，從伯顔南征，有功，仍充阿答赤。二十四年，授武略將軍、管阿速軍千户，賜金符。乃顔反，從諸王和兀魯討之，賜金束帶及銀交椅。二十五年，進武德將軍、尚乘寺少卿，兼阿速千户。從討哈答安等，敗之，獲其駝馬。又從討叛王脱脱，擒之。大德六年，卒。子那海顔襲職。至大二年，進宣武將軍、右衛阿速親軍都指揮使，賜二珠虎符。泰定二年，加明威將軍，卒。

口兒吉，阿速氏。與父福得來賜俱事憲宗，直宿衛。世祖時，口兒吉以百户從阿朮伐宋，有功。宋平，命充大宗正府也可札魯花赤。領阿速軍，從征海都。師還，命宣撫湖廣等處，訪百姓疾苦。至大元年，追録前勞，擢左衛阿速親軍都指揮使，進廣威將軍，卒。子的迷的兒，由玉典赤改百户，領阿速軍。從指揮玉哇失征叛王乃顏，敗金剛奴於鎖寶赤之地。至大四年，襲父職。授明威將軍、阿速親軍都指揮使，卒。子香山，事武宗、仁宗，直宿衛。天曆元年九月，與上都兵戰於宜興。自旦至暮，卻敵兵十有三次，以功賜金帶，授左阿速衛都指揮使，卒。

阿老瓦丁，西域木發里人。世祖至元八年，遣使徵砲匠於宗王阿八哈，以阿老瓦丁、亦思馬因應詔。首造火砲置於五門前，帝命試之，各賜衣段。十一年，阿里海涯伐宋，奏乞砲手匠。命阿老瓦丁往，破潭州、静江等路。十五年，授管軍總管。十七年，入覲，賜鈔五千貫。十八年，屯田南京。二十二年，改元帥府爲回回砲手軍匠上萬户，以阿老瓦丁爲副萬户。大德四年，告老，以子富謀只襲職。

亦思馬因，别馬里斯丹人。從大兵攻襄陽，亦思馬因置砲於城東南隅，機發，聲震天地。守將吕文焕懼，以城降。授回回砲手總管，佩虎符。十一年，卒。子布伯襲職，從大兵渡江，每戰皆有功。十八年，賜三珠虎符，加都元帥。明年，進軍匠府萬户，遷刑部尚書。以弟亦不剌金爲萬户，佩元降虎符，布伯改通奉大夫、浙東宣慰使，卒。

失里伯，蒙古氏。祖怯古里秃，從太祖經略西夏有功。隸於朮赤，領寶兒赤。與金人戰，殁。父莫剌合襲其職，從討阿藍答兒有功，卒。失里伯由樞密院斷事官，出爲河南行中書省斷事官，賜金虎符。至元七年，引水軍四萬攻襄陽。八年七月，宋將范文虎來援，敗之。與諸將圍樊城，先登。十年，遷昭勇大將軍、眈羅招討使。入覲上都，改管軍萬户。領襄陽諸路新軍，從丞相伯顔渡江，破獨松關，取湖州，行湖州安撫司事。十四年，授湖州總管，進鎮國上將軍、浙西道宣慰使。十九年，卒。子塔剌赤，曲靖等路宣慰使。

拜延，西夏人。父火奪都，以質子降於太祖。太祖立質子軍，號秃魯花，以火奪都爲百户。從元帥紐璘征西川，承制授爲千户。忽都叛於臨洮，世祖命火奪都從大軍討之，卒。

拜延襲千户。至元九年，授征行千户，佩金符。宋人寇成都，僉省嚴忠範遣拜延擊敗之。又從也速帶兒攻嘉定，從忽敦攻瀘、叙、重慶，皆有功。十二年，授東西兩川蒙古、漢軍萬户總帥。汪田哥用兵於忠州。拜延將兵二千往涪州爲策應。宋人伺田哥回，以舟師邀於清江，拜延卻之，擒副將李春等十七人，奪其軍資。十三年，瀘州叛，拜延率所部扼瀘之珍珠堡，敗其將王世昌，移兵戍暗溪寨。宋合州守將來援，敗之，遂克瀘州。從行院副使不花圍重慶，重慶降，授宣武將軍，蒙古漢軍總管。十九年，從汪田哥入覲，擢懷遠大將軍、管軍萬户，改賜金虎符，卒。子答察兒，金州萬户府達魯花赤。

坤都岱，欽察氏。父庫春，爲欽察部酋諸孫。太宗時，速不台平欽察，庫春隸速不台麾下爲百户。卒，坤都岱嗣。從速不台平河中、鳳翔，又從圍汴京。金亡，從諸王巴哈及察罕伐宋，破襄陽、郢州、德安，援淮西諸州，登陴陷陣，常爲諸將冠。後戍光州，宋兵來犯，率所部禦之，中流矢卒，年五十一。

子烏克岱嗣百户。從攻襄陽，斬宋將白都統。從大軍伐宋，由忠顯校尉、蒙古大總把，賜金符。監真定、河間、曹州、大名冀各千户。從伯顔濟江，授元帥府知事。擢經歷，以給西安、河東蒙古軍衣糧。賜鞍勒、弓矢。累遷泰州同知宣政院斷事官，擢朝列院經歷。驛徵西蕃負欠金五千兩、鈔八萬五千錠。丁母憂，廬墓，爲鄉里所稱。尋起爲參議院事、西蕃宣慰使，佩虎符。入爲吏部郎中，累擢尚書吏部侍郎。卒。

合剌江，弘吉剌氏。祖納魯都，從太祖伐金，授千户，卒。父門特哥，襲爲平陽府達魯花赤，賜金虎符。卒，合剌江襲。累官武略將軍，晉、潞、吉三州達魯花赤。至元四年，李壇叛，從宗王合必赤討之。壇突圍出，適當合剌江分地。力戰，卻賊。合必赤飲以酒，並飲器賜之，世祖又賜白金。卒，子阿爾答藍嗣。歷晉、朔、應三州達魯花赤。以治最，拜監察御史。歷浙東西、廣西等路廉訪司僉事、副使。

昂實帶，克烈氏。祖昔里吉思，父兀都，世爲炮手軍千户。至元中，昂實帶襲職，從伯顔南伐，以渡江功，授武義將軍，佩金符。尋遷武德將軍、本軍總管。諸將渡江，争掠金帛、婦女，昂實帶獨取圖書百卷。士之被俘者，輒贖而歸之。宋平，還屯聞喜，建伊川書院以教士。手不釋卷，與陳天祥、姚燧、盧摯、趙簡友善。臺省交薦之，會卒。昂實帶晚改名士希，字及之，有詩五百餘篇，曰《伊東拙藁》。子慕顔帖木兒，襲千户，亦有學行。

只兒哈郎，滅里乞台氏。至元二十四年，授昭武大將軍、太僕卿。元貞元年，進資德大夫、御史大夫、太僕卿、西域親軍都指揮使司達魯花赤，佩虎符。尋進榮禄大夫。大德四年，以疾卒。

子秃魯不花，至大元年，授開府儀同三司、豐國公，遥授平章政事、行太府院使、西域親軍都指揮使，佩虎符。又特授左丞相、行知樞密院事。至大元年，卒。

子咬住哥，嘉議大夫、西域親軍都指揮使司達魯花赤。皇慶二年，進通議大夫。至治三年，改授同知典院院使，兼前職。天曆元年，有戰功。三年，授雲需總管府達魯花赤。

【校勘記】

〔一〕「合剌江」，原在「拜延」下，據正文乙正。

新元史卷之一百五十三　列傳第五十

田嗣叔子成　孟德義　鄭義江　鞏彦暉信　劉恩　石高山　隋世昌　賀祉　楚鼎　張均　王昔剌寧　李天祐

田嗣叔，字起宗。其先平陽趙城人，後徙中山。有至性，侍母疾四十餘日，衣不解帶。歲饑，以粟貸貧民，不能償，即取券焚之。金末，河北盜起，嗣叔聚衆自保。後降於睿宗，賜金符，授行軍千户。每戰，率所部爲先鋒，號敢死軍。後與金兵遇於馬黄陂，嗣叔搗其中軍，金兵大亂。俄伏發，倉卒爲流矢所中，創甚。以忠孝勉其二子，言訖而卒。二子：子實、子成。

子成勇悍多智略。從父攻城略地，身先士卒。言於元帥田鎮海，留俘衆有工藝者備任使。鎮海奏聞，從之，命閲實。未幾，饟不繼，將屠其老弱及不習工藝者，子成復進言：「兵爲拯民焚溺，臨陣降者尚不可殺，已爲民而殺之，可乎？」散於河北，使自食其力，足以結人心。」又從之，活二千餘家，號種田户，太宗命其兄子實爲總管領之。子成佩父金符，爲弘州人匠總管，後致仕卒。子實孫忠良，見《藝術傳》。

孟德，濟南人。由鄒平縣令、淄州節度使，累官至同知濟南路事。太宗八年，諸王闊端命德爲元帥，佩金符，領濟南軍攻宋徐州、光州，降其衆。六皇后稱制，按只台大王以德爲萬户，攻濠、蘄、黄等州。憲宗三年，命德守睢州。五年，移守海州。宋安撫吕文德寇邊，德敗之，俘其太尉劉海。又與子義從世祖攻鄂州，先登。中統三年，從征李璮。璮平，德以老告歸。

義襲爲萬户，領兵守沂、郯。四年，賜虎符。至元元年，城郯。六年，從山東統軍帖赤攻五河口。宋軍拒南岸，義率兵渡河擊之，宋軍敗走。九年，遷宿州萬户。十一年，宋制置夏貴攻正陽，義奪其戰艦數艘，貴遁去。十二年，從攻楊子橋，有功。十三年，改守杭州。九月，從下福建、温、台等處。十四年，授瑞州路達魯花赤。十月，徙鎮閩州。十六年，授招討使。二十二年，復爲沂、郯萬户。元貞元年，以老辭職。子智襲，授三珠虎符、宣武將軍，爲萬户。延祐二年，進明威將軍，以病去職。子安世襲。

鄭義，冀州棗强人。太師木華黎平河北，義帥其鄉人迎降，授虎衛上將軍、元州路兵馬都元帥，兼景州軍民人匠長官，佩金符。從伐金，戰歿。二弟曰德温，曰甫。德温襲職，從攻徐州，陷陣而死。子澤襲，從萬户史天澤，數有功。年老，弟江代其職。

世祖北征，賜金符，授侍衛親軍副都指揮使，判武衛軍事，兼景州軍民人匠長官。中統三年，李壇據濟南叛，世祖令各州縣長官子弟充千户。於是以江子郁爲千户，領景州新僉軍千餘人，敗賊衆於馬馬橋。壇平，郁以例罷。擢江爲都指揮使，賜虎符，尋改左衛。至元八年，從攻襄陽，歿於陣。郁襲其職，甫以戰功，遷同知冀州節度使事，兼管民萬户。二子：渤，襲都元帥，謚宣靖；澧，性高潔，不樂仕進。澧子郚，累官通議大夫、奉元路總管。

鞏彦暉，易州人。與兄彦榮俱以武勇稱。彦榮以百户隸千户何伯祥麾下，累有戰功。後告老，以彦暉代之。諸軍伐宋，彦暉從破棗陽，斬首甚衆。萬户張柔駐曹武鎮，彦暉與伯祥别將一軍，破大洪諸寨。宋人選兵二萬救之，彦暉與伯祥逆戰，斬首五百級，生擒其將曹路分等。是夜，宋兵來攻彦暉，率甲士三十人拒之，敵潰走，擒其主將以歸。戰光州，柔軍於東北，夜二鼓，命彦暉率勁卒二百伏西南。五鼓，東北聲振天地，彦暉植梯先登，衆繼之，破其外城。遂急攻，並其子城破之。戰滁州，彦暉率浮渾脱者十人，夜渡塹入欄馬牆，殺守軍三鋪，焚其東南角，排寨木籬，大軍繼之。比曉，拔其城。從大軍攻黄州，諸將壁壘未定，柔遣彦暉伏甲二百於赤壁之下。至夜，宋人果水陸並進，彦暉等俟其半過，擊之，敵奔潰，生擒十七人。師還，又破張家寨。從攻壽州，奪其門，生擒三人以出。從攻泗州，諸將集城下，爲塹水所阻。兩軍交射如雨，彦暉被重甲徑渡。敵將來禦，彦暉刺其胸，搏殺之。衆畢渡，克其外城。尋登其月城，彦暉部將顧伯祥陷城中，不能出。乃與驍將王進反求之，翼伯祥以歸。事聞，賜彦暉銀符。憲宗九年，世祖伐宋渡江，次武昌。宋援兵四集，來挑戰。彦暉逐之，中伏，圍彦暉數匝，彦暉矢盡，短兵接，身被重創。度不免，遂自投水中。敵援之出，載歸江州，見宋將不屈，問以事不對，竟死，年五十六。

長子信襲。授銀符、易州等處管軍總把。中統三年，從征李璮。至元四年，從元帥阿朮南征。九年，從攻樊城，先登，奪其土城，焚西南角樓。十一年，從丞相伯顏攻沙陽堡，率勇士五十人焚其寨，遂破之。是年，從渡江，直抵鄂州下，擒宋將江路分以歸。十二年，戰丁家洲，殺宋兵七十餘人，奪戰艦二。江南平，以功擢武略將軍、管軍千户，鎮太平州。十六年，以疾辭。子思明、思温、思恭。思明初患目疾，以思温襲。及思温卒，而思明疾愈，復以思明襲。思明卒，以思恭襲，改懷孟萬户府管軍下千户，佩金符。

劉恩，字仁甫，洺州洺水人，後徙威州。恩以材武隸軍籍，累功爲百户。俄遷管軍總管，佩銀符，太傅府經歷。從伐蜀，數有戰功。中統三年，都元帥紐璘遣恩受劉整降，賜金符。至元三年，宋將以戰船五百艘載甲士三萬人屯於江上游，先以一萬人據雲頂山，欲取漢州。恩率千人渡江，與戰，敗之。授成都路管軍萬户。六年，從平章賽典赤攻嘉定，過九頂山，與宋軍遇，生擒其部將十八人，械送京師。

九年，從皇子西平王、行省也速帶兒征建都，恩將游兵爲先鋒，一日三戰，皆捷。時大軍久駐，食且盡，恩招諭諸蠻，得糧三萬石、牛羊二萬頭，士氣益振。建都因山爲城，山有七頂，恩奪其五，並斷其汲道，建都乃降。入朝，升管軍萬户，戍眉州。十二年，昝萬壽以嘉定降，恩移戍嘉定。安西王遣使召恩至六盤山，問曰：「江南已平，四川未下，奈何？」恩曰：「以不徇私之重臣，奉詔督責之，則半年可下矣。」王即遣恩與木兒赤乘傳以聞。帝然之，命丞相不花等行樞密院於西川，授恩同僉院事。十五年，重慶降，不花遣恩招降反側，旬月之間，得大小州縣六十四。入朝，賞賚有加，授四川西道宣慰使。

改副都元帥，率蒙古、漢軍萬人征斡端，進都元帥，宣慰使如故，賜宿烈孫皮衣一、錦衣一及弓刀諸物。師次甘州，奉詔留屯，得粟二萬餘石。十八年，命恩進兵斡端。海都將玉論亦撒率兵萬人拒戰，游騎先至，恩設伏以待，大敗之。海都又遣八把以兵三萬來攻，恩料衆寡不敵，斂兵而退。二十二年，授僉行樞密院事。卒，子德禄襲，成都管軍萬户。

石高山，德興人。父忽魯虎從太祖定中原，太宗賜以東昌、廣平四千餘户，遂徙居廣平之洺水。

中統三年，高山因平章塔察兒入見世祖，因奏曰：「昔太祖皇帝所集按察兒、孛羅、窟里台、孛羅海拔都、闊闊不花五部探馬赤軍，金亡之後，散居牧地，多有入民籍者。宜加招集，以備驅策。」帝大悅，曰：「聞卿此言，猶寐而覺。」即命與諸路招之，既籍其數，仍命高山佩銀符領之。

四年，授管軍總管，鎮息州。軍令嚴肅，寇不敢犯，賜金符獎之。至元八年，從取光州，克棗陽，進攻襄、樊，皆有功。十年，從阿朮略地淮南。十一年，從平江南，以功遷顯武將軍。十二年冬，丞相伯顏命以所部兵取寧國，下令無虜掠。既至城下，喻以禍福，守將開門降，秋毫無犯。復從至焦山，與宋將孫虎臣、張世傑轉戰百餘里，殺獲甚多。賜金虎符，進信武將軍，鎮高郵。

伯顏朝京師，帝問：「有瘦而善戰者，朕忘其名。」伯顏以高山對，且盛言其功。帝即召見，命高山自擇一大郡以佚老，高山辭曰：「臣筋力尚壯，猶能爲國驅馳，豈敢爲自安計！」帝大悅，進顯武將軍，率所部北征，屯亦脫山。十六年，命同忽都魯領三衛軍，戍和林屯田，以給軍儲。二十四年，從討乃顏，有功，賜三珠虎符、蒙古侍衛親軍都指揮使，守衛東宮。成宗憫其老，以其子闊闊不花襲職，賜鈔三百錠。大德七年，卒於家，年七十六。

隋世昌，其先登州棲霞人。父賓，徙萊陽，金末管軍都統，領鎮行村海口。太宗下山東，寶迎降，授萊陽令。歷萊州節度判官，終高密令。世昌，其第四子也。善騎射，身長八尺，鍛渾鐵爲鎗，重四十餘斤，能左右擊刺，選充隊長。宋兵攻海州，世昌戰卻之。從攻漣水，世昌樹雲梯攀緣而上，衆從之，遂克其城，授馬軍千户。

中統元年，宋將夏貴軍淮南新城，世昌夜乘艨艟抵城下。宋兵出戰，斬首數百級。未幾，漣水復叛歸宋，世昌軍於東馬寨，擊敗宋兵。三年，改步軍千户，還鎮行村海口。至元元年，朝議分揀正軍奥魯，授萊陽縣諸軍奥魯長官。

七年，遷淄萊萬户府副都撫鎮，守萬山堡，建言修一字城以圍襄陽。遷管軍千户。九年，敗宋兵於鹿門山。元帥劉整築新城，使世昌總其役。世昌立砲簾於樊城攔馬牆外，夜大雪，城中矢石如雨，世昌不肯卻，砲簾卒立。宋人列艦江上，世昌乘風縱火，燒其船百餘。樊城出兵鏖戰，世昌創甚，血漬衣甲，勇氣愈壯。樊城下，遷武略將軍。

從伯顏伐宋，攻新城。世昌坎其城而登，中數矢，傷臂，昏眩墜地，少蘇復進，遂拔之。明日，丞相伯顏視所坎城，高一丈五尺餘，論功第一。從諸軍渡江，抵南岸，率蒙古哈必赤軍步戰，大敗宋兵，斬其將一人。十二年，從敗賈似道於丁家州，以功賜金符。十三年，圍揚州，世昌絶其糧道，兼搜湖泊，宋兵聞鐵鎗名，不敢近。揚州平，充四城兵馬使。從平章阿朮入覲，授宣武將軍、管軍總管。十四年，平野人原、司空山等七寨賊，進安撫使，佩金虎符，鎮澉浦。十七年，拜定遠大將軍。二十三年，改沂、郯上副萬户。世昌前後數百戰，偏體金瘡，竟以是卒，年六十一。追封定海郡侯，謚忠勇。子國英嗣。

賀祉，益都人。父進，元帥左監軍，守淄州，改千户，守膠州。祉初以質子入宿衛，至元六年，襲父職爲千户，仍守膠州。七年，宋兵攻膠州，祉固守，卻之。十年，領舟師五百艘爲先鋒，攻五河口。軍還，殿後。時宋兵以巨索橫截淮水，號渾江龍，祉用刀斷之，卻其救兵，清河城遂降。攻高郵、寶應，戰淮安，城下，丞相伯顏以其功上聞，授武節將軍。攻泗州，獲戰船五百艘。還，從右丞别乞里迷失入朝，帝賜以弓矢，錦衣、鞍勒，加宣武將軍，鎮新城。絶淮安、寶應糧道，獲戰船六百艘及器械，上於行樞密院，遂命領寶應軍民事。十四年，特賜金虎符、懷遠大將軍。二十年，討建寧賊黄華，有功。二十四年，以征交趾，請行，湖廣行省檄令守輜重，屯思明州。軍還至建康，卒。

楚鼎，安豐蒙城人。父玠，金壽春府防禦使，守宿州。太宗十一年，以州降。阿朮魯命玠守之。宋兵攻陷宿州，玠戰殁，宋人囚鼎於鎮江府十有四年，會赦免。至元十二年，大兵渡江，鼎從知太平州孟之縉降。行省遣鼎諭寧國府守將孫世賢，下之，承制授鼎管軍總管，加懷遠大將軍，鎮寧國，剿建平、廣德諸盜。鼎與權萬户孛羅台護送徽州招撫使李銓子漢英至徽州，諭銓降。十三年，漢英與李世達叛，旌德、太平兩縣附之。鼎與兀忽納進兵，用徽人鄭安之策，按兵徐入，不血刃而亂定。十五年，鼎始受符印。十八年，東征日本，鼎率千餘人從左丞范文虎渡海。大風舟壞，鼎挾破舟板，漂流三晝夜，至一山，會文虎船，因得達高麗之金州合浦。後病卒。

張均，濟南人。父山，從軍伐宋，以功爲總把，戰殁。均襲百户，從親王塔察兒攻鄂州，面中流矢。中統三年，從征李壇有功，以總帥命升千户，守淄州。至元六年，從左丞董文炳攻宋五河口，轉戰濠州北，遇其伏兵，均力戰敗之。十年，攻連州，奪孫村堡。十二年，賜金符，授忠翊校尉、沂郯翼千户。從攻蕪湖，奪宋戰船，俘四十餘人。又從阿塔海戰有功，加武略將軍。十四年，賜虎符，加宣武將軍。

二十二年，擢松江萬户。二十四年，從鎮南王征交趾。二十六年，從北征，擢明威將軍、前衛親軍副都指揮使。三十年，以扈從世祖親征乃顔功，受賞。成宗即位，命屯田和林。大軍討西北叛王，軍糧未嘗乏絶。大德元年，改和林等處副元帥。歷宣慰司同知，擢都元帥，加鎮國上將軍。延祐元年，卒。子世忠，襲前衛親軍副都指揮使。

王昔剌，保定人。初事世祖，以其有勇略，賜名昔剌拔都。從攻釣魚山及阿里不哥，累功，賜金符，授武衛親軍千户。中統三年，從征李璮於濟南。四年春，元帥阿朮經略河南，遣昔剌將蒙古、漢軍，復立宿州。至元六年，賜虎符，升海州萬户。引兵攻鹽林山寨，多所俘獲。十年，授同僉東川行樞密院事。十五年，從攻夔府，有功。十六年，徙鎮萬州，卒於軍。二子：宏、寧。

宏先佩金符，爲左衛千户。及樞密院擬寧襲武職，寧讓於宏，於是授宏中衛都指揮使，佩父虎符，而以寧代宏爲千户，佩金符。寧從阿剌台、悤合孫北征，追擊脱脱木兒於阿納禿阿之地。師還，又從別急里迷失等擊賊外剌，斬首百餘級。復從忽魯忽孫北征，有功。升右衛親軍總管，後改前衛都指揮使司、僉事。子處恭，襲宏職，仕至侍御史。

李天祐，修武人。以百户從大兵破蔡州，又從攻釣魚山有功，轉均州萬户府都鎮撫。從破襄陽，轉戰渡江，率驍勇千人登戰艦，横出江口。宋人列船以待，天祐持長矛鈎其船而攻之，斬獲百餘級，宋人奪氣。擢敦武校尉、總管荆南迤北站赤千户。五年，遷武略將軍、荆湖北道屯田總管。募民能田者，躬自率之。尤習於水利，歲收數倍。卒。年七十一。

新元史卷之一百五十四　列傳第五十一

杭忽思阿塔赤　伯答兒　拔都兒别吉連　帖赤帖木兒脱歡　帖木兒不花　忽都思和尚　千奴　葉仙鼐〔一〕　帖哥朮探花愛忽赤脱力世官　也罕的斤　旦只兒　脱歡　孛蘭奚　怯烈　月舉連赤海牙　也速䚟兒　昔都兒　闊里吉思　伯行　鐵連　謨克博羅

杭忽思，阿速部長也。太宗兵至其境，杭忽思率衆來降，賜名拔都兒，佩金符，領其部衆。尋敕選阿速軍千人，及其長子阿塔赤扈駕親征。既還，阿塔赤入直宿衛。杭忽思歸國，遇賊戰殁。敕其妻外麻思領國事。外麻思躬擐甲胄，平叛亂後，以次子按法普代之。

阿塔赤，從憲宗伐宋軍於釣魚山，戰有功。帝親飲以酒，賞白金。阿藍答兒、渾都海叛，從大軍討之，腹中流矢。賞白金，召入宿衛。中統二年，扈駕征阿里不哥，追至蘇馬勒圖之地，復以功賞白金。三年，從征李璮，授金符千户。至元五年，從塔卜台伐宋，克金剛臺。六年，從攻安慶府。七年，從下五河口。十一年，從下松江諸郡戍鎮巢，宋降將洪福乘醉殺之。世祖憫其死，賜白金五百兩、鈔三千五百貫及鎮巢降民一千五百三十九户，命其子伯答兒襲千户佩金符。

伯答兒，從討叛王昔里吉，與只兒瓦台戰於押里，復與葯木忽兒戰於禿剌及斡魯歡。十五年春，與叛將赤憐戰於伯牙之地。五月，又與外剌台、寬赤哥思等戰於阿赤牙。其大將塔思不吉爲木栅、石城以自守，伯答兒督勇士先登，拔之，矢中右股。元帥别里吉迷失以其功聞，賞白金。二十年，授虎符、定遠大將軍、後衛親軍都指揮使，兼領左阿速衛事，充阿速拔都達魯花赤。二十二年，征别失八里軍於亦里渾察罕兒之地，與禿呵不早麻戰，有功。賜貂裘、弓矢、鞍轡，尋復以銀坐椅賜之〔二〕。二十六年，征杭海。大軍乏食，其母乃咬真輸私財及畜牧等，以佐軍儲。世祖聞而嘉之，賜予甚厚。大德四年，伯答兒卒。

長子斡羅斯，由宿衛累官僉隆鎮衛都指揮使司事，賜一珠虎符。天曆元年，諭降上都兵，賜三珠虎符，擢本衛都指揮使。斡羅斯二子：長都丹，右阿速衛都指揮使；次福定，懷遠大將軍、右阿速衛達魯花赤，兼管後衛軍。後以兄都丹領右阿速衛。福定復還後衛，升同僉樞密院事，命領軍一千守遷民鎮，尋授定遠大將軍、僉樞密院事、後衛親軍都指揮使，提調右衛阿速達魯花赤。二年，進資善大夫、同知樞密院事。後至元間，進知樞密院事，因忤伯顔，放海南。尋召還，卒。

拔都兒，阿速氏。世居上都宜興。憲宗在潛邸，與兄兀作兒不罕及馬塔兒沙帥衆來歸。馬塔兒沙，從征蔑吉思城爲前鋒，身中二矢，先登，拔其城。又從征蜀，至釣魚山，歿於軍中。

拔都兒從征李璮，圍濟南，有功，賞納失思段九，命領阿速軍一千常居左右。尋充阿塔赤怯薛百户。後從塔卜台南征，與宋人戰於金剛臺，又以功受賞。師還，言於帝曰：「臣願從軍爲國效死。」世祖留之，充孛可孫，兼領阿速軍，令鞚引御馬。至元二十三年，授廣威將軍、後衛親軍副都指揮使，賜虎符。明年夏，征乃顔於亦米河，擒金家奴、塔不台以歸，賞鈔及衣段，加定遠大將軍。大德元年，卒。

子別吉連襲。至大四年，河東、陝西、鞏昌、延安、燕南、河北、遼陽、河南、山東諸翼衛探馬赤争草地，訟者二百餘起。命別吉連往讞之，悉正其疆界。累官懷遠大將軍。致和元年，從燕帖木兒入中書省，擒平章政事烏伯都剌等，迎立文宗。使別吉連領衛軍，守居庸關諸要害。天曆元年十月，梁王王禪兵掩至羊頭山，勢張甚，别吉連從燕帖木兒擊之，突入其軍，王禪敗走。文宗賜御衣二襲、三珠虎符及弓矢、甲冑、金帛旌其功。尋以疾辭，子也連的襲。

帖赤，答答里帶氏。同都元帥塔海紺布伐蜀，並將蒙古也可明安、和赤馬賴及炮手諸軍，攻下興元、利、劍、成都諸路。中統二年，賜虎符，授西川便宜都元帥。俄進行樞密院，率諸軍略定未下郡縣。至元元年，遷益都等路統軍使，卒於軍。二子：帖木兒脱歡、帖木兒不花。

帖木兒脱歡，初以蒙古軍千户從伐蜀有功，行樞密院承制授萬户，並將列别木、塔海帖木兒、也速帶兒、匣剌撒兒四千户軍從大軍取重慶。徇下流諸城，留戍夔州，兼本路安撫司達魯花赤，進懷遠大將軍、蒙古軍萬户。遷定遠大將軍，兼嘉定鎮守萬户、本路總管府達魯花赤。尋升鎮國上將軍、諸蠻夷部宣慰使，加都元帥。亦奚不薛叛，與岳剌海會雲南兵討平之。改征緬都元帥，卒於軍。子忽都答兒嗣。

帖木兒不花，中統初，入備宿衛。至元七年，授虎符，代張馬哥爲淄萊水軍萬户，將其衆赴襄陽，與宋將范文虎戰於灌子灘，奪其戰艦，追至雲勝洲，大敗之。行省上其功，賜白金五十兩，並衣甲、鞍轡。九年，授益都、淄萊新軍萬户。

從丞相伯顔伐宋，敗其大將夏貴於陽羅堡。論功，賜白金五百兩。又從下鄂、蘄、黄、江、常、秀等州，累加昭武大將軍。從參知政事阿剌罕，略定紹興、温台、福建，授台州路總管府達魯花赤。遷廣東宣慰使。

十六年，加都元帥，從攻宋將張世傑於厓山。世傑死，降其衆數千人。廣東平，領諸降臣及將校有功者入見於大安閣，命大府監視其身製銀鼠裘，親賜之，授中書左丞，行省江西。二十五年，拜四川等處行尚書省平章政事，兼總軍務，改行中書省平章政事，卒。

忽都思，玉耳别里伯牙吾氏。父哈剌察兒，率所部歸太祖。忽都思有膂力，太宗四年從睿宗敗金兵於三峰山，賜號拔都。六年，授百户，從攻宋唐、鄧州，數有功，賜銀幣、名馬、甲胄、弓矢。憲宗四年，從攻宋漢上鐵城寨，戰殁。追贈竭忠宣力功臣、資德大夫、中書右丞、上護軍。追封流國公，謚武愍。子和尚。

和尚，襲父職。從世祖攻鄂州。又從大軍討李璮，敗其衆於老僧口，擢阿剌罕萬户府經歷。至元五年，從攻襄陽，都元帥阿朮薦其才可大用。十一年，從丞相伯顔渡江，戰於柳子、魯洑、新灘、沌口，皆有功。十三年，從平章政事阿里海涯攻江陵，宋安撫使高達城守，和尚直抵城下，諭以禍福，達開門出降。以功擢行省郎中。從圍潭州，守將李芾堅守不下。十二年，城陷，諸將議屠其民，和尚曰：「拒命者宋將耳，民何罪？且列城未附者尚多，若降而殺之，是堅其效死之心也。」參知政事崔斌曰：「郎中言是。」阿里海涯從之，由是湖南郡縣望風納款。世祖聞而嘉之。改行省斷事官，分徇廣西，兼行宣撫司事。未幾，授常德路達魯花赤，以治最聞，擢嶺南廣西道提刑按察使。阿里海涯恃功驕恣，和尚據事劾之，不少貸。遷江南浙西道提刑按察使，卒於官，年四十九。贈宣忠守正功臣、銀青光禄大夫、司徒、上柱國，追封沇國公，謚莊肅。子千奴。

千奴，以月魯那延薦，召見大安閣。世祖以其父官授之，拜江南浙江道提刑按察使。是時行省、行臺皆治杭州，千奴上言：「兩府並在杭州，勢偪則權分，情通則威褻，宜移行臺於要便之地。」後行臺卒移於江東道。二十六年，累遷淮西江北道提刑按察使。入覲，極言丞相桑哥罪狀，帝爲之改容。未幾，桑哥竟伏誅。二十八年，改立肅政廉訪司，授江北淮東道肅政廉訪使，進階廣威將軍。三十一年，换江東建康道，丁祖母憂歸。

大德二年，授太中大夫建康路總管，未行，奉使淮東、西，察官吏能否。還奏軍民便宜三十事，多見采用。歷江西湖東、江南湖北兩道。奏劾中書平章政事伯顔等顓權固位，行臺聞於上，伯顔等皆被黜。千奴剛正不撓，朝廷事有不便，必上章極論之，未嘗以外吏爲嫌。七年，授大都路總管兼大興府尹。俄進通議大夫同僉樞密院事。奏言：「蒙古軍在山東、河南者，往戍甘肅，資裝歸其自辦，往往鬻田産、賣妻子。戍者未返，代者又繼，前後相仍，困苦日甚。請以甘肅鄰境兵戍之。其山東、河南戍兵，官爲出錢，贖其田産、妻子。」詔從之。未幾，遷參議中書省事。

武宗即位，拜榮禄大夫、平章政事、商議樞密院事，兼左翼萬户府達魯花赤，賜玉帶。延祐五年，乞致仕，仁宗憫其衰老，從之，仍給半俸終身。

千奴屏居濟南，築先聖祠於歷山之下，聚書萬卷，延名儒教其鄉里子弟。賜額「歷山書院」。家居七年，卒，年七十一。贈推忠輔治功臣、光禄大夫、河南行省平章政事、上柱國，追封衛國公，謚景憲。四子：龍寶，監察御史、洪澤屯田萬户；不蘭奚，江南行臺監察御史；觀音保，襲洪澤屯田萬户；孛顔忽都，鄭州知州，以治行第一，入爲翰林國史院經歷。

葉僊鼐，畏吾氏。父土堅海牙，以才武從太祖、太宗平西夏及金，俱有功。葉僊鼐事世祖於潛藩。從征吐蕃、雲南，常爲前鋒。從伐宋，至鄂州，先登，奪其外城。中統元年，從征阿里不哥，賞白金、貂裘。明年，討李璮，又以功賞白金五百兩。授西道都元帥，金虎符，吐蕃宣慰使。葉僊鼐隨地之阨塞，設兵屯鎮撫之，恩威兼著。賜金幣鈔及玉束帶，爲宣慰使。天曆二十四年，遷雲南行省平章政事，尋改江西行省平章政事。至元三十一年，成宗即位，召還，賜玉帶，改陝西行省平章政事。謝事歸隴右。十年，卒。贈協恭保節功臣、太保、儀同三司、上柱國，鞏國公，謚敏忠。子完澤，太子詹事。至大四年，拜平章政事。皇慶二年，以宣徽院事，除知樞密院事。延祐四年，出爲雲南行省平章政事。後與弒英宗，伏誅。

帖哥朮探花愛忽赤，畏吾氏。父八思忽都探花愛忽赤，領畏吾、阿剌温、滅里乞、八思四部，從攻四川戰歿。憲宗命帖哥朮管理渴密里、曲先諸宗藩地。渾都海、阿藍答兒叛，執帖哥朮械繫之。帖哥朮乘間脱走，入覲。世祖賜金符，襲其父職，命率所部討賊。以功賜衣服、弓矢、鞍勒。又命從諸王奥魯赤討建都蠻，平之。擢昭勇大將軍、羅羅斯副都元帥、同知宣慰司事。至西蕃境内，蕃酋遮道不得進，帖哥朮戰卻之，道遂通。賜金符，賞白金及衣二襲。卒於官。子脱力世官。

脱力世官，襲父職爲武德將軍、羅羅斯副都元帥、同知宣慰司事。定昌路總管谷納叛，與千户阿夷謀率衆渡不思魯河。脱力世官引兵擒阿夷，殺之。德平路落來民叛，又討平之。

亦奚不薛諸部未附，詔脱力世官率羅羅斯、蒙古軍四百人，羅羅章六百人，從左丞愛魯討之。愛魯命率兵攻羅羽，抵落穿，奪其關，獲牛馬以給士卒。又與萬户兀都蠻攻怯兒部，其酋阿失據寨不下，脱力世官先登拔之。愛魯遂命脱力世官總左手四翼兵，討平亦奚不薛。又有蠻子童者，立寨於納土原山，脱力世官與參政阿合八失夾攻之，賊窮蹙乞降。進兼管軍副萬户。蠻細狗、折興等及威龍州判阿遮，皆阻險爲亂，脱力世官夜襲其寨，賊敗走，獲阿遮，斬之。

入覲，授三珠虎符，加懷遠大將軍〔三〕、羅羅斯宣慰使，兼管軍萬户。既還，括户口，定賦税〔四〕，以給屯戍。昌州蘇你、巴翠等作亂，以雲南王命討降之，徙其衆於昌州平川縣。千户任世禄以所部二千人乘間遁去，屯威龍州。脱力世官據其要路扼之，世禄降。未幾入覲，卒於京師。子唆南班，由宿衛襲職，佩三珠虎符，晉鎮國上將軍。

也罕的斤，匣剌魯氏。祖匣答兒密立，以斡思堅部哈剌魯軍三千人降於太祖。以千户從征西域。又從睿宗及哲別諭降河西諸城。後從攻臨洮，戰殁。父密立火者，從太宗滅金。又從憲宗攻蜀，爲萬户府達魯花赤。憲宗崩，大軍北還，留密立火者戍成都以備宋。世祖即位，密立火者貳於阿里不哥，廉希憲使别思馬襲殺之。

世祖以匣答兒密立死王事，中統二年，授也罕的斤千户，數有戰功，拔宋五花、石城、白馬等寨。至元七年，宋兵入成都，以四百人拒之，相持四日，宋兵敗退，追擊於眉州，敗之。授蒙古、匣剌魯、河西、漢軍萬户，戍眉州。從攻嘉定，築懷遠砦以扼其要害，屢敗宋兵。

十二年，入朝，賜對衣、玉帶、白金百兩，加昭勇大將軍、上萬户，益兵萬人。會圍重慶，督馬湖江兩岸水陸兵。十四年，從攻瀘州神臂門，先登拔之。又從行樞密院副使卜花攻重慶，屯佛圖關，移屯堡子頭，宋將趙安開門降。復率所部略地恩州。加昭毅大將軍，授嘉定軍民、西川諸蠻夷部宣撫司達魯花赤，增户萬餘。進奉國上將軍、四川宣慰使、都元帥。

十七年，率所部成斡端，拜雲南行省參知政事。二十一年，與諸王相吾答兒、右丞太卜等分道征緬，造舟二百於阿昔、阿和二江，進拔江頭城，以都元帥袁世安守之，且圖其地形勢以獻。先是，遣黑的兒、揚林等諭緬降，不報。諸叛蠻據大公城以拒官兵，復遣僧諭以禍福，反爲所害。乃水陸並進，連拔建都、金齒等十二部，命都元帥合帶、萬户不都蠻等戍之，緬遂納款。二十八年，改四川行樞密院副使，卒。子：火你赤的斤，雲南都元帥；也連阿，蒙古軍萬户。

旦只兒，蒙古答答帶氏。至元初，從征蜀，敗宋兵於馬湖江。九年，從征建都蠻。十三年，從敗宋兵於峽江。又從拔瀘、叙諸州，進圍重慶，敗宋將張萬。瀘州叛，旦只兒先將所部據紅米灣，敗宋援兵，進至安樂山，復敗之，斬首五百餘級。宋兵邀糧運於安樂山，擊走之，遂破其石㮨寨。十四年，從諸軍拔瀘州。張萬欲引兵向合州，旦只兒以鋭卒千人邀擊於龍坎，萬遁走。賜銀符，授管軍千户。從征斡端，至甘州，賜金符，擢總管。十九年，從諸王合班、元帥忙古帶討斡端，與叛王元盧戰，敗之。二十年，諸王八巴以兵來攻，旦只兒敗其衆五百人，拔出亡卒二千餘人，進副萬户。二十六年，授信武將軍、平陽等路萬户府達魯花赤。卒，子建都不花襲。

脱歡，札剌兒台氏。父脱端，爲千户，從皇子闊出伐宋。憲宗三年，鎮蔡州，卒。子不花襲。不花卒，弟阿藍答兒襲。阿藍答兒卒，弟長壽襲，並爲千户長。壽卒，脱歡襲。加武略將軍，佩金符，從阿朮攻陽邏堡，又從攻拔鄂、漢諸州，建康、太平等路。宋將姜才攻楊子橋，脱歡率鋭卒逆之，斬馘無算。俄宋兵又集於堡北，復破之。萬户昔里罕入朝，道滁州，爲宋兵所遮，脱歡擊敗宋兵，出昔里罕。從攻揚州，至泥湖，奪戰艦三十艘。進攻平江，宋將王邦傑等迎降。至元十三年，大軍圍高郵，脱歡率所部赴之，未至二十里，遇宋將漕高郵粟，擒之，又敗高郵兵於城下。十四年春，授懷遠大將軍、太平路達魯花赤。會只里瓦帶寇北邊，遣脱歡禦之，左臂中流矢二，賜鎧甲、弓矢、鞍勒、鈔千五百緡。十五年，從親王斡魯忽台、丞相孛羅西征，加定遠大將軍、福州路達魯花赤，改武昌路。卒。

孛蘭奚，弘吉剌氏。祖忙哥，以后族爲太祖宿衛。父律實，狀貌魁偉，善騎射。太宗問以兵事，應對稱旨，授千户，尋命隸濟南王按只吉歹府。從睿宗伐金，有功。仍入爲宿衛，卒。

孛蘭奚英邁有父風，幼孤，能自刻厲。暇日習弓馬，夜則讀書。其母嘗訓之曰：「汝父忠勇，天不假年。汝能自立，則汝父無憾矣。」孛蘭奚亦感奮，期成其父之志。襲爲濟南王府官。世祖征乃顔，孛蘭奚以王府兵從，躍馬陷陣，所向披靡。世祖望見，壯之，及戰捷，帝勞之曰：「無忝爾父也。」賜黄金及金織文二匹，授宣武將軍、信州路達魯花赤。時江南初附，孛蘭奚宣布德意，與民休息，期年，信州大治。使者以聞，帝遣使賜以上尊。俄以疾卒，年三十三。贈河間路達魯花赤，追封范陽郡侯。

子脱穎不花，歷監察御史、河南道廉訪使、郴州達魯花赤。

怯烈，西域人。雲南行省平章賽典赤辟爲掾。至元十五年，分省大理。緬人入寇，怯烈擊卻之。授行省左右司員外郎。十八年，平章納速剌丁遣詣闕面奏邊事，世祖愛其聰辨，賜虎符，授鎮西平緬麓川等路宣撫司達魯花赤，兼招討使。成都、烏蒙諸驛阻絶，怯烈市馬給傳，往來便之。俄召入，詢征緬事宜，奏對稱旨，賜幣及翎根甲。諸王相吾答兒、右丞太卜征緬，命怯烈率兵船爲嚮導，拔其江頭城。復從雲南王入緬，將兵三千人屯驃甸，招徠蠻峒，民多復業。後入覲，授鎮西平緬宣撫司達魯花赤，兼招討使、僉緬中行中書省事，佩金符。頒詔於緬，緬王稽顙降附，遣世子信合八的入貢。還通奉大夫、雲南行省參知政事，進資善大夫、左丞。二十八年，改四川行樞密院副使。大德四年卒。

月舉連赤海牙，畏兀氏。從憲宗攻合州，奉命修藥麴以療疫，賞白金五十兩。又從皇子忙哥都征雲南。中統三年，火都暨答離叛，從大軍討平之。至元十二年，佩虎符，爲隴右河西道提刑按察使。番酋兀朗孩、火石顏謀爲亂，從皇子安西王討平之。十五年，與伯速帶討平土魯蕃，皇子復賜衣帶、金椀。十七年，進嘉議大夫。二十年，進中奉大夫、四川行省參知政事，尋以疾歸秦州。大德八年，卒。至順中，贈推忠宣力定遠功臣、資善大夫、陝西行省左丞、護軍，追封威寧郡公，謚襄靖。

也速䚟兒，伯牙烏氏。父愛伯，太祖時内附，從濟陰，以五十户從大軍伐宋，戰殁。也速䚟兒襲父職，從大軍經略襄、樊，攻百丈山、鸛子灘，俱有功。樊城圍合，也速䚟兒先登，賜銀鈔。明年，破復州，以功遷百户。主將言賞不酬勞，世祖擢爲千户，賜金符，督五路招討。至元十六年，改授金虎符、管軍總管。宋平，進懷遠大管軍、萬户，領江淮戰艦數百艘，東征日本，全軍而返，特賜養老户一百及弓矢、鞍轡。二十二年，移鎮泰州。是時籍民丁爲兵，得萬人，以也速䚟兒爲欽察親軍指揮使統之。二十四年，詔范文虎將衛軍五萬鎮平灤州，也速䚟兒及右衛僉事王通副之。大德三年，卒。四子：黑厮，襲萬户；黑的，牧馬户同知；延壽拜顔，哈剌赤；完澤帖木兒，廣德萬户府達魯花赤。

昔都兒，欽察氏。父秃孫，從大軍討李璮有功，授百户。至元十年，告老，以昔都兒代之。從攻襄陽、唐、鄧等州，授管軍把總，賜銀符。十四年，從諸王伯木兒追擊只兒瓦台、岳不思兒等於哈喇和林，平之，賜金符，進武略將軍、侍衛軍百户。宋亡，江南郡縣猶有未附者，昔都兒白於省臣，願率所部平之。諸城望風景附，賜虎符，進宣武將軍、溪洞右江萬户府達魯花赤。率洞軍從鎮南王征交趾。二十四年冬十月，屯兵萬劫，右丞阿八赤命進兵，拔其一字城，奪戰艦七。明年春正月，與交趾興道王戰於塔兒山，右臂中毒矢，裹創力戰，諸軍乘勝繼進，大敗之，入其都城。四月，戰於韓邨堡，擒其將黄澤。是夜，交人劫營，官軍堅壁待之，敵退，追敗之，斬馘無算。五月，鎮南王引兵還，以昔都兒爲前軍，至陷泥關，敗追兵，迎鎮南王於女兒關。交人以兵四萬截要路，將士相顧失色，昔都兒率死士奮擊，敗之，鎮南王遂由單巳縣趣盝州間道以出。二十六年，賜虎符，授廣威將軍、炮手匠軍萬户府達魯花赤。大德二年卒，子也先帖木兒襲。

闊里吉思，蒙古按赤歹氏。曾祖八思不花，從太祖平乃蠻諸部，常爲先鋒，佩虎符。以諭降豐州、雲州，擢宣撫使。祖忽押忽辛，襲父職。憲宗語之曰：「汝所佩虎符舊矣，何以旌世功？」命改製，賜之。中統三年，改河中府達魯花赤，卒。父藥失謀，襄陽統軍司經歷，改宿州達魯花赤，不拜。樞密副使孛羅、御史中丞木八剌引見世祖，奏曰：「此忽押忽辛子也，乞以其祖父虎符賜之。」除金剛臺達魯花赤，累遷建康路達魯花赤，卒。

闊里吉思以宿衛充博兒赤。至元二十五年，拜司農少卿，賜金束帶。遷司農卿，進秩資善大夫。未幾，拜榮禄大夫、湖廣行省平章政事，平海南黎峒，入覲，賜玉帶、金銀、幣帛有差。成宗即位，又入覲，賜海東青鶻、白鶻各一。大德二年，改福建行省平章政事，旋改福建道宣慰使、都元帥。遷征東行省平章政事。闊里吉思與高麗王王昛不相能，又多受賄賂。五年，徵還，復拜湖廣行省平章政事。明年，改陝西行省，以目疾還京師。加金紫光禄大夫、雲南行省左丞相。卒，年六十六。子完澤，湖廣行省右丞，征廣西猺，卒於軍中。

伯行，玉吕伯里氏，本西北部人。父忽都，從太祖定中原，遂家於大名路之清豐縣。伯行幼孤，大興尹張柔見而奇之。後從丞相阿塔海鎮揚州，阿塔海奏以本州所領四萬户移於鄂，易鄂州兩萬户戍揚州，廷議如所請。湖廣行省丞相阿里海涯不從，阿塔海使伯行乘馹至鄂州，宣上旨。語竟，阿里海涯怒而面赤。伯行前曰：「此聖旨，公怒，且不敬。」阿里海涯曰：「吾怒阿塔海也。」伯行曰：「聖旨非阿塔海所造，公殆怒上耳。盍姑退！」阿里海涯懼，置酒食謝罪，卒易兩萬户而返。阿塔海以伯行通國語，使專奏對，歲率乘馹六七返。世祖見而喜曰：「是黑髯使者復來矣！」

至元二十二年，授金壇縣尹。未幾，遷行省理問官。帝欲再伐日本，阿塔海言其不便，使伯行入奏，帝悟，遂罷兵。帝諭執政曰：「伯行，朕昔以『黑髯使者』目之，今察其人温良潔正，可當重任。」時桑哥秉政，寢上命不下。阿塔海移江西，奏以伯行自輔，授奉議大夫、行省都鎮撫。

二十九年，除慶元路治中。慶元多宋故家，翰林學士王應麟杜門謝客，伯行首加尊禮，俾學者師事之。胥吏侮士大夫，至叱名召立廷下，伯行禁之，俾稱其故官，民大悦。

大德元年，遷浙東海右道肅政廉訪副使。太傅答剌罕薦其賢，擢工部侍郎。伯行條江南弊政數百事，答剌罕悉革之。十一年，成宗崩。伯行掌諸庫鍵籥，遷尚書。至大元年，加正議大夫。從皇太子幸五台山，頓遞如法，民不知勞，賜白金、名馬以獎之。丁母憂歸，特賜上尊祭墓。起爲兩浙都轉運使，辭不就。再授資國院使，復辭，不允。三年，奉使至江南道，卒，年六十一。延祐四年，贈資政大夫、江浙行省左丞、上護軍，追封順義郡公，謚貞惠。

伯行母徐氏守節，教子甚嚴。及伯行貴，聞其事於朝，詔旌其門。子：和尚，監察御史；教化，同知沔陽府事。

鐵連，乃蠻人，居絳州。祖伯不花，爲宗王拔都傅。鐵連魁偉寡言，有智略。早歲宿衛王府。拔都分地平陽，以鐵連監隰州。中統初，調平陽馬步站達魯花赤。至元初，海都叛，廷議欲伐之。世祖曰：「朕以宗室之情，當懷之以德，其擇謹密足任大事者往使焉。」左右以鐵連對，遂召見。帝嘉其辯慧，曰：「此事非汝不可。然必先詣蒙哥帖木兒，相與計事而後行。」使二人副之。鐵連欲直造海都境，視其虛實，副者弗從，曰：「上命我輩先與諸王議，今遽造敵境，不可。」鐵連曰：「親承密旨，汝輩違則當誅。」副者懼而從之。既至，海都召與宴飲，鐵連乃厲聲斥之曰：「且食勿語，望語言脱口相摭爲罪耶！」良久，海都曰：「直哉！」酒半，鐵連求衣爲賜。海都嘉其辯，將解與之，其妃止之，贈以衣二襲，因語其屬曰：「爲使者當如是矣。」

及至蒙哥帖木兒所，具告以故。王曰：「祖宗有訓，叛者人得誅之。如通好不從，奉師以行天罰，我即外應掩襲，剿絶不難矣。」鐵連還，悉以事聞，因言於帝曰：「海都兵多而鋭，不宜速戰。來則堅壘待之，去則勿追，自守既固，必無他虞。」帝然之，敕所受海都裘飾以金，凡朝會服之，以旌其奉使之勞。

後屢使於海都，道遇海都游兵，副者前行失對，遇害。鐵連後至，曰：「我爲天子使，可以非禮犯耶！」游兵語屈，乃曰：「前者僞使，此真使也。」釋之，遂得還。帝常謂侍臣曰：「有鐵連，則朕之宗族不失和好矣。」鐵連始終凡四往返，歷十有四年。帝謂鐵連曰：「在朝官之要重者，惟汝所擇。」對曰：「臣志在王室，其事未辦，不敢奉命。今臣母在絳州，老且病，得侍朝夕，幸也。」詔從其請，授絳州達魯花赤。至元十五年，平陽李二謀亂，鐵連捕問，盡得其狀。中書奏進其秩，帝曰：「鐵連豈惟能辦此耶？」加宣武將軍。至元十八年，病卒於官，年六十四。子答剌帶嗣，官信武將軍、同知大同路總管府事。

謨克博羅，維尼斯國人。從其父來中國貿易。世祖平江南，授爲杭州管税官，乞解職返國，從之。時旭烈兀後王阿魯渾使者至，求漢女爲妃，世祖以蒙古女庫喀奇賜之，媵以宋宗室女，使謨克博羅送之，並使通好於英吉利、法蘭西、日斯巴尼亞諸國。謨克博羅與阿魯渾使者三人，從海道歸。逾年，始抵西域忽里模子。阿魯渾已前卒，蓋喀圖嗣立，命謨克博羅送女於合贊，阿魯渾之長子也。謨克博羅著游記，載西域及中國事甚悉。泰西人入中國，著書，以謨克博羅爲稱首云。

【校勘記】

〔一〕「葉仙鼐」，正文作「葉僊鼐」。本書卷二九《氏族表下》作「葉仙鼐」。按《元史》目録亦作「葉仙鼐」，本傳作「葉僊鼐」。

〔二〕「坐椅」，原作「生椅」，據《元史》卷一三五列傳第二十二《阿荅赤傳》改。

〔三〕「懷遠大將軍」，「懷遠」原作「遠遠」，據《元史》卷一三三列傳第二十《脱力世官傳》改。

〔四〕「賦税」，原作「賦脱」，據《元史》卷一三三列傳第二十《脱力世官傳》改。

新元史卷之一百五十五　列傳第五十二

賽典赤贍思丁 納速拉丁　烏馬兒　忽辛　布魯海牙 廉希憲　廉希賢　廉惠山海牙　闊闊 堅童

賽典赤贍思丁，一名烏馬兒，回回人別庵伯爾之裔。別庵伯爾者，西域諸國尊回回教主之名也。賽典赤，猶華言貴族。贍思丁自云「與中國孔子同世系」，言爲教主後，同於中國孔氏之貴云。父苦魯馬丁。太祖征西域，贍思丁率千騎迎降，獻文豹、白鶻。命直宿衛，賜號賽典赤而不名。太宗即位，授豐、净、雲内三州都達魯花赤，改太原、平陽二路達魯花赤，遷燕京斷事官。憲宗即位，命與塔剌渾行六部事，改燕京路總管，旋擢本路採訪使，多惠政。

世祖中統元年，立十路宣撫司，改燕京路宣撫使。二年，拜中書平章政事。至元元年，出爲陝西五路、四川行省平章政事，涖官三年，增户九千五百六十五、軍一萬二千二百五十五、鈔六千二百二十五錠，屯田糧九萬七千二十一石，撙節和買鈔三百三十一錠。中書奏聞，賜銀五千兩，命陝西五路、四川行院大小官並聽節制。七年，改軍前行尚書省事，鎮四川。宋嘉定守將昝萬壽與賽典赤對壘，賽典赤推誠待之，萬壽心服。未幾，召還。萬壽請置酒爲好，左右難之，賽典赤竟往。酒至，左右復請勿飲，賽典赤笑曰：「汝等何見之小？昝將軍能毒我，豈能盡毒我國之人乎！」萬壽歎服。八年，大軍圍襄陽，詔各路進兵以牽制之。賽典赤與僉省鄭鼎，水陸並進，至嘉定，縱筏斷其浮橋，獲戰艦二十八艘。尋命行省事於興元，主饋運。

十年，入覲，帝謂賽典赤曰：「雲南朕嘗親至。其地比委任失宜，使遠人不安。欲選謹厚者撫之，無如卿者。」賽典赤受命，退朝，繪雲南輿圖以上。帝大説，拜雲南行省平章政事，賜鈔五十萬緡。

時南平王禿魯鎮雲南，惑於左右之言，以賽典赤至必奪其權，徵兵備之。賽典赤遣其子納速剌丁先謁禿魯，請曰：「天子命臣安輯雲南，今未敢專，請王遣一人來共議其事。」禿魯聞之，遽詈其下曰：「幾爲汝輩所誤！」明日遣親臣撒滿、立哈乃等至，賽典赤問相見之禮，對曰：「吾等與納速拉丁偕來，猶兄弟也，請以子禮見。」皆獻名馬爲贄，拜跪甚恭，觀者大駭。賽典赤設宴，盡以金銀酒器與之。明日來謝，賽典赤謂之曰：「二君雖宗王親臣，未有名爵，不可議國事；欲屈爲行省斷事官，以未見王，不敢擅授。」請一人還報，從之。禿魯大悦，由是政令一聽賽典赤所爲。

十二年，奏：「雲南諸夷未附，擬宣慰司兼行元帥府事，並受行省節制。」又奏：「哈剌章、雲南壤地相等，而州縣皆以萬户、千户主之，宜改置令長。」並從之。雲南俗：男女自相配偶，親死則火之，無喪祭之儀。其地無桑麻秔稻，子弟不知讀書。賽典赤教以媒妁通婚，死者爲之棺槨奠祭，又教民播種，爲陂池以防旱潦，創建孔子廟、明倫堂，以經史授學者，由是舊習漸除。雲南以貝爲錢，時初行鈔法，民不便之，賽典赤奏聞，俾仍其舊。又以山路險遠，多盜賊，相地置鎮，每鎮設土官一人、百户一人，遇盜賊劫掠，則罪之。

有怨家走京師，誣告賽典赤專僭數事，帝命械送賽典赤治其罪。既至，賽典赤脱械諭之曰：「汝不知上以便宜命我，故疑我專僭。今貰汝罪，且官之，能竭忠自贖乎？」皆叩頭謝，誓以死報。

交趾叛服不常，湖廣行省遣兵討之，失利。賽典赤使人諭以逆順禍福，且約爲兄弟。其王親至雲南，賽典赤郊迎，待以賓禮，遂乞永爲藩服。

蘿槃甸叛，命賽典赤討之，有憂色。左右問其故，賽典赤曰：「吾非自憂，憂汝輩冒鋒鏑，不幸無辜而死；又憂汝輩劫掠，使民不聊生耳。」師次蘿槃城，三日不降，諸將欲攻之，賽典赤不可。遣使諭之，越三日仍不降，諸將怒，請進兵，又不可。俄將校有乘城而上者，賽典赤大怒，鳴金止之，召萬户責之曰：「天子命我安撫雲南，未嘗命我殺戮。無主將命而擅攻，於軍法當誅。」叱左右縛之，諸將叩頭，請俟城下之日軍法從事。蘿槃酋聞之，曰：「平章寬仁如此，吾拒命不祥。」乃出降，由是諸夷翕然款服，廣南儂士貴、左江李維屏、右江岑從威，共籍户四十萬來聽命。夷酋入見，必有獻納，賽典赤悉分賜從官，或以贍貧民，秋豪無所取。又以酒食勞諸酋，製衣冠韡襪，易其卉服草履，衆皆感悦。

至元十六年，卒，年七十九，百姓巷哭。交趾遣使者齊衰致祭，其祭文有「生我育我，慈父慈母」之語云。帝思賽典赤之功，詔雲南省臣守其成規，勿擅改。大德元年，贈守仁佐運安遠濟美功臣、太師、開府儀同三司、上柱國，追封雍國公，謚忠懿。後進封咸陽王，改謚忠惠。子：納速剌丁；次哈散，廣東道宣慰使、都元帥；次忽辛；次苦速丁兀默里，建昌路總管；次馬忽速，雲南行省平章政事。

納速拉丁，累官中奉大夫、雲南路宣慰使都元帥。至元十四年，遷大理、金齒等處宣慰使都元帥，以兵抵金齒、蒲驃、曲蠟、緬國，招降帖木、乃木、普蒙、帖木、巨木、禿磨欲等砦土官。曲臘溝折民四千，孟磨愛吕民一千，磨奈蒙匡黑答八剌民二萬，蒙古甸甫禄保民一萬，木都彈禿民二萬，以馴象十二入貢。賜金五十兩、衣二襲，將士賞賚有差。

十七年，授資德大夫、雲南行省左丞，尋遷右丞。建言三事：一，雲南規措所造金薄貿易病民；一謂雲南有行省，又有宣慰司、都元帥府，近宣慰司已罷，而元帥府尚存，行省既兼領軍民，則元帥府當罷；一謂官吏子弟入質，大吏子弟當遣，餘當罷。並從之。

二十一年，進榮禄大夫、平章政事。從皇子托歡征交趾，賜銀二千兩。雲南俗尚鬼，相傳劚土一尺，則死者旋踵。納速拉丁告誡之，使劚土者日以聞，於是築隄防、建廬舍皆無避忌。二十八年，拜陝西行省平章政事。納速拉丁受代去，雲南人範金爲像祀之。二十九年，卒。贈推誠佐理協德功臣、太師、開府儀同三司、上柱國、中書左丞相，追封岐國公，謚貞簡。後進封延安王，改謚宣靖。子十二人：伯顔，中書平章政事；次烏馬兒；次沙的，雲南行省左丞；次阿榮，太常禮儀院使；次伯顔察兒，中書平章政事，贈守誠佐治安惠世美功臣、太師開府儀同三司、上柱國、中書左丞相，追封奉元王，謚忠憲。

烏馬兒，累官福建行省平章政事，建泉州、興化兩郡廟學，置學田。又築興化、莆田等縣海塘爲田，以贍貧民，閩人頌之。

至治元年，改江浙行省平章政事，領江淮等處財賦都總管府事。歲饑，出財賦府米十萬石賤糶之，又自購米五百石食饑者。是年冬，京師亦歲祲，詔江浙行省每歲海運米二百三十萬石，使春運五十八萬，以四月至京師，一府愕然，曰：「凡海運以夏至爲期。方春，東北風多，安能濟事？」烏馬兒曰：「吾奉天子命，不敢緩，即時開運。」四月，海道萬户府以狀聞，運米五十五萬石赴都倉訖，官民相慶。時江淮財賦府初立，烏馬兒入覲，太皇太后勞而遣之。至是，半歲之輸增三十三萬錠。太皇太后賜織室錦襖、大官上尊以爲寵賚焉。後卒於官。

忽辛〔一〕，賽典赤第三子也。以世臣子直宿衛，世祖善其應對。至元十四年，授兵部郎中，出爲河南等路宣慰司同知。河南多盜，官軍緝捕失利，忽辛遣人持檄諭之，有二人來降，忽辛賜以冠服，放還，使招其部黨。未幾，偕盜魁十餘輩至，羅拜庭下，瞻視異常。左右驚怖失措，忽辛使吏籍其姓名爲民，以飲食賜之，命服役於左右。羣盜聞之，相繼款附。二十一年，授雲南諸路轉運使，累遷汴梁路總管三十年，授兩浙鹽運使。

大德元年，擢江東道宣慰使。改陝西行省御史中丞，又改雲南行省右丞。時梁王松山以皇曾孫鎮雲南，忽辛條諸不便事，白於梁王改之，王不可。忽辛與左丞劉正馳還京師，詔王依所奏施行。於是病民之政，剗除始盡。豪民避徭役投充王府宿衛，忽辛按舊額所無者，悉籍爲民，去其宿衛三分之二。馬龍州酋謀反，事覺，王將釋之，忽辛與劉正反覆研鞫，盡得姦狀，斬之。軍糧支給，道有遠近，吏胥緣爲奸，忽辛籍軍户姓名及倉廪之所在，更番支給，弊遂革絶。

先是，賽典赤建孔子廟，置祭田。及卒，田爲大德寺所有，忽辛奪還之，令諸路徧立廟學，文教大行。

廣南酋沙奴素强悍，嘗受宋之金印。忽辛遣使招之，留數月不遣。酋請還，忽辛曰：「汝欲還，可納印來。」酋不得已，以印上。忽辛置酒宴勞，使賫印入覲。

五年，緬酋負固不服，忽辛遣人諭之曰：「我老賽典赤之子，一切奉先人訓，汝國所不便事，當爲汝更之。」緬酋聞之，即與使者偕至，獻白象一，曰：「此象古所未有，今應聖德而來，敢效方物。」忽辛奏聞，帝大悦。俄有附會圖讖以惑王者，忽辛與劉正密奏之，帝遣使者按問，誅之。忽辛偕使者入覲。

八年，改四川行省左丞，又改江西行省。至大元年，拜榮禄大夫、江西行省平章政事。明年，以母老乞養歸，卒於家。天曆元年，贈守德宣惠敏政功臣、上柱國、雍國公，謚忠簡。子伯杭，中慶路達魯花赤；曲列，湖南道宣慰使。

史臣曰：元末歙人羅文節爲普定府知事，豪酋饋以金文，節卻之。酋怒曰：「君賽典赤耶？乃不受吾金！」賽典赤之名爲蠻夷所重如此，雖鄭子産、楚孫叔敖何以尚之哉！

布魯海牙，畏吾兒人。祖牙兒八海牙，父吉台海牙，俱以功爲其國世臣。布魯海牙年十八，隨亦都護内附，充宿衛。太祖西征，布魯海牙扈從，不避勞苦，賜羊馬、氈帳，又以西遼菊兒汁女耶律氏配之。太祖崩，拖雷監國，選使燕京總理財賦。使還，莊聖太后聞其廉謹，請於太宗，使管湯沐邑，凡軍民匠户在燕京、中山者悉統之，又賜中山店舍、園田、民户二十，授真定路達魯花赤。

太宗三年，拜燕南諸路廉訪使，佩金虎符，賜民户十。未幾，授斷事官。時斷事官得專生殺，布魯海牙慎於用刑。有誤毆人死者，吏論以重法，其子號泣請代。布魯海牙戒吏，使縛送於市，懼則殺之。其子無懼色，乃曰：「誤毆人死，情有可原；子而能孝，義無可誅。」遂併釋之，使出銀以資葬埋。

是時法制未定，奴有罪，主得專殺。布魯海牙知其非法而不能救，嘗出金贖死者數十人。隸軍籍者，憚於行役，往往募人代之，又多逃歸者。朝廷定制：募代者杖百，逃歸者死。命布魯海牙與斷事官卜只兒按順天等路，得募人代者萬一千户，逃者十一人。布魯海牙憫而奏之，皆得輕減。有丁多産富、未至役而逃者，則曰：「此而不殺，何以懲後！」其執法平允，類如此。

世祖即位，擇信臣宣撫十道，命布魯海牙使真定。真定富民出錢貸人者，不踰時倍取其息，布魯海牙使息如本而止，著爲令。中統鈔法行，以金銀爲本，本至，乃降新鈔。真定無金銀，鈔不可得。布魯海牙遣幕僚邢澤往謂平章王文統曰：「昔奉太后旨，金銀悉送上京。真定南北要衝之地，商賈甚多，今舊鈔既罷，新鈔不降，何以爲政？且以金銀爲本，豈若以民爲本乎！」文統不能奪，立降鈔五千錠，民賴以濟。俄遷順德等路宣慰使，佩金虎符。來朝，帝命坐，慰勞之，賜海東青鶻。至元二年秋，卒，年六十九。

初，布魯海牙拜廉訪使，命下之日，子希憲適生，喜曰：「吾聞古以官爲姓，天其以廉爲吾宗之姓乎？」故子孫皆姓廉氏。後或奏廉氏仕進者多，宜稍汰之，世祖曰：「布魯海牙功多，子孫亦朕所知，非汝所當預也。」

大德初，贈儀同三司、大司徒，追封魏國公，謚孝懿。子十三人：希閔，蘄黄等路宣慰使；希憲；希恕，中書平章政事、湖廣行省左丞；希尹；希顔；希愿；希魯；希貢，昭文館大學士、薊國公；希中；希括；阿魯渾海牙，廣德路達魯花赤。孫五十三人，多顯仕。

廉希憲，字善甫，一名忻都。幼魁偉，舉止異凡兒。九歲，家奴四人盜五馬逃，既獲，法當死。布魯海牙將付有司，希憲泣諫止之，俱得免。又嘗侍母居中山，有二奴醉出惡言，希憲曰：「是以我爲幼也。」即送府獄，杖之。皆奇其有識。年十九，侍世祖於潛邸，恩遇殊絶。希憲篤好經史，手不釋卷。一日，方讀《孟子》，聞召，懷書以進。世祖問：「讀何書？」對曰：「《孟子》。」又問《孟子》大義，對曰：「陳王道，明義利，不忍一牛，推恩四海。」世祖嘉之，目曰「廉孟子」，由是知名。與近臣校射世祖前，希憲腰插三矢，有欲取以射者，希憲曰：「汝以我爲不能耶？但吾弓力稍弱耳。」左右授以勁弓，三發連中。衆驚服曰：「真文武材也！」

世祖受京兆分地，命希憲爲宣撫使。京兆控制隴蜀，王藩分布左右，民雜羌戎，號難治。希憲講求利病，抑强扶弱。暇日從名儒許衡、姚樞等諮訪治道，首請用衡提舉京兆學校，教育人材，爲根本計。國制：爲士者不隸奴籍。京兆多豪强，令格不行。希憲至，悉令著籍爲儒。貧民貸富家錢，至本息相當，收其本，又以息爲券，展轉責償，號羊羔利。負則虐待之，不勝其毒。希憲正其罪，償利勿過本息，餘皆取券焚之，著爲令。

初，世祖受命憲宗，經理河南、關右，讒者謂王府人多專擅不法。至是，命阿藍答兒、劉太平檢核所部，用酷吏分領其事，大開告訐。希憲曰：「宣撫司事由己出，有罪當獨任，僚屬何預！」及事竟，無獲罪者。憲宗九年，世祖渡江圍鄂州，希憲引儒生百餘拜伏軍門，因言：「王師渡江，凡士人宜官爲贖還，以廣示德意。」世祖從之，還者五百餘人。憲宗凶聞至，希憲啟曰：「殿下太祖嫡孫，先皇母弟，子惠黎元，率土歸心。今大行奄棄萬國，神器無主，願速還正大位，以安天下。」世祖然之，且命希憲先行審察事變。對曰：「劉太平、霍魯歡在關右，渾都海在六盤。太平性險詐，素畏殿下英武，倘倚關中形勢，連結諸將，則不可制。宜遣趙良弼往覘人情向背。」從之。後良弼自關中奏劉太平等反狀，卒如希憲言。

阿里不哥搆亂北邊，使脱忽思僉兵河朔。真定名士李槃，嘗奉莊聖太后命，侍阿里不哥講讀。脱忽思怒槃不附己，械之。希憲白於世祖而釋之。宗王塔察兒，東諸侯之長也，世祖欲招徠之，難其使，希憲請行。塔察兒宴希憲，希憲從容説之曰：「大王屬尊望重，發言推戴，誰敢不協？」塔察兒從其議。還奏世祖，驚曰：「此大事，卿何輕率如此？」對曰：「《論語》謂『時然後言』，臣所言亦惟其時耳。」

明年，至開平，宗室諸王勸進，世祖謙讓未允。希憲復以天時、人事進言，且曰：「阿里不哥於殿下爲母弟，留守和林，專制有年，或覬望神器，事不可測，宜早定大計。」世祖良久曰：「吾意決矣！」明日遂即位，建元中統。希憲上言：「高麗王世子倎久留京師，今聞其父死，宜立爲王，遣還國，以恩結之。」又言：「宜遣使與宋講好，敕諸軍北歸。」帝皆從之。

初分漢地爲十道，乃併京兆、四川爲一道，以希憲爲宣撫使。劉太平、霍魯歡聞之，乘驛急至京兆，謀爲變。後一日，希憲至，宣布詔書，遣使安慰六盤。未幾，斷事官闊闊出遣使來告：「渾都海已反，殺所遣使者朵羅台，遣人約密里火者於成都，乞台不花於青居，各以兵來援。又多與蒙古軍奧魯官兀奴忽等金帛，盡起新軍，且約太平、霍魯歡同日俱發。」希憲得報，召僚屬謂曰：「上新即位，責任吾等，正爲今日。不早爲之計，悔將無及！」遣萬户劉黑馬、京兆治中高鵬霄、華州尹史廣，掩捕太平、霍魯歡及其黨，獲之，悉置於獄。復遣劉黑馬誅密里火者，總帥汪惟正誅乞台不花，具以驛聞。時關中無兵，命汪惟良率秦、鞏諸軍進駐六盤，惟良以未奉詔爲辭。希憲即解所佩虎符、銀印授之，付銀一萬五千兩以充功賞，出庫幣製軍衣。惟良感激，遂行。又發蜀卒更戍，及在家餘丁，推節制諸軍蒙古萬户八春將之，謂之曰：「君所將之衆，未經訓練，六盤兵精，勿與争鋒，但張聲勢，使不得東，則大事濟矣。」會有詔大赦，希憲命絞太平等於獄，尸於通衢，方出迎詔，人心遂安。乃遣使自劾停赦行刑、徵調諸軍、擅以惟良爲帥等罪。帝深善之，曰：「《經》所謂『行權』，此其事也。」别賜金虎符，使節制諸軍，且詔曰：「朕委卿以方面之權，事當從宜，勿拘常制，坐失事機。」

西川將紐鄰奥魯官，將舉兵應渾都海，八春獲之，繫其黨五十餘人於乾州獄，送二人至京兆，請殺之。二人自分必死，希憲謂僚佐曰：「渾都海不能乘勢東來，保無他慮。今衆志未一，猶懷反側，彼見其將校囚執，或别生心，爲害不細。若因其懼死，並加寬釋，使之感恩效力，就發其餘丁往隸八春，上策也。」紐鄰見奥魯官得釋，果大喜過望，切諭其屬，人人感悦。

渾都海知京兆有備，遂渡河西趨甘州，阿藍荅兒復自和林率兵應之，又使紐鄰兄宿敦爲書招其弟。於是成都帥百家奴，興元帥忙古台，青居帥汪惟正、欽察，俱遣使言，人心危懼，事不可測。希憲遣使諭之，兩川諸將夙憚希憲威名，皆從命。時朝議欲棄兩川，退保興元，希憲奏曰：「四川已定，無故自墮成功，後悔不及。」帝即拜希憲中書右丞、行秦蜀中書省事。渾都海、阿藍荅兒合軍而東，諸將失利，河西大震。會親王合丹及汪惟良、八春等合兵，復戰，大敗之，俘斬略盡，梟二叛首於京兆市。事聞，帝大奬之，曰：「希憲真男子也！」進拜平章政事，賜宅一區。時希憲年甫三十云。

希憲奏：「四川降民皆散處山谷，宜申敕軍吏禁止俘掠，違者千户以下與犯人同罪。」又禁諸人無販易生口，由是四川遂安，降者益衆。又罷解鹽户所摘軍，及京兆諸處無籍户戍靈州屯田者，以寬民力。欽察獲宋將張炳震、王政二人，以母老，願賜矜放，希憲皆遣之。因爲書與宋四川制置使余玠，諭以天道、人事。玠得書感愧，不復輕動。鞏昌帥府言，鎮戎州有謀叛者，連引四百餘人。希憲詳推之，惟誅首惡五人。宋將劉整以瀘州降，盡繫前降宋者數百人待報。希憲奏釋之，且致書宰相，待釐以恩，當得其死力。宋將家屬之在北者，希憲歲給資糧，仕於宋者，子弟得越界省其父母，人皆感之。

詔括北京諸郡牛馬以濟河西，希憲奏曰：「關中凋瘵已極，歲賦不充，不堪此役。」奏入，特復一年。

希憲父布魯海牙爲順德等路宣撫使，入朝面奏曰：「臣子希憲誤蒙獎拔，恩逾其分，且事多專，輒恐開後釁。」帝曰：「朕欲大用希憲久矣，第難於代者，卿勿疑懼。」

李璮反，事連王文統。平章趙璧素忌希憲勳名，因言：「文統爲張易、廉希憲薦引，遂至大用。且關中形勝之地，希憲得民心，有商挺、趙良弼爲之輔，此事宜關聖慮。」帝曰：「希憲自幼事朕，朕知其心。挺、良弼皆正士，何慮焉？」蜀伶人費寅爲同知興元府事，後坐法當死，會赦免。希憲惡其爲人，不用。寅乃爲飛語，譖希憲因李璮叛，亦治兵，潛蓄異志。帝惑之，命中書右丞南合代希憲行省，且覆驗其事，卒無實。詔希憲還京師，陛見，奏曰：「方關陝叛亂，川蜀未寧，事急星火，臣隨宜行事，不謀佐貳。如寅所言，罪止在臣，臣請逮繫有司。」帝撫御床曰：「當時之言，天知之，朕知之，卿何罪！」慰諭良久。進拜中書平章政事。

一日夜半，召希憲入禁中，從容道藩邸舊事，因及趙璧所言〔一〕。希憲曰：「昔攻鄂時，賈似道作木栅環城，一夕而成。陛下顧扈從諸臣曰：『吾安得如似道者用之？』劉秉忠、張易進曰：『山東王文統，才智士也，今爲李璮幕僚。』詔問臣，臣對：『亦聞之，實未嘗識其人。』」帝意始釋。

希憲在中書，振舉綱維，綜核名實，汰逐冗濫，裁抑僥倖，當時翕然稱治。又建言：「國家自開創以來，凡納土及始命之臣，咸令世守，至今將六十年，州縣長吏皆其皁隸僮奴。宜更張之，使考課黜陟。」乃議行遷轉法。

至元元年，丁母憂，率親族行古喪禮，勺飲不入口者三日，慟則嘔血，不能起，寢卧草土，廬於墓側。宰執以憂制未定，欲勸之出，既至，聞號痛聲，竟不忍言。未幾，有詔奪情起復，希憲雖不敢違命，然出則素服從事，入必縗絰。及喪父，亦如之。

奸臣阿合馬領左右部，專總財賦。會其黨相攻，帝命中書推覆，衆畏其權，莫敢問。希憲窮治其事，以狀聞。杖阿合馬，罷所領歸有司。帝諭希憲曰：「吏廢法而貪，民失業而逃，工不給用，財不贍費，先朝患此久矣。自卿等爲相，朕無此憂。」對曰：「陛下聖猶堯舜，臣等未能以皋陶、稷、契之道，輔佐太平，實爲溺職。今日小康，未足多也。」因論及魏徵，對曰：「忠臣、良臣，何代無之？顧人主用不用爾！」有内侍傳旨内朝堂，言某事當爾，希憲曰：「此閹宦預政之漸，不可啟也。」遂入奏，杖之。

言者訟丞相史天澤，親黨布列中外，威權日盛。詔罷天澤政事，使待鞫問。希憲進曰：「天澤事陛下久，知天澤深者，無如陛下。陛下以其可付大事，用爲輔相，小人一旦有言，陛下當察其心跡，果有肆横不法者乎？今日信臣，故臣敢進言。他日有訟臣者，臣亦遭疑矣。臣等備員政府，陛下之疑信若此，何敢自保？天澤既罷，亦當罷臣。」帝良久曰：「卿且退，朕思之。」明日，帝召諭希憲，事遂解。

又有訟四川帥欽察者，帝敕中書遣使誅之。明日，希憲復奏。帝怒曰：「尚爾遲回耶！」對曰：「欽察大帥，以一小人言誅之，民心必駭。宜逮至京師，與訟者廷對，然後明其罪於天下，誅之未晚。」詔遣使者按問，事竟無實，欽察得免。

希憲每奏議帝前，論事激切無少回惜。帝曰：「卿昔事朕王府，多所容受。今爲天子臣，乃爾木强耶？」希憲對曰：「王府事輕，天下事重，一或面從，天下將受其害，臣非不自愛也。」

方士請煉大丹，敕中書給所需。希憲以秦、漢故事奏，且曰：「堯、舜之壽，不因大丹也。」帝曰：「然。」遂卻之。時方尊禮國師，帝命希憲受戒。對曰：「臣受孔子戒矣！」帝曰：「孔子亦有戒耶？」對曰：「爲臣當忠，爲子當孝。孔子之戒，如是而已。」

五年，始建御史臺，繼設各道提刑按察司。時阿合馬專總財利，乃曰：「庶務責成諸路，錢穀付之轉運，今如此繩治，事何由辦？」希憲曰：「立臺察，古制也。內則彈劾奸邪，外則訪求民瘼，裨益國政，無大於此。若去之，使上下專恣貪暴，事豈可集耶！」阿合馬不能對。

七年，詔釋京師繫囚。西域人匿贊馬丁用事先朝，資累巨萬，爲怨家所告，繫大都獄，既釋之矣，時希憲在告，實不預其事。是秋，車駕還自上都，怨家訴於帝，希憲取堂判補署之，曰：「天威莫測，豈可幸其不署以苟免耶！」希憲入見，以詔書爲言。帝曰：「詔釋囚耳，豈有詔釋匿贊馬丁耶？」對曰：「不釋匿贊馬丁，臣等亦未聞有此詔。」帝怒曰：「汝等號稱讀書，臨事乃爾，宜得何罪？」對曰：「臣等忝爲宰相，有罪當罷退。」帝曰：「但從汝言。」即與左丞相耶律鑄同罷，時至元七年也。

一日，帝問侍臣：「希憲居家何爲？」侍臣以讀書對，帝曰：「讀書固朕所教，然讀之而不肯用，多讀何爲？」意責其不復求進也。阿合馬因譏之曰：「希憲日與妻子宴樂爾。」帝變色曰：「希憲清貧，何從宴設？」希憲有疾，帝遣醫診視，醫言須用沙糖。時沙糖最難得，家人求於外。阿合馬與之二斤，且致密意。希憲卻之曰：「使此物果能活人，吾終不以奸人所與服之也。」帝聞而賜之。右丞相安童奏希憲行省河西。帝曰：「河西諸王分地，希憲執法嚴，於朕意尚不肯曲從，豈聽諸王命者？」

會嗣國王頭輦哥鎮遼陽，言者劾其擾民不便。十一年，詔起希憲爲北京行省平章政事，肩輿入辭，賜坐，帝温諭良久，且曰：「遼霫户不下數萬〔三〕，諸王、駙馬分地所在，彼皆素知卿，故命卿往，體朕此意可也。」故事親王使者傳令旨，官立聽。希憲至，始革正之。

有西域人自稱駙馬，營於城外，繫富民，誣其祖父嘗貸息錢，索償甚急。民訴之行省，希憲命收捕之。其人怒，乘馬入省堂，坐榻上。希憲命捽下，跪而問之曰：「法無私獄，汝何人，敢擅繫良民！」令械之。其人惶懼求哀，國王亦爲之請，乃令其待對，遂夜遁。俄詔頭輦哥歸國，希憲獨行省事。

朝廷降鈔買馬六千五百，希憲遣買於東州，得羨餘馬千三百。希憲曰：「上之則若自衒。」即與他郡之不及者，以其直還官。長公主及駙馬入朝，縱獵，發民牛車載其所獲，徵求費至萬五千貫。希憲宴公主，從者怨飲食不及，希憲曰：「我天子宰相，非汝庖人。」駙馬怒，起立，希憲面責之曰：「駙馬畋獵，非國制也。費民財不貲，我已馳奏矣。」駙馬驚，入告公主。公主出，飲希憲酒，曰：「從者擾民，吾不知也。請以鈔萬五千貫還斂民之直，幸勿遣使者。」自是貴人皆莫敢縱。

十二年，右丞阿里海牙下江陵，圖地形上於朝，請命重臣開府鎮之。帝急召希憲還，使行省荆南，賜坐，諭曰：「荆南入我版籍，欲使新附者感恩，未來者向化，且令宋人知我朝有臣如此，亦足以戢其心。南土卑濕，於卿非宜，今以大事付託，度卿不辭。」賜田以養居者，馬五十以給從者。希憲曰：「臣每懼才識淺近，不能勝大任，何敢辭疾？然敢辭新賜！」復有詔，令希憲承制授三品以下官。

希憲冒暑疾驅以進。至鎮，阿里海牙率其屬郊迎，望拜塵中。荆人大駭。即日禁剽奪，通商販，興利除害，兵民安堵。首録宋故宣撫、制置二司幕僚能任事者，以備采訪，仍擇二十餘人隨材授職。左右難之，希憲曰：「今皆國家臣子也，何用致疑！」

時宋故官禮謁大府，必廣致珍玩。希憲拒之，且語之曰：「汝等身仍故官，或不次遷擢，當念聖恩，盡力報效。今所饋者，若皆己物，我取之爲非義；一或係官，事同盜竊；若斂於民，不爲無罪。」皆感激謝去。又令敢殺俘獲者，以故殺平民論；爲軍士所虜、病而棄之者，許人收養，病愈，故主不得復有；立契券質賣妻子者，重其罪，仍没入其直。

先時，江陵城外瀦水爲陂以禦敵，希憲命決之，得良田數萬畝，分於貧民。發沙市倉粟不入官籍者二十萬斛，以賑公安之饑。大綱既舉，乃選教官置經籍，且日親詣講舍，以厲諸生。

西南溪洞及思、播田、楊二氏，重慶制置使趙定應，俱越境請降。事聞，帝曰：「先朝非用兵不能得地，今希憲能令數千百里外越境納土，其治效可知矣。」關吏得江陵人私書，不敢發，上之。樞密發於帝前，其中有曰：「歸附之初，民不聊生。皇帝遣廉丞相出鎮荆南，豈惟人漸德化，昆蟲草木，咸被澤矣。」帝曰：「希憲不嗜殺人，故能爾也。」

希憲疾久不愈，十五年春，近臣董文忠言：「江陵濕熱，如希憲病何？」乃召希憲還。江陵民號泣遮道留之，相與畫像建祠。希憲囊槖蕭然，帝知其貧，特賜白金五千兩、鈔萬貫。

五月，至上都。太常卿田忠良來問疾，希憲謂曰：「上都，聖上龍飛之地，天下視爲根本。近聞龍岡遺火，延燒民居，此常事耳，慎勿令妄談地理者惑動上意。」未幾，果有以徙建都邑上奏者，樞密副使張易、中書左丞張文謙與之廷辯，力言不可，帝不悦。明日，召忠良質其事，忠良以希憲語對，帝曰：「希憲病甚，猶慮及此耶！」議遂止。

詔徵揚州名醫王仲明視希憲疾。既至，希憲服其藥，能杖而起，帝喜，謂希憲曰：「卿得良醫，疾向愈矣。」對曰：「醫持善藥以療臣疾，苟能戒慎，則誠如聖諭；設或肆情縱欲，良醫何益？」蓋以醫諷諫也。

會議立門下省，帝曰：「侍中非希憲不可。」遣中使諭旨曰：「鞍馬之任，不以勞卿。坐而論道，時至省中。事有必須執奏，肩輿以入可也。」希憲附奏曰：「臣疾何足恤！輸忠效力，生平所願。」皇太子亦遣人諭旨曰：「上命卿領門下省，無憚羣小，吾爲卿除之！」然竟爲阿合馬所沮。

十六年春，賜鈔萬貫，詔復入中書，希憲稱疾篤。皇太子遣侍臣問疾，因詢治道，希憲曰：「君天下在用人，用君子則治，用小人則亂。臣病雖劇，委之於天。所甚憂者，大奸專政，羣小阿附，誤國害民，病之大者。殿下宜開聖意，急爲屏除，不然，不可藥矣。」戒其子曰：「丈夫見義勇爲，禍福無預於己。謂皋、夔、稷、契、伊、傅、周、召爲不可及，是自棄也。天下事苟無牽制，三代可復也。」又曰：「汝讀《狄梁公傳》乎？梁公有大節，爲不肖子所墜，汝輩宜慎之。」

十七年十一月，有大星隕於正寢之旁，流光照地，久之方滅。是夕，希憲卒，年五十。希憲在中書，宋降將劉整上謁，希憲弟希貢爲通報。希憲方讀書，不答。希貢出，整復求見。希憲中坐，命整入。整再拜，希憲不予一言。整求退，謂之曰：「此我之私宅，汝欲有所陳，明日當至政事堂見我。」整出，愧赧無人色。未幾，宋太學諸生袖詩入見，希憲肅容入，執禮甚恭。諸弟問之，希憲曰：「吾國家大臣，嚬笑繫天下輕重。整，叛臣也，故折辱之，令其知君臣之義。至寒士，皆誦法孔子者，我不禮敬之，則儒術將掃地矣。」丞相伯顏嘗曰：「廉公，男子中真男子，宰相中真宰相也。」其推服希憲如此。

大德八年，贈忠清粹德功臣、太傅、開府儀同三司、追封魏國公，謚文正。加贈推忠佐理翊運功臣、太師、開府儀同三司、上柱國、恒陽王，謚如故。

子六人：孚，僉遼陽等處行中書事；恪，台州路總管；恂，中書平章政事、集賢大學士；忱，邵武路總管；恒，御史中丞；惇，江西等處行中書省參知政事、陝西行省左丞。從弟希賢。

希賢，字達甫，一名中都海牙。伯父布魯海牙嘗曰：「是兒剛果，當大吾家。」年二十餘，與從兄希憲同侍世祖，出入禁中，小心慎密。至元初，北部諸王拘殺使者，世祖使希賢往諭之。希賢宣布上意，辭旨條暢，王悔謝，爲設宴，贈貂裘一襲、白金一笏。還奏，帝喜，賜以御膳。尋進中議大夫、兵部尚書。

左丞相伯顏伐宋，既渡江，十二年春，授希賢禮部尚書，佩金虎符，與工部侍郎嚴忠範、秘書丞柴紫芝持國書使宋。三月丙戌，至廣德軍獨松關，守關者不知爲使，襲而殺之。守將張濡以爲己功，受賞，知廣德軍。明年宋亡，獲張濡，殺之，詔遣使護希賢喪歸，後籍濡家貲與之。希賢死，年二十九。

廉惠山海牙，字公亮，阿魯渾海牙之子也。惠山海牙幼孤，言及父輒泣下。養母家日不給，敝衣糲食，不以爲恥。母喪，哀毀逾禮。年弱冠，大臣欲薦入宿衛，辭曰：「吾世父事世祖以通經，號『廉孟子』。今方設科取士，願讀書以科第進。」乃入國學積分。

至治元年，登進士第，授承事郎、同知順州事。有弓匠提舉馬都剌怙勢奪州民田，同列畏之。惠山海牙至，即讞其事，卒還民田。用薦者召入史館，預修英宗、顯宗《實録》。尋拜監察御史，抗章劾中書省臣貪猥，語同列曰：「儻以言責獲罪，吾之職也。」既又劾奏明里董阿不當攝祭太廟。遷都水監，疏會通河，堤灤、漆二水，又修京東閘。歷秘書丞、會福總管府治中。上疏言迎佛費財蠹俗，時論韙之。出僉淮東廉訪司事，遷江浙行省左右司員外郎，僉河東、河南、江西廉訪司事，擢江南行御史臺經歷。時山東鹽法大壞，以選除都轉運使，未期月，用課最，賞賚金、幣、上尊。

至正三年，初行郊禮，召拜侍儀使。明年，預修遼、金、宋三史。遷崇文太監，出爲河南行省右丞。遷湖廣行省右丞，以武昌失守連坐。既而事白，遷江西行省右丞，就除本道廉訪使。未幾，江西省治亦陷，惠山海牙走福建。久之，除僉江浙行樞密院事。改拜福建行省右丞。居歲餘，奉詔還治省事，且督賦稅由海道供給京師。遷行宣政院使。明年，拜翰林學士承旨、知制誥兼修國史。卒，年七十有一。

史臣曰：渾都海擁重兵附阿里不哥，與劉太平、霍魯歡相表裏，廉希憲以一書生，掊拄其間，決猶豫，平大亂，可謂智勇矣。及爲宰相，剗除蠹弊，與民休息，侃然以古大臣之事爲己任。元之理學名臣，希憲一人而已。安童、不忽木，其次也。

闊闊，字子清，本蔑里吉氏。部族世居不里罕哈里敦之地。其俗驍勇，善騎射，諸族憚之。國初舉族内附。世祖居潛邸，選闊闊爲近侍。世祖聞王鶚賢，避兵居保州，遣使徵至，問以治道，命闊闊與廉希憲皆師事之。既而闊闊出使於外，迨還而鶚已行，思慕不食者累日。世祖聞而賢之。後憲宗復召鶚至和林，仍命闊闊受學。每旦起，盛飾冠服，鶚讓之，闊闊深自悔悟。明日，衣純素以進，鶚乃悦。

憲宗二年，奉命僉諸路軍籍，以丁壯産多者充之。所至編籍，無擾累，人皆德之。及還，帝悦，命領燕京匠局。

世祖即位，特授中書左丞，遷大名路宣撫使。時李璮據濟南未下，故事：死囚呈中書省待報。闊闊與參議烏古論真謀：「大名近濟南，不便宜從事，無以懾伏叛黨，一切重囚皆命戮之於市。」時論稱其明決。未幾，以疾卒，年四十。

子堅童，字永叔。少孤，甫十歲即從王鶚游。及長，奉命入國學，復從許衡游。弱冠入侍禁廷，授中順大夫、侍儀奉御，遷中議大夫、同修起居注。奉使濟南，見楊桓賢，遂力薦之。

至元二十三年，授嘉議大夫、禮部尚書，遷吏部尚書，秩未滿，特授通議大夫、御史臺侍御史。二十四年，扈從東征有功，遷燕南河北道提刑按察使。二十八年，授正議大夫、燕南河北道肅政廉訪使，拜河南行省平章政事。驛召赴闕，未拜，以疾卒，年三十九。

【校勘記】

〔一〕「忽辛」，原作「忽幸」，據本卷目録及下文改。《元史》卷一二五列傳第十二亦作「忽辛」。

〔二〕「趙璧」，原作「趙壁」，據上文及《元史》卷一二六列傳第十三《廉希憲傳》改。

〔三〕「霅」，原作「霅」，《元史》卷一二六列傳第十三《廉希憲傳》同，據元明善《清河集》卷五《平章政事廉文正王神道碑》改。

新元史卷之一百五十六　列傳第五十三

高智耀睿　納麟　李楨　劉容　闊闊出脱歡　朶兒赤仁通　暗伯亦憐真班

高智耀，字顯達，河西人。祖逸，夏大都督府尹。父良惠，夏右丞相，封寧國公。智耀登進士第，而國亡，遂隱於賀蘭山。太宗召見，將用之，固辭。

皇子闊端鎮平涼，智耀上言：「儒者給復已久，不宜與厮養同役，請除之。」皇子從之。憲宗即位，智耀入覲，奏言：「儒者所學堯、舜、禹、湯、文、武之道，自古有國家者，用之則治，不用則亂。然欲資其用，宜先養其材，蠲除徭役，固教育人材之先務也。」帝問：「儒者何如巫醫？」對曰：「儒以綱常治天下，豈方技所能比乎！」帝曰：「善。前未有以此告朕者。」詔復各路儒户，徭役無所與。

世祖在潛邸已聞其名，及即位，尤加禮遇，呼爲「高秀才」而不名。命鑄印授之，凡儒户給公文爲左驗。時士之被俘者，皆没爲奴，智耀請朝廷贖之。即拜翰林學士，命巡行各路，贖免三千餘人。左右或言其詭濫，帝詰之，對曰：「士譬則金也：金色有淺深，謂之非金不可；才藝有短長，謂之非士亦不可。」帝悦。智耀又言：「國初庶事草創，綱紀未立，宜仿前代置御史臺以司糾劾。」至元五年立御史臺，用智耀之言也。

未幾，拜西夏中興等路提刑按察使。會西北藩王遣使入朝，奏言：「蒙古舊俗與漢人不同，今留漢地，建城郭宫室，儀文制度遵用漢法，其故何如？」帝選使報聘諭之，智耀請行。至上京，病卒。

自太宗考選各路儒士後，所在不務存恤，仍與齊民無異。智耀前後上言，正户籍，蠲力役，由是儒術始重，人才漸出。學校中多立祠祀之。後贈崇文贊治功臣、金紫光禄大夫、司徒、柱國，追封寧國公，謚文忠。子睿。

史臣曰：趙氏南遷，中原文獻掃蕩無餘。獨拓拔氏建國二百餘年，唐之故家遺俗尚有存者，如高智耀、李楨等皆是也。自智耀上言，正户籍，蠲力役，中原之士始知嚮學。其祀於學校，宜哉！

睿年十八，以父蔭授符寶郎，出入禁闥，恭謹詳雅。久之，除唐兀衛指揮副使，累遷禮部侍郎。出爲嘉興路總管，遷江東道提刑按察使。盜發，聲言圍宣城，城門晝閉。睿召官吏責之曰：「賊勢方熾，吾先示弱，民何以賴？」命開門，聽民出入貿易，密治兵以備之。賊憚睿，且知有備，不敢進，遂討平之。除同僉行樞密院事，遷浙西道肅政廉訪使。奸民有連結黨與、持官吏長短者，其魁曰十老，吏莫敢問，睿悉按法誅之，闔境稱快。拜江南行臺侍御史，進御史中丞，又改淮東道肅政廉訪使。盜竊真州庫鈔三萬緡，有司大索，逮繫良民數百。睿廉得其情，悉縱之，已而果獲真盜。復拜南臺御史中丞。延祐元年卒，年六十六。贈推忠佐理功臣、太傅、開府儀同三司、上柱國，追封寧國公，謚貞簡。子納麟。

納麟，大德六年用丞相哈剌哈孫薦，入直宿衛，除中書舍人。至大四年，遷宗正府郎中。皇慶元年，出僉河南道廉訪司事。延祐初，拜監察御史。以言事忤旨，帝怒甚，中丞楊朵兒只力救之，始解。事具《楊朵兒只傳》。四年，遷刑部員外郎，出爲河南行省郎中。至治三年，入爲都漕運使。未幾，擢湖南湖北兩道廉訪使。天曆元年，除杭州路總管。明年，改江西道廉訪使。歲饑，議發粟賑民，行省難之。納麟曰：「朝廷如不允，我願以家貲償之。」議始決，全活無算。又劾罷貪吏平章政事八失忽都，民尤頌之。至順元年，拜湖廣行省參知政事，召爲户部尚書，未至，改江南行臺侍御史，尋擢中丞。

後至元元年，召拜中書參知政事。遷同知樞密院事。出爲江浙行省右丞，乞致仕，不允。除浙西道廉訪使，辭不赴。六年，除行宣政院使。上天竺僧彌戒、徑山僧惠洲犯法，納麟皆按治之。請行宣政院設崇教所，升行省理問官四品，以治僧獄，從之。尋拜江浙行省平章政事。至正三年，遷河南行省。明年，入爲中書平章政事。七年，出爲江南行臺御史大夫，復召拜御史大夫。八年，進金紫光禄大夫，請老，不許，加太尉。旋爲御史劾罷，退寓平江。

十二年，江淮盜起，復拜南臺御史大夫，兼太尉，總制江浙、江西、湖廣三省軍馬，詔遣直省舍人慰諭之，許便宜從事。會杭州失守，淮南行省平章失列門引兵來援，次於采石。納麟以宣城危急，請失列門先救之，調部將脱火赤率蒙古軍爲應，大敗賊於堈下門，宣城圍解。

已而賊陷徽州，游兵至集慶，納麟命治書侍御史左答納失里守城，御史中丞伯家奴屯城外，遣監察御史鄭鄈徵兵於湖廣行省平章也先帖木兒。也先帖木兒時屯和州，引步騎二千人趨集慶，江浙行省平章三旦八、佛家驢亦引兵來會，賊始敗走。十三年，納麟固請謝事，從之。十六年，南臺移紹興，復以納麟爲御史大夫，兼太尉。十八年，召入都，至黑水洋，阻風而返。十九年，由海道趨直沽〔一〕，八月至京師，未幾卒，年七十九。

子安安，判江浙行樞密院。納麟再爲南臺御史大夫，耄昏，政事皆決於安安，爲當時所讖。時同知禿堅不花在餘姚團結民兵，與慈溪尹陳文昭、紹興達魯花赤邁里古思相犄角，安安忌之，恐三人不受制，紿禿堅不花至，夜半使人殺之。已而國珍亦執陳文昭沉於海。拜住馬代納麟爲御史大夫，又殺邁里古思，紹興遂爲國珍所據。

李楨，字幹臣，其先西夏族子也。金末，楨以經童中選。既長，爲質子於蒙古。太宗嘉其文學，賜名玉出干必闍赤。從皇子闊出伐宋，太宗命之曰：「凡軍事必咨於楨而後行。」闊出遣楨及吉登哥赴唐、鄧二州，料民實。兵後連歲凶荒，民流亡殆盡。楨至，振卹饑寒，歸者如市。十年，又從察罕伐宋，以功賜金符，授軍前行中書省左右司郎中。楨奏尋訪天下儒士，令所在優給之。

乃馬真皇后稱制六年，從察罕圍宋壽州，不克。進攻揚州，會霖雨，乃班師。楨表言：「襄陽，宋咽喉地，得之則可爲取宋之基。」定宗嘉納之，賜虎符，授襄陽軍馬萬户。憲宗六年〔二〕，命楨巡哨襄、樊。八年，憲宗伐蜀，召楨議事。秋九月，卒於合州，年五十九。

劉容，字仲寬。其先西寧青海人。高祖阿勒華，西夏主尚食。西夏平，徙西寧民於雲内，容父海川在徙中，後遂爲雲内人。

容幼穎悟，稍長，喜讀書。國俗素尚武，容亦善騎射，然非所好。中統初，以國師薦，入侍皇太子於東宫，命專掌庫藏。每退直，即詣國子祭酒許衡受學。至元七年，世祖駐蹕稱海，聞容知吏事，召至，命權中書省掾，以忠直稱。

十五年，奉命使江西，撫慰新附之民。或勸其受餽遺，歸賂權貴，容曰：「剥民以自利，吾心何安？」使還，惟載書籍數車，獻之皇太子。忌嫉者從而譏之，由是稍疏容，然容亦終不辯。會立詹事院，容上言曰：「太子，天下本，苟不得端人正士左右輔翼之，使傾邪側媚之徒進，必有損令德。」聞者是之，俄命爲太子司議。改秘書監，出爲廣平路總管。

富民有同姓争産者，訟連年不决。容至，取譜籍考二人父祖名，得其實，立斷之。皇子雲南王至汴，道過廣平，達魯花赤欲厚斂以賄左右。容請自往，减其供張之費，民以不病。後卒於官，年五十二。

闊闊出，唐兀氏。祖小丑。太祖定西夏，括諸色人匠，小丑以治弓進，賜名怯延兀蘭，爲行營弓匠百户，徙和林，卒。父塔爾忽台襲職。阿里不哥叛，塔爾忽台從戰於失畝里秃之地，死之。塔爾忽台二子：長朵羅台，從萬户也速解兒、玉哇赤等，累戰有功，授前衛親軍百户，累官昭信校尉、芍陂屯田千户所達魯花赤，以疾卒。闊闊出，其弟也，亦爲弓。嘗獻所造弓，帝稱善，問其父何名，闊闊出對曰：「塔爾忽台，臣之父也。」帝見其狀貌魁偉，問能射否，左右對曰能，試之果然，遂命侍左右。明年，武備寺復以其弓獻，且奏用之。帝曰：「孔子言三綱五常，人能自治而後能治人，能齊家而後能治國。汝可以此言諭闊闊出，吾用之未晚也。」俄擢爲大同路廣勝庫達魯花赤。廣勝庫貯兵器，時總管兀海涯以庫作公署，寘甲仗於虛廪，爲蟲鼠所嚙。闊闊出言於帝，復之，且責其償。使者薛綽不花、納速魯丁以檄取鷹房軍衣甲弓矢，闊闊出責其入文書。時副使速魯蠻已命有司封鑰其庫，將點視之，闊闊出不從。事聞，帝命答速魯蠻，罷其官。

大德元年，遷大同路武州達魯花赤，兼管本州諸軍奥魯勸農事。又監建州、利州，改僉四川道廉訪司事。拜監察御史，累官中大夫、大寧路總管，卒於官。

子脱歡，初直宿衛，累拜監察御史，遷四川行省左右司員外郎，四川廉訪司僉事，樞密院都事、斷事官。在四川，嘗上疏曰：「内外修寺，雖支官錢，而一椽一瓦，皆勞民力，百姓嗟怨，感傷和氣，宜且停罷。仍減省供佛、飯僧之費，以紓國用。如此則上應天心，下合民志，不求福而福自至矣。回回户計，多富商大賈，宜與軍民一體應役，如此則賦役均矣。爲國以善爲寶，凡子女、玉帛、羽毛、齒革、珍禽、奇獸之類，皆足以喪德喪志。今後回回諸色人等，不許賫寶中賣，以虚國用，違者罪没。如此則富商大賈無所施其奸僞，而國用有餘矣。」其辭懇直剴切，當時稱之。

朶兒赤，字道明，西夏寧州人。曾祖斡道冲，爲西夏名儒，位至宰相。父斡扎簀，守西涼，大兵至，率父老以城降，太祖命副撒都忽爲中興路管民官。大兵西征，督轉輸，無毫髮之私，時號曰「滿朝清」。世祖即位，斡扎簀卒，遺奏因高智耀以進，請慎名爵，節財用，帝嘉納焉。

朶兒赤年十五通《論語》、《孟子》、《尚書》。帝聞其聰敏，欲試用之，召見於香閣。帝曰：「朕聞儒者多嘉言。」朶兒赤奏曰：「陛下聖明仁智，奄有四海，惟當親君子，遠小人爾。古帝王未有不以用小人而亡者，惟陛下察焉。」帝曰：「朕於戇直忠言，未嘗不悦而受之，違忤者亦不肯加罪，蓋欲養忠直而退諛佞也。汝言甚合朕意。」因問欲何仕，朶兒赤對曰：

「西夏營田，實占正軍，儻有調用，則又妨耕作。土瘠野曠，十未墾一。南軍屯聚以來，子弟蕃息稍衆，若以成丁者編入籍，以實屯户，則地利闢而兵有餘矣。請爲其總管，以盡措畫。」帝然之，乃授中興路新民總管。至官，大興屯墾，塞黄河支流，濬其三以資灌溉。凡三載，賦額增倍。就轉營田使，秩滿，入覲。帝大悦，擢潼川府尹。時公府無禄田，朵兒赤以官曠地給民，收其租爲官禄，潼川仕者有禄自此始。

未幾，臺臣奏爲雲南廉訪副使，遷山南廉訪副使，調雲南廉訪使。會行省丞相帖木迭兒貪暴，擅誅殺，羅織安撫使法花魯丁，將置極刑。朵兒赤謂之曰：「生殺之柄，繫於天子，汝以方面之臣而專殺，意欲何爲？小民罹法，且應審覆，况朝廷命吏耶！」法花魯丁竟獲免，尋復其官。僰夷與蠻相讎殺，時省臣受賄，誣奏蠻反，殺良民。朵兒赤劾罷之。年六十二，卒於官。

子仁通，雲南省理問。天曆二年三月，雲南諸王與萬户伯忽等叛，仁通率官軍討之，没於陳。

暗伯，唐兀人。祖僧吉陀迎太祖於不倫答兒哈納之地，太祖嘉其效順，命爲禿魯花必闍赤兼怯里馬赤。父禿兒赤襲職，事憲宗，累官至文州禮店元帥府達魯花赤。

暗伯性嚴重剛果，有大志。弱冠，娶婦於燉煌，阻兵不得歸，乃往依宗王阿魯忽。世祖遣薛徹干等使阿魯忽以通好，阿魯忽留使者數年弗遣。暗伯以馬駝厚贐之，令逃去。薛徹干等得脱歸，具以白世祖，世祖稱歎久之。既而命元帥不花帖木兒等征于闐，暗伯乘間至行營，見薛徹干於帳中。薛徹干曰：「公之忠義，已上聞矣。」言於不花帖木兒，遂承制以暗伯權充樞密院客省使，護送其妻子來京師。未幾，宗王乃顔叛，世祖新征。暗伯在行間，命爲客流速、不魯合、不周兀等處萬户。及諸王哈魯、駙馬禿綿答兒等叛，暗伯率所部戰於客流速石巴禿之地，身中七創，所乘馬亦中二矢，自旦至晡，鏖戰愈力，刺禿綿答兒殺之，生擒哈魯以獻。論功，命長唐兀衛，兼僉樞密院事。凡分立諸色五衛軍職、襲替屯戍之法，多所更定。歷同僉、副樞、同知，至知樞密院事，以疾卒於位。贈推忠保節功臣、資善大夫、甘肅等處行中書省右丞、上護軍、寧夏郡公，謚忠遂。子阿乞剌，知樞密院事；次亦憐真班。

亦憐真班性剛正，動有禮法。仁宗召見，令入宿衛。延祐六年，超拜翰林侍講學士。

至治二年，調同知通政院事，擢虎符唐兀親軍都指揮使。泰定初，遷典瑞院使。天曆二年，選爲太子家令。尋擢資政大夫、同知樞密院事。遷侍御史，仍兼指揮使。至順初，拜翰林學士承旨、榮禄大夫。遷功德使，指揮使如故。已而拜陝西行省平章政事，未行，復爲翰林學士承旨。時伯顔爲丞相，嫉其論事不阿，出爲江南行臺御史大夫。尋殺其子答里麻，謫亦憐真班於海南。伯顔敗，始召還。

至正六年，拜御史大夫。遷宣政院使。出爲甘肅行省平章政事。先事弭西羌之亂，民立石頌之。召還，爲銀青榮禄大夫、知樞密院事，提調太醫院。尋加金紫光禄大夫，復爲御史大夫、領經筵事，兼宣忠斡羅思扈衛親軍指揮使。奏言：「風俗人心日趍於薄，請禁故吏不許彈劾所事長官。」太師馬札兒台與子丞相脱脱謫居在外，時相欲傾之，嗾之告變，且扳臺臣同時上奏。亦憐真班曰：「爲宰相者，孰無閑退之日？况脱脱父子在官無大咎，奈何迫之於險？」終不從。及監察御史劾丞相別兒怯不花，帝不聽，亦憐真班反復論奏，由是忤上意，出爲江浙行省平章政事。遷湖廣行省左丞相，復召知樞密院事。

十一年，潁、亳盜起〔三〕，亦憐真班數言得失，不聽。復拜江浙行省左丞相。十二年，移江西。時賊由蘄、黄陷饒州安仁縣，亂民應之。亦憐真班道出安仁，命子哈監朵兒只與江西右丞火你赤等，乘高縱火，攻敗之，餘賊皆降。先是，江西行省平章政事道童以寬容爲政，軍民懈弛。亦憐真班至，威聲大振。十四年八月，以疾卒於官，時論惜之。事聞，贈推忠佐運正憲秉義同德功臣，追封齊王，謚忠獻。

九子：長答里麻，爲伯顔所殺；普達失理，翰林學士承旨、知制誥兼修國史；桑哥八剌，同知稱海宣慰司事；哈藍朵兒只，宣政院使；桑哥答思，嶺北行省平章政事；沙嘉室理，嶺北行省參知政事；易納室理，大宗正也可札魯火赤；馬的室理，僉書樞密院事；馬剌室理，内八府宰相。

【校勘記】

〔一〕「直沽」，原作「直活」，據《元史》卷一四二列傳第二十九《納麟傳》改。

〔二〕「憲宗六年」，原作「憲宋六年」。《元史》卷一二四列傳第十一《李楨傳》作「丙辰，憲宗」，據改。

〔三〕「亳」，原作「毫」。按《元史》卷一八八列傳第七十五《劉哈剌不花傳》云「至正十二年，潁、亳盜起」，據改。

新元史卷之一百五十七　列傳第五十四

劉秉忠秉恕　張文謙　竇默　姚樞煒　燧

劉秉忠，字仲晦。初名侃，因從釋氏，又名子聰，拜官後始改今名。其先瑞州人，後徙於邢州。太祖十五年，木華黎取邢州，立都元帥府，以其父潤爲都統。事定，改署州録事，歷鉅鹿、内丘兩縣提領。

秉忠風骨秀異，志氣英爽不羈。八歲入學，日誦數百言。年十七，爲節度使府令史。居常鬱鬱不樂，一日，投筆歎曰：「吾家累世衣冠，乃爲刀筆吏乎！丈夫不遇於世，當隱居以求志耳。」即棄去，隱武安山中。久之，天寧僧虚照招爲弟子，使掌書記。後游雲中，居南堂寺。

世祖在潛邸，僧海雲被召，過雲中，聞其博學多材藝，邀與俱行。既入見，應對稱旨，屢承顧問。秉忠於書無所不讀，尤邃於《易》及邵氏《經世書》，至於天文、地理、律曆、六壬、遁甲之屬，靡不精通。世祖大愛之，海雲南還，秉忠遂留藩邸。後數歲，奔父喪，賜金百兩，仍遣使送至邢州。秉忠初丁母憂，毀瘠骨立，衣一敝裘，三年不易。及父卒，雖從天竺之教，然哀感幾於滅性，與執通喪者無以異。服除，復召還和林。上書於世祖曰：

典章、禮樂、法度、三綱五常之教，備於堯、舜，三王因之，五霸假之。漢興以來，至於五代，一千三百餘年，由此道者，漢文、景、光武、唐太宗、玄宗五君，而玄宗不能有終也。然治亂之道，係乎天而由乎人。天生成吉思皇帝，起一旅，降諸國，不數年而取天下，勤勞憂苦，遺大寶於子孫。

愚聞之曰：「以馬上取天下，不可以馬上治之。」昔武王，兄也；周公，弟也。周公思天下善事，夜以繼日，每得一事，坐以待旦，以保周天下八百餘年，周公之力也。今皇帝，兄也；大王，弟也。思周公之故事而行之，千載一時，不可失也。

君之所任，在內莫大乎相，在外莫大乎將。內外相濟，天下之急務也。然天下之大，非一人所能及；萬事之細，非一心所能察。當擇開國功臣之子孫，分爲京府州郡，監守督責舊官，以遵王法。仍差按察官守，治者升，否者黜，則賢能奮而人才出。

天下户過百萬，自忽都那演斷事之後，差徭役甚大。加以軍馬調發，使臣煩擾，官吏乞取，民不能當，是以逃竄。宜比舊減半，或三分去一，就見在之民以定差税，招逃者復業，再行定奪。官無定次，清潔者不遷，汙濫者不黜。可比附古例，定百官爵禄儀仗，使家給身榮。有犯於民，設條定罪。威福者君之權，奉命者臣之職。今百官自行威福，進退生殺惟意之從，宜從禁治。

天下之民未聞教化，見在囚人，宜從赦免，明施教令，使之知畏，則犯者自少。教令既設，又不宜繁，因大朝舊例，增益民間所宜設者十數條足矣。教令既施，罪不至死者，皆提察然後決；犯死刑者，覆奏然後斷，不致刑及無辜。

天子以天下爲家，兆民爲子。國不足，取於民，民不足，取於國，相須如魚水。有國家者，置府庫倉廩，亦爲助民；民營產業，亦爲資國用也。今宜打算官民所欠債負，若實爲應當差發所借，宜依合罕皇帝聖旨，一本一利，官司歸還。凡賠償無名，虛契所負，及還過元本者，並行赦免。

納糧就遠倉，有一廢十者，宜從近倉以輸爲便。當驛路州城，飲食祗待偏重，宜計所費以準差發。關市津梁正稅十五分取一，宜從舊制，禁橫取，減稅法，以利百姓。倉庫加耗甚重，宜令權量度均爲一法，使錙銖圭撮尺寸皆平，以存信去詐。金銀所出，淘砂鍊石，實不易爲。一旦以飾皮革，塗木石，取一時之華麗，廢爲無用，甚可惜也，宜從禁治。除帝胄功臣大官以下章服有制，外無職之人不得僭越。今地廣民稀，賦斂繁重，民不聊生，何力耕耨以厚產業？宜差勸農官二員，率天下百姓務農桑，營産業。

古者庠序學校未嘗廢，今郡縣雖有學，並非官置。宜從舊制，修建三學，教士以經義爲上，詞賦論策次之。兼科舉之設，已奉合罕皇帝聖旨，因而舉之，易行也。開設學校，宜擇開國功臣子孫受教，選達才任用之。

關西、河南地廣土沃，以軍馬之所出入，荒蕪不治。宜設官招撫，不數年民歸土闢，以資軍馬之用，實國之大事。移剌中書拘榷鹽鐵諸産、商賈酒醋貨殖諸事，以定宣課，雖使從實恢辦，不足亦取於民，已不爲輕。奥魯合蠻奏請於舊額加倍榷之，往往科取民間，科榷並行，民無所措手足。宜從舊例辦榷，更或減輕。罷繁碎，止科徵，勿任獻利之徒削民害國。鰥寡孤獨廢疾者，宜設孤老院，給衣糧以爲養。使臣到州郡，宜設館，不得於官衙民家安下。

孔子爲百王師，立萬世法。今廟學雖廢，存者尚多。宜令州郡祭祀，釋奠如舊儀。近代禮樂崩壞，宜刷徵太常舊人，教引後學，使器備人存，實太平之基、王道之本。今天下廣遠，雖成吉思皇帝威福所被，亦天地神明之祐也。宜訪名儒，循舊禮，奠祭上下神祇，和天地之氣，順時序之行。

見行遼曆，日月交食頗差，聞司天臺改成新曆，未見施行。宜因新君即位，頒曆改元。令京府州郡置更漏，使民知時。國滅史存，古之常道。宜修《金史》，令一代君臣事業不墜於後世。

國家廣大如天，萬中取一，以養天下名士宿儒之無營運産業者，使不致困窮。或有營運産業，應輸差税。其餘大小雜泛並行蠲免，使自給養，實國家養才勵人之大者。明君用人，如大匠用材，隨其巨細長短，以施規矩繩墨。孔子曰：「君子不可小知而可大受，小人不可大受而可小知。」蓋君子所存者大，不能盡小人之事；小人所拘者狹，不能同君子之量。盡其才而用之，成功之道也。

君子不以言廢人，不以人廢言。大開言路，所以成天下、安兆民。天地之大，日月之明，而或有所蔽。且蔽天之明者，雲霧也；蔽人之明者，私欲佞説也。常人有之，蔽一心；人君有之，蔽天下。宜選左右諫臣，使諷諭於未形，防維於至密。

君子之心，一於理義；小人之心，一於利欲。君子得位，可容小人；小人得勢，必排君子。不可不辨也。孔子曰「遠佞人」，又曰「惡利口之覆邦家」者，此之謂也。今言利者衆，非圖利國，實欲殘民而自利也。宜將國中場冶，付各路課税所，以定榷辦，其餘言利者並行罷去。

古者治世均民産業，自廢井田爲阡陌，後世遂不能復。今窮乏者益損，富盛者增加。宜禁居官在位者勿侵民利，商賈與民交易，勿擅奪欺罔，真國家之利也。笞箠之制，宜斟酌古今，均爲一法，使無敢過越。禁私置牢獄，及鞭背之刑，以彰好生之德。立朝省以統百官，分有司以御衆事，以至京府州縣親民之職無不備。紀綱正於上，法度行於下，天下可不勞而治矣。」世祖覽其書而善之，及即位，多見施行。

秉忠又言：「邢州舊萬餘户，兵興以來不滿數百，凋壞日甚，得良牧守如真定張耕、洺水劉肅者治之，猶可完復。」世祖即以耕爲邢州安撫使，肅爲安撫副使，由是流民復業，户口日增。

憲宗三年，秉忠從世祖征大理，恒以天地好生之德勸世祖。故克城之日，不妄戮一人。從伐宋，復爲世祖言之，所至全活不可勝計。

中統元年，世祖即位，問以治天下之大經、養民之良法。秉忠采祖宗舊典，參以古制之宜於今者，條列以聞。於是下詔建元紀歲，立中書省、宣撫司。金源舊臣及山林遺逸之士，咸見録用，文物粲然一新。

秉忠雖居左右，猶不改舊服，時人稱之爲「聰書記」。至元元年，翰林學士承旨王鶚奏言：「秉忠久侍藩邸，積有歲年，參帷幄之密謀，定社稷之大計，忠勤勞績，宜被褒崇。聖明御極，萬物惟新，而秉忠猶仍其野服散號，深所未安。宜正其衣冠，崇以顯秩。」奏上，即日拜光祿大夫、太保，參預中書省事，詔以翰林侍讀學士竇默之女妻之，賜第奉先坊，給以少府宮籍監户。秉忠既受命，以天下爲己任，事無巨細，凡有關於國家大體者，知無不言，言無不聽。帝寵任愈隆，燕閑顧問，輒推薦人物可備器使者，凡所甄拔，後悉爲名臣。

初，帝命秉忠相地於桓州東，灤水北，建城郭於龍岡，三年而畢，名曰開平府。繼升爲上都，而以燕爲中都。四年，又命秉忠築中都城，始建宗廟、宫室。八年，奏建國號曰「大元」，以中都爲大都。他如頒章服、起朝儀、給俸禄、定官制，皆自秉忠發之，爲一代成憲。

帝嘗以錢幣之制問秉忠，對曰：「錢用於陽，楮用於陰。國家龍興朔漠，宜用楮幣，子孫世守之。若用錢，天下將不靖。」帝從之。後武宗鑄錢，旋廢不用。惠宗再鑄錢，而天下亡於盜賊，果如秉忠之言。

十一年，扈從至上都。其地有南屏山，築精舍居之。秋八月，秉忠無疾端坐而卒，年五十九。帝聞驚悼，謂羣臣曰：「秉忠事朕三十餘年，小心慎密，不避險阻，言無隱情。其陰陽術數之精，占事知來，若合符契，惟朕知之，他人莫得聞也。」出内府錢具棺斂，遣禮部侍郎趙秉温護其喪還葬大都。十二年，贈太傅，封趙國公，謚文貞。成宗時，贈推誠協謀同德翊運功臣、太師、開府儀同三司、上柱國，謚文正。仁宗時，又追封常山王。

秉忠自幼好學，至老不衰。雖位極人臣，而齋居蔬食，終日澹然，不異平昔。自號藏春散人，每以吟詠自適。其詩蕭散閑淡，類其爲人。有文集十卷。無子，以弟秉恕子蘭璋後。

秉恕，字長卿。好讀書，受《易》於劉肅。秉忠事世祖，以薦士自任，嫌於私親，獨不及秉恕。左右以聞，召見，遂同侍潛邸。世祖嘗賜秉忠白金千兩，辭曰：「臣山野鄙人，僥倖遭際，器服悉出尚方，金無所用。」世祖曰：「卿獨無親故遺之邪？」辭不允，乃受而散之，以二百兩與秉恕。秉恕曰：「兄勤勞有年，宜蒙兹賞。秉恕無功，敢冒恩乎？」終不受。

中統元年，擢禮部侍郎、邢州安撫副使。二年，賜金符，遷吏部侍郎。三年，升邢爲順德府，賜金虎符，爲順德路安撫使。至元元年，改嘉議大夫，歷彰德、懷孟、淄萊、順天、太原五路總管。淄萊府有死囚六人，獄已具，秉恕疑之，詳讞得其實，六人賴以不死。召除禮部尚書，出爲淮西宣慰使，會省宣慰司，歷湖州、平陽兩路總管。平陽饑，輒開倉以賑之，全活者衆。年六十，卒於官。贈禮部尚書，謚文定。

張文謙，字仲卿，邢州沙河人。父英，金邢州軍資庫使。文謙幼聰敏，與劉秉忠同學。既而欲習吏事，英召而責之，謝曰：「仰衣食於父母，竊不自安，故勉爲此。今聞命矣，願改業。」乃專心儒術。

太宗十年，試天下儒士，文謙中選，免本户徭役。世祖居潛邸，受邢州分地，秉忠薦文謙可用。召見，應對稱旨，命掌王府書記，日見信任。邢州初分二千户爲勳臣食邑，歲遣人監領，徵求百出，民不堪命。或訴於王府，文謙與秉忠言於世祖曰：「今民生困弊，莫邢爲甚。盍擇人往治之？責其成效，使四方取法，則天下均受王之賜矣。」世祖從之，選安撫使張耕、副使劉肅及李簡往。三人協心爲治，流亡復歸，户增數倍。由是世祖益重儒者，任之以政，其端實自文謙發之。

世祖征大理國，其相高祥拒命，殺信使，遁去。世祖怒，將屠城。文謙與秉忠、姚樞諫曰：「殺使拒命者，高祥爾，非民之罪，請宥之。」大理之民賴以全活。世祖伐宋，文謙與秉忠言：「王者之師，有征無戰，當一視同仁，不可嗜殺。」世祖曰：「期與卿等守此言。」既入宋境，分命諸將毋妄殺，毋焚人室廬，所獲生口悉縱之。

中統元年，世祖即位，立中書省，首命王文統爲平章政事，文謙爲左丞。文統素忌克，議論之際，屢相可否。文謙遽求出，詔以本官行大名等路宣撫司事。臨發，語文統曰：「民困日久，況當大旱，不量減税賦，何以慰來蘇之望？」文統曰：「上新即位，國家經費止仰税賦，苟復減損，何以供給？」文謙曰：「百姓足，君孰與不足？俟時和歲豐，取之未晚也。」乃蠲常賦什之四，商酒税什之一。

二年春，來朝，復留居政府。三年，阿合馬領左右部，總司財用，欲奏請，不關白中書。詔廷臣議之，文謙曰：「分制財用，古有是理。中書不預，無是理也。若中書弗問，天子將親涖之乎？」帝曰：「仲卿言是也。」

至元元年，詔文謙以中書左丞行省西夏中興等路。羌俗素鄙野，文謙得蜀士陷於俘虜者五六人，使習吏事，旬月間簿書有品式，子弟亦知讀書，俗爲一變。浚唐來、漢延二渠，溉田十數萬頃，人蒙其利。

三年，入朝。諸勢家言有户數千，當役屬爲私奴者，議久不決。文謙謂以乙未歲户帳爲斷，奴未占籍者，歸之勢家可也，其餘良民無爲奴之理。議遂定。四年六月，裁執政，降爲參知政事。五年，淄州妖人胡王惑衆，事覺，逮捕百餘人。丞相安童以文謙言奏曰：「愚民無知，爲所詿誘，誅其首惡足矣。」詔即命文謙往決其獄，惟三人坐棄市，餘皆釋之。

七年二月，立司農司，以參知政事兼司農卿。十二月，改爲大司農司。復拜大司農卿，奏立諸道勸農司。巡行勸課，請開籍田，行祭先農、先蠶等禮。復與竇默請立國子學，詔以許衡爲國子祭酒，選貴胄子弟教之。時阿合馬議拘民間鐵，鑄農器，高其價以配民，創立行户部於東平、大名以造鈔，及諸路轉運司蠹政害民，文謙悉於帝前極論罷之。

十三年，遷御史中丞。阿合馬慮文謙發其奸，乃奏罷諸道按察司，以風示臺臣。文謙奏復之，然自知爲奸臣所忌，力求去。會修新曆，乃授文謙昭文館大學士，領太史院以總其事。

十九年，復拜樞密副使。首議肅兵政，汰冗員，選擇將士而優恤其家。未及施行，二十年三月，以疾卒，年六十七。

文謙蚤從劉秉忠洞究術數，晚交許衡，尤粹於義理之學。爲人剛明簡重，數忤權倖，不以爲意。中統初，國學之育人才，司農之勸民事，太史之授人時，凡出於文謙規畫者，皆爲一代成憲。成宗即位，贈光禄大夫、大司徒，謚忠宣。累贈推誠同德佐運功臣、太師、開府儀同三司、上柱國，追封魏國公。

二子：晏，侍裕宗於東宫，爲府正司丞。世祖以宴功臣子，選充刑部郎中，累遷大司農丞。成宗即位，命進講經史，擢集賢侍讀學士、參議樞密院事，遷大學士、樞密判官。出爲陝西行臺御史中丞，卒。贈陝西行省平章政事，追封魏國公，謚文靖。次子杲，侍儀司進使。

竇默，字子聲。初名傑，字漢卿。廣平肥鄉人。幼力學，毅然異於常兒。大兵伐金，默與同行三十人俱被俘，惟默得脱歸。南走渡河，醫者王翁妻以女，使業醫，轉客蔡州。遇名醫李浩，授以銅人針法。金主遷蔡州，默恐兵且至，又走德安。孝感令謝憲子以伊洛性理之書授之，學日進。適中書楊惟中招集儒、道、釋之士，默乃北歸，隱於大名，與姚樞、許衡講學，至忘寢食。

世祖在潛邸，遣召之，默變姓名以自晦。使者從其友人往見，默不得已，乃拜命。既至，問以治道，默首以三綱五常爲對。世祖曰：「人道之端，孰大於此？失此則無以立於世矣！」默又言：「帝王之道，在誠意正心。心既正，則朝廷遠近莫敢不一於正。」一日凡三召見，奏對稱旨。自是敬待加禮，不令去左右。

世祖問「今之明治道者」，默薦姚樞，即召用之。俄命皇子真金從默學，賜以玉帶鉤，諭之曰：「此金内府故物，汝老人，佩之爲宜，且使真金見之如見我也。」久之，請南還。命大名、順德各給田宅，有司歲給衣物。

世祖即位，召至上都，問曰：「朕欲求如唐魏徵者，有其人乎？」默對曰：「犯顔諫諍，剛毅不屈，則許衡其人也。深識遠慮，有宰相才，則史天澤其人也。」天澤時宣撫河南，帝即召拜右丞相，以默爲翰林侍講學士。

時初建中書省，平章政事王文統頗見委任，默上書曰：「臣事陛下十有餘年，數承顧問，與聞聖訓，有以見陛下急於求治，未嘗不以利生民、安社稷爲心。時先帝在上，姦臣擅權，總天下財賦，操執在手，貢進奇貨，衒耀紛華，以娛悦上心，其扇結朋黨、離間骨肉者，皆此徒也。此徒當路，陛下所以不能盡其初心。今天順人應，誕登大寶，天下生民莫不懽忻踴躍，引領盛治。然平治天下，必用正人端士，脣吻小人一時功利之説，必不能定立國家基本，爲子孫久遠之計。其賣利獻勤、乞憐取寵者，使不得行其志，斯可矣。若夫鉤距揣摩、以利害動人主之意者，無他，意在擯斥諸賢，獨執政柄耳。此蘇、張之流也，惟陛下察之。伏望別選公明有道之士，授以重任，則天下幸甚。」

他日，默與王鶚、姚樞俱在帝前，復面斥文統曰：「此人學術不正，久居相位，必禍天下。」帝曰：「然則誰可相者？」默曰：「以臣觀之，無如許衡。」帝不悦而罷。文統深忌之，乃請以默爲太子太傅。默辭曰：「太子位號未正，臣不敢先受太傅之名。」復爲翰林侍講學士。事具《許衡傳》。未幾，默謝病歸。及文統伏誅，帝追憶其言，謂近臣曰：「曩言王文統不可用者，惟竇漢卿一人。向使更有一二人言之，朕寧不之思耶？」召還，賜第京師，命有司月給廪禄。國有大政，輒訪之。

默與王磐等請分置翰林院，專掌蒙古文字，以翰林學士承旨撒的迷底里主之。其翰林兼國史院，仍舊纂修國史，典制誥，備顧問，以翰林學士承旨、兼修起居注和禮霍孫主之。默又言：「三代所以風俗淳厚，歷數長久者，皆設學養士所致。今宜建國學，博選貴族子弟教之，以示風化之本。」帝並從之。

默嘗與劉秉忠、姚樞、劉肅、商挺侍上前，默言：「君有過舉，臣當直言，都俞吁咈，古之所尚。今則不然，君曰可，臣亦以爲可；君曰否，臣亦以爲否，非善政也。」明日，復侍帝於幄殿，獵者失一鶻，帝怒，近侍揚言宜加罪責。帝惡其迎合，命杖之，釋獵者不問。既退，秉忠等賀默曰：「非公，安能感悟至此！」

至元十二年，默年八十，公卿皆往賀。帝聞之，拱手曰：「此輩賢者，惜老矣！安得請於上帝，常留事朕，共治天下？」悵然者久之。默雖不視事，帝數遣中使以珍玩及諸器物存問之。十七年，加昭文館大學士，卒，年八十五。帝嗟悼，厚加贈賜，皇太子亦賻以鈔二千貫，命有司護喪歸。

默爲人樂易，平居未嘗臧否人物，與人居，温然儒者也。至論國家大計，面折廷諍，人謂汲黯無以過之。帝嘗謂侍臣曰：「朕求賢三十年，惟得竇漢卿及李俊民二人。」又曰：「如竇漢卿之心，姚公茂之才，合而爲一，斯可謂全人矣！」後累贈太師，封魏國公，謚文正。

子履，累官中書左丞、集賢大學士。方直有父風。卒。有遺腹子棄於外，集賢大學士王約奏，宜收養歸宗爲履後，詔竇氏收養之。

姚樞，字公茂，本柳城人，後遷河南洛陽。少力學，讀書夜分不輟。其母恐過勞，止之，乃塞窗不使見燭。漏三下，方就枕。金末，内翰宋九嘉有當時重名，一見樞，稱其有王佐之才。太宗選儒者十八人，即長春宮教之，使楊惟中監其事。樞與惟中有舊，往從之。五年，惟中偕樞覲太宗於和林，帝甚重之。大軍南伐，詔樞從惟中即軍中求儒、道、釋及醫、卜之士，至拔德安，獲名儒趙復，始獲見程頤、朱熹之書。十三年，賜金符，爲燕京行臺郎中，時行臺牙魯瓦赤黷貨，以樞幕長，分及之，樞一切拒絶，因棄官去。攜家至輝州蘇門山，爲廟奉孔子及宋儒周、程、張、邵、司馬諸賢，刊羣經，惠學者。許衡在魏州，至蘇門就録程、朱著述以歸，謂其徒曰：「曩所授受皆非也，今始聞進學之序。」

世祖在潛邸，遣趙璧召樞至，大喜，待以客禮。詢及治道，樞爲書數千言以進，首言治國平天下之大經，彙爲八目，曰修身、力學、尊賢、親親、畏天、愛民、好善、遠佞。次及救時之弊，爲條三十，曰：「立省部，則庶政出於一途。辟才行，舉遺逸，慎銓選，汰職員，則不專世爵而人才奮。班俸禄，則贓穢塞而公道開。定法律，審刑獄，則收生殺之權，諸侯不得而專。設監司，明黜陟，則善良姦窳可得而舉刺。閣徵斂，則部族不横於誅求。簡驛傳，則州郡不困於需索。脩學校，崇經術，旌節孝，以爲育人才、厚風俗、美教化之基。重農桑，寬賦税，省傜役，禁遊惰，則民力紓，且不趨於浮僞。肅軍政，使田里不知行營往復之擾攘。周匱乏，恤鰥寡，使顛連無告者有養。布屯田，以實邊戍。通漕運，以廩京都。倚債負，則賈胡不得以子爲母，破稱貸之家。廣儲畜、復常平，以待凶荒。立平準，以權物估。卻利便，以塞倖門。杜告訐，以絶訟原。」各疏張弛之方於下，世祖嘉納焉。

憲宗即位，詔凡軍民在赤老温山南者，聽世祖領之。世祖既奉詔，宴羣臣，酒罷，遣人止樞，問曰：「頃者諸臣皆賀，汝獨默然，何耶？」對曰：「今天下土地之廣，人民之殷，財賦之阜，有加於漢地者乎？軍民吾盡有之，天子何爲？異時廷臣間之，必悔而見奪。不若但總兵權，供億之需取之有司，計之上者也。」世祖大悟，曰：「此吾慮所不及者。」樞又請置屯田經略司於汴以圖宋，置都運司於衛以轉粟於河南，世祖俱從之。憲宗大封同姓，敕世祖於南京、關中自擇其一。樞曰：「南京土薄水淺，不若關中古稱天府。」於是世祖願有關中。憲宗二年夏，從世祖征大理，至曲先腦兒之地，夜宴，樞陳宋曹彬取南唐不殺一人、市不易肆事。明日，世祖據鞍呼曰：「汝昨言曹彬不殺，吾能爲之！」樞賀曰：「聖人之心，仁明如此，民之幸也！」明年，王師入大理，飭樞裂帛爲旗，書止殺之令，分布城中，由是民獲完保。

六年，憲宗遣阿藍答兒置局關中，以百四十二條鉤考經略宣撫司官吏，下及征商，曰：「俟終局日，入此罪者，惟劉黑馬、史天澤以聞，餘悉誅之」。世祖聞之不樂，樞曰：「帝，君也，兄也；大王爲皇弟，臣也。事難與較，莫若卒王邸妃主自歸朝廷。疑將自釋。」世祖初難之，後思之數日，乃謂樞曰：「從汝！從汝！」時憲宗在河西，聞之不信，曰：「是有異心！」曰：「來，詐也！」及世祖見憲宗，相持泣下，竟不令有所白而止，因罷鉤考局。

世祖即位，立十道宣撫使，以東平嚴忠濟强横難制，乃命樞使東平。既至，置勸農、檢察二司以監之，均賦役，罷鐵官，忠濟不敢抗。中統三年，拜太子太師，樞固辭，改大司農。樞奏曰：「昔孔子五十一代孫元措，襲封衍聖公，卒，其子與族人争求襲爵，訟之潛藩。帝曰：『第往力學，俟有成德達才，我則官之。』又曲阜有太常雅樂，憲宗命東平守臣輦其歌工與俎豆、祭服至日月山，帝親臨觀之，飭東平守臣，員闕充補，勿廢肄習。且陛下閔聖賢之後與凡庶等，既命楊庸選孔、顔、孟三族俊秀者教之，乞真授庸教官，以成國家育材之美。王鏞練習故實，宜令提舉禮樂，使不致崩壞。」皆從之。詔赴中書議事。兼修條格，諭曰：

「姚樞辭台司，朕甚嘉焉。省中庶務，須賴一二老成同心贊畫，可與尚書劉肅往盡乃心，其尚無隱。」及條格成，與丞相史天澤奏之。

李璮叛，帝問：「卿料何如？」對曰：「使璮乘吾北征之釁，瀕海擣燕京，閉居庸關，惶駭人心，爲上策。與宋連和，負固持久，數擾邊，使吾罷於奔命，爲中策。如出兵濟南，待山東諸侯應援，此成擒耳。」帝曰：「今賊將安出？」對曰：「出下策。」初，帝嘗論天下人材，及王文統，樞曰：「此人學術不純，以游説干諸侯，他日必反。」至是，文統果與璮通謀，伏誅。

時回回人乘間上言：「回回雖盜國家錢物，不至如秀才敢爲叛逆。」帝曰：「昔姚公茂嘗言王文統必反，竇漢卿亦屢發其奸，秀才豈盡反者？」然文統之相，實商挺薦之。至是，費寅訟挺爲文統羽翼，引陝西行省部事趙良弼爲證。於是囚挺上都，而繫良弼於獄。會遣阿脱行樞密院於成都，使省臣擇其副。樞奏：「惟商挺與趙良弼可，幸陛下寬其前罪用之。」帝乃赦良弼，用爲行院副使。

至元三年，行省事於西京、平陽、太原諸路。四年，拜中書左丞，奏罷世襲官，置牧守。或言中書政事大壞，帝怒大臣，罪且不測，樞上言：「太祖開創，跨越前古，施治未遑。自後數朝，官多刑濫，民困財殫。陛下天資仁聖，自昔在潛，聽聖典，訪老成，日講治道。如邢州、河南、陝西，皆不治之甚者，爲置安撫、經略、宣撫三使司，頒俸以養廉，去污濫以清政，勸農桑以富民，不及三年，號稱大治。諸路之民望陛下之拯己，如赤子之求母。先帝陟遐，國難並興，天開聖人，纘承大統，即用歷代遺制，内立省部，外設監司。自中統至今五六年間，外侮内叛，相繼不絶。然能使官離債負，民安賦役，府庫粗實，倉廩粗完，鈔法粗行，國用粗足，官吏遷轉，政事更新，皆陛下信用先王之法所致。今正宜上答天心，下副民望。睦親族以固本，建儲副以重祚，定大臣以當國，開經筵以格心，脩邊備以防虞，蓄糧餉以待歉，立學校以育才，勸農桑以厚生。乃可以光先烈，成帝德，遺子孫，流遠譽。以陛下才略，行此有餘。邇者伏聞聰聽日煩，朝廷政令日改月異，如木始栽而復移，屋既架而復毁。遠近臣民，不勝戰懼，竊恐大本一廢，遠業難成，惟陛下圖之。」帝爲霽怒。

十年，拜昭文館大學士，詳定禮儀事。其年，襄陽下，遂議取宋。樞奏如求大將，非右丞相安童、知樞密院伯顔不可。伯顔既渡江，遣使奏事至，世祖夜召見樞，憂形於色，曰：「昔朕濟江，而家難作。今伯顔雖濟江，天意與否，尚未可知。宋家三百年天下，天命未在吾家，先在於彼，勿易視之。所有事宜，可書以進。」樞請嚴兵守鄂，勿使荆閫斷陽邏渡，先遣使責負歲幣、留行人之罪。帝從之。

十一年，樞言：「陛下降不殺人之詔，伯顔濟江，兵不踰時，降城三十，户逾百萬，自古平江南，未有如此之速者。今自夏徂秋，一城不降，皆由軍官不體陛下之深仁，利財剽殺所致。揚州、焦山、淮安，人殊死戰，我雖克勝，所傷亦多。宋之不能爲國，審矣，而臨安未肯輕下，好生惡死，人之常情，蓋不敢也。宜申止殺之詔，使賞罰必立，恩信必行，則聖慮不勞，軍力不費矣。」又請禁宋鞭背黥面之刑，帝並從之。十三年，拜翰林學士承旨。詔亡宋侍從之臣入見者，先使謁樞，詢其學行以備異日之任用。

十七年，卒，年七十八。謚曰文獻。成宗即位，加贈嘉猷程世舊學功臣、太師、開府儀同三司，追封魯國公。子煒，樞從子燧、燉。燉，官至僉江西湖東道提刑按察司事。

煒，字光甫，累官河南行省左丞。泰定二年，奏請禁屯田吏蠶食屯户，及勿進增羨以廢裕民之意，又以河屢決，請立行都水監於汴梁，仿古法扞禦瀕河州縣，正官皆兼知河防事，從之。遷陝西行臺御史中丞。三年，奏請集世祖嘉言善行，以時省覽，帝嘉納之。煒議論侃侃，爲當時名臣。拜陝西行省平章政事。卒，贈推忠秉德佐治功臣、光禄大夫、河南行省平章政事、柱國，追封魯國公，謚文忠。

燧，字端甫。生三歲而孤，育於伯父樞。樞教督甚急，燧不能堪，楊奂馳書止之曰：「燧，令器也。長自有成，何以急爲？」且許妻以女。年十三，見許衡於蘇門。十八，始受學於長安。時未嘗爲文，視流輩所作，惟見其不如古人，則心弗是也。年二十四，始讀韓退之文，試習爲之，人謂有作者風。稍就正於衡，衡亦賞其辭，且戒之曰：「弓矢爲物，以待盜也；使盜得之，亦將待人。文章固發聞士子之利器，然先有能名，何以應人之役？非其人而與之，與非其人而拒之，均罪也。豈周身之道乎？」

至元八年，衡爲國子祭酒，奏召弟子十二人。燧自河内驛致館下，時年三十八。由秦王府文學，授奉議大夫，兼提舉陝西、四川、中興等路學校。十二年，以秦王命，安輯四川。明年，漢嘉新附，入諭其民。又奉命招王立於合州。又明年，撫循夔府。凡三使蜀，皆稱職。十七年，除陝西漢中道提刑按察司副使，録囚延安，逮繫詿誤，皆縱釋之，人服其明決。調山南湖北道。二十三年，自湖北入朝。明年，爲翰林直學士。二十七年，授大司農丞。

元貞元年，以翰林學士召修《世祖實録》。初置檢閲官，究核故事，燧與侍讀高道凝爲總裁。書成，大德五年，授中憲大夫、江東道廉訪使。九年，拜中奉大夫、江西行省參知政事。未幾，謝病歸。

仁宗居藩邸，開宫師府。燧年已七十，遣正字吕洙，如漢徵四皓故事，起燧爲太子賓客，尋拜太子少傅。武宗面諭燧，燧拜謝曰：「昔臣先伯父樞除是官，尚不敢拜，何況於臣？」明年，授榮禄大夫、翰林學士承旨、知制誥、兼修國史。四年，告歸，中書以承旨召。明年，復召。燧以病，俱不赴。卒於家，年七十六。謚曰文。燧與絳州姬文龍友善，遺命喪禮勿徇流俗，使文龍主其喪，悉遵古禮焉。

燧之學得於許衡，爲世名儒。其文豪而不宕，剛而不厲，舂容盛大，有西漢之風。三十年間將相名臣，懿行碩德，皆燧所書。時高麗瀋陽王父子連姻帝室，傾貲求燧詩文，燧靳不與，至奉詔乃與之。王贈謝幣帛、金玉、名畫五十篋〔一〕，燧即時分於屬官及胥吏，金銀付翰林院爲公用，燧一無所取。人問之，燧曰：「彼小國之君，惟重貨利。吾能輕之，使知大朝不以是爲意。」其器識豪邁如此。著有《牧庵文集》五十卷。子三：壎、圻、城。

史臣曰：劉秉忠、張文謙、竇默、姚樞，皆世祖潛邸賓僚，贊帷幄之謀，以成大業。默請罷王文統，相許衡，世祖不用其言，而事後思之，又蔽於阿合馬之奸，不相衡。而文謙亦爲阿合馬所擠。嗚呼！君子難進易退，自古則然矣。

【校勘記】

〔一〕「幣帛」，原作「弊帛」，據《元史》卷一七四列傳第六十一《姚燧傳》改。又「篋」，《元史》作「篚」。

新元史卷之一百五十八　列傳第五十五

商挺琥　塘　琦〔一〕　趙良弼　楊果　宋子貞　趙璧　張雄飛

商挺，字孟卿，曹州濟陰人。其先本殷氏，避宋諱改焉。父衡，金進士，秦藍總帥府經歷官。河潼失守，爲北軍所得，不屈死。挺年二十四，東平嚴實聘爲諸子師。實卒，其子忠濟辟爲經歷。

世祖在潛邸，聞其名，遣使徵至鹽川。入對稱旨，挺因言：「李璮城朐山，東平當餽米萬石，率十石致一石，且天久雨，路淖，車運後期罪至死。不若輸沂州，使璮衆取食，便。」世祖從之。

陝西、四川宣撫使楊惟中辟挺爲郎中，挺請減關中常賦之半，以蘇民困。又佐惟中誅大猾郭千户，羣吏畏服。明年，惟中罷，挺馳奏：「關陝重地，非廉希憲不能鎮撫中外。」遂以希憲爲宣撫使，擢挺爲副使。尋命兼轄懷、孟，境内大治。

憲宗八年，宣撫司罷，挺還東平。會憲宗征蜀，世祖將趨鄂漢，次小濮，召挺問軍事，對曰：「蜀道險遠，萬乘豈易輕動？」世祖曰：「卿言正契吾心。」憲宗崩，世祖北還。道遣張文謙與挺計事，挺曰：「軍中當嚴符信，以防奸僞。」文謙還奏，世祖大悟曰：「非商孟卿，無人能見及此。」未幾，阿里不哥之使果至，乃執而斬之。世祖召挺至開平，挺與廉希憲密贊大計。及即位，復以希憲爲陝西四川宣撫使，挺爲副使。

時渾都海駐六盤山，以兵應阿里不哥。挺謂希廉曰：「爲六盤，有三策：悉鋭而東，直擣京兆，上策也；聚兵六盤，觀而動，中策也；重裝北歸，以應和林，下策也。」希憲曰：「彼將何從？」挺曰：「必出下策。」已而果然。乃與希憲定議，令八春、汪良臣等禦之。時阿藍答兒、渾都海等已至山丹，八春戰不利，賊陷涼州，犯甘州。良臣以兵來會，聽諸王合丹節制，大敗賊於甘州，阿藍答兒自殺，渾都海亦伏誅，關隴遂平。

中統三年，改宣撫司爲行中書省，進希憲爲右丞相，挺爲僉行省事，復擢參知政事。初，挺薦王文統可大用，璮反，文統與璮通謀。至是，興元判官費正寅訟挺爲文統黨，遂逮至上都。世祖召挺便殿，責之曰：「卿在關中，累著治效，而毀言日至，何也？且比年論王文統者甚衆，卿何無一言？」挺頓首謝曰：「臣在陝西三年，多過失。然功成歸己，事敗分咎於人，臣必不敢，請就戮！」會置四川行樞密院，姚樞薦挺，乃授挺行樞密院副使，佩虎符。

著爲令。

至元元年，召拜參知政事。二年，丞相耶律鑄行省河東，以挺副之。六年，同僉樞密院事，累遷樞密副使。挺定軍官品級，給軍吏四千人屯田，開墾三萬畝，收其獲以餉親軍。汰不勝軍者户三萬，户一丁者亦汰之。丁多業寡、業多丁寡者，許財力相資，合出一軍。

九年，封皇子忙哥剌爲安西王，以挺爲王相。王曰：「關中事有不便者，可悉更張之」。挺進十策，曰睦親鄰，安人心，敬民時，備不虞，厚民生，一事權，清心源，謹自治，固根本，察下情。王爲置酒嘉納焉。十五年，王薨[二]，王妃使挺請命於朝，以子阿難答嗣。世祖曰：「阿難答年少，未習祖宗之訓，卿姑行王相府事。」

十七年，運使郭琮、郎中郭叔雲誣陷王相趙炳，妃命囚炳於平涼獄，琮、叔雲毒殺之。世祖廷鞫其事，琮等皆伏誅。王府女奚徹徹，臨刑以曖昧語連挺及其子瓛。世祖怒，拘挺，而下瓛於獄，且謂炳子曰：「商孟卿，老書生，可與諸儒共讞其罪。」吏部尚書青陽夢炎以議勛奏，世祖疑其朋黨。符寶郎董文忠曰：「夢炎素不知挺，臣以其推戴之功語之。」世祖良久曰：「其事果何如？」文忠對曰：「臣固聞之。殺炳之謀，挺不與也。」世祖默然。十八年春，詔藉挺家。是冬，始釋挺及瓛。二十年，復起爲樞密副使，俄以疾免。三十一年，炳子復訟父冤，挺坐繫百餘日乃釋。遂築室於都城南左山，自號左山老人。二十五年，卒，年八十。延祐初，贈推誠協謀佐運功臣、太師、開府儀同三司、上柱國、魯國公，謚文定。子五：琥、璘、瑭、瓛、琦。

琥，字台符。至元十四年，以姚樞、許衡薦，拜江南行御史臺監察御史。二十七年，徵拜中臺監察御史。屬地震，琥疏言：「漢文帝時有此異，而無其應，蓋以躬行德化而弭。」因條漢文時政以進。又言：「爲國之道，在立法、任人而已。法不徒立，須人而行；人不濫用，惟賢是擇。」因薦天下名士十餘人，世祖皆召用之。三十年，遷國子司業，卒。有《彝齋文集》。

瑭，字禮符。爲右衛屯田千户〔三〕。年三十三，即辭禄養親。築室曰「晦道堂」，取其七世祖宋太子中舍人宗弼年五十致仕所築堂名也。

琦，字德符。成宗召入宿衛。仁宗在東宫，奏授集賢直學士。出爲大名路治中，不赴。皇慶元年，授集賢侍講學士。延祐四年，擢侍讀官、通奉大夫，賜錢二萬五千貫。泰定元年，遷秘書卿。謝病，卒於家。

史臣曰：商孟卿以書生受世祖之知，功參佐命。耄而智惛，黨附奸人。雖曰無交通之跡，然坐視冤誣，焉用彼相？其晚節不終，幾陷刑戮，非不幸也。

趙良弼，字輔之。趙州贊皇人，本女直朮要甲氏，譌爲趙家，因以趙爲氏。父慤，金威勝軍節度使，兼義沃州管内觀察使、右監軍、行元帥府事。與大兵戰於高邑，被禽，不屈死。子良貴，嵩汝招討使。良貴子讜，許州兵官。慤從子良材，守太原。皆以戰敗死。

良弼，慤之次子也，明敏多智略。崔立之亂，良弼奉母還趙州，渡河爭舟者挺刃，及良弼母首，良弼扞以臂，幾折，有兵士見而哀之，手援以登，母子始獲免。已而試儒士中選，教授趙州。世祖在潛藩，召見，占對稱旨。會立邢州安撫司，擢良弼爲判官。良弼區畫有方，事或掣制，則請於藩邸。二年，凡六往返，所請無不從。脱脱以斷事官鎮邢州，事多沮撓，良弼馳驛白其事，遂罷脱脱，邢大治。世祖分地在關中，奏以廉希憲、商挺宣撫陝西，擢良弼宣撫司郎中。憲宗使劉太平等鉤校京兆錢穀，死者二十餘人，衆皆股栗，獨宣撫司一無所坐。

世祖南征，召參議元帥府事，兼江淮安撫使。率士卒先進，五戰皆捷，禁焚廬舍〔四〕、殺降民，所至宣布恩德，民皆安堵。既渡江，攻鄂州，聞憲宗崩，世祖北還，良弼陳時務十二事，世祖嘉納之。遣至京兆，察訪秦、蜀人情嚮背。不逾月，具得實以報，曰：「宗王穆哥無他心，宜以西南事委之。渾都海屯六盤，士馬精强，咸思北歸，恐事有不測。紐璘總秦、川蒙古諸軍，年少鷙勇，輕去就，當寵以重職，解其兵柄。劉太平、霍魯歡，行尚書省事，陰有據地之志。伯家奴、劉黑馬、汪惟正兄弟，夙蒙恩德，並悉心俟命。」其言皆見採用。

良弼凡五上書勸進，曰：「今中外皆願大王早正宸位，以安天下。事勢如此，豈容中止？社稷安危，間不容髮。」世祖既即位，立陝西、四川宣撫司。復以廉希憲、商挺爲使副，良弼爲參議。良弼先行，言於斷事官八春曰：「今劉太平思合於渾都海，紐璘遷延不行，當先遣使促紐璘入朝，劉太平還京兆。」八春從其議。至則紐璘果移屯將入涇州，劉太平將趨六盤，聞命乃止。

渾都海叛，良弼與汪惟正、劉黑馬議，執其黨乞台不花、密利火者，誅之。希憲、挺慮有擅殺名，遣使入奏待罪。良弼具密狀授使者，言：「始捕二帥時，止令囚以俟報。臣竊以爲張皇不便，宜急誅之。擅殺在臣，實不在宣撫司。若上怒希憲等，願使者出此奏。」帝竟不問。使者以奏白政府，咸謂良弼爲長者。是年，改宣撫司爲行中書省，拜良弼陝西四川宣撫使、參議行省事。蜀人費正寅以私憾誣廉希憲、商挺在京兆有異志者九事，以良弼爲徵。帝召良弼詰問，良弼泣曰：「二臣忠良，保無是心，願剖臣心以明之。」帝意不釋。會平李璮，得王文統與璮交通書，益疑挺等。又以良弼多智略，疑爲文統游説，械繫良弼，下於獄，至欲斷其舌。姚樞奏：「踐阼之初，非良弼詗事關中，恐陛下有西顧之憂。其人忠於陛下，安得與文統蓄異志者比！」帝意始解，赦出之。

至元七年，起良弼爲經略使，領高麗屯田。良弼言屯田不便，固辭，遂以良弼奉使日本。先是，數遣使通日本，不得要領。於是良弼請行，帝憫其老，不許。良弼固請，乃授秘書監，充國信使。良弼奏：「臣父兄四人死事於金，乞命翰林撰碑文，臣雖死絶域無憾。」帝曰：「人臣各爲其主，苟忠於所事，雖在前朝，朕亦嘉之，況有賢子爲朕使萬里之外乎？」命學士王磐撰趙氏家廟碑。給良弼衛兵三千，固辭，獨書狀官二十四人從行。

八年，與高麗通事徐稱、周金貯，至日本筑前金津。金津人以爲賊，欲攻之。良弼登岸喻旨，守吏延入板屋，以兵環之，滅燭大譟，良弼泰然自若。明日，其國太宰府官率兵至，問使者來狀。良弼數其不恭罪，仍喻以禮意。太宰官求國書，良弼曰：「必見汝國王，始授之。不然，則授之大將軍。」良弼盛國書於篋，鍵鎖甚嚴。越數日，復來求書，且曰：「我國自太宰府以東，上古使臣未有至者。今大朝遣使至此，而不以國書見授，何以示信？」良弼曰：「隋文帝遣裴清來，王郊迎成禮；唐太宗、高宗時，遣使皆見。王何獨不見大朝使臣乎？」詰難數四，至以兵脅良弼，良弼終不與，但出録本示之。日本太宰府見國書録本，以爲不遜，卻良弼不納。良弼使書狀官張鐸先歸，太宰府送良弼於對馬島。

九年，張鐸與日本人彌四郎等十二人至京師。良弼本意欲見日本王，説以罷兵修好，既見拒，乃與太宰府守護官議。守護官亦恐兵連禍結，與良弼定約，遣彌四郎僞稱使介，修飾其詞，偕張鐸報命。帝召見張鐸，宴勞之，鐸奏：「良弼遣臣入奏，與日本人彌四郎等至太宰府，其守護官云：『曩爲高麗所紿，屢言上國來伐，豈意皇帝先遣行人下示璽書？然王都去此尚遠，願先遣人從使者回報。』故良弼使鐸同日本人入覲。」帝疑之，命翰林學士承旨和禮和孫問於姚樞、許衡等，皆對曰：「誠如聖算，彼懼我加兵，故使此輩伺吾强弱耳，不宜聽其入覲。」帝從之。是年，遣御史康之邵護彌四郎等還日本。

十年，良弼復至太宰府，仍爲所拒，乃歸至京師。帝召見，問日本事本末，深加褒獎，曰：「卿可謂不辱君命矣。」後帝將討日本，問於良弼，對曰：「臣居日本歲餘，睹其民俗，狠勇嗜殺，不知有父子之親、上下之禮。其地多山水，無耕桑之利，得其人不可役，得其地不加富。況舟師渡海，風濤莫測，是謂以有用之民力，填無窮之巨壑也。臣謂勿擊便。」帝不聽。

十一年十二月，以良弼同僉書樞密院事。丞相伯顔伐宋，良弼言："宋重兵在揚州，宜以大軍徑擣錢塘。"又言："宋亡，江南士人多廢學，宜設經史科，以育人材，定律令，以戢姦吏。"後皆用其議。

良弼屢以疾請告，十九年，奉敕居懷孟。良弼别業在温縣，有地三千畝，乃析爲二，六與懷州，四與孟州，皆隸廟學。又立贊皇廟學，市學田六百畝，立趙州廟學，市學田一千六百畝，以贍生徒。或問爲治，良弼曰："易發而難制者，惟怒爲甚。必克己，然後可以制怒；必順理，然後可以忘怒。能忍所難忍，容所難容，事斯濟矣。"二十三年卒，年七十。贈推忠翊運功臣、太保、儀同三司，追封韓國公，謚文正。子訓，陝西行省平章政事。

史臣曰；異哉，趙良弼之奉使也！日本拒而不納，則持國書以返耳。乃使彌四郎等僞稱使介，以罔其君，而驕其敵，是諼也。稱爲不辱君命，可乎？

楊果，字正卿，祁州蒲陰人。幼失父母，轉徙居許州，以章句授徒爲業。金正大中，登進士第。會參政李蹊行大司農於許，果以詩送之，蹊大稱賞，薦爲偃師令。到官，以廉幹稱。

金亡，楊奂徵河南課税，起果爲經歷。未幾，史天澤經略河南，果爲參議。時兵餘，法度草創，果隨宜贊畫，民賴以安。中統元年，設十道宣撫使，以果爲北京宣撫使。既至任事，果爲喻以自嘲曰：「田婦越賈，相爲室家，言語不通，以意求之，十裁得其一二。每夕歸，焚香祝天而言，越賈不之知。有曉田語者，釋之曰：『注禄神官，獨不能從遠以從近也？』」語聞，宰相笑之。明年，拜參政知事。及例罷，猶詔與左丞姚樞等日赴省議事。至元六年，出爲懷孟路總管，大修廟學。以嘗爲中書執政官，移文申部，特不署名。後致仕，卒於家，年七十五，謚文獻。

果性聰敏，美風姿。工文章，尤長於樂府。外若沈默，内懷智用。微時避亂河南，娶羈旅中女，後登科，歷顯仕，竟與偕老，人以是稱之。有《西庵集》行於世。

宋子貞，字周臣，潞州長子人。貌清奇，耳聳過眉一寸，相者以爲必壽且貴。好學，工詞賦。弱冠，與族兄知柔同補太學生，俱有名於時，人以大、小宋稱之。

金末，潞州亂，子貞避地大名。宋將彭義斌守大名，辟爲安撫司計議官。義斌死，子貞率衆歸東平行臺。嚴實素聞其名，用爲詳議官，兼提舉學校。先是，實每令人請事於朝，因近侍奏決，不經中書，與宰相耶律楚材有違言。子貞至，勸實通慇懃於楚材，凡奏請必先白楚材。自是交歡無間，實因此益委信子貞。

太宗四年，實戍黄陵，與金人戰不利，曹、濮以南皆震。有自敵中歸者，言兵且大至，人情恟懼。子貞請於實，斬揚言者首以令諸城，境内乃安。大軍入汴梁，饑民北徙，餓殍盈道。子貞多方賑救，全活者萬餘人。士之流寓者，悉引見周給，且薦用之。拔名儒張特立、劉肅、李昶輩於羈旅，與之同列。四方之士聞風而至。

七年，太宗命子貞爲行臺右司郎中。中原略定，事多草創，行臺所統五十餘城，子貞仍前代觀察采訪之制，分三道糾察官吏，立爲程式。黜貪墮，奬廉勤，官府始有紀綱。東平將校占民爲部曲户，謂之脚寨，擅其賦役，幾四百所。子貞請罷歸州縣，實初難之，子貞力言乃聽，人以爲平。

實卒，子忠濟嗣，尤敬子貞。請於朝，授參議東平路事，兼提舉太常禮樂。子貞延前進士康曄、王磐爲教官，自孔、顔、孟子孫外，招致生徒幾百人，出粟贍之，每季親臨課試，士風爲之一變。

世祖南伐，召子貞至漢州，問以方略。對曰：「本朝威武有餘，仁德未洽。所以拒命者，特畏死爾。若降者不殺，脅從者勿治，則宋之郡邑可傳檄而定也。」世祖善其言。

中統元年，授益都路宣撫使。未幾，入覲，拜右三部尚書。時新立省部，典章制度多子貞裁定。李璮叛據濟南，詔子貞參議軍前行中書省事。子貞單騎至濟南，觀璮形勢，因說丞相史天澤曰：「璮擁衆東來，坐守孤城，宜增築外城，防其奔突，彼糧盡援絶，不攻自破矣。」議與天澤合，遂擒璮。

子貞還，上書陳便宜十事，大略謂：「官爵，人主之柄，選法宜盡歸吏部。律令，國之紀綱，宜早刊定。監司總統一路，用非其材，不厭人望，乞選公廉有才德者爲之。今州縣官相傳以世，非法賦斂，民窮無告，宜遷轉以革其弊。」又請建國學，教冑子，敕州郡提學課試諸生，三年一貢舉。命中書次第施行之。至元二年，始罷州縣官世襲。遣子貞與左丞相耶律鑄行山東，遷調所部官。還，授翰林學士、參議中書省事。奏請班俸禄、定職田。三年二月，拜中書平章政事，復陳時務之切要者十二策，帝頗悔用子貞晚。

未幾，以年老求退，帝曰：「卿氣力未衰，勉爲朕留，措置大事，俟百司差有條理，聽卿自便。」十一月，懇辭，乃得請。特敕中書，凡有大事，即其家訪問。子貞私居，每聞朝廷事不便，必密陳得失，愛君憂國，不以進退異。卒，年八十一。

始病，家人進醫藥，卻之曰：「死生有命，吾年踰八十，何以藥爲？」病危，諸子請遺言，子貞曰：「吾平昔教汝者不少，今尚何言耶？」

子渤，字齊彥，有才名，官至集賢學士。

趙璧，字寶臣〔五〕，大同懷仁人。世祖在潛邸，聞其名，召見，呼秀才而不名。使皇后製衣賜之，試服不稱，輒爲損益，寵遇無與爲比。命馳驛四方，聘名士王鶚等。又令蒙古生十人，從璧授儒書。敕璧習國語，譯《大學》、《中庸》、《論》、《孟》諸書，時從馬上聽璧陳說。

憲宗即位，召璧問：「天下何如而治？」對曰：「請先誅近侍之不法者。」憲宗不悅。璧退，世祖曰：「秀才，汝渾身是膽。吾亦爲汝握兩手汗也。」

一日，斷事官牙老瓦赤持印請於帝曰：「此先朝所賜，今陛下登極，將仍用舊印耶，抑易以新者？」時璧侍左右，斥之曰：「用汝與否，取自聖裁。汝敢以印爲請耶？」奪其印，置帝前。帝默然久之，既而曰：「朕亦不能爲此。」

憲宗二年，授河南經略使。河南萬户劉福貪暴，郡中婚嫁，必先賂之，得請而後行。其黨董主薄，强取民女有色者三十餘人。璧至，按其罪，立斬之，盡還民女，劉大驚。時天大雪，因詣璧相勞苦，且酌酒賀曰：「經略下車，誅鋤强猾，故雪爲瑞應。」璧曰：「如董主簿比者，尚有其人，俟盡誅之，瑞應將大至矣！」劉屏氣不敢復言而歸。

世祖伐宋，以璧爲江淮荆湖宣撫使。大兵圍鄂州，宋賈似道遣使來議和，璧請行。世祖曰：「汝登城，必謹視吾旗。旗動，即速歸。」璧登城，宋將宋京曰：「北兵若旋師，願以江爲界，且歲奉銀、絹疋兩各二十萬。」璧曰：「大軍至濮州時，誠有是請，猶或見從；今已渡江，是言何益？賈制置今焉在耶？」璧適見世祖旗動，乃曰：「俟他日復議可也。」遂還。

世祖即位，拜燕京宣慰使。時供給蜀軍，府庫已竭，及用兵北邊，璧經畫，饋運不絶。中書省立，授平章政事，加答剌罕之號，力辭不就。中統二年，從征阿里不哥，以平章政事兼大都督，領蒙古、漢軍。是年，始製太廟雅樂。樂工黨仲和、郭伯達以知音律在選中，爲造僞鈔者連坐，繫獄。璧曰：「太廟雅樂，大饗用之，豈可繫及無辜，而廢雅樂之成？」奏請原之。三年二月，復拜中書平章政事。李璮反，親王合必赤討之，以璧督餽運。璮平，以平章政事行省山東。

至元元年，官制行，加榮禄大夫。帝欲作文檄宋，執筆者數人，皆不稱旨，乃召璧爲文。帝大稱善，曰：「惟秀才能曲盡我意。」六年，改樞密副使，雖左遷，璧處之泰然，不以爲意。六年，宋邊臣遣間使約降，帝命璧詣鹿門山都元帥阿朮營密議，以璧同行漢軍都元帥府事。時阿朮卧病，營屯遇雨，漲没殆盡。宋將夏貴率兵五萬，饋糧三十艘，自武昌援襄陽。璧據險設伏待之，貴果中夜潛上，璧策馬出鹿門山，行二十餘里，奪其五舟，大呼曰：「南船已敗，我水軍宜速進。」貴懾不敢動。明旦，阿朮命諸將渡江以騎兵截貴，璧與水軍萬户解汝楫等追貴舟師。遂合戰於虎尾洲，貴敗走，士卒溺死甚衆，奪戰艦五十艘，擒將士三百餘人。

高麗王植爲其臣林衍所逐，帝召璧還，改中書左丞。同國王頭輦哥行東京等路中書省事，駐兵平壤。時衍已死，璧與國王議曰：「高麗遷居江華島有年矣。外雖卑辭臣貢，內恃其險，故使權臣無所畏忌，擅逐其主。今衍已死，王實無罪，若朝廷遣兵護王歸於舊京，可以罷兵息民，策之上者也。」因遣使以聞，帝從之。師還，遷中書右丞。冬祀太廟，有司失黄幔，得於神庖竈下，已汙壞。帝聞大怒，曰：「是應坐大不敬律，當斬。」璧争曰：「法止杖斷遠流。」其人竟得不死。九年，復拜平章政事。

璧平居寡言語，及論政事，必反覆詰難，務究其利弊而後已。世祖嘗稱爲「秀才舌」云。十三年卒，年五十七。大德三年，贈大司徒，謚忠亮。子二人：仁榮，中書參知政事；仁恭，集賢直學士。孫二人：崇，郊祀署令；弘，左藏庫提點。

張雄飛，字鵬舉，沂州臨沂人。父琮，仕金，守盱眙，金主疑之，罷其兵，徙居許州，尋復命守河陰，留家人於許。雄飛幼失母，琮妾李氏養之。大兵屠許州，惟工匠得免，有田姓者，琮故吏也，自稱能爲弓，且許以雄飛及李氏爲家人，由是獲全，遂徙朔方，雄飛甫十歲。至霍州，李欲逃，恐其累己，雄飛知之，頃刻不去左右，李乃變服與雄飛俱還，寓潞州。雄飛既長，往師前進士王寶英於趙州。金亡，雄飛不知父所在，求之十餘年，終弗得。遂入大都，居數歲，盡通諸部語。

至元二年，廉希憲薦於世祖，召見，陳當世之務，世祖大悦。授同知平陽路轉運司事，搜抉蠹弊悉除之。帝問處士羅英，誰可大用者，對曰：「張雄飛真公輔器。」帝然之，命驛召雄飛至，問以方今所急，對曰：「太子天下本，願早定以繫人心。閭閻小人有升斗之儲，尚知付託。天下至大，社稷至重，不早建儲貳，非至計也。向使先帝知此，陛下能有今日乎？」帝方卧，矍然起，稱善者久之。

他日，與江孝卿同召見，帝曰：「今任職者非材，政事廢弛，譬大厦將傾，非良工不能搘柱，卿輩能任此乎？」孝卿謝不敢當。帝顧雄飛，雄飛對曰：「古有御史臺，爲天子耳目。凡政事得失、民間疾苦，皆得言；百官姦邪、貪穢不職者，即糾劾之。如此則紀綱舉、天下治矣。」帝曰：「善。」乃立御史臺，以前丞相塔察兒爲御史大夫，雄飛爲侍御史，且戒之曰：

「卿等既爲臺官，職在直言。朕爲汝君，苟所行未善，亦當極諫，況百官乎？汝宜知朕意，人雖嫉汝，朕能爲汝地也。」雄飛益自感勵，知無不言。

參議樞密院事費正寅素憸狡，密遣人通於宋。事覺，詔丞相線真等與雄飛雜治之。請托交至，雄飛無所顧，盡得其罪狀以聞，正寅與其黨管如仁等皆伏誅。會議立尚書省，雄飛力争，忤旨，左遷同知京兆總管府事。宗室公主有家奴逃渭南爲民贅婿，主過臨潼，識之，捕其奴與妻及妻之父母，皆械繫之，盡没家貲。雄飛與主争辯，辭色俱厲，主不得已，以奴妻及妻之父母、家貲還之，惟挾其奴以去。

入爲兵部尚書。平章阿合馬在制國用司時，與亦麻都丁有隙。至是，羅織其罪，同僚争相附會。雄飛不可，曰：「所犯在制國用司時，平章獨不預耶？」衆無以答。秦長卿、劉仲澤亦以忤阿合馬，皆下吏，欲殺之，雄飛亦持不可。阿合馬使人啗之曰：「能殺此三人，當以參政相處。」雄飛曰：「殺無罪以求大官，吾不爲也。」阿合馬怒，奏出雄飛爲澧州安撫使〔六〕，三人竟死獄中。

澧州有巨商二人，犯匿税及毆人事，僚佐受賂，欲寬其罪，雄飛繩之益急。或曰：「此細事，何執之堅？」雄飛曰：「吾非治匿税毆人者，欲改宋弊政，懲不畏法者爾。」貧民以乏食，羣聚發富家廩，所司欲論以强盜，雄飛曰：「此盜食，欲救死耳，非强也。」寬其獄，全活者百餘人。澧西南接溪洞，猺人乘間抄掠，雄飛遣楊應中等往諭以威德，諸猺悉感服。

十四年，改安撫司爲總管府，命雄飛爲達魯花赤，遷荆湖北道宣慰使。有告常德富民十餘家，與德山寺僧將爲亂，衆議以兵討之。雄飛曰：「告者必其仇也。且新附之民，當以静鎮之，兵不可遽用。苟有他，吾自任其責。」遂止，徐察之，果如所言。十五年，荆湖行省阿里海牙以降民千户没入爲家奴，自置吏治之，歲責租賦，有司莫敢言。雄飛言於阿里海牙，請歸其民於有司，不從。雄飛入朝奏其事，詔還籍爲民。

十六年，拜御史中丞，行御史臺事。阿合馬以子忽辛爲中書右丞，行省江淮，恐不爲所容，奏留雄飛不遣，改陝西漢中道提刑按察使。未行，阿合馬死，朝臣皆以罪去。拜參知政事。阿合馬用事日久，賣官鬻獄，紀綱大壞。雄飛乃先自降一階〔七〕，於是僥倖超躐者皆降黜。忽辛有罪，敕中貴人及中書雜問，忽辛曆指宰執曰：「汝曾使我家錢物，何得問我？」雄飛曰：「我曾受汝家錢物否？」曰：「惟公獨否。」雄飛曰：「如是，則我當問汝矣！」忽辛遂伏辜。

二十一年春，册上尊號，議大赦天下。雄飛諫曰：「古人言：無赦之國，其刑必平。故赦者，不平之政也。聖明在上，豈宜數赦？」帝嘉納之，語雄飛曰：「大獵而後見善射，集議而後知能言。汝所言者是，朕今從汝。」遂止降輕刑之詔。

未幾，盧世榮以言利進，雄飛與諸執政同日皆罷。二十三年，起爲燕南河北道宣慰使，卒於官。

五子：師野、師謬、師白、師儼、師約。師野，宿衛東宫。荆湖行省平章政事阿里海牙入覲，言之宰相，欲白皇太子，請以師野爲荆南總管。雄飛固止之，歸謂師野曰：「今日有欲官汝者，汝宿衛日久，固應得官。然我方爲執政，天下必以我私汝，我一日不去此位，汝輩勿望有官也。」其介慎如此。

史臣曰：張鵬舉剛明廉直，材任宰相。世祖用盧世榮，罷鵬舉政事，可謂棄蘇合而寶蛣蜣之糞矣。豈好利之心不能自克，遂爲逢君者所蠱惑歟？

【校勘記】

〔一〕「瑭」字原脱，據正文補。

〔二〕「薨」，原作「夢」，據《元史》卷一五九列傳第四十六《商挺傳》改。

〔三〕「右衛」，原作「大衛」，據《元史》卷一五九列傳第四十六《商挺傳》改。

〔四〕「廬舍」，原作「盧舍」，據《元史》卷一五九列傳第四十六《趙良弼傳》改。

〔五〕「寶臣」，原作「寶仁」，《元史》卷一五九列傳第四十六《趙璧傳》同。按王惲《秋澗先生大全文集》卷八〇《中堂事記》云「平章政事趙璧，字寶臣，西京懷仁縣人」，據改。

〔六〕「澧州」，原作「灃州」，據《元史》卷一五九列傳第四十六《張雄飛傳》改。下同。

〔七〕「階」，原作「偕」，據《元史》卷一五九列傳第四十六《張雄飛傳》改。

新元史卷之一百五十九　列傳第五十六

伯顔 相嘉失里

伯顔，巴鄰氏。曾祖失兒古額秃，爲巴鄰部長。率二子阿剌黑、納牙阿歸於太祖，授巴鄰部左千户。納牙阿爲太祖中軍萬户，自有傳。阿剌黑，伯顔祖父也。襲父職，兼斷事官。從太祖伐西域，攻拔忽氈城，遂以忽氈爲其食邑。阿剌黑子曉古台，襲千户，從宗王旭烈兀於西域。曉古台生伯顔。

至元初，旭烈兀遣伯顔入奏，世祖偉其言貌，曰：「非諸侯臣也，其留事朕。」以右丞相安童女弟妻之，拜光禄大夫、中書左丞相。伯顔凝重寡言，諸曹白事，尤難決者，徐以一二語判之，衆服曰：「真宰相也。」四年，改中書右丞。七年，遷同知樞密院事。

十一年，大舉伐宋，與史天澤並拜中書左丞相，行省荆湖。初，世祖與劉秉忠議伐宋，秉忠以無元帥對。及見伯顔，乃謂世祖曰：「取江南有人矣。」姚樞亦奏：「如求大將，非安童與伯顔不可。」至是，遂與天澤並任焉。天澤又以病，表請專任伯顔，乃以伯顔領河南等路行中書省，諸將並聽節制。秋七月，陛辭，帝曰：「昔曹彬以不嗜殺平江南，汝其體朕意，爲朕曹彬可也。」

九月甲戌朔，會師於襄陽，分三道並進：唆都以兵一萬，由東道趨棗陽；翟招討以兵一萬，由西道老鴉山趨荆南；伯顔與平章政事阿朮由中道循漢水趨鄂州，萬户武秀爲前鋒。遇潦水汎濫，無舟楫，伯顔曰：「吾且飛渡大江，豈憚此潢潦！」命壯士負甲仗，騎而前導，麾諸軍畢濟。次鹽山，距郢州二十里。宋兵十餘萬，夾漢水城萬勝堡，號爲新郢，兩岸戰艦千艘，横鐵絙江中，以遏舟師。惟黄家灣有小河，經鷂子山入唐港，可達於江，宋人又爲壩築堡於上，嚴兵守之。伯顔遣總管李庭、劉國傑攻拔黄家灣堡，鑿壩，挽舟出唐港，整列而進。諸將請曰：「郢城，我之咽喉，不取恐爲後患。」伯顔曰：「用兵有緩急，攻城，下策也。大軍之出，豈爲此一城哉？」遂舍郢不攻，由平江堰順流而下。伯顔與阿朮殿後，不滿百騎。至泉子湖，郢將趙文義、范興以二千騎來襲。還軍擊之，文義、興俱死，斬獲數百人。

十月，次沙洋堡。命斷事官楊仁風招之，不應。復遣一俘持黄榜、檄文、傳文義首，入城招其守將王虎臣、王大用。虎臣等斬俘，焚黄榜。其裨將傅益以水軍十七人降，伯顔復命吕文焕招之，仍不應，乃水陸並進。有裨將李國用以巫術召風，風起，伯顔命炮手元帥張榮實順風燃炮，焚城中廬舍，城遂拔。萬户忙古歹獲虎臣、大用等，屠其城。進次新城，使萬户帖木兒、史弼列沙洋所馘於城下，射黄榜、檄文以招之。守將邊居誼邀文焕語，至城下，飛矢中右臂，奔還。未幾，其總制黄順踰城降，明日，副統制任寧亦降，居誼終不出。乃令總管李庭攻其外堡，拔之。諸軍蟻附而上，内堡亦破。餘衆三千人皆戰死，居誼闔家自焚。并誅王虎臣、王大用等。遣萬户帖木兒等奏沙洋、新城之捷。

十一月丙戌，次復州，安撫使翟貴以城降。阿朮使右丞阿里海涯來請渡江之期，伯顔不答，明日又來，仍不答。阿朮自至，問之，伯顔曰："此大事，主上付吾二人，可使餘人知吾虚實乎？"潛刻期而去。大軍次蔡店。宋淮西制置使夏貴等以戰艦萬艘，分據要害，都統王達守陽邏堡，荆湖宣撫使朱禩孫以游擊兵扼中流，大軍不得進。伯顔大會諸將，議渡江。遣總管劉深、千户馬福覲沙湖水勢，福建議，淪河口可通沙蕪入江。伯顔使覘沙蕪口，夏貴亦以精兵守之。乃圍漢陽軍，聲言由漢口濟江，貴果移軍來援。

十二月丙午，大軍次漢口。諸將自漢口開壩，引船入淪河。先遣萬户阿剌罕巡視陽邏城堡，徑趨沙蕪，入大江。壬子，伯顔戰艦萬計，連檣而至，以數千艘泊淪河灣。諸將言："沙蕪南岸有宋戰船，可攻而取之。"伯顔曰："吾亦知其可取，慮汝輩貪小失大。一舉渡江，收其全功可也。"進攻陽邏堡，再遣人招之，俱不應，其將士曰："我輩受宋厚恩，戮力死戰，此其時也。安有歸降之理？今日猶賭博之孤注，輸贏在此一擲！」伯顏麾諸將攻之，三日不克。乃密與阿朮議曰：「彼謂我必拔此堡，方能渡江。此堡守禦堅固，攻之徒勞。汝今夜以鐵騎三千直趨上流，爲擣虛之計，詰旦渡江襲南岸。已過，則遣人告我。」乃分遣阿里海涯督萬户張弘範、忽失海涯、折的迷失等，先以步騎攻陽邏堡。夏貴來援，阿朮出其不意，率萬户晏徹兒、忙古歹、史格、賈文備四翼軍，泝流西上四十里，對青山磯而泊。是夜，雪大作，遥見南岸尚露沙洲。阿朮登舟率諸將徑趨之。史格一軍先渡，爲宋將程鵬飛所卻。總管史塔剌渾繼進，擒其將高邦顯等。鵬飛身被七創，敗走，獲船千餘艘，遂抵南岸。阿朮與鎮撫何瑋等數十人登岸，與宋軍相持。夏貴在江南，不能爲聲援，我軍遂起浮橋，成列而濟。阿里海牙繼遣張榮實、解汝楫等四翼軍，舳艫相銜，直攻夏貴。貴引麾下軍數千先遁，諸軍乘之，斬馘不可勝計，追至鄂州東門而止。阿朮遣使告捷，伯顏大喜，急攻陽邏堡，拔之，斬王達。諸將謂：「貴大將，不可使逸去，請追之。」伯顏曰：「陽邏堡之捷，吾欲遣使告於宋人。今貴走，代吾遣使，不必追也。」

阿朮還渡江，議兵所向，或欲先取蘄、黄，阿朮曰：「若赴下流，退無所據，先取鄂、漢，雖遲旬日，可爲萬全計。」伯顏從之。進次鄂州，焚戰船三千艘，火照城中，宋人大恐。乃遣呂文焕、楊仁風等諭之曰：「汝國所恃者，江、淮而已。今大兵渡江，如履平地，汝輩何不速降。」知鄂州張晏然、知漢陽軍王儀、知德安府來興國，並以城降，程鵬飛亦以本軍降。伯顏承制以宋鄂州民兵總制王該知州事，王儀、來興國仍舊任。分宋降卒隸諸將，凡逃民悉縱還之。遣萬户也的哥、忽都歹入奏。分命阿剌罕先鋒黄頭，收壽昌糧四十萬斛，以濟軍需。留阿里海涯等以兵四萬戍鄂、漢，伯顏與阿朮率大軍東下，以侍衛親軍都指揮使秃滿台爲諸軍殿。

十二年正月癸酉朔，阿朮先至黄州，宋知州陳奕降，伯顏承制授奕沿江大都督。遣奕與吕文焕以書招蘄州安撫使管景模，阿朮復以舟師造其城下。伯顏至蘄州，景模出降，承制授以淮西宣撫使，留萬户帶塔兒守之。阿朮以舟師趨江州，宋兵部尚書吕師夔、知江州錢真孫及知六安軍曹明，皆以城降。伯顏承制以師夔守江州。師夔宴伯顏於庾公樓，飾宋宗室二女以獻，伯顏怒曰：「吾奉天子之命，興師問罪，豈以女色移吾意乎！」斥遣之。知南康軍葉閶來降，殿前都指揮使、知安慶府范文虎亦奉書納款。伯顏至湖口，遣千户寧玉造浮橋以渡，大風，禱於山神，有頃風息，大軍畢渡。伯顏承制授范文虎兩浙大都督，以其從子友信知安慶府事，命萬户喬珪戍之。次池州，都統制張林以城降，通判權州事趙昻發與其妻自經死，伯顏命具衣衾葬之。

宋宰相賈似道遣袁克己、宋京致書，請還已降州郡，約貢歲幣。伯顏遣囊加歹偕克己入奏，止京以待，且使謂似道曰：「未渡江，議和入貢則可；今沿江諸郡皆内附，欲和則汝自來面議。」囊家歹還，乃釋宋京。

賈似道屯於丁家洲，步兵十三萬，號百萬。孫虎臣爲前鋒，夏貴以戰艦二千五百艘横亘江中，似道將後軍。伯顔曰：「衆寡不敵，宜以計勝。」令軍中作大桄數十，置薪芻於上，陽言欲以火攻。宋人晝夜嚴備，戰士少懈。乃命左右翼萬户率騎兵夾江而陣，炮聲震百里。宋軍陣動，我師掠宋戰艦，大呼曰：「宋人敗矣。」似道倉皇失措，遽鳴金收軍，軍潰。阿朮以小旗麾何瑋、李庭等率舟師衝擊，伯顔命步騎左右犄之，追奔百五十餘里，獲戰艦二千餘艘。似道東走揚州，貴走廬州，虎臣走泰州。

進攻太平州，知州孟之縉及知無爲軍劉權、知鎮萬軍曹旺等，並以城降。大軍次建康之龍灣，大賚將士。宋沿江制置使趙溍遁，都統徐之榮、翁福、茅世雄等以城降，命招討使唆都守之。鎮江府管軍總管石祖忠以城降，江東及淮西滁州諸郡亦相繼降。時民乏食，又疾疫，伯顔開倉賑之，兼施醫藥。宋人大喜曰：「真王者之師也！」伯顔遣左右司員外郎石天麟詣闕奏事，世祖大悦，悉允所請，命伯顔以行中書省駐建康。阿塔海、董文炳以行樞密院駐鎮江，阿朮别奉詔取揚州。

四月，詔盛夏不利行師，俟秋再舉。伯顔奏曰：「宋人據江海，如獸之走險。今已扼其吭，少縱之則逸而逝矣。」世祖語使者曰：「將在外，不從中制，兵法也。宜從丞相言。」五月，復命奉御愛薛召伯顔赴闕，以阿刺罕爲參政，留治省事。伯顔至鎮江，會諸將計事，令各還戍地，乃渡江北行，入見於上都。七月癸未，進右丞相，讓功於阿朮，詔以阿朮爲左丞相。阿朮材勇善戰，而士心不附，伯顔患之，乃曲加禮敬，由是衆皆悦服。

八月癸卯，受命還行省，取道益都，按視沂州防軍，調淮東都元帥孛魯歡、副都元帥阿里伯，以所部兵溯淮而進。九月，至淮安，射書城中，諭守將降。又使降將孫嗣武招之，皆不應。乃使招討使別里吉迷失攻北城，伯顔與孛魯歡、阿里攻其南城堡，拔之。十月，進圍揚州，留孛魯歡、阿里伯守灣頭新堡。至鎮江，罷行院，以阿塔海、董文炳同署院事。

十一月，分兵爲三路，期並會於臨安：阿刺罕等爲右軍，以步騎自建康趨獨松嶺；董文炳爲左軍，以舟師自江陰循海道趣澉浦、華亭；伯顔與阿塔海由中道，節制諸軍水陸並進。

先是，常州守王宗洙遁，通判王虎臣以城降。其都統制劉師勇與張彦、王安節等復推姚訔爲帥，堅守不下。彦與安節拒戰於吕城，大敗，彦以衆降。伯顔至常州，命吕文焕射書城上，諭以禍福，不應。文焕又爲流矢所中，乃命掾史書榜文射入城中，曰：「常州已附之地，爾等復來據之。大丞相親臨攻擊，勢易摧枯，然念主上好生惡殺，務以招徠爲先。

連日遣人告諭，未見聽從。爾之士民勿以歸降復叛爲疑，約以來日，如出城歸附，以保生靈，前罪一無所問。仍依沿江已附州城，一例優加爵賞，四民各令安業。若更執迷堅拒，城破之日，枕尸流血，老幼無遺。宜速深思，無貽後悔。」又不聽。乃督帳下親軍攻南城，命親軍先登，豎紅旗城上。諸軍見而大呼曰：「丞相登矣！」師畢登，宋兵大潰，拔其城，屠之。訔戰死，安節被執不屈死，惟師勇遁去。以行省都事馬恕爲常州尹。

遣蒙古軍都元帥闊里帖木兒、萬户懷都，先據無錫州。萬户忙古歹、晏徹兒巡太湖。又遣監戰亦乞里歹、招討使唆都、宣撫使游顯，會闊里帖木兒先趨平江。

初，伯顏出都，帝以手詔付之，使諭宋主。至是，遣降人游介實，奉詔書副本使於宋，仍以書諭宋大臣。十二月，宋工部侍郎柳岳等奉其國主及太皇太后書，並宋之大臣與伯顏書來見，垂涕言：「太皇太后年高，嗣君幼冲，且在衰絰中。自古禮不伐喪，乞哀恕班師，每年進奉修好。且今日事至此者，皆奸臣賈似道失信誤國，非太皇太后之意也。」伯顏曰：「主上即位之初，奉國書修好，汝國執我行人，至十有六年，所以興師問罪。今又無故殺我行人。如欲大軍不進，將效錢王納土乎？李主出降乎？爾宋昔得天下於小兒，今亦失於小兒，天道如此，何多言也！」乃遣招討使抄兒赤，以柳岳來使事及嚴忠範所賫國書入奏。

次平江，宋都統王邦傑等出降。遣囊家歹與柳岳至臨安。宋尚書夏士林、侍郎吕師孟、宗正少卿陸秀夫又以書來，請尊世祖爲伯父，世修子姪之禮，且約歲幣銀二十五萬兩，幣二十五萬匹。伯顔不答，遣忙古帶、范文獻，會阿剌罕、昔里伯取湖州，留游顯、懷都、忽都不花屯兵鎮守平江，别遣寧玉守吴江長橋。橋，玉所造也。

十三年正月，次嘉興，安撫使劉漢傑以城降，留萬户忽都虎等戍之。宋軍器監劉庭瑞又以其宰相陳宜中等書來，伯顔亦不答，遣庭瑞返。宜中遣御史劉岊奉宋主稱臣表副本，及致書伯顔，約會長安鎮。大軍至崇德，宜中又令都統洪模持書同囊家歹來見。已而伯顔次長安鎮，宜中等不至。進至皋亭山，宋主遣知臨安賈餘慶，同承宣使趙尹甫、防禦使趙吉甫，奉傳國璽及降表詣軍前。伯顔受之，召宋宰執議出降。時宋宰相陳宜中已遁，宋主以文天祥代爲宰相，辭不拜，自請至軍前。大軍至臨安北十五里，分遣董文炳、吕文焕、范文虎撫慰軍民。

伯顔聞宜中與張世傑等挾益王、廣王航海去，亟遣右軍阿剌罕、奥魯赤，左軍董文炳、范文虎等追之，不及而還。

或請檢視府藏簿帳，以知金穀户口多寡，伯顔曰：「是欲夤緣噬吾民耳！」乃下令將士：「敢入城者，以軍法論。」先是，宋三衙衛士白晝殺人，亂民亦乘時剽掠。至是，始皆斂迹。遣呂文焕持黄榜諭臨安軍民，遣程鵬飛、洪雙壽等入宫慰諭謝太后。太后遣丞相吴堅、文天祥，樞密使謝堂、安撫使賈餘慶、内官郁惟善來見，伯顔慰遣之。以天祥舉動不常，疑其有異志，留之。天祥數請歸，伯顔笑而不答。天祥怒曰：「我此來，爲兩國大事，何故留我？」伯顔曰：「勿怒，汝爲宋大臣，責任非輕。今日之事，當與我共之。」使程鵬飛、洪雙壽同賈餘慶易宋王削帝號降表。伯顔屯臨安城北之湖州市，遣千户囊家歹等以宋傳國璽入獻。

庚寅，伯顔建大將旗鼓，率左右翼萬户，巡臨安城，觀潮於浙江〔一〕。宋宗室大臣皆來見。張弘範、孟祺同程鵬飛以所易降表及宋主、謝太后諭未附州郡手詔至。伯顔登獅子峰，觀臨安形勢，命唆都部分諸將守護宫城。癸巳，謝太后復使人來勞問。分置其三衙諸司兵於各翼，以俟調遣，其生募等軍，願歸者聽。分遣蕭郁、王世英等招諭衢、信諸州。

二月，遣劉岊等往淮西招夏貴，仍遣别將徇浙東、西，於是知嚴州方回、知婺州劉怡、知台州楊必大、知處州梁椅，並以城降。命阿剌罕、董文炳等見謝太后，宣布德意，以慰諭之。

辛丑，宋主率文武百餘，望闕拜發降表。伯顔承制，以臨安爲兩浙大都督府，忙古歹、范文虎並爲大都督。復命張惠、阿剌罕、董文炳、呂文焕等入城，籍其軍民錢穀之數。收百官誥命、符印、圖籍，悉罷宋官府，移宋王於别館。禁人勿侵壞宋氏陵寢。是日，大軍屯於江滸，潮三日不至，人以爲天助焉。

癸卯，謝太后命吴堅、賈餘慶、謝堂、家鉉翁、劉岊、文天祥等爲祈請使，楊應奎、趙若秀爲奉表押璽官，詣闕請命。伯顔亦拜表稱賀。宋福王與芮奉書於伯顔，辭甚懇至。伯顔曰：「爾國已降，南北一家，王勿疑，宜速來，共預此事。」且使迓之。夏貴以淮南降。庚申，囊加歹傳諭，召伯顔偕宋君臣入朝。

三月丁卯，伯顔入臨安，使孟祺籍其禮器、册寶、圖書。議以阿剌罕、董文炳留治省事，以經略閩、粤；忙古歹以大都督，戍浙西；唆都以宣撫使，戍浙東；唐兀歹、李庭護送宋君臣北上。初，宋末童謡有云：「江南如破，白雁來過。」又讖語云：「亡宋者，百眼將軍也。」至是皆應焉。

阿塔海等宣詔，趣宋主、母后入覲。聽詔畢，即日出宫，惟謝太后以疾獨留。隆國夫人黄氏以下，宫人從行者百餘人，福王與芮、沂王乃猷、駙馬楊鎮以下，官屬從行者數千人。宋主求見，伯顔曰：「未入朝，無相見禮。」

五月乙未，伯顔以宋主至上都。世祖御大安閣受朝，授宋主㬎開府儀同三司、檢校大司徒，封瀛國公。宋平，得府三十七、州百二十八、關監二、縣七百三十三。命伯顔告於天地宗廟，大赦天下。帝勞伯顔，伯顔再拜謝曰：「奉陛下成算，阿朮效力，臣何功之有？」復拜同知樞密院事，賜銀鼠、青鼠只孫二十襲，以陵州、藤州户六千爲食邑。將校有功者一百二十三人，賜銀有差。奏言：「江南川渠，通利百貨，皆以船運，比之車運載倍而力省。今南北混一，宜疏濬河渠，令遠方貢獻京師者，皆由此而達，誠萬世之利。」帝從之。其後海運之議，亦發自伯顔云。

十四年，諸王昔里古劫北平王以叛，命伯顔率大軍討之。與其衆遇於斡魯歡河，夾水而陣，相持終日。俟其懈，麾軍爲兩隊擊之，昔里古敗走。十八年三月，世祖命皇太子撫軍北邊，以伯顔從，諭之曰：「伯顔才兼將相，忠於所事，汝勿以常人遇之。」皇太子與伯顔論事，輒敬禮有加。是年，頒功臣食邑，益以藤州等處四千九百七十七户。

初，伯顔至上都，詔百官郊迎。平章政事阿合馬先半舍謁於道左，伯顔解所服玉鉤條遺之，且曰：「宋寶玉雖多，吾實無所取，勿以此爲薄也。」阿合馬疑其輕己，思中傷之，乃謂：「玉桃盞，宋之至寶，爲伯顔所匿。」帝命按之，無驗，事始得釋。後阿合馬死，有獻玉桃盞者，帝愕然曰：「幾陷我忠臣也！」别里吉迷失誣伯顔以死罪，帝察其誣，斥之。未幾，别里吉迷失以他罪誅，敕伯顔臨視。伯顔與之酒，不顧而返，帝問其故，對曰：「彼有罪當誅，以臣臨之，人且疑陛下爲臣報復矣。」

二十二年秋，宗王阿只吉爲海都所敗，詔伯顔代總其軍。伯顔令軍中采蔑怯葉兒及宿敦之根貯之，人四斛，草實稱是。是冬雨雪，人馬賴以不饑。又令軍士捕塔剌不歡之獸食之，積其皮至萬餘，人莫知其意。既而遣使輦至京師，帝曰：「是欲易吾繒帛耳。」乃賜帛爲軍士衣服。二十四年二月，有上變告乃顔逆謀，詔伯顔偵之。伯顔多載衣裘，入其境，以賜館人。既至，乃顔設宴，謀執之。伯顔覺，趨出，與從者分三道逸去。館人既得衣裘，爭以良馬與之，遂得脱，馳還白狀。四月，乃顔反，世祖親征，奏請李庭、董士選將漢軍以兵法布置。賊將金家奴、塔不歹進逼乘輿，庭等大敗之，卒擒乃顔。二十六年，進金紫光禄大夫、知樞密院事，出鎮和林。和林置知院，自伯顔始。

二十九年，諸王明理帖木兒叛，與海都連兵入寇，詔伯顔討之。遇賊於阿撒忽禿嶺，矢下如雨，伯顔麾軍以進，下令退後者斬，大敗明理帖木兒〔二〕。使速哥、梯迷禿兒等追之。伯顔引軍夜還，至必失禿，卒與賊遇，伯顔堅壁不動。黎明，賊引去，追至別竭兒，速哥、梯迷禿兒等兵亦至，夾擊之，斬首二千級，俘其餘衆以還。軍中獲諜者，伯顔厚賜之，遣歸。賫書諭明理帖木兒以禍福，明理帖木兒爲感泣。

未幾，海都復犯邊，伯顔留拒之。廷臣有譖伯顔與海都通者，詔以知樞密院玉昔帖木兒代之，伯顔留大同以俟後命。玉昔帖木兒未至三驛，會海都復至。伯顔遣使告玉昔帖木兒曰：「公姑止此，待我翦此寇而來，未晚也。」伯顏與海都戰，佯卻，凡七日。諸將以爲怯，憤曰：「果畏賊，何不授軍於大夫？」伯顏曰：「海都犯邊，邀之則遁；誘其深入，一戰可擒也。諸君必欲速戰，若失利，誰任其咎？」諸將屢請，伯顏還軍擊敗之，海都果脱去。玉昔帖木兒至，成宗餞伯顏，且曰：「公將去，何以教我？」伯顏舉酒，謂之曰：「可慎者，惟此與女色耳。軍中當嚴紀律，然恩德不可偏廢。冬夏營屯，循舊爲便。」成宗悉從之。

三十一年正月癸酉，世祖崩，伯顏總百官以聽。兵馬司請日出入時鳴鐘，以防變故，伯顏呵之曰：「汝將爲亂耶？其如平日！」有盜内府銀者，宰相欲誅之，伯顏曰：「何時無盜？今以誰之命誅盜耶？」人皆服其有識。

夏四月，成宗即位於上都大安閣，左右部諸王畢會。伯顏仗劍立殿陛，陳祖宗寶訓，宣揚顧命，述所以立成宗之意，辭色嚴肅，諸王皆股慄，趨殿下拜賀。五月乙亥，拜開府儀同三司、太傅、録軍國重事，依前知樞密院事。丞相完澤忌之，伯顏知其意，語之曰：「幸送我兩罌美酒，與諸王飲，餘非所知也。」江南行省累請罷行樞密院，帝問於伯顏，時伯顏已病，張目對曰：「内而省、院，各置爲宜；外而軍、民，分隸不便。」成宗韙之，三行院遂罷。十二月庚子，卒，年五十九。

伯顏深沈善斷，率二十萬衆伐宋，如將一人。事畢還朝，口不言功，歸裝惟襆被而已。

大德八年，贈宣忠佐命開濟功臣、太師、開府儀同三司，追封淮安王，謚忠武。至正四年，加增宣忠佐命開基翊戴功臣，進封淮王，餘如故。

子買奴，僉樞密事院；囊加歹，樞密副使。

孫相嘉失里，同僉樞密院事、集賢學士，至治末聞南坡之變，奔赴上都，或止之。曰：「吾與國同休戚，今聞難不赴，可乎？」至上都，爲逆黨所執。尋得釋，拜河南江北行省平章政事，遷江南行臺御史大夫，卒。相嘉失里子普達失里，陝西行省平章政事。

史臣曰：世祖一見伯顏，擢爲宰相，知人之哲，近世未嘗有也。然伯顏自滅宋以後，迭遭誣陷，君臣之分，幾至不終。良以非親非貴，蹤跡孤危，功名雖盛，適足爲讒構之資而已。甚矣！明良契合之不易言也！

【校勘記】

〔一〕「潮」，原作「湖」，據《元史》卷一二七列傳第十四《伯顏傳》改。

〔二〕「明理帖木兒」，原作「明里帖木兒」，下「賫書諭明理帖木兒」同，據上下文改。然本書卷一二《世祖本紀六》已作「諸王明里帖木兒叛附海都」。

新元史卷之一百六十　列傳第五十七

阿里海涯貫雲石　阿剌罕也速迭兒　忙兀台　完者拔都

阿里海涯，回鶻人。胞生，剖而出之，其父也先火者欲棄之，母不忍，及長，雄武有膽略。家貧，躬耕養母，喟然曰：「大丈夫當立功萬里，何至效細民從事畎畝間乎！」釋耒去，求國書讀之，逾月盡其師學。大將卜憐吉歹使其子忽魯不花從阿里海涯受國書，又薦於世祖潛邸，直宿衛。憲宗九年，從世祖濟江。世祖射虎未殪，阿里海涯挺矛刺殺之。攻鄂州，先登，流矢貫其喉，賜銀五十兩。憲宗崩，諸王大臣議所立。先是，宗王塔察兒有書勸進，世祖忘而置之，及問左右，阿里海涯對曰：「在臣所。」出示羣臣，議遂定。世祖甚稱之。

中統三年，授中書省郎中。至元元年，加朝請大夫、參議中書省事。二年，僉南京、河南、大名、順德等路行中書省事，轉廉訪使，賜虎符。尋領諸路鷹師獵户，再兼領中都路闌遺。四年，拜僉制國用司使。

五年，劉整議取襄陽，世祖然之，别置行中書省，以阿里海涯同僉行省事。乃築長圍，起萬山，包百丈、楚山，盡鹿門，以斷襄陽援兵。敗宋將范文虎於灌灘。時兵事劇，阿里海涯專入奏，能日馳八百里。

六年，拜參知河南等路行尚書省事。七年，兼漢軍都元帥，分將新軍。尚書省罷，復參知行中書省事。宋遣都統張貴、張順將舟師送袍甲犒城中。自萬山接戰二十餘里，斬順。貴以餘衆入城。後貴乘水漲宵遁，阿里海涯復追斬貴於櫃門關。九年，破樊城外城，會有西域人獻新炮。十年正月，以西域炮攻樊城，拔而屠之。

移攻襄陽，一炮中其譙樓，聲如雷震，城中洶洶，諸將多踰城降。劉整欲立碎其城，執守將吕文煥以逞其意。阿里海涯獨不欲攻，乃身至城下，與文煥言曰：「汝以孤軍拒守數年，今飛走路絶，上嘉汝忠於所事，若降必尊官厚賜，以勸來者，決不殺汝也。」文煥狐疑未決，又折矢與之誓，文煥感而出降。詔阿里海涯偕文煥入朝，拜中書參知政事。

十一年，進中書左丞、行荆湖等路樞密院事。阿里海涯奏曰：「襄陽爲自古用武之地，今幸而克之，宜乘勝順流東下，宋可必平。」平章阿朮亦贊其事。世祖命丞相史天澤議之，天澤曰：「朝廷若遣重臣如丞相安童、同知樞密院事伯顔者一人，都督諸軍，則四海混同，可以立待也。」乃拜伯顔爲行中書省左丞相。阿里海涯進行省右丞，賞鈔二百錠。

九月，會師襄陽，進攻郢州。宋人築新郢，夾江爲城。伯顔使阿里海涯將數十騎覘新郢虛實，宋范、趙兩都統伏兵葭林中，阿里海涯奮擊，大破之，斬兩都統而歸，以其腦撓酒飲之。

十二月，次沙武口。宋制置使夏貴守諸隘甚固，阿里海涯麾兵攻陽邏堡，敗貴援兵，遂拔陽邏及青山、白湖諸堡，鄂州守將張宴然、王該等以城降。阿里海涯御軍嚴整，州民安堵，無奪菜秉者，於是漢陽、壽昌、信陽、德安諸州縣皆望風款服。伯顏與諸將會於鄂州，議曰：「鄂襟帶江山，江南要區，且兵糧皆備。今江陵、潭、岳皆未下，不以大將鎮之，上流一動，則鄂非吾有也。」乃使阿里海涯將兵四萬人戍鄂州。

十二年春，略地江陵，與宋將高世傑遇於巴陵。世傑將艨艟千六百艘、兵二萬規襲鄂，阿里海涯遣張榮實、解汝楫敗之，追至桃花灘，世傑降，遂克岳州。承制以降將孟之紹爲安撫使。四月，進兵沙市，縱火攻之，城陷，宋宣撫朱禩孫、制置高達出降。乃入江陵，傳檄郢、隨、歸、峽、常德、澧、辰、沅、靖諸郡，皆下之，籍其户口財賦來上。世祖喜，大宴三日，謂左右曰：「伯顏東下，阿里海涯以孤軍戍鄂，朕甚憂之。今荊湖定，吾東兵無後患矣。」乃親作手詔褒之，賜龍鳳御服、御帽，及珠衣、玉帶、貂裘，又別賜金罍一，曰：「俟汝至，當合樂飲之。」以世傑窮而歸命，殺之，禩孫徵至京師，死，籍其妻孥。命阿里海涯還鄂，以沿江新附州縣委之。

阿里海涯至鄂，招潭州守將李芾，不聽。乃移兵長沙，拔湘陰。潭人植滉柱江中，自喬口至城下，凡十有五，皆斷之。又拔城西柵，射書城中示芾曰：「速降以活州民，否則屠矣。」芾仍不答。阿里海涯部分諸路，以炮攻之，中流矢，創甚，督戰益急。城陷，潭人復作月城以自守。十三年春正月，芾力屈自殺，其將劉孝品等以城降。諸將欲屠之，阿里海涯曰：「潭州户口數百萬，屠之非上諭伯顔以曹彬不殺意，其屈法貸之。」復發倉廩食飢者。

遣使徇郴、全、道、桂陽、永、衡、武岡、寶慶及袁、韶、南雄諸郡，其守將皆奉表迎降，獨經略使馬曁據静江不下。使俞全等招之，皆爲所殺。會宋主降，阿里海涯入覲，拜平章政事。世祖使賫手詔至静江諭之。阿里海涯録上所賜詔以示曁，曁焚之，並殺使者。攻三十餘日，城陷。曁與其將黄文政、張虎等突圍走，追執之。阿里海涯恐静江民復叛，悉坑之，斬曁等於市。分遣萬户禿哥不花徇賓、融、柳、欽、横、邕、慶遠，齊榮祖徇鬱林、貴、廉、象，托里徇容、藤、梧，皆下之。特磨酋穠士貴、南丹州酋莫大秀，皆請内附。

既而宋益、衛二王稱制海上，全、永諸州與潭州屬縣民文喻才等咸起兵應之，舒、黄、蘄相繼煽動。詔阿里海涯討之，阿里海涯斬喻才等。踰嶺至柳州，天署，軍病渴，所乘馬跑地出泉，一軍飲之，至今名馬蹄泉。

時宋將趙與珞戍瓊州之白沙港。阿里海涯航海攻之，執與珞與冉安國、黄之紀等，皆礫以徇，瓊州遂降。八番羅甸蠻酋龍文貌入覲，置宣慰司。八番羅甸、臥龍、羅番、大龍、渴蠻、蘆番、小龍、石番、方番、璠番、獞番，並置安撫司以鎮之。

十八年，奏請徙行省於郢州。所定荆南、淮西、江西、海南、廣西之地，凡得州五十有八，峒夷山獠不可勝計。其取民，悉從輕賦，所在立祠祀之。

二十一年，敕阿里海涯調漢軍七千、新附軍八千從鎮南王伐安南。阿里海涯自請至海濱，收集占城潰卒，再使南征，且趣其未行者。拜安南行中書省左丞相。會湖廣省臣奏請緩師，世祖從之，詔阿里海涯返。

二十三年，入朝，加光禄大夫、湖廣行省左丞相。湖廣行省左丞要束木，丞相桑哥之姻黨也，劾阿里海涯侵盜錢穀，桑哥從中主之。阿里海涯亦劾要束木貪婪。遣參政秃魯罕等推驗，皆希桑哥旨，謂要束木事不實，阿里海涯贓據有徵。阿里海涯方以疾留上都，世祖敕尚醫診視，恩禮有加。聞推驗者右要束木，竟忿而自殺，以暴卒聞，年六十。秃魯罕言，阿里海涯雖卒，事之是非仍宜暴白。世祖命竟其事，籍阿里海涯家貲，運於京師，後贈開府儀同三司、上柱國，追封楚國公，謚武定。至正八年，追封江陵王，改謚武宣。

阿里海涯喜薦人才，由麾下偏裨及降將爲丞相者二人：曰蒙古歹，曰阿剌罕；爲平章政事者十一人：曰奥魯赤、虎都帖木兒、阿里、史格、吕文焕、帖木兒不花、李庭、劉國傑、程鵬飛、史弼；右丞四人，曰唆都、完顏那懷、闊闊出、柔落野訥；左丞四人，曰塔出、唐兀帶、劉深、趙修；參知政事十三人，曰賈文備、鄭鼎、何瑋、張鼎、樊楫、朱國寶、張榮實、囊家歹、烏馬兒、孛羅、合答兒、高達、馬應龍、雲從龍。人才之衆，一時莫及焉。

惟自陳功比伯顏，應賜養老户，御史滕魯瞻劾之，阿里海涯遣使至行臺，逮御史。行臺御史大夫相威奏其欺謾，事始寢，爲士論所訾云。

妻特里氏。世祖復敕以陳、亳、潁元帥郝謙女爲次妻，卒，又以其妹繼之。自陳州召至京師，順聖皇后爲加幗服。

六子，知名者：忽失海涯，湖廣行省左丞；貫只哥，湖廣行省參知政事，追封楚國公，謚忠惠；和尚，湖南道宣慰使，監潭州軍，賜玉帶、一品服。貫只哥子貫雲石。

史臣曰：阿里海涯平湖廣，使伯顏東下無返顧之憂，功名與阿朮相伯仲。乃爲要束木所迫脅，至於自裁。以世祖之待功臣，尚有覆盆之獄，「讒人罔極」，吁可畏哉！

貫雲石，字酸齋。神采秀異，年十二三，膂力絶人，善騎射。稍長，折節讀書，爲文不蹈襲故常，簡峭有法。

襲兩淮萬户府達魯花赤，鎮永州。初，貫只哥御下寬，衆翫之。雲石濟以威嚴，行伍肅然。一日，呼弟忽都海涯，語之曰：「吾宦情素澹，然祖父爵不敢不襲。今已數年，宜讓汝。」即解金虎符佩之。

北從姚燧學，燧見其詩文，大異之。仁宗爲皇太子，聞雲石讓爵於弟，謂左右曰：「將相家子弟能如此，誠不易得。」未幾，雲石以所著《孝經直解》進，甚稱帝旨，命侍英宗爲説書秀才。仁宗即位，拜翰林學士、知制誥同修國史。奏陳六事：一曰釋邊戍以修文德，二曰教太子以正國本，三曰設諫官以輔聖德，四曰表姓氏以旌勛胄，五曰定服色以變風俗，六曰舉賢才以佐治道。帝覽而善之，未報。

一日，雲石忽喟然嘆曰：「辭尊居卑，昔賢所尚。今侍從之官與所讓軍資孰貴？人將議吾後矣。」乃移疾去官，賣藥於錢塘市，變易姓名，人無識之者。嘗過梁山濼，見漁父緝蘆花絮爲被，愛之，欲易以紬。漁父曰：「君欲吾被，當更賦詩。」雲石援筆立就，忻然持被而去，遠近傳之，稱爲「蘆花道人」。泰定元年卒，年三十九。贈集賢學士、中奉大夫、護軍，追封京兆郡公，謚文清。子阿思蘭海涯，慈利州達魯花赤；次八思海涯。

阿剌罕，札剌兒氏。祖撥徹，事太祖爲火兒赤，又爲博兒赤，數有戰功。太宗即位，從征關隴，戰歿。追贈定威佐運功臣、光禄大夫、司徒，封曹南王，謚忠定。父也柳干，幼隸皇子岳里吉，爲衛士長。從皇子闊出伐宋，累功授萬户，遷都元帥。及大將察罕卒，以也柳干代之，拜諸翼軍馬都元帥。憲宗八年，攻揚州，戰歿。追贈宣忠靖遠佐運功臣、中書右丞相，封曹南王，謚桓毅。

阿剌罕襲爲諸翼蒙古軍馬都元帥。從世祖渡江，圍鄂州。世祖即位，阿里不哥自立於和林，大將阿藍答兒、渾都海等叛應之。世祖命阿剌罕帥所部西討，有功。中統二年，又從世祖敗阿里不哥於昔門禿，賜金五十兩。三年，從諸王不者克討李璮於濟南，阿剌罕與璮戰於老倉口，敗之，璮伏誅，授都元帥，賜金虎符、銀印。至元四年春，改上萬户，從都元帥阿朮伐宋。九月，師次襄陽西安陽灘，逆戰，敗宋兵。五年，大軍圍襄、樊，阿剌罕守南面百丈山、漫河灘，累敗宋兵。十年春，襄陽降。

十一年秋，丞相伯顔與阿朮會師襄陽，遣阿剌罕率諸翼軍攻郢、復諸州。十月，奪郢州南門堡。丞相伯顔親率騎兵行視漢陽城壁，欲從漢口渡江。宋人以精兵扼漢口，乃遣阿剌罕帥蒙古騎兵倍道兼行，攻破沙洋堡，遂渡江，取鄂州。阿剌罕同斷事官楊仁風東略壽昌，得米四十萬斛。統左翼軍，順流東下，沿江州郡悉降。

十二年五月，加昭毅大將軍、蒙古漢軍上萬户，屯建康。丞相伯顔受詔赴闕，以阿剌罕留治行省事。拜中奉大夫、參知政事。伯顔還，分軍爲三道並進，阿剌罕由西道，趨溧水、溧陽，攻破銀樹東壩，至護牙山，敗宋軍，斬首七千級。又擒其將祝亮並裨校七十二人，斬首三千級。又與宋兵戰，斬首七千級。又敗其都統等三人，斬首三千級。克建平縣，進攻廣德軍獨松關。先是，宋廣德守將張濡殺國信使廉希賢、嚴忠範等於獨松關，及阿剌罕軍次安吉州上柏鎮，濡率兵拒戰，大敗之，斬首二千級，生擒其副將馮翼，斬於軍前，俘裨將四十二人，濡遁。

十三年春，宋降，詔阿剌罕同左丞董文炳率高興等，攻浙東温、台、衢、婺、處、明、越、及閩中諸郡，追襲宋嗣秀王趙與擇至福州。與擇以軍三萬拒戰，阿剌罕身先士卒，率高興、撒里蠻等渡江鏖戰，斬其步帥觀察使李世達，生擒與擇及將吏百八十人，悉斬之。泉州蒲壽庚降，閩、浙平，以參知政事佩金虎符行江東宣慰使。

十四年，入覲，進資善大夫、行中書省左丞。俄遷右丞，仍宣慰江東。十八年，召拜光禄大夫、中書左丞相，行中書省事。統蒙古軍征日本，行次慶元，卒於軍中，年四十九。贈協謀佐理功臣、太師、開府儀同三司、上柱國、曹國公，謚武定。進贈推誠宣力定遠佐運功臣、太師、開府儀同三司、上柱國，追封曹南王，謚忠宣。

二子：也速迭兒，襲蒙古軍萬户。天曆初，有擁戴功，由河南行省參知政事拜知樞密院事。帥所部敗上都將秃滿迭兒於通州，梁王王禪於北皇后店。又從燕鐵木兒，敗忽都帖木兒等於白浮邨，敗昔寶赤兵於昌平州北，留守居庸北口。尋行院事，禦陝西軍，獲其西臺御史大夫也先帖木兒。明年，復拜山東、河北蒙古軍都萬户，奉命討囊家台，以病不行。十月，拜河南行省平章政事，兼山東蒙古軍大都督，入爲集賢大學士。卒。脱歡，江西、河南行省左丞，拜南行臺御史大夫。後至元六年，拜中書平章政事。初，阿剌罕卒，也速迭兒尚幼，以阿剌罕兄弟之子拜降襲職。拜降累遷江浙行中書省平章政事，仍領本軍萬户。拜降卒，也速迭兒始襲焉。

忙兀台，達達兒氏。祖塔思火兒赤，從太宗定中原，爲東平路達魯花赤，位在嚴實上。忙兀台事世祖，爲博州路奥魯總管。至元七年，又爲監戰萬户，佩金虎符。八年，改鄧州新軍、蒙古萬户，治水軍於萬山南岸。九月，從圍襄、樊，拔古城，又敗宋軍於安陽灘，轉戰八十里，禽其將鄭高。俄分軍五道攻樊城，忙兀台當其一，率五翼軍以進。焚南岸舟，竪雲梯於北岸登櫃子城，奪西南角樓。既入城，命部將先據倉廩。功在諸將右，賜金百兩。襄陽降，同宋安撫吕文焕入覲，賜銀五十兩及翎根甲。

十一年，從丞相伯顔、平章阿朮伐宋，命與萬户史格率麾下會鹽山嶺，遇宋兵，敗之。自郢州黄家原入湖，至沙洋堡，豎雲梯先登，焚其樓櫓，拔羊角壩，遂克沙洋。擒宋將王虎臣等，直抵新城，鏖戰自晨至晡，大敗之，宋復州守將翟貴以城降。乃率舟師經鬬龍口，至沙武入江，遇宋兵三百餘艘分道來拒，擊走之。次武磯堡，宋將夏貴堅守不下。十月乙卯，平章阿朮率萬户晏徹兒、史格、賈文備，同忙兀台四軍，雪夜泝流西上。黎明，至青山磯北岸。萬户史格先渡，宋將程鵬飛拒戰，格被三創，戰士二百人皆没。諸將繼進，大戰中流，鵬飛被七創，敗走，舟泊中洲。宋兵阻水，不得近，伯顔復遣萬户張榮實等來援，遂拔陽邏堡，斬守將王達，事具《阿朮傳》。己未，伯顔次鄂州，遣忙兀台諭宋守臣張宴然以城降。十二年正月，復遣忙兀台諭蘄、黄、安慶、池州諸路，皆下之。又與宋降將范文虎諭降和州及無爲、鎮巢二軍。宋降將趙溍叛於溧陽，伯顔命忙兀台討之。戰於豐登莊，斬首五百餘級，擒其將三人，復招降湖州守將二人。十二月，行省第其功，承制授行兩浙大都督府事。

十四年，改閩廣大都督，行都元帥府事。時宋二王逃入海，忙兀台率諸軍，與江西右丞塔出追之。次漳州，諭降宋守將何清。降將王用言：「宋主昰已死，張世傑等復立其弟昺於碙洲，其地無糧儲，聞瓊州宋將欲運糧一萬石，海道灘水淺，急難運，止有杏磊浦可通舟。」忙兀台聞其言，即命諸將以兵守之。由是世傑衆饑困，遂敗死。

十五年，師還，拜參知政事，詔與唆都等行省福州，鎮撫瀕海八郡。十月，召赴闕，遷左丞。十六年七月，沙縣盜起，詔忙兀台復行省事討平之。初，忙兀台北還，左丞唆都行省福建。一日，帝命召唆都、李庭，言：「若召唆都，則行省無人，宜令建康阿刺罕往。」帝曰：「何必阿刺罕？其命忙兀台往，候唆都還，令移潭州可也。」未幾，中書省臣言：「唆都在福建，所部擾民，攻南劍等路，往往殺長吏。及忙兀台至，招來七十二寨，建寧、漳、汀稍安。若移之他處，使唆都復往，恐重勞民。」詔忙兀台仍鎮閩。十八年，轉右丞。

二十一年，拜江淮行省平章政事。初，潮州人陳義、宋末兄弟五人，聚衆剽劫，號「五虎」。及大兵入廣東，義等迎降，屢有功。至是，福建省臣言其有反側意，請除之，帝使忙兀台察之。忙兀台携義入朝，保其無事，且乞寵以官爵，丞相伯顔亦以爲言。乃授義同知廣東道宣慰司事，其裨將林雄等十人並爲百户。

二十二年，脱忽思、樂實傳諭中書省，悉代江浙省臣。中書復奏，帝曰：「朕安得此言？傳者妄也。如忙兀台之通曉政事，亦可代耶？」俄以言者召赴闕，封其家貲，遣使按驗，無狀，進拜銀青榮禄大夫、行省左丞相，還鎮江浙。

二十三年，奏：「以販鬻私鹽者，皆海島民。今征日本，可募爲水工。」從之。賜鈔五千貫。役既罷，請以戰艦付海漕。又言：「省治在杭州，其兩淮、江東財賦軍實，既南輸於杭，復自杭北輸京師，往返勞頓，不便。請移省治於揚州。」又言：「淮東近地宜置屯田，歲入糧以給兵食，兼餉京師。」帝悉從其言。二十五年，詔江淮管内，並聽忙兀台節制。

二十六年，廷議以中原民轉徙江南，令有司遣還。忙兀台言其不可，遂止。閩越盜起，詔與不魯迷失海牙等合兵討之。御史大夫玉速帖木兒請選將，帝曰：「忙兀台已往，無慮也。」未幾，盜平。忙兀台屢以病，疏乞骸骨，乃召還。

二十七年，以江西平章奥魯赤不稱職，特命爲丞相，兼樞密院事，往代之。到官四十日，卒。

忙兀台在江浙，專愎自用，誣劾行臺中丞劉宣，宣自剄死。又易置戍兵，平章不憐吉台言其變更伯顏、阿朮成法，帝每戒敕之。既卒，臺臣劾郎中張斯立罪狀，而忙兀台逼劉宣死及其屯田無成效，始聞於帝焉。

三子：帖木兒不花；孛蘭奚，襲萬户；亦剌出，中書參知政事。

完者拔都，欽察人。父哈喇火者，從憲宗征討有功。憲宗九年，完者拔都從世祖攻鄂州，以先登受賞。中統三年，從諸王合必赤討李璮，兩戰皆敗之。至元四年，從萬户木花里略地荆、襄，還至安陽灘，遇宋師，敗之。又從阿朮圍樊城，梯城而上，焚其樓櫓。以功授武略將軍、彰德南京新軍千户。

十一年，從伯顔攻克沙洋、新城，由沙蕪口渡江。賜金符，領伯顔帳前合必赤軍。十二年，與宋將孫虎臣戰於丁家洲，大敗之，進武義將軍。從大軍戰於楊子橋及焦山，克常州，攻泰州新城，俱有功。宋平，入覲，帝謂左右曰：「真壯士也！」賜名拔都兒。賜金符，遷信武將軍、管軍總管、高郵軍達魯花赤，軍升路，仍爲達魯花赤。

十六年，進昭勇大將軍、管軍萬户。漳州陳吊眼聚衆數萬，掠汀、漳。七年未平。十七年，樞密副使孛羅請使完者拔都討之。加鎮國上將軍、福建等處征蠻副元帥，賜翎根甲，獎諭甚至。時黄華聚衆三萬，屯建寧，號頭陀軍。請降，完者拔都慮其反側，因大獵以耀軍容。有一鵰起，完者拔都仰射之，應弦而落。華悦服，承制授華征蠻副元帥，使爲前驅。十九年，追陳吊眼至千壁嶺，擒之。斬於漳州市，餘黨悉平。入覲，賜金銀、鞍勒、弓矢，授管軍萬户、高郵路總管府達魯花赤。

二十年，改高郵萬户府達魯花赤。二十三年，以疾召至京師，遣中使存問，仍命良醫視之。疾愈，帝大悦，賜醫鈔萬貫。初，江淮行樞密院阿答海率舟師征日本，有司請以完者拔都代之。未命，而行院罷。福建置行中書省，復奏爲左丞，帝以道遠難之。至是，拜驃騎衛上將軍、江浙行省左丞，兼管軍萬户。

浙西售私鹽，吏莫能禁。完者拔都自至松江、上海，收販鹽者五千人隸軍籍，私鹽遂戢。未幾，行省遷揚州，置浙西宣慰司，以中書左丞行浙西宣慰使。二十五年，遥授尚書左丞，兼管本萬户軍馬，宣慰如故。二十七年，擢資德大夫、江西等處行樞密院副使，兼廣東宣慰使。元貞元年，以疾作，召還。未幾，授榮禄大夫、江浙行省平章政事。大德元年，卒，年五十九。

完者拔都廣顙豐頷，髯長過腹，驍勇絶人。大小十七戰，未嘗敗衄。及官高郵路，興學勸農，有循吏之風。四方之民襁負而至高郵，立生祠祀之。至大初，贈效忠宣力定遠功臣、開府儀同三司、太尉、上柱國，追封林國公，謚武宣。

五子：帖木禿古思，襲高郵上萬户府達魯花赤，遷資德大夫、遥授中書右丞、淮東淮西道宣慰使；别里怯都，江浙行省左丞，遷資善大夫、燕南河北道肅政廉訪使；插都，無錫州達魯花赤；别里怯，長興州達魯花赤；徹里帖木兒，高郵打捕屯田提舉。

新元史卷之一百六十一　列傳第五十八

昂吉兒　哈剌觧　忽剌出　葉諦彌實　塔里赤　沙全　謁只里　囊加歹〔一〕

昂吉兒，西夏人。姓野蒲氏，世爲西夏將家。太祖十六年，父甘卜率所部來降，隸蒙古軍籍，仍以甘卜爲千户。病卒。

昂吉兒領其父軍，從征諸國有功。至元六年，授千户，佩金符。略地淮南，所向無前。時塞馬畏暑，往往病疥癘，昂吉兒率所部馬入山療之，病良已。由是軍中馬病者率以屬昂吉兒，歲療馬以萬數。

宋輸糧金剛臺，將深入。昂吉兒將兵斷其輸道，因上言：「河南邊郡與宋對境，宋兵時爲邊患。唐州東南皆大山，非兵路。信陽州南直九里武陽、平靖、五水等關，宋兵從諸關入信陽，實其咽喉。往年金亡，朝廷得壽、泗、襄、郢，而不留兵以守，卒使宋得之。請城信陽以扼宋。」敕昂吉兒率河西軍一千三百人城之。九年，加明威將軍、信陽軍萬户，佩虎符，分阿朮所將河西兵與之，加懷遠大將軍。

丞相伯顏渡江，留阿朮定淮南東道，其西道則屬之昂吉兒，駐兵和州。宋淮西制置使夏貴遣侯都統將兵四萬來攻。有謀内應者悉誅之，潛兵出千秋澗，塞其歸路，敗之，獲人馬千計。遂攻廬州。夏貴使人來言曰：「公毋攻吾，臨安降吾即降矣。」宋亡，貴舉所部納款。昂吉兒入廬州，民安堵無所犯。遷鎮國上將軍、淮西宣慰使。

宋丞相文天祥起兵，舒州人張德興應之。陷興國、德安諸郡，還據司空山。詔昂吉兒攻之，一戰而定，殺張德興，執其三子以獻。

江左初平，官制草創，權臣阿合馬納賂鬻爵，官僚冗濫，一州佩金符者多至三四人，由行省官薦授宣慰使者甚衆。昂吉兒入朝，具爲帝言之。帝驚曰：「有是哉？」因謂姚樞等曰：「此卿輩所知，而不爲朕言。昂吉兒顧言之邪！」即命偕平章哈伯、左丞崔斌、翰林承旨和魯火孫、符寶奉御董文忠減汰之，仍通諭江淮軍民。

時兩淮荆榛蔽野，昂吉兒請立屯田以給軍餉，帝從之。既而阿塔海言：「屯田所用人、牛、農具甚衆，今有事日本，若復調發民兵，恐不勝其擾。」議遂寢。未幾，宣慰使燕公楠復以爲言。帝乃遣數千人即芍陂、洪澤試之，果如昂吉兒所言。乃以二萬兵屯田，歲得米數十萬斛。加輔國上將軍、河南行省參知政事、淮西宣慰使都元帥。進驃騎衛上將軍、行中書省左丞、加龍虎衛上將軍、行尚書省右丞，兩官皆兼淮西使帥。

帝命阿塔海等領兵十萬征日本，昂吉兒上疏，其略曰：「臣聞兵以氣爲主，而上下同欲者勝。比者連事外夷，三軍屢衄，不足以言氣。海内騷然，一遇調發，上下愁怨，非所謂同欲也。請罷兵息民。」不從，既而師果無功。拜行省平章政事。

昂吉兒官淮西幾二十年，專愎自恣。宋亡，宿盜出没淮海，昂吉兒庇之，受其賂遺。按察使姚天福劾之，昂吉兒遣小校丁文虎刺天福於中途，不及。事具《天福傳》。詔遣近侍阿朮、侍御史萬僧訊其事，昂吉兒坐免官。元貞元年，昂吉兒又以擅殺，訟天福於京師，事寢不報。未幾卒。

子五人，其顯者，曰昂阿禿，初爲速古兒赤，從征乃顔有功，襲廬州蒙古漢軍萬户府達魯花赤。大德初從討宋隆濟，嘗出私財，築室百二十楹居軍士，時論稱之。曰暗普，海北海南道肅政廉訪使。孫教化的，世襲千户。

史臣曰：世祖伐日本，將相大臣不敢沮其事。獨昂吉兒抗疏争之，謂「兵以氣爲主，而上下同欲者勝」，可謂善料勝負者。其人雖暴恣，其言曷可廢歟？

哈剌斛，哈魯氏。父八合，從睿宗伐金，大戰三峰山，射中金恒山公武仙，睿宗見而奇之，賜名奥欒拔都。時大雪，軍士饑寒瀕死，八合殺所乘馬食之，多所全活。後從破汝州。卒，贈懷遠大將軍、沿海翼管軍萬户、輕車都尉、汝南郡侯。

哈剌斛少英邁，負奇略。初從大軍圍襄、樊，與宋人相距六年，哈剌斛卧不脱甲冑，由是知名。

十二年，從丞相伯顔伐宋，授管軍百户。十月，大軍次揚州，宋將孫虎臣遣使告曰："古者鬭將不鬭兵，今遣劉都統挑戰，請擇武勇善鬭者當之，勿妄殺士卒。"伯顔召諸將問之，皆相顧莫敢應。哈剌斛請行，伯顔拊其背曰："壯士也！"適兩將所乘馬皆黑，陣於揚子橋，力戰數十合，未決勝負。劉都統稍刺哈剌斛墜地，劉馬逸，哈剌斛上馬追之。劉回稍出其左腋下，哈剌斛挾稍，斬其首以歸。觀者數萬人，讙噪動地。劉號"黑馬劉"，宋驍將也。是日，伯顔以帳前儀衛送哈剌斛還營，繪戰圖以進，賞甲冑、銀鞘刀。

又從丞相阿朮與宋人戰於焦山，獲海船二艘。阿朮使招討王世强造白鷂海船百艘，就四十一萬户翼摘漢軍三千五百人、新附軍一千五百人，命哈剌斛與世强統之。攻拔宋江陰、許浦、金山、上海、崇明、金浦等縣，獲海船三百餘艘，遂戍澉浦海口。

十三年春，行省檄充沿海招討副使。宋將張世傑舟師至慶元朐山東門，哈剌斛追之，獲戰船四艘，移戍定海港口。秋，宋昌國州、朐山、秀山舟師千餘艘攻定海，哈剌解迎擊，禽其裨將，並獲大艦三艘。宋兵復來攻，哈剌解敗之。行省檄充蒙古漢軍招討使。十月，哈剌解引兵出温州青嶼，招降宋温州守將家之炳。十一月，至福州，獲宋海船二十艘，禽其將毛監丞等。

十四年，賜金符宣武將軍、沿海招討使，行省檄充沿海經略副使，與萬户劉深行元帥府事於慶元。復檄充沿海經略使，兼左副都元帥，督造海船。八月，江西行省左丞塔出等攻廣南，命哈剌解率所部從之，進昭勇大將軍、沿海招討使，佩金虎符。時宋兵陷温州，哈剌解復取之。進拔朝陽縣，宋將陳懿等以畬兵七千人降。塔出攻廣州，不利。哈剌解引兵會之，諭宋安撫使張鎮孫、侍郎譚應斗以城降。又與宣撫梁雄飛、招討王天禄追張世傑於香山，獲其將李茂等，詰之，茂供世傑與陳宜中攻泉州衆尚數千、船八百艘，比至虎頭山，遇風，船壞，衆皆溺死，宜中僅以身免。哈剌解復追世傑於七洲洋，獲宋主昰之母舅俞如靖，諭宋南恩州守將梁國傑以畬軍萬五千人降。

十五年，還軍慶元，條上防海便宜，自南恩州至上海設水站三十有一，置巡兵警邏。七月，入朝，賜金織文衣、鞍勒，進昭武大將軍、沿海左副都元帥、慶元路總管府達魯花赤。十六年，日本商船至慶元港口，哈剌解諜知無他意，言於行省，與貿易而遣之。又禽海賊賀文達等，獲船六十餘艘。十八年，進輔國上將軍、都元帥，從大兵征日本，遇颶風乃還。復命哈剌䚟鎮慶元。二十一年，罷都元帥，更立沿海上萬户府，以哈剌䚟爲達魯花赤。二十二年，入朝，賜名哈剌䚟拔都。奏請賜兵士衣裝，及禁戢私鹽數事，世祖嘉納之，賜錦衣、玉帶、金鞍勒、弓矢有差。

二十四年，加鎮國上將軍、浙東道宣慰使，仍兼管萬户府。二十五年，樞密以水軍無元帥，奏哈剌䚟兼之。明年，拜金吾衛上將軍、中書左丞，行浙東道宣慰使，領軍職如故。

大德五年，入朝，進資德大夫、雲南行省右丞，偕劉深征八百媳婦。大軍失利，深坐誅，哈剌䚟亦免官。十一年，以疾卒於汝州。

哈剌䚟在浙東有惠政，及卒，浙東民多立廟祀之。皇慶二年，贈榮禄大夫、中書平章政事、鞏國公，謚武惠。子哈剌不花，襲沿海萬户府達魯花赤。卒，子安坦襲。

忽剌出，蒙古氏。曾祖阿察兒，事太祖爲博兒赤。祖赤脱兒，從太宗征欽察、康里等部，有功，爲涿州達魯花赤。卒，伯父哈蘭朮襲職，佩金符，以功稍遷益都路蒙古萬户，歿於軍。

忽剌出襲哈蘭朮職，初授昭勇大將軍。至元十二年，攻宋六安軍，行省命領諸軍戰艦，遇宋軍，敗之。大軍次安慶，忽剌出及參政董文炳爲前鋒，與宋孫虎臣等戰於丁家洲，大敗之。戰於朱金沙，又敗之。七月，及宋人戰於焦山。時丞相阿朮督戰，忽剌出與董文炳冒矢石，沿流鏖戰八十里，身被數創，不肯卻。宋張殿帥攻吕城，又與萬户懷都生獲之。十三年，大軍至臨安。丞相伯顔命忽剌出守浙江亭及北門。時揚州猶爲宋守，忽剌出敗揚州軍於揚子橋，又敗真州軍。追李庭芝至通州海口。江南平，加昭毅大將軍，尋遷湖州路達魯花赤。

十四年，進鎮國上將軍、淮東宣慰使，戍上都。改嘉議大夫、行臺御史中丞。進資善大夫，福建行首左丞。遷江淮行省，除右丞。拜光禄大夫、江浙行省平章政事。以疾卒。

葉諦彌實，朵魯伯䚟氏，宿衛世祖潛邸。世祖常陰視衛士腰帶，見葉諦彌實獨精好，命佩刀侍左右。從敗宋兵於金剛臺，又從戰於筲箕窩，中流矢墜馬，易騎復戰，大敗之。遣子紐鄰請城光州，召面陳得失，賜金鞍一，授昭勇大將軍、光州等處招討使。從伯顔伐宋，總十二萬户攻陽邏堡。分鎮黄州，徙潯陽，以扼江西。下南康、瑞昌、德安。分攻洪州章江門，不克，諭以禍福，其守將即開門降。遂下撫州、建昌。撫賊張青阻險自保，夜趨七十里，襲其柵，獲青，爲賊脅從者悉縱之。樂安、崇仁、宜黄等縣俱納款。與諸帥分道取閩，所向克捷。會黄州復叛，帥府以葉諦彌實有威名，召還，使總江西兵討平之。民爲立生祠。

初，湖廣兵屯樊口，葉諦彌實言形勢不利，其將鄭鼎不聽，果敗死。葉諦彌實得鼎虎符奏聞，遷鎮國上將軍、廣東道宣慰使，拜江西行省參知政事。爲同官誣搆，左遷招討使。入覲自明，改江西道宣慰使，以直前枉。拜福建行省參知政事，又改江西，平邵武等處土賊。世祖欲立行樞密院，徵行省官一人入議。葉諦彌實奏對稱旨，授僉書江西等處行院事。至元二十四年卒，年七十。子伯帖木兒，千户；紐鄰，襲萬户；野仙帖木兒，同知咸平府事；保保，同知江陰州事。

塔里赤，康里人。父也里里白，太祖時授帳前總校。塔里赤幼穎異，好讀書，尤善騎射。襲父職，行省奏充斷事官。時南北民户主客良賤雜糅，蒙古軍牧馬草地互相佔據，命塔里赤勘定，軍民各得其所。從大軍克樊城、襄陽。又從丞相伯顔渡江，駐臨安。尋命平章奧魯赤等分爲六路，追襲宋廣、益二王。塔里赤領軍至福建，所過秋毫無犯。宋都統陳宗榮率衆來降，以功遷福建招討使。

時諸郡盜起，陳吊眼擁衆五萬，陷漳州。行省承制命塔里赤爲閩廣大都督、征南都元帥，總四省軍復漳州，生擒陳吊眼，戮於市。復從征叛蠻，敗黄聖許等，積功加鎮國上將軍、三珠虎符，廣西兩江道宣慰使、都元帥。賀州盜起，塔里赤討平之。改福建宣慰使，又改浙東。金瘡發，卒。贈輔國上將軍、浙東道宣慰使都元帥、護軍，追封臨安郡公。子：脱脱木兒，邵武、汀州新軍萬户府達魯花赤；萬奴，廣西宣慰使都元帥。

沙全，哈剌魯氏。父沙的，從太祖平金。全初名杪兒赤，五歲爲宋軍所虜，年十八隸劉整帳下。宋人以其父名沙的，使以沙爲姓，而名曰全。

中統二年，整以瀘州來歸，全與之同行。宋軍追之，全力戰得脱，授管軍百户。至元三年，整出兵雲頂山，與宋將夏貴兵遇，全擊殺甚衆。五年，命整領都元帥事，出師圍襄、樊，以全爲鎮撫。整遣全率軍攻仙人山、陳家洞諸寨，破之，升千户，賜銀符。敗宋將張貴，拔樊城，與整軍會。修正陽城，引兵渡淮，敗宋將陳安撫。十二年，從丞相阿朮與宋將張世傑、孫虎臣大戰於焦山，水陸並進，宋人大敗，獲其將校三十二人。從攻常州，克之，乘勝下沿海諸城。至華亭，戒士卒毋殺掠，宋將遂開門出降。以功授華亭軍民達魯花赤。

時民心未定，有鹽徒聚衆數萬，掠華亭，全擊破之，簿其名得六千人，請於行省，遣屯田於淮北芍陂。行省以新附，恐有反側，委萬户忽都忽等體察，欲屠城。全言：「鹽卒多非土人，若屠之，枉死者衆。」以全家保其不叛，遂止。賜金符，加武略將軍，兼領鹽場，職如舊。尋升華亭爲府，以全爲達魯花赤，賜虎符。時盜賊蠭起，全悉招來之，境内得安。改松江萬户府達魯花赤，始專領軍政。

二十二年，召見，遷隆興萬户府達魯花赤。得請，復舊名曰杪兒赤。未幾，帝以爲松江瀕海重地，復命鎮之，賜三珠虎符。卒於官。

謁只里，女真人。祖昔寶味也不干，金進士。謁只里事世祖於潛邸。中統初，命參議陝西行樞密院事，以商挺佐之。比行，入奏曰：「關陝要地，軍務非輕。阿脱仰刺，國之元臣，陛下方委任之。伏慮臨時議論不協，必誤大計，儻有異同，臣請得以上聞。」帝可其奏，賜宴而遣之。未幾，改行省斷事官。復入宿衛。李璮平，朝議選宿衛之士監漢軍，謁只里佩虎符，監軍於毗陽。

至元七年，命爲軍前監戰，領諸軍圍襄陽，築一字堡以張軍勢。一時名將劉國傑、李庭等，皆隸麾下。十一年，從丞相伯顔次郢州，將數騎而出，與宋兵遇，有部卒墮馬，謁只里横戈直入其軍，救之以還。時糧儲不繼，謁只里西攻江陵龍灣堡，獲粟萬石，衆賴以濟。大兵東下，宋將夏貴迎戰於陽羅堡，伯顔未至，衆欲俟之。謁只里曰：「兵貴神速，機不可失，宜及其未定而擊之。」遂直前衝貴軍，獲戰船百餘，貴敗走。伯顔上其功，加定遠大將軍。

十二年，攻常州，造雲梯繩橋以登，克之。遂徇下安吉諸州。十三年，宋降。伯顔命謁只里監守宋宫，號令嚴肅，秋豪無犯。入朝，遷昭勇大將軍。未幾，拜浙東宣慰使。十九年卒，年四十二。子：赤老温，襲爲萬户，累遷江東廉訪使；脱脱，淮東宣慰使。

囊加歹，乃蠻人。曾祖不蘭伯，祖合折兒，皆爲乃蠻大將。父麻察。太祖平乃蠻，麻察迎降。太祖命與察剌同總管蒙古、漢軍。後從世祖伐宋，敗阿里不哥於失門禿，從諸王哈必赤平李璮，皆有功，賜金符。卒，贈太傅，封梁國公，謚桓武。

囊加歹幼習兵事，佩金符爲都元帥府經曆。從阿朮圍襄陽，襄陽降，以功授漢陽千户。從丞相伯顔攻復州，敗宋兵於風波湖。渡江後，伯顔南攻鄂州，阿朮北攻漢陽，囊加歹與張弘範等焚宋蒙衝三千艘，兩城皆恐懼出降。伯顔軍次安慶，賈似道遣宋京、袁克己等來請和。伯顔使囊加歹偕宋京報似道，似道復遣阮思聰偕囊加歹至軍中。時暑雨，世祖慮士卒不習水土，詔緩師。伯顔、阿朮與諸將議，乘勢徑進，遂敗似道於丁家洲。大軍次建康。

帝聞囊加歹親見似道，召赴闕，具陳其事。遣還，諭伯顔以北邊未靖，勿輕入敵境。而大軍已克平江。宋使柳岳、夏士林、吕師孟、劉岊等踵至，皆命囊加歹往報之。師逼臨安，復遣囊加歹入取降表、玉璽，又遣囊加歹賫降表、玉璽獻於京師。賜金符，授懷遠大將軍、安撫司達魯花赤。與阿剌罕、董文炳等取台、温、福州。尋領蒙古軍副萬户、江東道宣慰使，佩金虎符如故。擢江東道按察使，復爲本道宣慰使，領萬户如故。

召爲都元帥，東征日本，未至而還。詔以元管軍與孛羅迭兒見管軍合爲一翼，充萬户，守建康。改賜三珠虎符，拜雲南行省參知政事，討金齒、緬國。得疾，召還京師。授南京等路宣慰使，改河南道宣慰使，命襲父職爲蒙古軍都萬户。

武宗在潛邸，囊加歹從帝北征，與海都戰於帖堅古，明日又戰。官軍失利，陷於重圍，囊加歹力戰決圍而出。師還，囊加歹殿，爲海都所邀截。囊加歹選勇敢千人徑衝之，賊披靡，帝乃由旭哥耳温、稱海與晉王軍合。

成宗崩，仁宗在懷州。遣囊加歹與八思台詣諸王秃剌議事。時内外洶洶，猶豫莫敢言。囊加歹獨贊秃剌，定計先發。歸白仁宗，仁宗固問可否，對曰：「事貴速成，後將受制於人。」太后與仁宗意乃決。内難既平，仁宗監國，命同知樞密院事。武宗即位，拜同知院事，進階資德大夫，賜七寶束帶、鞍轡、衣甲、弓矢、黄金五十兩，以旌定策之功。尋授开縣萬户府達魯花赤，仍同知院事如故。仁宗嘗語近臣曰：「今春之事，賴囊加歹一語而定。吾聞周有尚父，囊加歹亦吾家尚父也。」

尋以老病乞骸骨，不允。仁宗即位，特授河南江北行省平章政事，佩金虎符。以病卒，追封浚都王。二子：教化，山東、河北蒙古軍副都萬户；執禮知台，河南、江北行省平章政事。孫脱堅，山東、河北軍大都督。

【校勘記】

〔一〕「囊加歹」，原作「囊家歹」，據正文改。《元史》卷一三一列傳第十八本傳亦作「囊加歹」。

新元史卷之一百六十二　列傳第五十九

李庭　劉國傑

李庭，小字勞山，本金人蒲察氏，金末改稱李氏，家於濟陰，後徙壽光。至元六年，以材武選隸軍籍，權管軍千户。從伐宋，圍襄陽，宋將夏貴率戰船三千艘來援，泊鹿門山西岸，諸翼水軍攻之，相持七日。庭時將步騎，自請與水軍萬户解汝楫擊之，斬其裨將王圮、元勝，河南行省承制授庭益都新軍千户。宋襄陽守將吕文焕以萬五千人來攻萬山堡，萬户張弘範方與接戰，庭單騎横槍入陣，殺二人，槍折，倒持回擊一人墜馬，庭亦中二槍，裹創力戰，敗之。

八年春，真除益都新軍千户，賜號拔都兒，與宋兵戰襄陽城下，流矢中左股。九年春，攻樊城外郭，炮傷額及左右手，奪其土城。進攻襄陽東堡，炮傷右肩，焚其樓，破一字城。文焕麾下有胖山王總管者，驍將也，庭設伏擒之，以功授金符。十年春，大軍攻樊城，庭運薪芻土牛填城壕，立雲梯，城上矢石如雨，庭屢中炮，墜城下，絶而復甦，裹創再登，殺獲甚衆。樊城下，以功授金虎符，爲管軍總管。

十一年九月，從伯顔伐宋，次郢州。郢在漢水東，宋人復於漢水西築新城、沙洋二堡，以遏我軍。黄家灣有溪通藤湖，至漢水數里，宋兵亦築堡守之。庭與劉國傑先登，拔之。進攻沙洋、新城，炮傷左脅，破其外堡，復中炮墜城下，矢貫於胸，氣垂絶。伯顔命剖水牛腹納其中，良久乃甦。以功加明威將軍，授益都新軍萬户。師次漢口，宋將夏貴鎖戰艦，横截江面，軍不得進。乃用庭及馬福等計，由沙蕪口入江。宋兵守武磯堡，四面皆水，庭決其水而攻之，大軍渡江，武磯堡亦破。遂從阿朮轉戰至鄂州，順流而東。十二年春，與宋將孫虎臣戰丁家洲，宋軍敗潰，以功加宣威將軍。宋兵斷真州江路，庭焚其船二百，敗其護岸軍。聞夏貴欲由太湖援臨安，亟出兵逆戰裕溪口，敗之。諸軍攻常州，庭鏖戰，奪北門而入。

十三年春，至臨安，宋主降。伯顔命庭等護其内城，收集符印珍寶，仍令庭與唐兀台等防護宋主赴燕。世祖以庭功，大宴會，命坐於左手，諸王之下、百官之上，賜金百錠，金、珠衣各一襲。仍諭之曰：「劉整在時，不曾令坐於此。爲汝有功，故加殊禮，汝子孫宜謹志之勿忘。」繼有敕：「汝在江南，多出死力。男兒立功，要在西北。今有違我太祖成憲者，汝其往討之。」乃别降大虎符，加鎮國上將軍、漢軍都元帥，仍命其次子大椿襲萬户。庭至哈剌和林、晃兀兒之地，越嶺北，與撒里蠻諸叛王大戰，敗之。移軍援河西，敗叛將霍虎，追之，逾大磧而還。復引兵會諸王納里忽，渡塔迷兒河，擊走叛王昔里吉餘黨兀斤末台、要朮忽兒等，河西平。

十四年，入朝，世祖勞之，賜益都官莊爲居第，鈔萬五千貫及弓矢諸物，拜福建行中書省參知政事，改福建道宣慰使。召赴闕，備宿衛。

十七年，拜驃騎衛上將軍、中書參知政事，征日本。十八年，軍次竹島，遇風，船盡壞。庭抱壞船板漂流抵岸，收餘衆，由高麗還京師。丁父憂，歸益都。召拜中書左丞、司農卿，不赴。

二十四年，宗王乃顔叛。驛召至上都，統諸衛漢軍從帝親征。塔不台、金剛奴來拒戰，衆號十萬。帝親麾諸軍圍之，庭調阿速軍繼進，流矢中胸貫脅，裹創復戰，帝遣止之，乃已。帝問庭：「彼今夜當何如？」庭奏：「賊必遁去。」乃引壯士十人負火炮，夜入其陣，炮發，賊果潰散。帝問：「何以知之？」庭曰：「賊雖多，無紀律，見車駕駐此而不戰，必疑有大軍在後，是以知其將遁。」帝大喜，賜以金鞍良馬。庭奏：「若得漢軍二萬，從臣便宜用之，乃顔可擒也。」帝命月兒魯那演將蒙古軍，與庭並進，遂縛乃顔以獻。帝既南還，庭又追獲塔不台、金剛奴。以功加龍虎衛上將軍、遥授中書左丞。

二十五年，乃顔餘黨哈丹秃魯干復叛於遼東，詔庭及樞密副使塔答討之。大小數十戰，流矢中庭左脅及右股。追至一大河，夜選鋭卒負火炮，泝上流發之，賊馬皆驚擾。大軍潛於下流畢渡，天明，賊望見官軍，不戰而潰，俘斬二百餘人，哈丹秃魯干走高麗。拜資德大夫、尚書左丞，商議樞密院事。官其長子大用，仍賜鈔二萬五千貫。庭因奏：「今漢軍之力困於北征。若依江南軍每歲二八放散，以次番上，甚便。」帝俞其奏，著爲令。海都將犯邊，伯顔以聞，帝命月兒魯那演與庭議。庭請下括馬之令，凡得馬十一萬匹，軍中賴之。拜榮禄大夫、平章政事，仍商議樞密院事，提調諸衛屯田事。

三十一年春，世祖崩。月兒魯那演與伯顔等定策立成宗，庭有翊贊之功。成宗與太后眷遇甚至，每進食必分賜之，仍命序坐於左手，諸王之下、百官之上，賜以珠帽、珠半臂、金帶各一，銀六錠，莊田稱是。敕點視江浙軍馬五百三十一所，還，入見，帝賜御衣慰勞之。

武宗出鎮北邊，庭請從行。帝憫其老，不許，賜鈔五萬貫，依前榮禄大夫、平章政事，商議樞密院事，提調諸衛屯田，兼後衛親軍都指揮使。未幾，從討懷都，至野馬川而還。有敕使拘漢軍馬，以濟蒙古軍，且焚其鞍轡、行糧。庭因感疾，詔内醫二人診視之，疾稍間，扈從上都。大德八年二月卒。至大二年，贈推忠翊衛功臣、儀同三司、太保、柱國，追封益國公，謚武毅。三子：大用，同知歸德府事，以哀毁卒；大椿，襲職佩金虎符爲宣武將軍、益都新軍萬户，戍建康；大誠，襲職後衛親軍都指揮使。

劉國傑，字國寶，本女真烏古論氏。曾祖廷心，金樞密使。祖鎬，金都統。父德寧，始改姓劉氏，爲宗王斡臣必闍赤，副蒙古官合剌温，管領益都路軍民總管達魯花赤，進龍虎衛上將軍，遂爲益都人。

國傑貌雄偉，善騎射。以門閥從軍，攻漣海有功，擢爲馬隊長。至元六年，王師伐宋，國傑應募選爲新軍千户，從張弘範屯萬山堡。宋人伺我軍樵采，發兵萬五千來攻。國傑以數百人敗之，斬首四千餘級，由是知名。已而攝萬户，别將二千人略荆南、歸、峽等州，轉戰數百里，俘獲萬計。還，破宋兵於襄陽城下。從攻樊城之東土城，國傑躡雲梯先登，炮傷左股，裹創力戰，遂拔之。賜金符，進武略將軍。宋人製輪船數百，結棧相連，儼如城堡，以機輪運之，自襄陽順流赴郢。國傑逆擊之，鏖戰三十餘里，舟中之血没踝，生獲其將張貴。貴，宋之名將，所謂「矮張都統」者也。再攻樊城，宋人植巨椿於漢水上，造浮橋以濟援兵。國傑率舟師溯流而上，鋸其椿，斷之。又毁樊城南面木栅，進攻外城，選鋭卒坎其墉而上，破之。未幾，襄陽亦下。是役也，國傑身被數創。世祖聞其勇，召入朝，賞銀百兩及内府錦衣、弓矢、鞍轡，遷武德將軍、管軍總管。

復從伯顔南伐，次郢州。宋人築黄家灣堡，以阻我師，國傑率三百人攻拔之。郢將趙文義潛兵來襲，國傑還擊，走之，斬首七百級，獲文義。詔賜金虎符，加武節將軍。從破沙洋、新城二堡，進至洋洛渡，國傑以五十艘敗其守兵。賞銀二百五十兩。從敗宋將孫虎臣於丁家洲〔一〕，直抵蕪湖，超授管軍萬户。又從阿术取淮南，詔國傑以五千人壁揚子橋，斷宋人糧援。宋將張林來攻，國傑奮擊，破之，生獲林。詔加懷遠大將軍，賜號拔都，因呼爲「劉二拔都」而不名。揚州援絶，守將李庭芝棄城走，追襲庭芝於泰州，斬首千餘級，禽之。又與董文炳等敗宋將張世傑於焦山，追奔至圌山，奪黄鵠、白鷂數百艘。

宋平，進懷遠大將軍。入朝，擢僉書四川行樞密院事。未行，詔統侍衛親軍鎮撫北邊。師還，遷鎮國上將軍、漢軍都元帥，世祖解御衣，加玉帶賜之，及寶鈔五千緡。十五年，復領侍衛軍萬人戍金山，屯田和林，安集流氓，全活數萬口。十六年，叛王脱脱术寇和林，國傑選輕騎襲之。脱脱术爲其下所殺，餘衆悉降。十八年，遷輔國上將軍。

十九年，再遷征東行中書省左丞。先是，征日本失利，世祖怒，將盡罷大小將校。國傑既至，諫曰：「師出無功，罪在元帥。儻蒙聖慈，宥諸將之罪，必人人感奮，思雪敗軍之恥。」世祖從之，詔諸將復官，從國傑立功自贖。會建寧管軍總管黃華反，詔國傑率征東兵會江淮參政伯顏討之。國傑攻拔赤巖寨，華自殺。福建行省左丞忽剌出欲搜捕逃賊，盡戮之，國傑曰：「華一人倡亂，餘皆脅從，諭之不來，誅未晚也。」

既而逃賊果相率出降。征東省罷，授僉書江淮行樞密院事，又改四川行院。未幾，仍還江淮行院。征東省復立，仍爲左丞，行省罷，仍僉書江淮行院。

二十一年冬，入朝。

二十三年，拜湖廣行省左丞。國傑至，首禽湖南盜李萬一。明年，肇慶盜起，其魁鄧太獠據前寨，劉太獠據後寨，相爲表裏。國傑先擣後寨破之，遂拔前寨，斬二人。進資德大夫。二十五年，湖南盜詹一仔據四望山，衡、永、武岡三州亂民争附之。國傑討斬一仔，將校請盡殺降賊以除後患，國傑曰：「吾有以處之。」乃相險要之地立三屯：在衡州曰清化，在永州曰烏符，在武岡州曰白倉，遷其衆居之。其有田宅者還之，無者使墾闢汙萊，以爲己業，遂皆爲良善。

移討江西羣盜。十一月，破蕭太獠於陳古水，進克懷集諸寨。二十六年春，東入肇慶，破閻太獠於清遠，還禽蕭太獠於懷集。四月，破曾太獠於金林。會士卒感瘴癘多病，國傑亦病，乃移軍道州。樞臣請賜屯官虎符，詔問：「卿等忘劉二拔都耶？」對曰：「劉已授。」上曰：「昔之授爲酬功，今之授爲世襲。」遣使持節即軍中佩之。廣東盜陳太獠寇道州〔一〕，國傑討擒之，遂攻拔赤水寨。

二十七年，江西龍泉盜起。國傑將討之，諸將諫曰：「此他省盜也，曷爲煩吾兵力？」國傑曰：「縱盜釀亂，豈可以彼此言耶！」乃簡輕兵，偃旗息鼓，一日夜至賊境。賊見軍容不整，易之。國傑率數十騎陷陣，衆從之，賊大敗，奪所掠男女無算。別盜鍾太獠據南安，國傑乘霧突入其寨，擒之。二月，龍泉盜復起，國傑還軍襲之。賊退保大井山，乃分兵三路而入，天大雨，賊不爲備，盡爲國傑所禽。八月，永州盜李末子干七殺其監郡，寇全州，國傑復擒之，梟其首而還。以前後功，遷湖廣行尚書省左丞。

二十八年，置湖廣等處行樞密院，遷副使。秋，廣東盜再起，國傑還軍道州。時上恩州蠻酋黄聖許叛。二十九年，詔國傑討之。賊勁悍，出入巖洞如飛鳥，發毒矢，中人輒死。國傑連敗之，賊退據象山，乃列栅圍之，槎山通道以進，聖許走交趾，禽其妻子。國傑三以書責交趾，獻聖許，交趾竟匿不與。師還，大興屯墾，募土著耕之，以爲兩江屏蔽。後蠻人謂其屯爲省地，莫敢鈔掠。詔遣使即軍中以玉帶錫之。

是時哈剌哈孫爲行省平章政事，與國傑相得，嘗謂國傑曰：「文字惟漢人之學最精，惜我不知耳。」國傑曰：「以公之聰明，任賢使能，即是讀書。使子孫習經史，即公自讀也。」哈剌哈孫嘉納之。

三十年，入朝。世祖謂左右曰：「湖廣重地，惟劉二拔都能鎮之，無徙他官。」世祖召見世傑，曰：「爪哇既得復失，卿盍爲朕一行？」對曰：「爪哇指末物，安南掌中物也。臣請爲陛下取之！」帝曰：「此事如癢在心，非爬搔所及。卿言深合吾意。」議興兵十萬。國傑奏：「萬人已足用。」帝曰：「萬人太少。」以番兵五萬人付之。國傑請近臣爲監，帝令自擇。時親王亦乞剌歹在側，國傑以請。帝允之，授湖廣安南行省平章政事。會世祖崩，乃止。

成宗即位，復置行樞密院於衡州，仍除副使。初，施溶州蠻酋田萬頃等，降而復叛。至是，赦天下，並赦萬頃，仍不肯降。成宗命國傑討之。九月，國傑攻明溪，蠻酋魯萬丑擁衆來援，千户崔忠等戰死。十月，國傑敗萬丑於桑木溪。明日，復戰，百户李旺率死士陷陣，衆從之，賊大敗，遂平其寨，焚之。進攻施溶，部將田榮祖請曰：「施溶，萬頃之腹心，石農次、三羊峰，其左右臂也。宜先斷其臂，而後腹心可圖。」國傑曰：「善。」麾諸軍攻石農次，賊棄寨遁，遂進拔施溶，擒萬頃，斬之。

元貞元年，即軍中加榮禄大夫、湖廣行省平章政事。初，宋設民屯以防蠻寇，在澧州者曰隘丁，在辰州者曰寨兵。宋亡，屯悉廢。國傑復之。又經畫衡、郴、道、茶陵、桂陽諸州，置戍三十有八，分屯南北要隘，控制諸蠻，盜賊遂息。六月，入朝，錫錦衣、玉帶、弓矢。

臺臣言國傑罄家資以充軍賞，成宗命倍償之。部曲立功者，遷秩有差。

大德五年，羅鬼女子蛇節反，諸蠻皆叛。詔國傑將諸翼兵，合四川、雲南、思播之兵以討之。官兵戰失利。國傑令人持一盾，布釘盾上，俟陣合，即棄盾走。賊逐之，馬遇盾而躓，遂大敗。既而糾合餘黨，復請戰。國傑堅壁不出，數日，度其懈，一鼓破之。七年春，追斬蛇節、宋隆濟、阿女等，貴州平。詔領其將士入見，賜錦衣二襲，玉帶一，金鞍勒、弓矢，楮幣二百五十緡，進光禄大夫，命還益都上冢。八年，還鎮，病篤。平章卜鄰吉歹率僚屬問之，國傑曰：「交賊不臣，若病小愈，得滅此逆賊，雖死無憾。」問以家事，不言。二月卒，年七十二。贈推忠定遠效力功臣、光禄大夫、湖廣等處行中書省平章政事、司徒、上柱國，追封齊國公，謚武宣。初，世祖以國傑力戰有功，聽子弟一人襲爵，遂以兄子漢臣襲管軍萬户，佩虎符。二子：脱歡，四川行省平章政事，尚憲宗孫女；脱出，中書參知政事。

史臣曰：李庭、劉國傑從伯顔伐宋，攻城野戰之功，未必居諸將右。其後庭擒叛王，國傑平溪洞蠻夷，遂俱爲時之名將。有發蹤指示者，而後見獵犬之能；有世祖之知人善任，而後見庭與國傑之智勇。功名之立，豈偶然哉？

【校勘記】

〔一〕「孫虎臣」，原作「孫處臣」，據本書卷九《世祖本紀三》、《元史》卷八本紀第八《世祖五》改。

〔二〕「陳太獠」，原作「陳大獠」，據上文「鄧太獠」、「劉太獠」、「蕭太獠」、「閻太獠」、「曾太獠」及下文「鍾太獠」改。《元史》卷一六二列傳第四十九《劉國傑傳》均作「太獠」，且云「復攻走嚴太獠」。然元刊本黄溍《金華黄先生文集》卷二五《湖廣等處行中書省平章政事贈推恩效力定遠功臣光禄大夫大司徒柱國追封齊國公謚武宣劉公神道碑》作「鄧大獠」、「劉大獠」、「蕭大獠」、「閻大獠」、「曾大獠」、「廖大獠」、「嚴大獠」、「陳大獠」、「鍾大獠」。

新元史卷之一百六十三 列傳第六十

李忽蘭吉 鄭鼎甫 昂霄 制宜 阿兒思蘭 李進 石抹按只不老 鄭温釭 銓 石抹乞兒狗狗

李忽蘭吉，一名庭玉，隴西人。父節，仕金，自鞏昌石門山從汪世顯以城降。忽蘭吉隸皇子闊端爲質子，從征西川，以功擢管軍總領，兼總帥府知事。從征西番南澗，有功。世祖在潛邸，用汪德臣言，承制命忽蘭吉佩銀符爲管軍千户、都總領，佐汪德臣城利州。憲宗五年，大兵取合江大獲山，宋劉都統率衆謀焚利州、沙市，次青山，忽蘭吉以伏兵敗之。都元帥阿答忽以聞，擢本帥府經歷，兼軍民彈壓。六年，憲宗更賜金符，仍命爲千户、都總領。八年，忽蘭吉以兵趨劍門，宋人運糧於長寧，追至運曲壩，奪之，俘其將而還。

憲宗南征，忽蘭吉管橋道饋運，有功，賜璽書。從攻苦竹隘，先登，斬守將楊立，獲都統張寔，招降長寧、清居、大獲山、運山、龍州等寨。十一月，大獲山守臣楊大淵納款，已而逃歸。憲宗怒，將屠其城，衆不知所爲。德臣諭忽蘭吉曰：「大淵去，事頗難測，亟追之！」迺單騎至城下，門未閉，大呼入城曰：「皇帝使我來撫軍民！」一卒引入，忽蘭吉下馬，執大淵手，謂之曰：「上方宣諭賞賜，不待而去，何也？」大淵曰：「誠不知大朝禮。且久出，恐城中有他變，是以亟歸，非敢有異謀也。」遂與偕來，一軍皆喜。忽蘭吉入奏，帝曰：「楊安撫反乎？」對曰：「不反。」帝曰：「汝何以知之？」對曰：「城門不閉，是無他心。一聞臣言，即從臣以出，故知其不反。」帝曰：「汝不懼乎？」對曰：「臣恐上勞聖慮，下苦諸軍，又念一郡生靈，故不知懼。」帝悦，賜蒲萄酒。使忽蘭吉與怯里馬哥領戰船二百艘掠釣魚山，奪其糧船四百。帝次釣魚山，忽蘭吉造浮梁以通往來。

九年，與怯馬里哥、札胡打、魯都赤、闊闊朮領蒙古、漢軍二千五百略重慶。六月，總帥汪德臣卒，命忽蘭吉率所部殿後。宋兵水陸晝夜接戰，皆敗之。宗王穆哥承制，命忽蘭吉佩金符，爲鞏昌元帥，守青居山。

中統元年，德臣子惟正襲總帥，至青居。五月，忽蘭吉等赴上都。時渾都海據六盤山以叛，世祖遣忽蘭吉亟還，與汪良臣發所統二十四州兵禦之。十月，從宗王哈必赤等次合納忽石温之地，力戰，禽渾都海等於陣，餘黨悉平。二年六月，以功授鞏昌後路元帥，賜金、幣、鞍馬、弓矢。

九月，火都叛於西蕃點西嶺，汪惟正帥師討之，至怯里馬之地，火都以五百人遁。詔宗王只必鐵木兒以答刺海、察吉里、速木赤將蒙古軍二千，忽蘭吉將漢軍一千，追襲火都，擒之。四年，元帥答剌海言忽蘭吉功高，詔賜虎符，忽蘭吉不受。問其故，對曰：「臣聞國制，將萬人者佩虎符，若汪氏將萬人已佩之，臣安得復佩！」帝是其言，命於總帥汪惟正下充鞏昌路元帥，諸將悉聽節制。六月，帝命惟正討吐蕃酋答機於松州，忽蘭吉以千騎先往，襲答機獲之。

至元元年，入覲，命與汪良臣同守青居。是時，大兵與宋兵相持於釣魚山。三年，宋兵陷大梁平山寨。平章賽典赤令忽蘭吉率千餘騎掠其境。斬首三百級，得馬二百八十。宋都元帥欽察等家屬百餘口，先爲宋兵所得，奪還之。四年，以本職充閬、蓬、廣安、順慶、夔府等處蒙古漢軍都元帥參議。六年，賜虎符，授昭勇大將軍、夔東路招討使，立章廣平山寨。

十年正月，成都失利，帝遣人問敗狀及措置之方。忽蘭吉附奏曰：「初立成都，惟建子城，軍民止於外城，别無壁壘。宋軍乘虚來攻，失於無備，軍官皆年少不經事之人，以此失利。西川地曠人稀，宜修築城寨以備不虞。選任材能，廣蓄軍儲，最爲急務。今蒙古、漢軍多非正身，代以驅奴，宜嚴禁之。所謂修築城寨、練習軍馬、措畫屯田、規運糧餉、創造舟楫、完繕軍器，六者不可缺一，則邊陲無虞矣。」六月，將兵赴成都，與察不花同權省事。十一月，復還守章廣平山寨。十三年，引兵略重慶，復取簡州。

十四年，承制授延安路管軍招討使。十五年，禿魯叛於六盤山，忽蘭吉以延安路軍，會別速台、趙炳及總帥府兵於六盤，敗禿魯於武州，俘其孥。還，承制授京兆、延安、鳳翔三路管軍都尉，兼屯田守衛事。十月，改同知利州宣撫使，夔東招討如故。入覲，賜虎符，授四川北道宣慰使。忽蘭吉請以先受鞏昌元帥之職及虎符，與其弟庭望。二十年，改四川南道宣慰使。

二十二年，詔與參政曲里吉思、僉省巴八、左丞汪惟正，分兵進取五溪洞蠻。時思、播以南施、黔、鼎、澧、辰、沅之界，蠻獠叛服不常，詔四川行省討之。曲里吉思、惟正一軍出黔中，巴八一軍出思、播，都元帥脱察一軍出澧州，忽蘭吉一軍自夔門來會。十一月，諸將鑿山開道，綿亘千里，蠻獠設伏險隘者，盡殺之。遣使諭其酋長，皆率衆來降，獨散毛洞潭順走入嵒谷，力屈始降。

二十三年，入覲，以老病乞歸田里。帝憫之，遂還鞏昌。二十六年，行省奏忽蘭吉之功，請用范殿帥故事，商議本省軍事。二十七年，拜資善大夫，遥授陝西等處行尚書省左丞、商議軍事，食左丞之禄。元貞二年，入覲，授資德大夫、陝西等處行中書省右丞，議本省公事。卒。泰定元年，謚襄敏。

鄭鼎，澤州陽城人。父皋，金忠昌軍節度使。鼎善騎射，初爲澤、潞、遼、沁千户。從塔海紺卜征蜀，攻二里關及散關，屢立戰功，還屯秦中。未幾，宋將余玠燒絶棧道，以兵圍興元，鼎率衆大敗宋兵，解興元之圍，遷陽城縣軍民長官。

從世祖征大理國，自六盤山經臨洮，入西蕃境，抵雪山。山路險澀，舍騎徒步，嘗背負世祖以行。敵據險要，鼎力戰敗之。帝壯之，賜馬三匹。至金沙江，波濤洶湧，帝臨水傍危石，立馬觀之。鼎諫曰：「此非聖躬所宜。」親扶下馬，帝嘉之。大理平，師還，以鼎殿後，全軍而返。入朝，憲宗問以時務，鼎敷對詳明，憲宗嘉納之，賜名曰也可拔都。賜白金千兩。

從世祖南伐，攻大勝關，破之。繼破臺山寨，禽其守將胡知縣。乘勝獨進，陷淖中，伏兵突出，鼎擊殺三人，餘衆遁去。帝急召鼎還，使者以聞，帝曰：「爲將當慎重，不可恃勇輕進。」遂分畀衛士三百人，以備不虞，且戒之曰：「自今非奉命，毋得輕與敵接。」秋九月，帝駐蹕江北岸，命諸將南渡，先至者舉烽火爲應。鼎首奪南岸，衆軍畢渡。進圍鄂州，戰益力。别攻興國軍，遇宋兵五千，力戰破之，擒其將桑太尉，責以懦怯不忠，斬之。以功遷平陽、太原萬户。阿藍答兒、渾都海之亂，鼎率本道兵討之。二年，詔鼎率征西諸將戍雁門關。遷河東南、北兩路宣撫使。三年，改平陽、太原兩道宣慰使。至元三年，遷平陽路總管。是歲大旱，鼎下車而雨。平陽地狹人衆，常乏食，鼎乃導汾水，溉民田千餘頃。開潞河鵰黄嶺道，以來上黨之粟。修學校，厲風俗。建横澗故橋，以便行旅。民德之。

七年，改僉書西蜀四川行尚書省事，將兵巡東川。過嘉定，遇宋兵，與戰江中，擒其將李越。八年五月，改軍前行尚書省事。十一年，從伐宋。十二年，留鎮黄州。夏四月，改淮西道宣慰使。十三年，加昭毅大將軍，賜白金五百兩。

十四年，改湖北道宣慰使，移鎮鄂州，仍領平陽、太原萬户。是年，蘄、黄二州叛，鼎將所部討之〔一〕，戰於樊口，舟覆溺死，年六十有三。

初，鄂州民傅高謀反，鼎疑城中大姓皆與高通，欲盡戮之。僉行中書省事賈居貞不從。及鼎出討賊，留其部將，告以「吾還軍，内外合發，盡戮城中大姓」。會鼎敗，溺死，鄂人始免於難。鼎一時名將，獨以此事爲人所訾焉。十七年，董文忠等奏：「鄭也可拔都遇害，其叛人家屬物産，宜悉與其子納懷。」帝從之。贈中書右丞，謚忠毅。後加贈宣忠保節功臣、金紫光禄大夫、平章政事、柱國，追封潞國公，謚忠肅。子制宜。

鼎弟廷瑞，平陽太原萬户。次弟甫，未冠，鼎攜之入見，世祖偉其儀狀，命給事左右。甫勇略絶人，讀書，善騎射，從鼎西征有功。歷陽曲、長子、陽城、潞、平棘五縣尹，有惠政。遷平定州、潞州同知，不從長吏加鐵冶課税。改邠州知州，授璽書，仍前職，兼管民萬户。致仕，卒。子昂霄。

昂霄始宿衛世祖，以勤慎知名。至元十九年，從征八番順元蠻，晉定遠大將軍。又從征安西猺賊，斬賊首梁君政，擢中奉大夫、廣西兩江都元帥。初，制宜官樞密副使，其所襲萬户授廷瑞。及廷瑞老，以昂霄襲萬户。昂霄重棄世勛，辭都元帥不拜。

大德五年，葛蠻雍真土官宋隆濟叛，昂霄率所部從分省討之，有功。入朝，賜銀鈔、錦段，進懷遠大將軍。延祐元年，進定遠大將軍。三年，分戍廣南。二十四年，擢廣西兩江道宣慰使都元帥。泰定二年，復襲萬户。安西猺叛，命昂霄與左丞乞住討之。昂霄諭以禍福，降洞寨八十五，男女八百餘人，遂班師。天曆元年，授湖廣行省參知政事，率平陽、保定兵屯河上，以子濤襲萬户。旋改樞密副使，扼潼關以禦西兵。事平，賜銀鈔，固辭。二年，復授湖廣行省參知政事，與行省官脱歡，别薛、孛羅等總兵入蜀，討囊加歹，賜表裏衣甲、弓矢有差。四月，囊加歹降，師還。以疾告，不允。八月，知貢舉，昂霄力疾留貢院，誓天爲國得人，俄卒，年六十。子濤，以萬户不能去職，丁憂，涕泣陳情，欲棄官歸，乃得請。濤婦范氏，以夫喪，哀毁卒。

制宜，小字納懷，性聰敏，有器局，通習國語。至元十四年，襲父職太原、平陽萬户，仍戍鄂州。十九年，朝廷將征日本，造樓船何家洲。地狹，衆欲徙洲旁居民，制宜不從，改擇寬地，民德之。城中屢災，或言於制宜曰：「恐姦人乘間爲變，宜捕其疑似者，痛治之。」制宜曰：「吾但嚴守備而已，奈何濫及無辜？」不答一人，災亦息。有盜伏近郊，晨夕剽劫，流言將入城。俄有數人自城外至，顧盼異常，制宜命吏縛入獄，問之無驗，行省將釋之，不從。明日，再出城東，遇一人，乘白馬，制宜叱下，訊之，乃與前數人同爲盜者，遂殺之，一郡帖然。

二十四年，扈駕東征乃顔，請赴敵自效。帝顧左右曰：「而父殁王事，惟有一子，毋使在行陣。」制宜請愈力，乃命從月兒吕那顔别爲一軍。以戰功，授懷遠大將軍、樞密院判官。明年，車駕幸上都。舊制：樞府官從行，歲留一人司本院事，漢人不得與。至是以命制宜，制宜辭，帝曰：「汝豈漢人比耶！」竟留之。二十八年，遷湖廣行省參知政事，陛辭。帝曰：「汝父死事，恤賞未汝及。近者要束木伏誅，已籍没其財産，汝可擇取之。」制宜對曰：「彼以贓敗，臣復取之，寧不污臣？」帝賢之，賜白金五千兩。未幾，徵拜内臺侍御史。

安西牧地圉人冒奪民田十萬餘頃，訟於有司，積年不能理。制宜奉詔而往，按圖籍以正之，訟遂息。

三十年，除湖廣行樞密院副使。湖南地闊遠，羣盜據險出没，昭、賀二州及廬陵境常被害。制宜按部，經廬陵、永新，獲賊首及其黨與，皆殺之。茶陵譚計龍，聚惡少年，匿兵器爲姦。既捕獲，其家納賂乞緩獄事。制宜頒其賂以犒士卒，斬計龍於市。自是湖以南無盜賊。元貞元年，詔行樞密院添置副使一員，與制宜連署。制宜以員非常設，先任者當罷。俄入朝，特授大都留守，領少府監，兼武衛親軍都指揮使，知屯田事。

大德八年，平陽地震，壓死者衆。制宜承命存恤，懼緩不及事，晝夜倍道兼行。至則親入閭巷，撫瘡殘，給粟帛，存者賴之。成宗素知其名，眷遇殊厚。每侍宴，制宜不敢飲，終日儼然。帝察其忠勤，屢賜内醞，輒持以奉母。帝聞之，特封其母蘇氏爲潞國太夫人。十年，卒，年四十有七。贈推忠贊治功臣、銀青榮禄大夫、平章政事，追封澤國公，謚忠宣。

子阿兒思蘭嗣。至大三年，尚書省誣奏阿兒思蘭與兄塋祖及段叔仁等謀爲不軌，詔誅阿兒思蘭等十七人，籍没其家。仁宗即位，雪其冤，並給還家産，追謚敬敏。

李進，保定曲陽人。初從萬户張柔屯杞縣三義口。六皇后稱制二年，柔引兵築堡龍岡。會淮水汎漲〔二〕，宋舟師卒至，大帥察罕率軍拒之，進以兵十五人轉鬭十餘里，奪一巨艦，以功擢百户。

憲宗八年，大舉伐宋，丞相史天澤爲河南經略大使，選諸道兵之驍勇者，命進爲總把。是年秋九月，由陳倉入興元，度米倉關，伐木開道七百餘里。冬十一月，至定遠七十關，其關上下皆築連堡，宋以五百人守之。天澤命進往説降之，不從。進潛視間道，歸白天澤曰：「彼可取也。」是夜二鼓，進率勇士七十人，掩其不備，攻之，脱門樞而入者二十人。守門者覺，拔刀拒之，進被傷，懸門俄閉。進與二十人力戰，殺傷三十人。後兵繼至，進乃毁懸門，納諸軍，遂拔其堡。守之，關路始通。

九年春二月，天澤兵至行在所，圍合州釣魚山。夏五月，宋舟師援合州，大戰三槽山西。六月，又戰三槽東。進並有功。秋七月，宋戰船三百餘泊黑石峽，以輕舟五十爲前鋒，北軍船七十餘泊峽西，相距一里許。帝立馬東山，擁兵二萬，夾江而陣。天澤乃號令於衆曰：「聽吾鼓，視吾旗，無少怠。」頃之，聞鼓聲，視其旗東指，諸軍鼓噪而入。兵一交，宋前鋒潰走。順流縱擊，死者不可勝計。帝謂諸將曰：「白旗下服紅半臂突而前者，誰也？」天澤以進對。賞錦衣、名馬。

世祖即位，入爲侍衛親軍。中統二年，宣授總把，賜銀符。三年，從征李璮，有功。至元八年，從圍襄陽。十二年，略地湖北、湖南。宋平，以兵馬使分兵屯鄂州。十三年，領軍三千，屯田河西中興府。十四年，加武略將軍，擢千户。十五年，移屯六盤山，加武毅將軍，賜金符。十七年，進明威將軍、管軍總管。十九年，賜虎符，復進懷遠大將軍，命屯田西域別十八里。

二十三年秋，海都及篤哇等至洪水山，進衆寡不敵，軍潰。進被擒，從至摻八里，遁還至和州，收潰兵三百餘人，且戰且行。至京師，賞金織紋衣二襲、鈔一千五百貫。二十五年，授蒙古侍衛親軍都指揮使司僉事。明年，改授左翼屯田萬户。元貞元年春，卒。子雯，襲授武德將軍、左翼屯田萬户，佩虎符。皇慶二年，加宣武將軍。延祐六年，仁宗念其父功，特賜雯中統鈔五百錠以恤之。泰定元年春，以疾辭，子朵耳只襲。

石抹按只，契丹人，世居太原。父大家奴，率漢軍五百人歸太祖。憲宗八年，按只代領其軍，從都元帥紐璘攻成都。時宋兵聚於虚泉，按只率所部兵大敗之，殺其將韓都統。

又從都元帥按敦攻瀘州，按只以戰艦七十至馬湖江，宋軍先以五百艘控江渡，按只擊敗之。時宋兵沿江拒守，按只相地形，造浮橋，敵欲撓其役，兵出輒敗。自馬湖以達合江、涪江、清江，凡立浮橋二十餘。及四川平，浮橋之功居多。

九年，宋以巨艦載甲士數萬，屯清河浮橋，相距七十日。水暴漲，浮橋壞，西岸軍多漂溺。按只軍東岸，急撤浮橋，聚舟岸下，士卒得不死。又援出別部軍五百餘人，先鋒奔察火魯赤以聞。憲宗遣使慰諭，賞賜甚厚。敘州守將橫截江津，軍不得渡。按只聚軍中牛皮，作渾脱及皮船，乘之與戰，奪渡口，爲浮橋以濟。中統三年，授河中府船橋水手軍總管，佩金符，以立浮橋功也。

至元四年，從行省也速帶兒攻瀘州。按只以水軍與宋將陳都統、張總制戰於馬湖江，按只身被二創，戰愈力，敗之。六年正月，也速帶兒領兵趨瀘州，遣按只運糧械，由水道進。宋兵復扼馬湖江，按只擊敗之，生獲四十人，奪其船五艘。復以水軍一千，運糧於眉、簡二州，軍中賴之。九年，從征建都蠻，歲餘不下。按只先登力戰，遂降之。軍還，道病卒。行省承制以其子不老代領其軍。

不老從攻嘉定，以巨艦七十艘載勇士數千人，據其上流，於府江紅崖灘造浮橋以渡。

十二年，嘉定降，宋將鮮於都統率衆遁，不老追至大佛灘，盡斃之。行院汪田哥攻取紫雲、瀘、叙等城，不老功最多。及諸軍圍重慶，不老先以戰艦三百艘列陣於觀灘，絶其走路。十三年，領隨翼軍五百人，會招討藥剌海，豎柵於白水江岸以爲備。不老乘夜襲宋軍，直抵重慶城下，攻千斯門，宋軍驚潰，溺死者衆。宋涪州守將率舟師來援，不老擊敗之於廣陽壩，奪其船十艘。十四年，從攻瀘州，不老勒所部兵攻神臂門，蟻附以登，斬首五十級。明日復戰，又敗之。十五年，復攻重慶太平門，不老先登，殺其守陴卒，宋都統趙安以城降。總管黄亮乘舟遁，不老追擒之，奪戰艦五十艘。

十六年，命襲父職爲懷遠大將軍、船橋軍馬總管，更賜金虎符，兼夔路守鎮副萬户。十八年，大小盤諸峒蠻叛，命領諸翼蒙古、漢軍三千餘人戍施州。既而蠻酋向貴、晢用等降，其餘峒蠻未服者悉平。以不老爲保寧等處萬户，未幾卒。

鄭温，真定靈壽人。初從粘合南合有功，爲合必赤千户。後又從史天澤爲新軍萬户鎮撫。憲宗征西川，温四月不解甲。天澤以温見，具言其功，帝曰：「朕所親見也。」賜名也可拔都，賞以鞍勒。還至閬州，命分軍守邏青居、釣魚兩山。

中統元年，佩金虎符，爲總管。三年，李璮叛，詔温以軍還討。至濟南，大軍圍其城，賊將楊拔都等乘夜斫營，温力戰至黎明，賊退。諸王哈必赤、丞相史天澤厚賞之。七月，城破，命温率兵三千往定益都，授侍衞親軍總管。

至元六年，進懷遠大將軍、右衞副都指揮使。九年，詔温統蒙古、漢人、女真、高麗諸部軍萬人，渡海征耽羅，平之。十二年，擢右衞親軍都指揮使，率三衞軍萬人，從攻岳州、江州、沙市、潭州，皆有功。十四年，入朝，遷昭勇大將軍、樞密院判官。

十八年，改輔國上將軍、江淮行省參知政事。杭民饑，出米二十萬石糶之。俄賜以常州官田三十頃。二十二年，召還。二十三年，遷江浙行省左丞，命以新附漢軍萬五千人，於淮安雲山泉塘立屯田。三十年，卒，年八十一。贈榮禄大夫、平章政事、柱國，追封趙國公，謚武毅。子欽、釭、銓、鏞。

欽以父功授右衞親軍千户，遷利用監丞。欽子克諶，克諶子惟知，惟知子彬，皆世襲。釭有智略，仕爲龍興路同知，暦廬州路總管，擢樞密院判官，所至有聲。

銓，字方年。温自江南入覲世祖，方次柳林，銓見於行宫。世祖奇其貌，命宿衞東宫。未幾，代兄爲右衞千户。故事：大享太室，先期賜執事湯沐錢，有司或不時給。銓上言：

「禮者，著致潔也。今湯沐錢賜或不均，非是。」時論韙之。分治渾河橋，大雨水溢，銓所治獨堅完不壞。敕賜酒饌勞之。大德中，復以官讓兄子克諶。中統元年，卒。子克順，臨城縣尹。

鏞，靖江路總管府同知，政尚平恕，民稱之。

石抹乞兒，契丹人。祖高奴。太祖六年大軍至威寧，高奴與劉伯林、夾谷常哥等迎降，授千户、青州防禦使，賜金符。太宗元年，從伐金，爲征行千户，卒。父常山襲。憲宗三年，擢總管，領興元諸軍奥魯屯田，並權臺雞驛行軍都總管萬户。卒。乞兒襲萬户，從紐鄰攻重慶、瀘、敘諸州，俱有功。至元三年，從都元帥按敦移鎮潼川。四年九月，從攻蓬溪寨，戰殁。子狗狗襲。

狗狗少從征伐，以勇敢稱。八年，從嚴忠範圍重慶，攻朝陽寨，先登。九年，宋昝萬壽襲成都，狗狗以蒙古軍二千擊敗之。十六年，録前後功，賜金虎符，授宣武將軍、管軍總管，戍遂寧。

十七年，進明威將軍、管軍副萬户。從招討使藥刺海討亦奚不薛蠻，平之。從行省也速帶兒討都掌、烏蒙、蟻子諸蠻，戰於鴨樓關，狗狗最有功。二十一年，率蒙古軍八百人，從征散貓，戰於菜園坪、滲水溪，皆敗之。月餘，散貓降，大盤諸蠻亦降。二十四年，遷懷遠大將軍、夔州路萬户，移戍重慶。二十六年，卒。子安童襲。

【校勘記】

〔一〕「鼎」，原作「縣」，據《元史》卷一五四列傳第四十一《鄭鼎傳》改。

〔二〕「汎漲」，原作「汛張」，據《元史》卷一五四列傳第四十一《李進傳》改。

新元史卷之一百六十四　列傳第六十一

紐璘也速答兒　囊加台〔一〕答失八都魯　孛羅帖木兒　速哥　探馬赤　塔海帖木兒

紐璘，珊竹帶氏。祖孛羅帶，爲太祖宿衛，從太宗平金。父太答兒，從憲宗征阿速、欽察等國有功，拜都元帥。率陝西、鞏昌諸軍伐宋，與總帥汪田哥立利州。憲宗八年，入重慶，獲宋統制張實。是年卒。

紐璘勇力絶人，多謀略，常從父軍中。六年，憲宗命將兵萬人略地，自利州下白水，過大獲山，出梁山，直抵夔門。七年，還釣魚山，引軍欲會都元帥阿答胡等於成都。宋制置使蒲擇之遣劉整、段元鑑等，據遂寧江箭灘以斷東路。紐璘軍至，不能渡，自旦至暮，大戰，斬首二千七百餘級，長驅至成都。帝聞，賜金帛勞之。蒲擇之命楊大淵等守劍門及靈泉山，自將四川兵取成都。會阿答胡卒，諸王阿不干與諸將脱林帶等謀曰：「今宋兵日逼，聞元帥死，必悉衆來攻，其鋒不可當。我軍去行在遠，待上命建大帥禦敵，恐無及。不若推紐璘爲長，以號令諸將，出彼不意，敵可破也。」衆然之，遂推紐璘爲帥。紐璘率諸將大敗宋軍於靈泉山。圍雲頂山城，扼宋軍歸路，其主將遂以衆降，城中食盡亦降。成都、彭、漢、懷、綿等州悉平，威、茂諸番亦來附。紐璘奉金銀、竹箭、銀銷刀，遣速哥入獻。帝賜黄金五十兩，即軍中真拜都元帥。

冬，帝進軍至大獲山，紐璘率步騎，號五萬，戰船二百艘，發成都。遣張威以五百人爲前鋒，水陸並進，縛橋資州江口以濟師。千户暗都剌率舟師，紐璘將步騎，旌旗、輜重，百里不絶。蒲擇之遣兵分道要遮，遇輒敗之。紐璘至涪，造浮橋，駐軍橋南北，以禦宋援兵。聞大軍多瘧疾，遣人進牛犬豕各萬頭。明年春，朝行在所，還討思、播二州，獲其將一人。宋將吕文焕攻涪浮橋，紐璘以士馬不習水土，遂班師。文焕追襲其後，紐璘戰卻之。

中統元年，大將渾都海據六盤，叛附阿里不哥。紐璘奥魯官欲以兵應之，中途爲宣撫使廉希憲所獲，釋不問。紐璘始無貳志。事具《希憲傳》。是年入朝，賜虎符及黄金五十兩、白金二千五百兩、馬二匹。紐璘遣梁載立招降黎、雅、碉門、巖州、偏林關諸蠻，得漢、番二萬餘户。未幾，詔速哥分西川兵及陝西諸軍屬紐璘，鎮秦、鞏、河西之地。三年，宋將劉整以瀘州降，吕文焕圍之。紐璘以兵往援，文焕敗走，遂徙瀘州民於成都、潼川。四年，爲劉整所譖，徵至上都，驗問無狀，詔釋之。還至昌平，卒。追封蜀國公，謚忠武。子也速答兒。

也速答兒，至元十一年入見世祖，以屬行樞密院火都赤，使習兵事。從圍嘉定，率三千人至三龜、九頂山，相形勢，敗宋安撫昝萬壽兵，斬首五百級。以功賜虎符，授六翼達魯花赤。昝萬壽尋遣部將李立以嘉定、三龜、九頂、紫雲諸城寨降。又從行樞密副使忽敦徇東川諸城，皆望風來附。會東川行樞密院合答圍重慶，歲餘不下，帝命行樞密院副使不花代將。不花將兵萬餘至城下，也速答兒率二十餘騎與宋都統趙安搏戰，也速答兒三入其軍，敵衆皆披靡。大兵繼之，斬首五百餘級，趙安開門降，制置使張珏遁。捷聞，帝賜玉帶、鈔五千貫，授西川蒙古軍馬六翼新附軍招討使，遷四川西道宣慰使，加都元帥。

十七年，羅氏鬼國亦奚不薛叛。詔四川會雲南、湖廣兵討之。至會靈關，羅氏酋阿察遣其將阿麻、阿懷至宣慰司，自言無反意。也速答兒分兵徑進，亦奚不薛酋遣其將阿候拒戰。也速答兒先登，陷陣，挾阿候出，斬之。亦奚不薛及阿察俱遁。也速答兒定議班師，命部將守之。賊窮困，二十年，率所部五萬餘户降。以功拜西川等處行中書省右丞，加賜金、帛、鞍轡。

西南夷雄左、都掌蠻得蘭右叛，也速答兒討降之，改四川等處行樞密院副使。是年冬，烏蒙蠻又陰結都掌蠻以叛，詔也速答兒會雲南行院拜答兒進討。也速答兒擒烏蒙蠻酋。賜玉帶、織金服，遷蒙古軍都萬户，復賜銀鼠裘，進同知四川等處行樞密院事。元貞元年，拜四川等處行中書省平章政事。

武宗即位，遷雲南，加左丞相，仍爲平章政事。南征叛蠻，感瘴毒，還至成都，卒。弟八剌，襲爲蒙古軍萬户。八剌三子：囊加台；次伯顔，四川行省左丞；次不花台，蒙古軍都元帥。

囊加台，泰定初，以四川行省平章政事兼宣政院使，奉命征西番參卜郎，有功。天順改元，不受大都朝命，本省平章寬徹有異議，殺之。自稱鎮西王，以左丞脱脱爲平章政事，前雲南廉訪使楊静爲左丞，燒絶棧道。教授杜巖肖聞文宗已立，勸其罷兵入朝。囊加台以爲妄言惑衆；杖一百七，禁錮之。

是年十二月，御史臺言：「囊加台罪不容逭，宜追奪制敕。」中書省臣請降詔，許其自新。天曆二年正月，近侍星吉班奉詔至四川，詔諭囊加台，不從，約鎮西武靖王搠思班同拒命。陝西蒙古軍都元帥不花台，囊加台弟也。囊加台遣使招之，不花台斬其使。囊加台遣兵南攻播州貓兒埡，宣慰使萬户楊燕里不花開關納之，導四川兵進至烏江驛。川兵在烏江北岸者，爲八番元帥脱出所敗。是時囊加台自帥大軍出興元，焚雞武關大橋，並焚棧道，遂據雞武，奪三義、柴關等驛。以書招鞏昌總帥汪延昌，分兵東至金州，據白土關，進逼襄陽。

朝命陝西、湖廣兩行省督軍分討之，仍命宣慰撒忒迷失將本部蒙古軍，從鎮西武靖王搠思班進討。時播州楊燕里不花已歸命，囊加台所遣守碉門安撫使布答思監等亦詣雲南行省降。朝廷調河南、江浙、江西、山東兵及左右翼蒙古侍衛軍，立行樞密院，以山東都萬户也速答兒知院事，將之。也速答兒病不行，改命左丞躍里帖木兒、同僉樞密傅巖起代往。會湖廣參政孛羅奉詔至四川，曲赦囊加台等罪。囊加台聽命，蜀地始平，諸路兵皆罷。囊加台入朝。是年九月，坐指斥乘輿，大不道，棄市，家産没官，並藉楊静等家。子答失八都魯。

史臣曰：阿里不哥自立於和林，東西川諸將咸附之。獨紐璘歸心世祖，以翼戴之功，子孫世官其地。至囊加台乘時徼利，僭號稱王，與宋之吴曦無以異，非忠於泰定帝者也。或謂其知逆順，過矣！

答失八都魯，以世襲萬户鎮守羅羅宣慰司，行省舉充船橋萬户。征雲南，擢大理宣慰司都元帥。至正十一年，特除四川行省參知政事。撥本部探馬赤軍三千，從平章咬住討賊於荆襄。咬住兵既平江陵，答失八都魯請自攻襄陽。十二年，進次荆門，招義丁二萬。進至蠻河，賊堅守要害，答失八都魯率奇兵由間道出其後，首尾夾攻，賊大敗。追至襄陽城南，擒賊將三十人，腰斬之。自是賊不復出。

答失八都魯相視形勢，内列八翼，包絡襄城，外置八營，分屯峴山、楚山，以截其援，自以中軍四千據虎頭山，以瞰城中。賊受圍日久，夜半，二人縋城叩營門，具告虛實，願爲内應。答失八都魯與之定約，至期，垂繩以引官軍，先登者近十人。時賊船百餘艘在城北，陰募善水者鑿其底。天將明，城破，賊巷戰不勝，走就船，船壞，皆溺死，遂平襄陽。加資善大夫，賜上尊及黄金束帶。以其弟識里木爲襄陽達魯花赤，子孛羅帖木兒爲雲南行省理問。賊再犯荆門、安陸、沔陽，答失八都魯皆破之。尋詔益兵五千，以烏撒烏蒙元帥成都不花聽其調發。

十三年，克青山、荆門諸寨。九月，率兵略均、房，平穀城，拔武當山寨。十二月，進攻峽州，破木驢寨。遷四川行省右丞，賜金繫腰帶。十四年正月，復峽州。三月，遷四川行省平章政事，兼知樞密院事，總荆、襄諸軍。五月，命玉樞虎兒吐華代答失八都魯守中興、荆門，移兵赴汝寧。十月，詔與太不花會軍討安豐。是月，復鄭、鈞、許三州。十二月，復河陰、鞏縣。

十五年，命答失八都魯就管領太不花一應諸王藩將兵馬，許便宜行事。六月，拜河南行省平章政事。進次許州長葛，與劉福通戰，失利。九月，退屯中牟。賊復來劫營，掠其輜重，與其子孛羅帖木兒相失。劉哈剌不花來援，大破賊兵，獲孛羅帖木兒，歸之。復進駐汴梁東南青堽。十二月，大敗賊於太康，遂圍亳州。僞宋主小明王遁。

十六年，加金紫光禄大夫。帝使知樞密院脱歡來督戰。是時賊勢猶强，官軍卻。答失八都魯墜馬，孛羅帖木兒救之，獲免。十月，移駐陳留。十一月，克夾河劉福通寨。十二月，次高柴店，逼太康三十里。是夜，賊五百餘騎來劫營，以有備，亟遁。追之，壯士緣城入，斬首數萬，擒僞將軍張敏、孫韓等九人，太康平。遣孛羅帖木兒告捷京師，帝賜勞内殿，拜河南行省左丞相，仍兼知樞密院事。識里木，雲南行省左丞，孛羅帖木兒，四川行省左丞。將校賞爵有差。

十七年三月，朝京師，加開府儀同三司、太尉、四川行省左丞相。九月，復朝城、東明、長垣三縣。十月，詔遣知院達理麻失理來援，分兵屯濮州。既而達理麻失理爲劉福通所殺，諸軍皆潰。答失八都魯退駐石村。帝疑其玩寇，復遣使者督戰。賊覘知之，詐爲答失八都魯通賊書，遺諸道路，使者果得之以聞。答失八都魯知其事，一夕憂憤卒。初，答失八都魯入朝，帝謂左右曰：「答失八都魯將死矣！」是年果卒。子孛羅帖木兒。

孛羅帖木兒，從父討賊，屢立功。答失八都魯卒，引兵退駐井陘。至正十八年正月，授河南行省平章政事，仍領其父元管諸軍。三月，敗劉福通於衛輝，進克濮州。六月，自武安邀截沙劉二等，敗之。九月，統諸軍攻曹州。十月，參政匡福統苗軍自西門入，孛羅帖木兒自北門入，克復曹州，擒僞官武丞相、仇知院，獲印信、金牌等物。

十九年二月，移屯代州，收山東潰軍。詔置大都督兵農司，專督屯種，以孛羅帖木兒領之。駐大同、豐州、雲内，與關先生戰於管城，大敗之。楊誠據蔚州。六月，詔孛羅帖木兒督兵討之，俄召還。十一月，再命討誠。

二十年正月，追誠至飛狐縣東關，誠棄軍遁，降其潰卒。拜中書平章政事。進討上都程思忠，次興和，思忠奔潰。七月，敗田豐將王士誠於台州。詔領一應達達、漢軍，便宜行事。八月，命守石嶺關以北，察罕帖木兒守石嶺關以南。孛羅帖木兒不聽命，遣兵自石嶺關直趨冀寧，三日，復退屯交城。十月，詔孛羅帖木兒守冀寧，守者不納。察罕帖木兒來争，爲孛羅帖木兒部將圖魯卜所敗。

二十一年正月，命平章政事達實帖木兒、參政七十往諭解之。孛羅帖木兒罷兵還鎮，命於保定以東、河間以南屯田。

二十二年三月，孛羅帖木兒遣裨將也速不花等招兵五萬，戍大同。拜太尉、中書平章政事，位居第二。八月，孛羅帖木兒據延安。十月，侵擴廓帖木兒守地，使其將參知政事朱希哲守宜川。

二十三年十月，復南侵擴廓帖木兒守地，遂據真定。初，朝廷既黜御史大夫老的沙，安置東勝州。帝別遣宦官密諭孛羅帖木兒留軍中，而皇太子累遣使索之，匿不遣。

二十四年正月，孛羅帖木兒陰使人殺其叔父左丞亦只兒不花，佯爲不知者。三月辛卯，詔罷孛羅帖木兒兵權，四川安置。孛羅帖木兒殺使者拒命，遣部將會知樞密院事秃堅帖木兒犯闕，揚言索右丞相搠思監、資正院使朴不花二人。

先是，朝廷立衛屯田，命中書右丞也先不花領之，與秃堅帖木兒分院之地相近，屢搆嫌隙。也先不花乃譖秃堅帖木兒於朝廷，孛羅帖木兒與秃堅帖木兒友善，遣人白其誣。皇太子以其握兵跋扈，與秃堅帖木兒交通，又匿不軌之臣，與搠思監議罷其兵權，不受命則使擴廓帖木兒討之。孛羅帖木兒知非帝意，遂舉兵。

四月壬寅，入居庸。癸卯，知樞密院事也速、詹事不蘭奚逆戰於皇后店。不蘭奚力戰，也速不援而退，不蘭奚幾爲所獲，遂大敗。乙巳，秃堅帖木兒至清河。帝遣達達國師、宣政院使鑾子問故，對以必得搠思監、朴不花方罷兵。乃命屏搠思監於嶺北，竄朴不花於甘肅。未幾，執二人送於軍中，皆爲孛羅帖木兒所殺。庚戌，秃堅帖木兒陳兵自建德門入，見帝於延春閣，慟哭請罪，帝賜宴慰勉，詔赦其罪。仍以孛羅帖木兒爲太保、中書平章政事，兼知樞密院事，守大同；以秃堅帖木兒爲中書平章政事。辛亥，孛羅帖木兒還大同，皇太子再徵擴廓帖木兒兵衛京師。

五月，詔擴廓帖木兒總諸道兵，分討大同。擴廓帖木兒自其父在時，與孛羅帖木兒連年相仇殺，朝廷累命講和，還兵各守分地。至是，擴廓帖木兒乃發兵，分道攻大同。調麾下白鎖住守護京師，兵不滿萬，以其部下青軍楊同僉守居庸，擴廓帖木兒自將至太原，調督諸軍。

七月，孛羅帖木兒留兵守大同，自率諸將與秃堅帖木兒等復犯闕，京師震駭。丙戌，皇太子自將駐清河，丞相也速等屯昌平。也速軍無鬭志，青軍楊同僉又爲麾下所殺，皇太子還京師。丁亥，白鎖住脅宮僚從皇太子出奔太原。戊子，孛羅帖木兒兵至，營健德門外，欲追襲皇太子，老的沙力止之。入見於宣文閣，泣拜訴冤，帝亦爲之泣，乃賜宴。庚寅，就命孛羅帖木兒太保、中書左丞相，老的沙中書平章政事，秃堅帖木兒御史大夫，部將布列臺省。

八月壬寅，加開府儀同三司、上柱國、録軍國重事太保、中書右丞相，節制天下軍馬。數遣使請皇太子還朝。

二十五年三月，皇太子謀除内難，承制調遣嶺北、甘肅、遼陽、陝西及擴廓帖木兒等軍進討。孛羅帖木兒怒，囚皇后奇氏於外。四月，擴廓帖木兒部將關保入大同。孛羅帖木兒遣秃堅帖木兒圍上都，調也速南禦擴廓帖木兒。也速次永平，西連太原，東結遼陽，軍聲大振。孛羅帖木兒患之，使驍將姚伯顔不花攻也速。至通州，河溢，營虹橋以待。也速乘其不備，襲破之，擒姚伯顔不花。孛羅帖木兒大恐，自將出通州，三日大雨而還。

孛羅帖木兒先以疑忌，殺其將保安，既又失姚伯顔不花，鬱鬱不樂，酗酒殺人，喜怒不測。又索帝所愛宫嬪，帝曰：「欺我至此耶！」威順王子和尚受帝密旨，與待制徐士本結勇士上都馬、金那海、伯達兒等陰圖之。

七月乙酉，秃堅帖木兒遣人來告上都之捷，平章政事失烈門謂孛羅帖木兒曰：「好消息，丞相宜入奏。」孛羅帖木兒推失烈門，失烈門强與同行。至延春閣側，有李樹枝絓其冠墜地，失烈門俯取之，孛羅帖木兒曰：「咄，今日莫有事！」伯達兒突出斫之，中其腦，上都馬等競前斫殺之。老的沙傷額，趨出，擁孛羅帖木兒母妻及子天寶奴北遁。未幾，與秃堅帖木兒俱伏誅。

史臣曰：孛羅帖兒兒與察罕帖木兒争冀寧，曲在孛羅帖木兒。惠宗不察曲直，而調停其事，以求姑息。由是孛羅帖木兒益桀驁不可制，至於稱兵犯闕，殺宰相，辱皇后。嗚乎！履霜堅冰，由來者漸，是以君子慎之於早也。

速哥，蒙古氏。父忽魯忽兒，國王木華黎麾下卒也，後隸塔海、帖哥。有口辯，令佩銀符，奏軍中機務，往返未嘗失期。太宗器之，賜名動哥居，詔：「動哥居奏事，朝至朝入奏，夕至夕入奏。」出金盤龍袍及宫女賜之。後卒於官。

速哥尤壯勇，憲宗命從都元帥帖哥火魯赤等伐蜀。五年，萬户劉七哥、阿剌魯阿力與宋兵戰於巴州，失利，陷敵中。速哥馳入其軍，奪劉七哥歸。賜白金、名馬及紫羅圈甲。又從都元帥紐璘敗宋將劉整，克雲頂山。紐璘奉金銀、竹箭、銀銷刀，使速哥入獻。速哥以革爲舟，夜渡馬湖江，至大獲山行在所，奏道梗失期，帝慰遣之。未幾，復自涪州奏事，遇宋軍於三曹山，速哥衆僅百餘，奮擊，敗之。九年，宋兵攻涪州浮橋，部將火尼赤陷陣，速哥力戰出之。又白事於宗王末哥，復敗宋軍於三曹山。還至石羊，與劉整遇，又敗之。

世祖即位，賜白金、弓刀、鞍勒。至元三年，從行院帖赤戰於九頂山。四年，行省也速答兒署爲本軍總管，從平瀘州。五年，立德州，以速哥爲達魯花赤，擢陝西五路四川行省左右司員外郎。七年，從也速答兒敗宋軍於馬湖江。用平章政事賽典赤薦，遷行尚書省員外郎。九年，建都蠻叛，也速答兒請率六千人往討之，帝從其請。速哥將千人爲先鋒，破黎州水尾砦，攻連雲關，克之。進至建都，戰於東山，斬其酋布庫。復與元帥八兒禿迎合剌軍於不魯斯河。十年，討碉樓諸蠻，襲破連環城，還敗宋軍於七盤山，署新軍萬户。

十一年，賜虎符，真授管軍萬户，領成都高哇哥等六翼及京兆新軍，教習水戰。也速答兒進圍嘉定，速哥率舟師會平康城，築遠懷等寨守之。十二年，敗宋將昝萬壽於麻平。既而行樞密院副使忽敦等軍至，與也速答兒會於紅崖，遣速哥守龍壩。城中大震，守將率舟師遁，速哥追擊之，斬獲甚衆。遂與中使沈達罕徇瀘、叙諸州，皆降之。進圍重慶，速哥以所部兵屯白水、馬湖江口。

十三年，帝遣脱朮、教化的諭宋臣使降，不聽，乃分兵爲五道，水陸並進攻之。諸軍不利，惟速哥獲戰艦三百艘，俘其衆百三十人。涪州守將遣書納降，速哥率千人往察其情僞。至涪州，受降而返。重慶守將張萬來襲，速哥一晝夜凡十八戰，斬首三百餘級，萬敗走。未幾，萬復以精兵三千人至，又敗之。

十四年，行院署爲鎮守萬户，嘉定總管府達魯花赤。重慶守將趙安開門降，制置使張珏遁。速哥追擊之，虜百餘人及船二十餘艘。以功授成都水軍萬户。尋改重慶、夔府等路宣撫、招討兩司軍民達魯花赤。十六年，除四川南道宣慰使，依前成都水軍萬户，鎮重慶、夔、施、黔、忠、萬、雲、涪、瀘等州。

十九年，亦奚不薛叛，置順元等路軍民宣慰司，以速哥爲宣慰使，經理諸蠻。二十四年，遷河東陝西等路萬户府達魯花赤。播州宣撫使楊賽因不花等赴闕請留之。降八番金竹百餘寨，得户三萬四千，悉以其地爲郡縣。置順元路、金竹府、貴州以統之。東連九溪十八峒，南至交趾，西至雲南，咸受節制。

二十九年，入朝，加都元帥，改河東、陝西等處萬户府達魯花赤。三十一年，僉書四川行樞密院事。元貞元年，行院罷，速哥家居，數歲卒。子壽不赤，襲河東陝西等處萬户府達魯花赤。

同時爲紐璘、也速答兒部將者，有探馬赤、塔海帖木兒。

探馬赤，秃立不歹氏。從諸王没赤征蜀，後以兵從塔海紺布、火魯赤、紐璘諸帥。紐璘攻涪州，還至馬湖江，宋兵連艦絶江，不得進，探馬赤率精兵二千擊之，奪其舟以濟。又於横江、嘉定、宣化三縣造浮橋，以達成都。紐璘以爲能，命將千人從萬户昔力答克略地碉門、黎、雅。昔力答克卒，行院帖赤以探馬赤爲萬户，領其軍。

中統四年，授蒙古、漢軍萬户。至元九年，從行省也速答兒征建都，獨以鋭卒千五百人與建都兵戰於梅子嶺，大敗之。夜與速哥會，直擣其營，獲其輜重以歸。復益兵三千人，與左丞曲立吉思乘勝進攻，建都降。又從行院汪良臣、忽敦等，攻嘉定、重慶、瀘、敘諸州，以功兼重慶府達魯花赤。十九年，卒。子伯顏，襲蒙古軍萬户，戍甘州。

塔海帖木兒，答答里帶氏。曾祖忒木勒哥世襲職，領太原以西八州。從都元帥塔海紺卜征蜀，殁於興元，祖扎剌帶嗣。扎剌帶卒，父拜答兒尚幼，從祖扎里、答术相繼襲其職。扎里從都元帥大答兒征蜀，以所統軍二百人破宋軍於巴州，斬首三百級。答术以西川行樞密院檄，領兵三千人救碉門，大敗宋軍，斬首三百餘級，俘百餘人以歸。拜答兒既長，始以父官從行省也速帶兒征建都，死軍中。

塔海帖木兒襲父職，初從行院忽敦圍嘉定，嘉定降。進圍重慶，敗守將張珏，塔海帖木兒力戰陷陣，功最多。十五年，又以拔都魯軍二百人破宋軍於白水江，奪戰船一，俘其衆十三人。升宣武將軍、管軍總管。從也速答兒征亦奚不薛，又從征都掌蠻，皆爲前鋒，殺獲甚衆。九溪蠻、散貓、大盤蠻尚木的世用等叛，從行省曲立吉思帥師往討，皆擒之，殺其酋長頭狗等。也速答兒、藥剌罕率兵萬人會雲南兵討烏蒙蠻，至閙竈，其酋長阿蒙率五百餘衆奔麻布，塔海帖木兒以四百人追至山箐中，大敗之，擒阿蒙以歸。二十六年，又從也速答兒西征，卒於軍中。

【校勘記】

〔一〕「囊加台」，原本作「囊家台」，據正文改。

新元史卷之一百六十五　列傳第六十二

張興祖　寧玉　張榮實玉　吕德　朱國寶　吴祐安民　梁禎　張泰亨繼祖　珍　王守信　皇毅　靳忠　蔡珍韓進　劉用世世恩　世英　蘇津　王均　季庭璋

張興祖，中山無極人。父林，爲史天澤部將，以功授金符千户。林請老，興祖襲父職。從察罕伐宋，能以少擊衆，敗宋人於虎頭關。察罕壯之，奏其功，賜鞍馬、甲胄。後從史權戍鄧州。宋人鈔輜重於新野之西港，權使興祖將步騎數百人追之，及於栲栳潭。興祖令騎負一步，將近敵，推步下，騎列陣以俟，分騎爲左右翼，夾擊之，宋人錯愕不知所應，盡殲之。興祖馬踐横尸而踣，左股折，舁歸，賜金幣爲醫藥費。宋人攻新野，又敗之於白河口。中統元年，從史樞援東川，假總管，戍東安虎嘯城。軍還，又戍光化州，禽宋將唐都統。大軍圍襄陽，以興祖戍萬山，敗宋援將張順。從攻樊城，興祖督造雲梯，又燒宋人戰艦，斷其襄樊之援。襄陽下，以功擢總管，再擢懷遠大將軍、副萬户。

至元十一年，從伯顔伐宋，攻郢州黄灣堡。先登，矢貫左股，伯顔親爲敷藥。從拔沙洋、新城，矢中額者三。换虎符。從攻陽邏堡，禽宋將鄭信，矢貫左臂。鄂、漢平，以阿里海涯鎮之，使興祖將十六翼兵戍漢陽。興祖曰：「吾戰是求，迺留吾戍此，何耶？」阿里海涯曰：「鄂、漢，乘輿所至，衝地也，非公不能守之。」興祖始受事。宋安撫高世傑規襲鄂州，從阿里海涯敗之於荆江口，世傑降。又從攻沙市，先登，戰於城上。又巷戰，蹀血濡趺，斬馘無算，宋將高達以江陵降。阿里海涯移軍攻潭州，留興祖於鄂。已而計事至潭，使興祖督攻城西北，三月不下。或議燒其木栅，興祖曰：「火易沃滅，不如炮攻，使敵不能隊立，吾肉薄而登，可以得志。」阿里海涯從之，城遂拔，進興祖安遠大將軍。又從阿里海涯攻靖江，屠之。宋益、衛二王立於海上，湖南羣盗蠭起相應。阿里海涯使興祖討之，斬賊首二千九百餘人，安輯降衆二萬三千九百家。常德路總管謀以城叛，事覺，興祖誅之。進昭勇大將軍、招討使、歸州路達魯花赤，位總管上。旋移常德路達魯花赤，仍招討使，位總管上。十七年，詔興祖征羅氏鬼國，會其酋納款，未至而還。復使討亦奚不薛，降之，偕其酋入覲，賜衣服、弓矢、鞍勒。

興祖平生殺虎數十，一日遇虎，一發而踣，語左右曰：「生虎鬛剔齒，可以已風。」拔之，虎怒，爪其靴裂，興祖立殺之，人遂名興祖爲「殺虎張」。至是，以國語賜號拔都。尋罷招討使，以萬户將真定新軍戍衡州、茶陵、耒陽、常寧。元貞元年卒，年七十五。

興祖負氣，重然諾，不可屈以威武。阿里海涯大會諸將，興祖腰刀行酒，阿里海涯避入後閣，曰：「張公醉矣！」戒左右善扶出。諸將皆憚之，無敢坐其上者。

子鑄，管軍總把，從興祖戰於通城，陣殁；史閭，懷遠大將軍，戍瑞州等處萬户；鵬翼，僉嶺北湖南提刑按察司事；塔剌齊，襲懷遠大將軍、真定新軍萬户。

寧玉，孟州河陽人。貌魁梧，膂力絶人。年十七爲棹卒，署孟津渡長。從世祖渡江，以功授百户。世祖即位，召玉充河道官，疏濬玉泉河。

至元三年，大軍攻襄樊，檄玉導鄧州七里河，由新野而南，以通糧運。襄陽圍合，以玉攝萬户府事，兼管浮梁津渡，教習水軍。

十一年，伯顔渡江，玉以千人導前，至白河，爲浮橋濟師，遂拔沙陽。與宋人戰於江中，玉以輕舸五十艘徑奪南岸，指撝戰艦分渡諸軍，凡三晝夜始畢。至彭蠡湖口，風濤洶湧，浮梁數壞，玉躬督士卒，植巨木爲碇。伯顔立馬俟之，師畢濟。進及丁家洲，與宋將夏貴等相持，南軍舳艫蔽江，伯顔使玉發四炮，擊其中堅，舟多覆，遂大敗之。拜管軍千户，佩金符。伯顔入建康，使玉督造戰艦，分玉三十艘守龍灣口。宋將姜才乘夜來攻，玉潛以巨艦出其後，夾擊之，斬獲殆盡。從拔平江，平江之南曰太湖，有長橋爲南北要衝，伯顔使玉守之。時江南甫下，江海多盜賊，玉密斷諸港，設置輕舸巡邏，以備非常，賊聞風解散。招集流民四萬餘家，境内帖然。遷管軍總管，擢浙西道吴江長橋都元帥，兼沿海上萬户，佩金虎符。

二十三年，以病乞歸。未幾，起玉從鎮南王討交趾。師至安南，疾甚，王憫之，使玉歸，以子居仁襲職。大德六年卒，年六十七。居仁襲沿海上萬户，佩金虎符。從討爪哇，擢昭勇大將軍、佩三珠虎符、左軍上萬户。累擢鎮國上將軍、廣東道宣慰都元帥。弟居正，從討交趾，以功擢杭州路領海船千户，累遷僉行樞密院事。

張榮實，霸州保定人。父進，金封北平公。太宗四年，率所部來降，太宗命爲征行萬户〔一〕。六年，與金將國用安戰於徐州，死之。

榮實始以質子入宿衛，授金符，充征行水軍千户。九年，改雄州，保定新城長官。後統水軍，從大將察罕伐宋。至淮上，遇宋將吕文德，敗之，俘五十餘人。賞銀碗、戰馬。又從攻江陵，略襄陽。宋以舟師横截漢水，榮實力戰卻之，獲戰船數十艘。察罕以聞，賜錦袍及銀十五斤。又破宋軍於太湖，賜銀百兩。

憲宗九年，從世祖伐宋，駐陽羅渡。宋兵十萬，舟二千，横截江中以禦我師。帝以榮實習水戰，命爲前鋒。榮實率麾下鏖戰北岸，獲宋大船二十，俘二百人，斬其將吕文信。

中統元年，録前勞，授金虎符、水軍萬户，仍以其子顔代爲霸州七處管民萬户。三年，李壇叛，榮實從史天澤討平之。賜金碗及銀二百五十兩、馬一匹，命鎮膠西。

至元九年，從丞相阿术攻襄陽，敗夏貴。又攻樊城，俘其二將。賜弓矢、鞍勒。十一年，增領新軍，從丞相伯顔渡江。榮實以所部先進，鄂、漢降，論功授昭毅大將軍。與萬户宋都台等取江西。又從阿里海牙攻岳州，宋將高世傑降，以功加昭武大將軍。偕元帥宋都台圍隆興，守將劉槃降。又與吕師夔進逼撫州，宋將密佑逆戰於進賢平，敗之，生獲佑，撫州降。

十三年，授同知江西道宣慰使，俄進鎮國上將軍、福建道宣慰使。十四年，改江東道宣慰使、行省參知政事。命與右丞塔出安輯廣東。十五年，入覲，帝賜酒慰勞，授湖北道宣慰使、諸路水軍萬户。是年卒，年六十一。三子顔、玉、珪。

玉，襲父職爲懷遠大將軍、諸路水軍萬户。至元十六年，討吉安叛賊，有功。入朝，賜金織文衣、弓矢、佩刀，加輔國上將軍、都元帥，並水軍萬户，鎮黄州。又與元帥唐古特改立蘄、黄等路都元帥府，仍管本道鎮守軍馬。二十一年，廣東盜起，遏絶占城糧運，玉討平之。入朝，賜金織文衣、鞍勒、弓刀。會元帥府罷，命玉充保定水軍萬户。二十二年，以鄱陽湖多盜，詔徙水軍萬户府於南康。

明年，從鎮南王脱歡征交趾。二十四年，王至思明州，玉與湖廣行省參政樊楫亦引兵至萬劫江，累戰有功。二十五年，將士以疾疫不能進，引還，且戰且行，終日數十合。賊據險，發毒矢，將士死傷過半。爲賊邀遮於白藤江，潮退，舟膠，玉力戰，身被數創，投水中。賊鉤致玉，殺之。

吕德，字伯亨，東平汶上人。少孤貧。常負其勇，僞爲商賈，入宋邊境掠生口。宋邊將懸賞購之，莫能獲。至元初，闊闊帶等伐宋，募壯士偵淮南虛實。德應募，率八十四人襲破宋泗州安河口栅，獲裨將三人。事聞，賜衣一襲。後從大將烏馬爾至京師，獻策招集河南達爾罕軍，以備征調，從之。以烏馬爾爲統軍萬户，德爲千户副之，招徠降人七百餘户。行樞密院以德充壽州等處招討司鎮撫，引兵渡淮，抵六安野人原，招降宋將。轉攻安慶，進泊丁家洲。宋人阻江自守，德擊敗之，獲其將閻統制。

十二年，行省檄德充江陰、鎮江路軍民都鎮撫。積前後功，擢武略將軍，佩金符。十四年，從宣慰使李庭屯處、婺等州。永康、浦江盜發，德討捕之，獲賊首張炎、季文龍。餘黨復剽龍泉，庭追賊，馬絓於木而踣傷股，兵遂失利。德反旗鳴鼓，賊始駭遁。論功，以德攝招討司事。

十五年，復從宣慰使史格討龍泉賊，擒賊首張三八等，餘衆悉降。慶元賊陳弔眼聚衆叛，自稱頭陀軍。德將鋭卒數百，夜掩其壘，擒之。擢武節將國，管軍上千户。

二十年，青田吴提刑與政和賊黄華通，僞稱宋祥興五年，鑄兩浙安撫司印，勢張甚。德與趙萬户討之，斬其將毛統制等，賊潰走。獲宋陳丞相僞劄及賊首黄華印榜。德威名益著。

二十六年，嵊縣賊楊震龍叛，壁龍興山，自稱國主，僞造龍鳳法物。左丞相忙兀帶調水軍萬户虎兒哈赤討之，以德充行軍都鎮撫，點視諸翼兵馬。德敗賊於新昌，進至桃源。賊衆萬餘人屯史家樓，甲胄精明，官軍望之失色。德笑曰：「此鋤田夫耳，何足涴吾馬足！」大呼陷陣，賊披靡，悉棄其甲胄而遁。明日再戰，復敗之，擒其驍將張九。三月，德率所部與虎爾哈赤徑至龍興山，瞰賊巢，縱火焚之，賊拔栅走。四月，復與萬户土哈爾會師於天台，賊首曹榮等出降。六月，武義、永康降賊復叛。德與蔡推官輕騎出，諭以禍福，賊首相顧曰：「弁而甲者，呂將軍也。」相率拜馬首，從德入城。

德往來浙東十有三年，大小數百戰。所至先榜招諭，降者甚衆，不聽命，然後殺之。諸將或並坐論功，德歎曰：「取赤子頭顱易賞級，吾不忍也。」

二十八年，除東平等路中千户。德風疾作，不能拜，請以子世英自代。未幾卒，年六十四。

朱國寶，大都寶坻人。父存器，修内司使，嘗夜行，獲金一囊，坐待其主至，還之。

憲宗將攻宋，募兵習水戰，國寶以職官子從軍。世祖攻鄂州，國寶攝千户，率鋭卒於中流，遇宋師，凡十七戰，諸軍始濟。

中統二年，授千户，佩銀符。三年，從圍李璮於濟南，佩金符。又從征襄陽，攝四翼鎮撫，督造戰艦，築萬山堡。及拔沙洋、隳新城，皆有功。初，師次江上，國寶願當前鋒，既而奪船二十艘以獻，伯顔壯之。宋人據上流，方舟數百，結爲堡柵。伯顔指示曰：「復能奪取是乎？」國寶即應聲往，破其柵而歸。

既渡江，進兵岳州，與宋人戰於桃花灘，獲其將高世傑。累進宣武將軍，統蒙古諸軍鎮常德府，知安撫司事。時郡邑多堅守不下，國寶傳檄招諭，踰月悉平。惟辰、沅、靖、鎮遠未降。宋將李信、李發結武岡洞蠻分據阨塞，國寶擊敗之。其衆退保飛山之新城。思、播蠻來援，國寶復敗之，擒張星、沈舉等三百餘人。進攻新城，獲信、發等，獻俘江陵，賜金虎符。

至元十三年，會諸道兵攻廣西静江，拔之。授管軍萬户，鎮梧州。十五年，加懷遠大將軍。劉宗純據德慶府，國寶攻之，焚其柵，遂拔德慶。南恩、新州何華、張翼等舉兵應張世傑，國寶擊殺之，降其民三萬餘户。遷海北海南道宣慰使。蜑賊連結鬱林、廉州諸洞，恣行剽掠，國寶悉平之，任龍光等率所部五千户降。移瓊州，訓兵息民，威惠大行。南寧謝有奎負固不服，國寶開示信義，有奎感悟，以其屬來歸。又招降居亥、番毫、銅鼓、博吐、桐油等十九洞。遣兵略大黎、密塘、横山，焚其巢，生致大鍾、小鍾諸部長十有八人。加鎮國上將軍、海北海南宣慰使都元帥。供給占城軍餉，事集而民不擾。二十三年，遷廣南西道宣慰使。

二十四年，入覲，帝慰勞之。二十五年，進輔國上將軍、都元帥、參知政事、行尚書省事。以軍事至贛州，得疾卒，年五十九。子斌，襲海北海南道宣慰使、都元帥，加賜金虎符；贇，上副萬户，佩金虎符，鎮福州。

吴祐，安豐壽春人。至元十二年，大軍次安慶，范文虎以城降，祐方以鄉兵保壽春，道梗不通，亦降。伯顔渡江，以祐爲鄉導，由池口趨建康，克建平、長興二縣，據獨松關。又從大軍渡錢塘江，攻越、台、温三州，進克莆陽縣。以功除懷遠大將軍、招討使。至元十四年卒。子安民，襲父職。

安民，字惠卿。從其父祐於行間。大軍破獨松關，渡浙江，略定温、台，踰嶺拔莆田，安民功最多，而以功歸其父。大帥曰："吴祐子有功，宜别賞之。"命署千户。祐卒，安民襲管軍總管，鎮揚州。

大軍伐日本，安民請行，授宣武將軍、征東副萬户。遇颶風，將士漂溺，安民附敗舟，遇高麗邏者，載與俱還。

二十年，建寧黄華叛，安民率所部討之，逾九峰嶺，直抵平溪，俘其家屬輜重，華始就擒。移鎮湖州，調嘉興路，又移鎮壽春。二十六年，從大軍討江西賊鍾朗、興國賊吴大仲，並有功。後移鎮和州。大德四年，卒。贈騎都尉、渤海郡伯。子繼武，襲壽春路副萬户，晉武略將軍，轉武德將軍。至治二年，流民渡淮，白晝剽掠，繼武禽爲首者斬之，境内肅然。歲飢，繼武勸富民出粟以食餓者，又請漕荆湖米贍軍，得一萬八千石，全活甚衆。至順元年，卒。

梁禎，字用之，大名元城人。金末，河北盜起，禎父千聚衆自保，後率所部來降，授金吾衛上將軍、大名兵馬都總管。宋將彭義斌渡河，羣盜響應，千搜城内倡亂者誅之，餘皆慴伏。太宗三年，大名守將蘇椿叛，大將阿朮魯怒，欲屠城，千輸金帛於阿朮魯請命，卒獲免。千卒，長子汴襲職。會伐宋，復籍新軍，擇諸將子弟爲統領，中書、樞密議以汴領之。禎請曰：「兵事至重，不應獨責吾兄。禎宜行效死，弗敢辭。」二府壯之，使攝新軍千户，鎮睢州。

大軍伐宋，與宋將夏貴相持，禎率所部分擊，斬獲甚衆，以功授新軍千户。中統三年，李璮叛，禎攝本軍元帥討之。璮善戰，多殺將士，及璮誅，諸將議屠降衆。禎密白宗王哈必赤曰：「璮逆黨俱江淮逋寇，非土著，宜分别脅從，以安新土。」哈必赤然之。至元十一年，移邳州。十三年，從大軍攻常州。有裨將架木爲橋傅於堞，俄中弩死，以禎代之。禎緣附以登，城陷。論功，擢武義將軍，佩金符。江南平，改鎮紹興。三十年卒，年七十。子紹祖襲千户。

張泰亨，東昌堂邑人。父山，以管軍千户爲堂邑縣丞。泰亨襲千户，從攻宋釣魚山，及圍樊城，又從征女兒阿塔，俱有功，授銀符、侍衛軍總把。從禽李璮，賜金符，擢京東、歸德等處新軍千户，累遷元帥府都鎮撫。至元十二年，進武略將軍、管軍總管，尋進明威將軍。從攻潭州，中流矢，拔矢力戰，遂克之。十三年，賜虎符，進武德將軍，從征廣西。十四年，軍還，卒。泰亨與其父山俱有智勇，當時稱其父爲拔都，稱泰亨爲「堂張」，以别其姓焉。子顯祖、繼祖、榮祖。

繼祖，字善卿。幼穎悟，博學强記。襲父職，後授昭信校尉，佩虎符。喜親文學士，名譽籍甚，平章阿里海涯深器之。十八年，從阿里海涯移鎮鄂州，舟過洞庭，風大作，繼祖恐阿里海涯舟不能達，棹輕舸疾進，溺死。弟榮祖，管軍總把，亦同死。繼祖妻郭氏守節，大德中有司奏其事，予旌表。

初，顯祖以目眚不能襲父職，至是繼祖子震幼，乃以顯祖代之。二十四年，從征交趾，戰殁。震襲職，充昭信校尉、管軍上千户，佩金符。延祐二年，加武略將軍。累擢武節將軍、潁州副萬户。卒，子珽襲。珽弟珍。

珍，字元諒。以蔭授武略將軍、潁州翼萬户，鎮杭州。至正十二年，賊陷常州，珍引兵伏横林，邀敗之，遂復常州。十三年，江陰賊起，太尉納麟檄珍討之，斬獲甚衆。八月，浙東元帥野先與珍合屯胡村，野先敗死，珍冒圍以入，馬蹶，拔所佩刀自刎死。時江浙參政買住丁按兵不救，故珍等及於難。

王守信，霸州大城人。父英，水軍千户，賜銀符，從討李璮，戰殁。守信襲父千户，戍膠州。從圍襄陽，戰有功，换金符。從攻樊城，登其外郛，又斷江中鐵絙，獲敵艦三十艘。樊城拔，擒宋將徐麟。前後累賞銀鈔。從伯顔渡江，敗宋師於柳林，擢都鎮撫。從攻新城、沙洋，拒夏貴於陽邏，俱有功。又從都元帥府定江西，授宣武將軍、管軍總管。轉戰廣東，拔韶州，敗宋將方安撫於石門，授明威將軍。從擊文天祥於興國之雲坑，獲其妻子。又從敗張世傑於廣州，獲戰艦一百八十艘。再授明威將軍。入覲，賜虎符，還戍廣州。平葛峍洞、厓石寨，殲李梓發於南安，别降新會賊林桂芳、清遠賊潘舍人。歐將軍僭號稱王，遣其黨襲廣州，守信擊走之。歐合於新會賊黎德，衆號二十萬，戰艦至七千艘。其别將吴林以八百艘圍馮村，守信大敗之，林溺死，生獲歐、黎，與僞都督、丞相二十四人，皆磔之，椎其僞符璽。召入都，加懷遠大將軍、同知廣東宣慰司事，賜衣服、弓矢、鞍勒。行省恐守信受代去，預乞於尚書省留之。再授懷遠大將軍、同知廣東宣慰司事。

守信前後在廣東十八年，斬獲賊首二百七十一人。或梯崖縋谷，窮其巢穴，水戰則乘烏船游擊之，不盡不已，故所向有功。三十年卒，年五十六。子弼，新州同知。

皇毅，真定藁城人。父全，署千户。毅有勇略，董文炳使雲南，從行三十二人，毅其一也。世祖攻鄂州，從文炳奪宋南岸梁子湖水栅。世祖即位，北討阿里不哥，使將壯士五十人以從。文炳戍鄧州，署毅爲征行千户。從大軍敗夏貴於泓河口，以功授百户。又從敗張世傑於焦山，奪戰艦二，授總把，佩銅印。文炳略定淮東，表爲千户，佩銀符。

兵還，北戍黑城，進武略將軍，佩金符。築上都東西涼亭，有功，進武德將軍、親軍總管，例改總管爲千户，又爲前衛親軍千户。從世祖討乃顔，敗賊於吐忽哥，又與前鋒敗賊於兀魯古河，又戰於末温，戰於哈剌木干，又與賊將金剛奴戰於扎答，獲之。乃顔平，進宣武將軍。告老歸，以子度襲職。大德元年，卒。

靳忠，深州静安人。以材勇爲阿朮所知，拔爲帳下親軍。從攻樊城，又從破沙洋、新城，攝行軍百户。至元十二年二月，追敗宋殿帥孫虎臣，奪其乘舟，伯顔壯之。及常州破，録前後功，真授管軍百户。江南平，伯顔以忠賞不酬勞，命爲管軍千户，佩銀符。

從討建寧黄華，手刃賊首黄朝奉、王拔都，又獲其驍將陳統制。行省賚白金碗一以旌之。後以伯顔薦，除武略將軍、鄧州翼管軍下千户。二十一年，從忙古台入朝，賜金符，就擢中千户。樞密院申定兵制，又改下千户，卒。

忠禮敬賢士，恂恂有儒者風。先是，諸將討閩、浙之亂，多俘良民爲奴。忠令自相保任，散歸鄉里。其後男女相攜來謝，作齋祠以爲福報焉。

蔡珍，彰德安陽人。父興，管軍百户，告老，以珍代之。珍素驍勇，從憲宗伐宋。從世祖征阿里不哥。又從討李壇，敗其兵於老僧口。後戍襄陽，從攻安慶、五河，復漣、海二州。授忠顯校慰、管軍總把，尋權千户。十四年，扈駕黑城，珍儲芻藁，營土室，諸軍賴之。累遷中衛親軍總把，改後衛，賜銀符。白海建行營，命珍督役卒事，民不知擾，下至草木無纖介之損。帝臨幸，問其故，左右以珍軍令嚴肅對，帝嘉之。二十一年，改膠東海道都漕運萬户府都鎮撫。遷後衛親軍千户，佩金符。至大四年，進武略將軍，卒。

先是，彰德帥麾下軍校二人，以剛直忤衆。或譖其外叛，帥遽命斬之，珍力爲營救，始得釋。及珍卒，二人俱使其子服喪三年。子恕，襲後衛親軍千户。

珍同縣韓進，亦以材勇顯，進以百户。從大軍攻宋合州釣魚城，及攻鄧州、襄陽，俱有功。世祖即位，又從破李壇，賜號拔都，賞錦衣、寶鞍。至元十一年，樞府劄管襄樊歸附新軍。是年九月，從征東副元帥洪茶邱伐日本，擢中衛千户，管北京等新簽洪軍。十五年，拜忠顯校尉、管軍總把。累擢武德將軍，賜金符。復從伐日本，充行軍都鎮撫。大德三年，遷宣武將軍，卒。

劉用世，其先本遼東人。父福，以親王移相哥驅户，官淄州，遂爲淄州人。福卒，用世襲父職，權行軍千户。十二月，從破武磯堡，據其木栅四重，決濠水灌之，又以雲梯登陴，斬獲甚衆。十一年，從敗宋舟師於丁家洲，奪其戰艦。以前後功，進武略將軍。十五年，從李恒入廣州，敗宋王侍郎軍於閤部口，又敗凌制置軍於海珠口。十六年，與宋兵戰於厓山，用世擒其副統制祝永昌、副將孟德凱。旋加武德將軍，賜金符，移鎮龍興，卒。

用世二子：世恩、世英。世恩有膂力，能挽强命中。厓山之戰，恒出奇計，作射栅，度與南船相直，選世恩等七八人射之。世恩弦不虚發，自卯至午，宋軍大潰。後以疾讓職於世英。及世恩子源成立，世英慨然曰：「吾兄子已能荷戈帶甲，宜還其禄秩，吾退居田里可也。」請於朝，復以源襲千户，時論稱之。

蘇津，滕州人。兄潤，金末起義兵。累遷懷遠大將軍，滕州太守。孛魯攻滕州，潤巡城，中流矢卒，城降。時津爲杞縣丞，棄官歸。東平總管石天禄，津之鄉人也。招之爲沛縣兵馬都總領兼分治縣令。津安輯流亡，沛人德之。遷武顯將軍，左監軍，同知滕州。中統三年，李璮據濟南叛，宋人乘釁遣夏貴襲陷蘄、宿等城，津從張禧援之。所至號令嚴明，市不易肆。阿朮魯上功，擢定遠大將軍，左副元帥兼睢州知州，卒於官。

王均，字潤夫，襄陽人。性倜儻不羈。張子良爲歸德府總管，辟均從事。遷行省掾，以策干都元帥劉整。整奇之，奏爲元帥府經歷，佩金符。襄陽下，擢襄陽總管府判官。至元十三年，詔以湖南戍兵多疾，由不習食稻，使均轉粟湖南，饋阿里海涯兵。遷奉議大夫、行省左右司員外郎，遥授慶源府知府。

十五年，擢朝列大夫、左右司郎中。是時用兵瓊、崖、儋、萬四州，均督一切，供億無缺乏。擢中議大夫、永州路總管。永州當土賊作亂後，長吏旁逮根株，以責賕賂，均繩之以法。民始安堵，父老數百人狀其治於行省。大軍征日本，賦造兵船，取材於民，而促其期，均不爲威鷙，而事自辦。二十四年，遷少中大夫、静江路總管。鎮南王征交趾，行省檄均至海北，督饋運。又詔料民海外，往返數四，得户十有六萬。二十七年，卒，年六十四。子天錫，鄜縣尹。

季庭璋，莒州人。父智仙，千户。庭璋從大軍圍襄陽，敗宋援兵，授敦武校尉、右衛親軍百户。十三年，巡哨高郵、寶應，累有功，進忠顯校尉、侍衛親軍總把。宋平，賜銀符，進忠翊校尉。

十五年，從大軍北征，擢漢軍都元帥府都鎮撫。率所部戍和林成闊闊之地，宗王伯木兒賜以牛羊。十八年，擢武略將軍、管軍千户。二十六年，世祖親征乃顔，命左丞李庭舉精於韜略者，以庭璋應選，詔馳驛至軍中。二十七年，軍還，換金符，進武德將軍、右衛親軍千户。卒，子珍，襲父職。

【校勘記】

〔一〕「太宗」，原作「太宋」，據《元史》卷一六六列傳第五十三《張榮實傳》改。